U0720270

新編諸子集成

論語集釋

四

程樹德 撰

程俊英 蔣見元 點校

中華書局

論語集釋卷三十一

衛靈公上

○衛靈公問陳於孔子。孔子對曰：「俎豆之事，則嘗聞之矣；軍旅之事，未之學也。」明日遂行。

【考異】舊文「陳」爲「陣」。論語釋文曰：「陣，本今作陳。」史記孔子世家作「問兵陳」。顔氏家訓書證篇：論語曰：「衛靈公問陳於孔子。」俗本多作阜旁車，按此字當用陳、鄭之陳，夫行陳之義，取於陳列耳，此六書爲假借也。蒼、雅及諸字書皆無别字，惟王羲之小學章獨阜旁作車，縱復俗行，不宜追改論語。後漢書光武帝紀：「昔衛靈公問陳，孔子不對。」注引論語衛靈公問陳於孔子。曰：「俎豆之事，則嘗聞之矣；軍旅之事，未之學也。」韓李筆解本無「孔子」二字。翟氏考異：陣爲晉以後人所改，在古經實與今同文也。陸氏釋文主其時尚之本爲陳，而云本今作「陳」，則陳字已漸復自唐初矣。章懷除「孔子對」三字，嫌與紀文齟齬故也。如所引，則驟讀之，俎豆四語若皆靈公問辭矣。史記孟軻荀卿等傳亦云衛靈公問陳，而孔子不答。蓋云軍旅未學，雖有對辭，仍未對其所問之兵陣也，謂之不對，何嫌於齟齬乎？左傳哀十一年：孔文子之將攻太叔也，訪於仲尼。仲尼曰：「胡簋之事，則嘗學之矣；甲兵之事，未之聞也。」退，命駕而行。

【考證】一切經音義五引字書：俎，四足小盤也。說文：俎，禮俎也。從半肉在且上。且，薦也。從几，足有二横，一，其下地也。陳士元論語類考：明堂位云：「俎，有虞氏以梡，夏后氏以嶡，殷以椇，周以房俎。」注云：「房謂足下跗也，上下兩間有似於堂房。」魯頌云：「籩豆大房。」周語云：「郊禘有全烝，王公有房烝，親戚燕饗有殽烝。」明堂位云：「夏后氏以楬豆，殷玉豆，周獻豆。」注云：「楬，無異物之飾。獻，疏刻之也。」是知周俎稱房者象其形，周豆稱獻者取其刻畫之文也。聶崇義三禮圖：俎長二尺四寸，廣尺二寸，高一尺，漆兩端赤，中央黑。

按：章氏檢論：周時俎豆具食，漢始有案。說文：「豆，古食肉器也。」曰古者，明漢已不用之義。今日本盛食之盤即謂之俎，以木蓋碗盛湯施於俎上以進食，猶古俎豆之遺制。我國惟三代時用之，漢以後改用食案。蓋三代俱獨食，共食之例自漢始也。

【集解】孔曰：「軍陳行列之法。俎豆，禮器。」鄭曰：「萬二千五百人爲軍，五百人爲旅。軍旅末事，本未立，不可教以末事。」

【唐以前古注】筆解：韓曰：「俎豆與軍旅皆有本有末，何獨於問陳爲末事也？鄭失其旨。吾謂仲尼因靈公問陳，遂譏其俎豆之小尚未習，安能講軍旅之大乎。」

按：鄭説固非，韓説亦未是，當以蘇轍傲所不知之説爲長。

【集注】陳，謂軍師行伍之列。俎豆，禮器。尹氏曰：「衞靈公無道之君也，復有志於戰伐之事，故答以未學而去之。」

○在陳絶糧，從者病，莫能興。子路慍見曰：「君子亦有窮乎？」子曰：「君子固窮，小人窮斯濫矣。」

【考異】釋文：「糧」，鄭本作「粻」，音張，下云糧也。皇本「糧」字作「粮」。劉氏正義：高注呂氏春秋，連引問陳、絶糧兩事，當時簡編相連，未有分别，而皇、邢本又以「明日遂行」屬此節之首。然以僞孔注觀之，兩事既非在一時，則不得合爲一節，而「明日遂行」必屬上節無疑矣。

【考證】論語後録：夫子以哀公二年去衞，絶糧在四年，蓋居陳者二年耳，其三年則魯季康子召冉求，孔子在陳思歸。洙泗考信録：孟子曰：「君子之厄於陳、蔡之間，無上下之交也。」但言其君大夫不見禮以至貧乏耳，初未嘗云有兵以圍之也。蓋古之適他國者，其君大夫必餼之餼，而陳、蔡皆無之，以致厄，如重耳之不禮於鄭、衞，乞食於五鹿者然，烏有所謂發徒役以圍孔子於野者哉！春秋傳云：「陳不救火，君子是以知其先亡。」國語亦言陳之道路不修，賓旅無所依，故單子知其必亡。蓋陳之國事日非，其君大夫皆不恤賓旅，孔子亦不樂立於其朝。而蔡乃楚境，楚亦非能尊賢養士之國，雖有貞子、葉公之輩，度亦暫與相依而未必遂久與相處，是以往來兩地，未有定居，其窘餓窮乏，蓋亦非一日之事，故曰厄於陳、蔡之間，言其非一時非一地也。四書逸箋：荀子「孔子厄於陳、蔡，居桑洛之下」，楊倞注：「九月時也。」人知孔子在陳之年，而不知爲九月，此可補書傳所未備。

四書賸言：論語子在陳，在陳絶糧，從我于陳、蔡之間，孟子子在陳，君子之阨于陳、蔡之間，在舊注今注皆置不問。惟在陳絶糧，孔安國據莊子謂孔子之曹不容，之宋遭匡人之難，于是之陳，而吴適伐陳，陳亂，故乏食，則又誤注者，夫子之宋遇桓魋之難，不是匡人。且據年表，定公十二年夫子適衛，十四年適陳，是時並無吴師伐陳，又且在陳絶糧，與阨於陳、蔡是一時事，夫子是時尚未適蔡。至哀三年，夫子去衛適陳，又久之適蔡，至六年而始有吴伐陳，楚子救陳之事，見於春秋。絶糧之阨，當在此時，孔氏誤也。

又曰：嘗較夫子轍跡，與論、孟合者，自去司寇後即適衛，是時衛將奉粟六萬爲夫子禄，而仍不能用，孟子所謂主顔讎由，所謂於靈公際可之仕，皆在此時，此適衛第一次也。及去衛將適陳，過蒲，蒲人止之，乃返乎衛，是時南子請見，且置夫子于屬車，而夫子去衛，論語所謂子適衛與子見南子皆在此時。雖史記云有吴、楚之寇，而春秋無有，要是史記誤者，此適衛第二次也。乃夫子如宋遭桓魋之難，又如鄭然後至陳，論語所云子畏于匡，與孟子所謂微服過宋，所謂主司城貞子，皆在此時，此適陳第一次也。既而去陳，復反衛，又將之晉，渡河不果，又反衛，因靈公問陳而又去衛適陳，論語所謂衛靈公問陳于孔子，子在陳，孟子所謂子在陳，皆在此時，此哀之三年，爲適衛之第三四次，適陳之第二次也。乃自陳遷蔡，吴始伐陳，而楚來救之，聞孔子在陳、蔡間，使聘孔子，而陳、蔡大夫懼而見沮，因之有絶糧之事，論語所謂從我陳、蔡，在陳絶糧，孟子所謂阨於陳、蔡之間，皆在此時，此哀之六年，爲適陳之第三次，適蔡之第一次也。嗣此復反衛，與出公周旋，然後歸魯，論語所謂夫子爲衛君，衛君待子，吾自衛反魯，孟子所謂于衛孝公公養之仕，皆在此時，此哀之七年後，爲適衛之第五次，而夫子之轍跡終焉。凡以經注經必藉實據，此庶乎稍可據者。

拜經文集：史記孔子世家因孔子居衛居陳時久事多，遂覆敍三次。第一敍季桓子受女樂，孔子行，適衛，主顔濁鄒家。居十月，去衛，將適陳，過匡過蒲，月餘反乎衛，主蘧伯玉家。去衛過曹過宋過鄭，遂至陳，主司城貞子家。居陳三歲，去陳。第二覆敍過蒲，遂適衛，靈公怠於政，孔子行。趙簡子攻范中行，伐中牟，佛肸以中牟畔，使人召孔子，孔子欲往。孔子擊磬，有荷蕢過門。第二覆敍孔子既不得用於衛，將西見趙簡子，臨河而歎，反乎衛，主蘧伯玉家。靈公見飛雁仰視，色不在孔子，孔子遂行，復如陳，自陳遷蔡。細繹其脈，秩然不紊。第二番敍過蒲，會公叔氏以蒲畔，孔子遂適衛。靈公聞孔子來，喜問蒲可伐乎？孔子曰然。不伐蒲，靈公老，怠於政，不用孔子，孔子行是也。且即第一番，月餘反乎衛，主蘧伯玉家，靈公與夫人同車，宦者雍渠參乘，使孔子爲次乘，招摇市過之。孔子曰：「吾未見好德如好色者。」於是去衛是也。第二番敍趙簡子攻范中行，伐中牟，佛肸畔欲往，孔子擊磬於衛。即第三番，孔子既不得用於衛，將西見趙簡子，反乎衛，主蘧伯玉家是也。案左氏傳哀二十五年，衛侯輒出奔，將適蒲，拳彌曰：「晉無信不可。」杜注：「蒲近晉邑。」世家亦言蒲、衛之所以待晉、楚也。蓋孔子過蒲，欲適晉見趙簡子，仍反衛，在此時矣。又明年，孔子自陳遷於蔡，史公嚮往至聖，博采衆説以申宗仰之旨，且彼此互見，正明其爲一事也。蓋孔子去魯即適衛，去衛即欲適陳，而中有過匡、過蒲、趙簡子伐中牟、弗肸召、將西見趙簡子仍反衛、居衛月餘乃去衛、過曹、過宋、過鄭諸事，方適陳，遂至濡遲三載。史公於居十月去衛下大書曰將適陳，而中有過匡、過蒲、反衛、去衛、過曹、過宋、過鄭，下大書曰孔子遂至陳，明自過鄭以前皆將適陳而未果也。復如陳，亦對將適陳立文，明以前皆將適陳而未果，至是乃復如陳也。詎禮記正義檀弓篇用世家文，删去「將」字，改「適」爲「之」，云孔子去魯適衛，從衛之陳，下又云去宋適鄭，去鄭適陳，居三歲。又云反乎衛，復行如陳。是顯以孔子三至陳矣。朱子論語序説引世家文更誤，云適衛，主於子路妻兄顔濁鄒家。適陳過匡還衛，主蘧伯玉家。又去適陳，主司城貞子家。居三歲而反乎衛，靈公不能用，將西見趙簡子，至河而反，又主蘧伯玉家。靈公問陳，不對而行，復如陳。遂成三適陳、四適衛矣。蓋由不知史記「將」字之意而輕删之，又不知史記「復」字之意而誤解之，遂致斯誤。又孔子去衛過曹，去曹過宋，去宋過鄭，宋世家、鄭世家、十二諸侯年表皆作過宋過鄭是也，孔子實未嘗適宋適鄭也。今世家作適宋適鄭者字之誤，禮記正義引作適宋適鄭，則在唐初已誤矣。孔子初適衛，主顔濁鄒，去衛復反，乃主蘧伯玉。史公恐人不了，故每提必敍主者。如云孔子遂適衛，主於子路妻兄顔濁鄒家。又過蒲月餘，反乎衛，主蘧伯玉家。又還息乎陬而反乎衛，入主蘧伯玉家。兩言主蘧者，明先後一事也。又云過蒲，蒲人止孔子，與之盟，出孔子東門，孔子遂適衛，此亦主蘧，蒙上可知。又孔子以哀元年至陳，居陳三歲，年六十一。後自陳遷於蔡，三歲，年六十三，爲魯哀公六年。時厄於陳、蔡之間，楚興師來迎，遂自楚遷蔡，自蔡遷陳，自陳反乎衛，魯以幣迎孔子，即歸老於魯，安得於反衛之後有復如陳之事乎？

按：臧氏之説與諸家異，要亦本史記融會分辨，似可從。

【集解】孔曰：「從者，弟子。興，起也。孔子去衛如曹，曹不容，又之宋。遭匡人之難，又之陳。會吴伐陳，陳亂，故乏食也。」何曰：「濫，溢也。君子固亦有窮時，但不如小人窮則濫溢爲非。」

【唐以前古注】釋文引鄭注：粻，糧也。濫，竊也。

【集注】孔子去衛適陳。興，起也。何氏曰：「濫，溢也。言君子固有窮時，不若小人窮則放溢爲非。」程子曰：「固窮者，固守其窮。」亦通。愚謂聖人當行而行，無所顧慮，處困而亨，無所怨悔，於此可見，學者宜深味之。

【餘論】朱子語類：固守其窮，古人多如此説，但以上文觀之，則恐聖人一時問答之辭，未遽及此。蓋子路方問君子亦有窮乎，聖人答之曰：君子固是有窮時，但不如小人窮則濫矣。以固字答上面有字，文勢乃相應也。蘇子由古史：孔子以禮樂遊於諸侯，世知其篤學而已，不知其他。犂彌謂齊景公曰：「孔某知禮而無勇，若使萊人以兵刼魯侯，必得志焉。」衛靈公所以待孔子者，始亦至矣，然其所以知之者，猶犂彌也。久而厭之，將傲之以其所不知，故問陳焉。孔子知決不用也，故明日遂行。使其誠用，雖及軍旅之事可也。薛應旂四書人物考：子路衣敝不恥，浮海喜從，豈以絶糧而愠見哉？蓋疑君子之道四達不悖，而窮塞若此，豈亦在我者有未盡乎，正與不説南子之見，公山、佛肸之往相類。劉恭冕論語正義：絶糧事在哀公六年，此注不本之，而以爲在哀元年，不知何本。江氏永鄉黨圖考：「據世家孔子自陳遷於蔡，是爲陳、蔡之間，在哀四年。」其説較確。然世家亦可從，詳先進疏。惟世家言陳、蔡大夫合謀圍孔子，故致絶糧。全氏祖望經史問答辨之云：「陳事楚，蔡事吴，則讐國矣，安得二國之大夫合謀乎？」又云：「吴志在滅陳，楚昭至誓死以救之，陳之仗楚何如，感楚何如，而敢圍其所用之人乎？」全氏此辨極當。案孟子云：「君子之厄於陳、蔡之間，無上下之交也。」先進篇亦云：「從我於陳、蔡者，皆不及門也。」明因其時弟子未仕陳、蔡，無上下之交，故致困乏耳。黄氏後案：成湯夏臺，文王羑里，危過於絶糧，窮然後見君子。昔人所謂烈火猛燄有補金色，豈不信乎？荀子宥坐篇載絶糧事，夫子告子路曰：「君子之學非爲通也，爲窮而不憂，困而意不衰也，知禍福終始而心不惑也。」與此經互相備，可爲君子勉。小人濫，反言以見君子耳。仲子有不恥敝袍之節，至是年五十有餘愠見，祇是心有不平，何至於濫！

【發明】張楊園備忘録：有耿耿自命，寧死決不爲小人者，到窮之難忍，平生操履不覺漸漸放鬆，始焉濫祇一二分，既而三四分矣，又既而五六分矣，到此便將無所不至。自非居仁由義之大人，不易言不濫也。易曰：「介于石，不終日，貞吉。」在己在人，總在辨之於早；若反求諸己，不免有小人之心，祇有刻責自治而已。

○子曰：「賜也，女以予爲多學而識之者與？」對曰：「然，非與？」曰：「非也，予一以貫之。」

者」一章文。

【考異】史記世家連上章「小人窮斯濫矣」，下接「子貢色作。孔子曰：賜，爾以予爲多學而識之者」一章文。

【考證】日知録：好古敏求，多見而識，夫子之所自道也。然有進乎是者，六爻之義至賾也，而曰知者觀其彖辭，則思過半矣；三百之詩至汎也，而曰一言以蔽之，曰思無邪；三千三百之儀至多也，而曰禮與其奢也寧儉；十世之事至遠也，而曰殷因於夏禮，周因於殷禮，雖百世可知；百王之治至殊也，而曰道二，仁與不仁而已矣，此所謂予一以貫之者也。其教門人也，必先叩其兩端而使之以三隅反，故顔子則聞一以知十，而子貢切磋之言，子夏禮後之問，則皆善其可與言詩，豈非天下之理殊塗而同歸，大人之學舉本以該末乎？彼章句之士，既不足以觀其會通，而高明之君子，又或語德性而遺問學，均失聖人之指矣。研經室集一貫説：貫，行也。此夫子恐子貢但以多學而識學聖人，而不於行事學聖人也。夫子於曾子則直告之，於子貢則略加問難而出之，卒之告子貢曰：「予一以貫之。」亦謂壹是皆以行事爲教也，亦即忠恕之道也。論語補疏：繫辭傳云：「天下何思何慮？天下同歸而殊途，一致而百慮。」韓康伯注云：「少則得，多則惑。塗雖殊，其歸則同。慮雖百，其致不二。苟識其要，不在博求。一以貫之，不慮而盡矣。」與何晏説同。易傳言「同歸而殊途，一致而百慮」。何氏倒其文，爲「殊途而同歸，百慮而一致」，則失乎聖人之指。莊子引記曰：「通於一而萬事畢。」此何、韓之説也。夫通於一而萬事畢，是執一之謂也，非一以貫之也。孔子以一貫語曾子，曾子即發明之云：「忠恕而已矣。」忠恕者何？成己以成物也。孟子曰：「大舜有大焉，善與人同，舍己從人，樂取於人以爲善。」舜於天下之善，無不從之，是真一以貫之。以一心而同萬善，所以大也。一貫則爲聖人，執一則爲異端。董子云：「夫喜怒哀樂之發，與清暖寒暑，其實一貫也。」四氣者，天與人所同也。天與人一貫，人與己一貫，故一貫者，忠恕也。孔子焉不學？無常師，無可無不可。異端反是。孟子以楊子爲我，墨子兼愛，子莫執中，爲執一而賊道。執一由於不忠恕，楊子惟知爲己而不知兼愛，墨子惟知兼愛而不知爲我，子莫但知執中而不知有當爲我當兼愛之時也。爲楊者必斥墨，爲墨者必斥楊。楊已不能貫墨，墨已不能貫楊。使楊子思兼愛之説不可廢，墨子思爲我之説不可廢，則恕矣，則不執一矣。聖人之道，貫乎爲我、兼愛、執中者也。執一，則人之所知所行與己不合者皆屏而斥之，入主出奴，不恕不仁，道日小而害日大矣。「人之有技，若己有之」，保邦之本也。「己所不知，人其舍諸」，舉賢之要也。「知之爲知之，不知爲不知」，力學之基也。善與人同，則人之所知所能皆我之所知所能，而無有異。惟事事欲出乎己，則嫉忌之心生。嫉忌之心生，則不與人同而與人異。執兩端而一貫者，聖人也。執一端而無權者，異端也。記曰：「夫言豈一端而已？夫各有所當也。各有所當，何可以一端概之？」史記禮書云：「人道經緯萬端，規矩無所不貫。」惟孔子無所不貫，似恃乎多學而識之。乃多學而識，仍自致其功，而未嘗通於人。孔子以忠恕之道通天下之志，故無所不知，無所不能，非徒恃乎一己之多學而識也。忠恕者，絜矩也。絜矩者，格物也。物格而後知至，故無不知。由身以達乎家國天下，是一以貫之也。一以貫之，則天下之知皆我之知，天下之能皆我之能，何自多之有？自執其多，仍執一矣。

劉氏正義：夫子言「君子博學於文」，又自言「默而識之」，是孔子以多學而識爲貴，故子貢答曰然。然夫子又言「文莫吾猶人，躬行君子，未之有得」，是聖門之教，行尤爲要。中庸云：「博學之，審問之，慎思之，明辨之，篤行之。」學問思辨，多學而識之也。篤行，一以貫之也。荀子勸學篇：「君子博學而日參省乎己，則知明而行無過矣。」又曰：「其數則始乎誦經，終乎讀禮。其義則始乎爲士，終乎爲聖人。」皆言能行之效也。否則徒博學而不能行，如誦詩三百，而授政使四方，不能達，不能專對，雖多，亦奚爲哉？至其所以行之，不外忠恕，故此章與詔曾子語相發也。

按：以上爲漢學家所説之一貫，雖不盡然，而語不離宗。至宋儒乃各以所樹立之主義爲一貫，而論始岐，當於下詳之。

【集解】孔曰：「然者，謂多學而識之也。非與，問今不然邪。」何曰：「善有元，事有會，天下殊塗而同歸，百慮而一致。知其元，則衆善舉矣。故不待多學以一知之。」

【唐以前古注】皇疏：時人見孔子多識，並謂孔子多學世事而識之，故孔子問子貢而釋之也。子貢答曰：賜亦謂孔子多學，故如此多識之也。然，如此也。子貢又嫌孔子非多學而識，故更問定云非與。與，不定之辭也。孔子又答曰非也，言我定非多學而識之也。貫，猶穿也。既答云非也，故此更答所以不多學而識之由也。言我所以多識者，我以一善之理貫穿萬事，而萬事自然可識，故得知之，故云予一以貫之也。

【集注】子貢之學，多而能識矣。夫子欲其知所本也，故問以發之。方信而忽疑，蓋其積學功至而亦將有得也。説見第四篇。然彼以行言而此以知言也。謝氏曰：「聖人之道大矣，人不能徧觀而盡識，宜其以爲多學而識之也。然聖人豈務博者哉，如天之於衆形，匪物物刻而雕之也。故曰予一以貫之，德輶如毛，毛猶有倫；上天之載，無聲無臭，至矣。」尹氏曰：「孔子之於曾子，不待其問而直告之以此，曾子復深諭之曰唯。若子貢則先發其疑而後告之，而子貢終亦不能如曾子之唯也。二子所學之淺深於此可見。」愚按夫子之於子貢屢有以發之，而他人不與焉，則顔、曾以下諸子所學之淺深又可見矣。

【餘論】論語或問：夫子以一貫告子貢，使知夫學者雖不可以不多學，然亦有所謂一以貫之，然後爲至耳。蓋子貢之學固博矣，然意其特於一事一物之中，各有以知其理之當然，而未能知夫萬理之爲一，而廓然無所不通也。若是者雖有以知夫衆理之所在，而汎然莫爲之統，其處事接物之間，有以處其所嘗學者，而於其所未嘗學者，則不能有以通也。故其聞一則止能知二，非以億而言則亦不能以屢中，而其不中者亦多矣。聖人以此告之，使之知所謂衆理者，本一理也。以是而貫通之，則天下事物之多皆不外乎是而無不通矣。朱子語類：孔子告子貢，蓋恐子貢祇以己爲多學，而不知一以貫之之理。後人不會其意，遂以爲孔子祇是一貫，不用多學。若非多學，則又無物可貫，孔子實是多學，無一事不理會過，祇是於多學中有一以貫之耳。呂栟四書因問：予一以貫之，此一字非泛然之一，如書「咸有一德」之一，然亦未嘗不自多學中來。但其多識前言往行，便要畜德；多聞多見，便要寡悔寡尤，所以擴充是一而至於純，故足以泛應萬事。若祇泛泛説一，則或貳以二，或參以三，元自不純，理與我不相屬，又何以貫通天下之事？

經正録：朱子文集方賓王問一貫謂積累既久豁然貫通，向之多學而得之者始有以知其一本而無二。與或問説同，故朱子善之。陸稼書亦謂一貫是功夫孰後自然見得，學者不可預求一貫。而王船山則謂予一以貫之，謂聖功之所自成，非言乎聖功之已成。楊賓實則謂一以貫之非貫而爲一之謂。夫子教人爲學，功夫原從一上做起，説有不同何也？盖一貫有已成之極詣，有學而至之之功。論已成之極詣，則所難在貫。論學而至之之功，則所學無非致一。朱子、稼書以已成之極詣言，謂子貢多學而識，積累功至，夫子以一貫指示之而冀其悟也，故有豁然貫通之説，而戒學者之預求。王氏、楊氏以學而至之之功言，謂夫子告子貢以多學而識，當知一以貫之之道，而不可徒役志於學識，故謂主敬存誠即致一之要。是其所指而言者雖不同而理則無二。故朱子又云：「夫子於多學中有一以貫之。一者，性之理也，誠也，其功夫則存誠也。聖人不待存而無不誠，誠則明矣，一以貫之之謂也。」稼書又云：「子貢聞一以貫之之語，或有人問之曰：何謂也？當曰：夫子之道，居敬窮理而已矣。」

松陽講義：當日夫子告曾子、子貢決不是含糊説箇一，自然是有著落的，故曾子即應之速，而子貢亦不再問。門人所以有何謂之問者，不是疑一之何所指，只是見夫子平日論工夫體用俱分作兩截，至此則偏重在體上，似另有一箇直截工夫。曾子借忠恕以明之，謂聖人之心一如學者之心，未熟則忠自忠而恕自恕，熟了則忠即恕而恕即忠，雖謂道只有一箇忠可也，並非另有箇直截法門。曾子此二句塞了許多弊竇，不然，門人這一疑，便要走到虛無寂滅去了。子貢後來謂夫子之言性與天道不可得而聞也，性天道雖另有一番指點，亦不是另有一番工夫，只是文章熟後自能見得。

經學卮言：告子貢之一貫與告曾子之一貫語意不同，彼以道之成體言，此以學之用功言也。子之問子貢，非以多學爲非，以其多學而識爲非。子貢正專事於識者，故始而然之，但見夫子發問之意似爲不然，故有非與之請，此亦質疑常理，必以爲積久功深，言下頓悟，便涉禪解。予一以貫之，言予之多學，乃執一理以貫通所聞，推此而求彼，得新而證故，必如是然後學可多也。若一一識之，則其識既難，其忘亦易，非所以爲多學之道矣。蓋一貫者爲從事於多學之方，宋人言今日格一物，明日格一物，久而後能一旦貫通，得無與此義相左乎？

按：程、朱派以主敬窮理爲一貫，無有是處。格物窮理之不能一貫，孔氏廣森之説是也。至主敬之不能一貫，則王陽明傳習録已言之矣：「人若矜持太過，終是有弊。」曰矜持太過何如有弊？曰人只有許多精神，若專在容貌上用功，則於中心照管不及者多矣。」數語切中主敬之弊。

焦氏筆乘：李嘉謀曰：「多學之爲病者，由不知一也。苟知其一，則仁義不相反，忠孝不相違，剛柔不相悖，曲直不相害，動静不相亂，語默不相反，如是則多即一也，一即多也，物不異道，道不異物，精亦粗，粗亦精，故曰通於一，萬事畢。」又曰：「孔子曰：主忠信。曾子曰：夫子之道，忠恕而已矣。人人有此忠信而不自知其爲主，人人有此忠恕而不知其即爲道，舍無妄而更求，是自成妄也，故曰無妄之往何之矣。夫門人疑一貫之説，如繫風捕影之難，而曾子斷斷然以忠恕盡之，然能直信曾子之言者誰乎？」楊敬仲曰：「夜半爨火滅，饑者索食對燈而坐，不知燭之即火也，則終於饑而已。忠恕之論，燭喻也。」又曰：「老子曰：道生一。當其爲道，一尚無有也，然一雖非所以爲道，而猶近於本；多學雖非離於道，而已涉於末，二者則大有間矣。雖然，此爲未悟者辨也。學者真悟，多即一，一即多也，斯庶幾孔子之一貫者已。」反身録：子貢聰明博識，而學昧本原，故夫子借己開發，使之反博歸約，務敦本原。本原誠虛靈純粹，終始無間，自然四端萬善，溥博淵泉而時出，肆應不窮，無往不貫，等閒識得東風面，萬紫千紅總是春。天下之動，貞夫一者也。貞夫一，斯貫矣。問一，曰即人心固有之理，良知之不昧者是也。常知則常一，常一則事有萬變，理本一致，故曰殊途而同歸，百慮而一致。聰明博識，足以窮理，而不足以融理；足以明道，而非所以體道。若欲心與理融，打成片段，事與道凝，左右逢原，須黜聰墮明，將平日種種聞見種種記憶盡情舍却，盡情瞥脱，令中心空空洞洞了無一翳，斯乾乾浄浄方有入機，否則憧憧往來，障道不淺。

按：陸、王派以良知爲一貫，雖未必盡合孔氏之旨，然尚有辨法，較之空言窮理而毫無所得者似差勝一籌也。

論語傳注：文、武之道在人，賢者識大，不賢者識小。夫子焉不學，是多學而識也。然在十五志學則然，迨至知天命，耳順，從心所欲不踰矩，則一以貫之，無事多學而識矣。聖門顔子而外，省身者首推曾子，達者首推子貢，故以上語之。

按：宋學中顔、李一派，其見解與程朱、陸王兩派均異，兹於列舉諸家之後列此一説，以備後之研究此章者，得觀覽焉。

【發明】反身録：博識以養心，猶飲食以養身，多飲多食物而不化，養身者反有以害身；多聞多識物而不化，養心者反有以害心。飲食能化，愈多愈好；博識能化，愈博愈妙。蓋并包無遺，方有以貫，苟所識弗博，雖欲貫，無由貫。劉文靖謂邱文莊博而寡要，嘗言邱仲深雖有散錢，惜無錢繩貫錢。文莊聞而笑曰：「劉子賢雖有錢繩，却無散錢可貫。」斯言固戲，切中學人徒博而不約，及空疏而不博之通弊。

吕留良四書講義：謝顯道博舉史書，程子謂其玩物喪志，謝聞悚然。及看明道讀史，却又逐行看過，不差一字。謝初不服，後來省悟，却將此事做話頭接引博學之士。須知夫子此箇話頭，正從實地接引耳。如以學識爲敲門之磚，以一貫爲密室之帕，皆狐禪矣。若問曰：一以貫之如何？應對曰：多學而識之可也。

按：陽明之良知説，陸稼書譏爲野狐禪。伊川之窮理説，陽明亦斥爲洪水猛獸。然其以一貫須從多學而識入手，則同。此章爲孔門傳授心法，諸家所説均未滿意，尚待後人之發明也。

○子曰：「由！知德者鮮矣。」

【考異】考文補遺：古本「矣」作「乎」。　潛夫論德化篇：孔子稱知德者尠。　韓李筆解：此句是簡篇脱漏，當在「子路愠見」下文一段爲得。　論語辨惑：知德者鮮，説者皆云爲愠見而發，過矣。中間有告子貢多學一章，則既已間斷，安得通爲一時事哉？蓋孔子世家亦載此，而多學語上加「子貢色作」四字，所以生學者之疑。嗚呼！解經不守其本文而信傳記不根之説，亦見其好異而喜鑿矣。　四書辨疑：第一章衛靈公問陳一節，孔子在衛；子路愠見一節，孔子在陳，衛與陳相去數百里，兩節非一時甚明。第二與此第三章果在何時，無文可考，今通指爲一時之言，未敢信也。　王滹南謂中間有告子貢多學一貫之章，既已間斷，安得通爲一時之事哉？蓋史記孔子世家載此而一貫語上加「子貢色作」四字，所以生後學之疑也。

【考證】劉氏正義：荀子有坐載夫子厄於陳、蔡，答子路語畢，復曰：「居，吾語女。昔者公子重耳霸心生於曹，越王句踐霸心生於會稽，齊桓公小白霸心生於莒。故居不隱者思不遠，身不佚者志不廣。」佚與逸同，謂奔竄也。或即此知德之義，但荀子語稍駮耳。

【集解】王曰：「君子固窮，而子路愠見，故謂之少於知德。」

【集注】由，呼子路之名而告之也。德，謂義理之得於己者，非己有之，不能知其意味之實也。

【別解】東塾讀書記：皇疏最精確者，子曰：「由！知德者鮮矣。」集解采王肅云：「君子固窮而子路愠見，故謂之少於知德者也。」皇疏云：「呼子路語之云，夫知德之人難得，故爲少也。如注意，則孔子此語爲問絶糧而譏發之。」澧案王肅説非是，故皇疏不從之也。夫子告子路，言知德之人鮮，猶言中庸之爲德，其至矣乎，民鮮能久矣。彼言能者鮮，此言知者鮮，其意一也。皇疏解知德者爲知德之人，文義最明。若如王肅説，則者字何所指乎？

按：此章向來注家皆以爲爲問絶糧而發，然何以中間隔子貢一章，頗有可疑。陳氏讀書得間，如此解釋，者字既有著落，且可塞喜貶抑聖門之口，較集解、集注均勝，皇疏所以不可及也。

【餘論】蔡模論語集疏：夫子呼子路，告以知德者鮮矣，謂義理有得於己，則死生禍福得喪自不能亂其所守，所以釋其愠見之惑。夫子當造次顛沛之中，所以告門人者，各隨其所蔽而開發，無以異於洙、泗雍容講論之素，此其所以爲聖人歟？

○子曰：「無爲而治者其舜也與？夫何爲哉？恭己正南面而已矣。」

【考異】春秋繁露楚莊王篇：孔子曰：「無爲而制者其舜乎？」漢書董仲舒傳：孔子曰：「亡爲而治者，其舜虖？」又王子侯表顔注引此文「恭」作「共」，云：共讀曰恭。晉書劉寔傳：子曰：「無爲而化者其舜也歟？」韓昌黎文集進士策問：夫子言無爲而理者其舜也歟。毛詩大雅卷阿箋引「共己正南面而已」，音義曰：「共，本亦作恭。」

【考證】管子乘馬篇：無爲者帝，爲而無以爲者王，爲而不貴曰伯。吕氏春秋先己篇：昔者先聖王成其身而天下成，治其身而天下治，故善響者不於響於聲，善影者不於影於形，爲天下者不於天下於身。詩曰：「淑人君子，其儀不忒，正是四國。」言正諸身也。故反其道而身善矣，行義則人善矣，樂備君道而百官已治矣，萬民已利矣。三者之成也，在於無爲。無爲之道曰勝天。注：「天無爲而化，君能無爲而治，民以爲勝於天。」漢書董仲舒傳：對策曰：「堯在位七十載，迺遜于位，以禪虞舜。堯崩，天下不歸堯子丹朱而歸舜。舜知不可辟，迺即天子之位。以禹爲相，因堯之輔佐，繼其統業，是以垂拱無爲而天下治。」又曰：「三王之道，所祖不同。非其相反，將以捄溢扶衰，所遭之變然也。故孔子曰：『亡爲而治者，其舜乎？』改正朔，易服色，以順天命而已，其餘盡循堯道，何更爲哉？」黄氏後案：治天下者，既治之，必有人以爲之。然必人主自爲之，則賢者無以施其材，不肖者亦易諉其責。無爲者，謂不親勞於事也，此乾道所以異坤道也。恭己正南面者，朝羣賢而涖之，己祇仰成也。詩卷阿「伴奂爾游矣，優游爾休矣」，箋引此經而申之曰：「言任賢故逸也」何注蓋本鄭君注與？荀子王霸篇曰：「論德使能而官施之，聖王之道也。傳曰：士大夫分職而聽，建國諸侯分土而守，三公總方而議，則天子共己而已。」漢書功臣侯表引杜業之説曰：「昔唐以萬國致時雍之治，虞、夏以多羣后享拱己之治。」顔注引此經。又新序四曰：「舜舉衆賢在位，垂衣裳恭己無爲而天下治。」三國志吴書樓玄傳引此經而申之曰：「所任得其人也。」王氏中説問易篇曰：「舜有總章之訪，大哉乎并天下之謀，兼天下之智而理得矣，我何爲哉？恭己南面而已。」皆此經之證解也。

【集解】言任官得其人，故無爲而治。

【唐以前古注】皇疏引蔡謨云：謨昔聞過庭之訓於先君曰：堯不得無爲者，所承非聖也。禹不得無爲者，所授非聖也。今三聖相係，舜居其中，承堯授禹，又何爲乎？夫道同而治異者，時也。自古以來，承至治之世，接二聖之間，唯舜而已，故特稱之焉。

【集注】無爲而治者，聖人德盛而民化，不待其有所作爲也。獨稱舜者，紹堯之後，而又得人以任衆職，故尤不見其有爲之迹也。恭己者，聖人敬德之容，既無所爲，則人之所見如此而已。

【餘論】讀四書大全説：三代以上大經大法皆所未備，故一帝王出則必有所創作以前民用，易傳、世本、史記備記之矣。其聰明睿知苟不足以有爲，則不能以治著，唯舜承堯而又得賢，則時所當爲者堯已爲之，其臣又能爲之損益而緣飾之，舜且必欲有所改創以與前聖擬功，則反以累道而傷物。舜之無爲，與孔子之不作同，因時而利用之，以集其成也。恭己者，修德於己也。正南面者，施治於民也。此皆君道之常，不可謂之有爲。至於巡狩封濬舉賢誅凶，自是正南面之事，夫子固已大綱言之，而讀書者不察耳。論語補疏：孔子贊易，言黄帝、堯、舜垂衣裳而天下治，正與此經相發明。蓋伏羲、神農以前，民苦於不知，伏羲定人道而民知男女之有别，神農教耒耜而民知飲食之有道，顓蒙之知識已開，詐僞之心漸起，往往窺朝廷之好尚以行其慧，假軍國之禁令以濟其詭。無爲者，無一定之好尚，無偏執之禁令，以一心運天下而不息，故能通其變，使民不倦；神而化之，使民宜之也。黄帝、堯、舜承伏羲、神農之後，以通變神化爲治，所謂「民可使由之，不可使知之」，伏羲、神農之治，在使民有所知；黄帝、堯、舜之治，在不使民知。不使民知，所以無爲，何以無爲？由於恭己，恭己則無爲而治，即所謂篤恭而天下平。中庸本天命率性而推論修道設教之由，盡其性以盡物之性，贊天地之化育與天地參，此伏羲、神農之治也。其次致曲，曲能有誠，以至形著明動變化，此黃帝、堯、舜之治也。唯天下至誠爲能盡其性，唯天下至誠爲能化，變化承於盡性之後，故云其次，次猶繼也。盡性者，以通神明之德，以類萬物之情也。致曲者，通其變，使民不倦；神而化之，使民宜之也。因其性善而使之知，故自誠明。因其知而致曲，使復其性之善，故自明誠。伏羲、神農開其先，固是天下至誠；黃帝、堯、舜次其後，亦是天下至誠。鄭康成謂其次致曲爲不能盡性，失之矣。羲、農已盡人盡物之性，繼之者以能化爲神，此黃帝、堯、舜次羲、農以通變神化爲治，實爲萬世聖王之法。中庸自此以下，多詳能化之義，曰至誠如神，曰時措之宜，曰無爲而成，曰生物不測，曰純亦不已，惟時措故不已，惟不已故不測，惟不測故如神，而神則無爲。凡議禮制度考文，所以寡天下之過，無不如此。無爲而治，民無能名，堯、舜之能化也。文、武，法堯、舜者也，故明之云：祖述堯、舜，憲章文、武。錯行代明，並育並行，溥博淵泉而時出，經綸大經，立大本，知化育而無所倚，皆所以如神，所以能化之實用也。如是乃無爲而治，故未暢發之。君子之所不可及者，其爲人之所不見乎？不動而敬，不言而信，不賞而勸，不怒而威，所以無爲而治，所以篤恭而天下平。上天之載，無聲無臭，此天之無爲而成，即聖人之無爲而治。邢疏以無爲爲老氏之清浄，全與經義相悖。

○子張問行。子曰：「言忠信，行篤敬，雖蠻貊之邦，行矣。言不忠信，行不篤敬，雖州里，行乎哉？

【考異】説文繫傳：篤惟馬行頓遲。詩曰「篤公劉」，論語曰「行篤敬」，皆當作「竺」，假借此篤字。史記弟子傳述作「雖蠻貊之國行也」。後漢書袁安傳引作「雖蠻貊行焉」。鹽鐵論崇禮章引作「雖蠻貊之邦，不可棄也」。翟氏考異：陸氏釋文云：「貊，説文作貌。」「貌」必貉字誤也。説文有「貉」無「貊」，故云然。然此是通説，非謂其偁引論語文異。

【考證】史記弟子傳：子張從在陳、蔡間，因問行。孔子曰：言忠信云云。晏子春秋：忠信篤敬，上下同之，天之道也，雖蠻貊之邦，行矣。翟氏考異：先儒疑首三章爲一時之言，因史記世家文也。若然，則據弟子傳，此章亦一時言矣。陳、蔡之厄，孔子年六十三，子張少孔子四十八歲，時才十五歲耳。先進篇備録從陳、蔡者十人，未有子張，史文可盡信哉！

【集解】鄭曰：「萬二千五百家爲州。五家爲鄰，五鄰爲里。行乎哉，言不可行也。」

按：弟子傳集解作二千五百家爲州。周官大司徒：「五黨爲州。」一黨五百家，鄭彼注及州長、内則注並云二千五百家爲州，此「萬」字衍也。

【集注】猶問達之意也。子張意在得行於外，故夫子反於身而言之，猶答干禄問答之意也。篤，厚也。蠻，南蠻。貊，北狄。二千五百家爲州。

立則見其參於前也，在輿則見其倚於衡也，夫然後行。」

【考異】漢書律曆志引文「輿」作「車」。史記弟子傳述無也字。皇本「參」下有「然」字，「行」下有「也」字。天文本論語校勘記：古本、足利本、唐本、津藩本、正平本「參」下有

「然」字。

【音讀】經義述聞：參可訓直。墨子經篇曰：「直，參也。」此參於前，謂相直於前也。包注「參然在前」，釋文「參，所金反」，皆未安。羣經平議：參字義不可通，如包氏注則不詞甚矣。「參」當作「厽」。玉篇曰：「厽，尚書以爲參字。」蓋西伯戡黎篇「乃罪多參在上」，古字作「厽」。顧野王所見本尚有作「厽」者，疑其以「厽」爲「參」，故云然，實則作「厽」者是也。說文厽部：「厽，絫坺土爲牆壁。象形。」尚書「參在上」、論語「參於前」，並當作「厽」。厽之言絫也，「乃罪多厽在上」，言紂之罪積絫在上也。「立則見其厽於前也」，言見其積絫於前也。且厽本象形字，立則見其厽於前，正聖人立言之精。今作「參」，則古字亡而古義亦晦矣。梁氏旁證：包注「立則常想見，參然在前」，皇疏亦云：「森森然滿亙於己前也。」釋文云：「參，所金反。」是古讀如森，皆不讀如驂字也。惟韓李筆解云：「參古驂字，如御驂在目前。」

【考證】戴震釋車云：車式較内謂之輿。自注：「大車名箱。」阮元車制圖考説：衡與車廣等，長六尺六寸。黄氏後案：意在操存者，如或見之，猶之見堯於羹，見堯於牆云爾。吕伯恭曰：此所謂誠則形也。忠信篤敬，誠也。立與在輿有所見，則形也。夫子言行之道，曰夫然後行，見其所以行者由功無間斷，積久有效，非可驟致也。徐偉長中論修本篇曰：「小人朝爲而夕求其成，坐施而立望其反，行一日之善而求終身之譽，譽不至則曰善無益矣，是以身辱名賤而不免爲人役也。」

【集解】包曰：「衡，軛也。言思念忠信，立則常想見，參然在目前。在輿，則若倚車軛也。」

【唐以前古注】皇疏：參，猶森也。言若敬德之道行，己立在世間，則自想見忠信篤敬之事森森滿亘於己前也。倚，猶憑依也。衡，車衡軛也。又若在車輿之中，則亦自想見忠信篤敬之事羅列憑依滿於衡軛之上也。若能行存想不忘，事事如前，則此人身無往而不行，故云夫然後行也。

筆解：韓曰：「參古驂字。衡，横木式也。子張問行，故仲尼喻以車乘，立者如御驂在目前，言人自忠信篤敬，坐立不忘於乘車之間。」李曰：「『大車無輗，小車無軏，其何以行之哉』，與此意同。包謂驂爲森，失之矣。」

【集注】其者，指忠信篤敬而言。參讀如「毋往參焉」之參，言與我相參也。衡，軛也。言其於忠信篤敬念念不忘，隨其所在常若有見，雖欲頃刻離之而不可得，然後一言一行自然不離於忠信篤敬，而蠻貊可行矣。

【餘論】尹會一讀書筆記：程子謂近裏著己乃爲學要訣，博學篤志切問近思，此致知之近裏著己也。忠信篤敬參前倚衡，此力行之近裏著己也。質美者合下看得透即做得到，刁蒙吉所謂上焉者即以知爲行也。其次則必守得定始養得孰，刁蒙吉所謂次焉者即以行爲知也。蓋近裏著己之學通乎上下，及其至則私欲盡化，天理純全，皆與天地同體也。中庸末章可證。莊敬分内外，持養分生孰，程子之説無不言簡意盡。

子張書諸紳。

【考證】趙佑温故録：據玉藻言帶之制，天子終辟，大夫辟垂，士率下辟。辟讀如字，即襞積之襞。率即繂，謂緶緝也。終辟者，上下皆辟之。大夫止辟其垂者，即紳也。士辟其垂之末而已。紳之長三尺，則書諸紳亦刺文於其上與？或曰紳有囊，蓋書而貯之。黄氏後案：書紳，以筆書紳也。易傳言書契，刀栞曰契，筆識曰書也。禮言載筆，詩言彤管，爾雅言不律謂之筆，魯語里革言奮筆，晉語董安于、士茁皆言秉筆，管子言削方墨筆，晏子言擁札操筆，莊子言舐筆和墨，是古有筆之證。後人疑筆始蒙恬，遂以書紳爲刺文，非也。

【集解】孔曰：「紳，大帶。」

【集注】紳，大帶之垂者，書之欲其不忘也。程子曰：「學要鞭辟近裏，著己而已，博學而篤志，切問而近思，言忠信，行篤敬，立則見其參於前，在輿則見其倚於衡，即此是學。質美者明得盡，渣滓便渾化，却與天地同體，其次惟莊敬以持養之，及其至則一也。」

按：外注係程伯子學從此入，自言所得，與解經無涉。

○子曰：「直哉史魚！邦有道，如矢；邦無道，如矢。

【考證】家語困誓篇云：史魚病將卒，命其子曰：「吾在衛朝，不能進蘧伯玉，退彌子瑕，是吾爲臣不能正君也。生而不能正君，則死無以成禮。我死，汝置尸牖下，於我畢矣。」其子從之。靈公弔，怪而問焉，其子以告。公愕然失容曰：「是寡人之過也。」於是命之殯於客位，進蘧伯玉而用之，退彌子瑕而遠之。孔子聞之，曰：「古之諫者，死則已矣，未有若史魚死而尸諫，忠感其君者也，可不謂直乎！」

按：史魚事又見賈子胎教篇、禮保傅篇、韓詩外傳七、新序雜事一。

論語後録：詩「其直如矢」，夫子此言之本也。　説苑雜言篇：仲尼言史鰌有君子之道三，不仕而敬上，不祝而敬鬼，直能曲於人。　劉氏正義：梁氏玉繩人表考：「案杜譜列史鰌在雜人，蓋不得其族系。而閻氏四書釋地又續以爲史朝之子，高氏姓名考亦云『史魚，朝子』，並謂即檀弓之衛大史柳莊，不知何據。」詩大東云：「其直如矢。」亦以矢行最直，故取爲喻也。　顔師古漢書貢禹傳注「如矢言其壹志」，謂志壹於直，不計有道無道。

【集解】孔曰：「衛大夫史鰌有道無道行直如矢，言不曲也。」

按：劉恭冕云：「鄭注：『史魚，衛大夫，名鰌。君有道無道，行常如矢，直不曲也。』此僞孔所本。」

【集注】史官名魚，衛大夫，名鰌。如矢，言直也。史魚自以不能進賢退不肖，既死猶以尸諫，故夫子稱其直，事見家語。

君子哉蘧伯玉！邦有道，則仕；邦無道，則可卷而懷之。」

【考異】唐石經「之」作「也」。　後漢書周黄徐姜申屠傳序曰：孔子稱蘧伯玉，邦無道，則可卷而懷也。　文選潘岳西征賦、盧諶贈劉琨詩兩注引「邦無道，可卷而懷之」，無「則」字。　又潘岳閒居賦注引「邦無道，則卷而懷之」，無「可」字。

【考證】潘氏集箋：伯玉仕靈公，似非在有道時，然夫子稱其以仲叔圉治賓客，祝鮀治宗廟，王孫賈治軍旅，是靈公非不知人者。又列女傳仁智篇：「衛靈公與夫人夜坐，聞車聲轔轔，至闕而止，過闕復有聲。公問夫人曰：『知此謂誰？』夫人曰：『此蘧伯玉也。』公曰：『何以知之？』夫人曰：『妾聞禮下公門，式路馬，所以廣敬也。夫忠臣與孝子不爲昭昭變節，不爲冥冥惰行。蘧伯玉，衛之賢大夫也，仁而有智，敬於事上，此其人必不以闇昧廢禮，是以知之。』公使視之，果伯玉也。」是非惟靈公知伯玉，夫人亦知伯玉矣，此伯玉所以不卷而懷之也。此夫人非南子，南子列女傳列於孽嬖，靈公之所以不亡，其賴此夫人歟？黄氏後案：蘧伯玉值獻、殤、襄、靈四君之世，吴公子札適衛，稱衛多君子，事見左傳，在襄公初立之時。淮南子泰族訓云：「蘧伯玉以其仁寧衛，而天下莫能危。」説苑奉使篇言趙簡子將襲衛，使史黯往視之。黯曰：「今蘧伯玉爲相，史鰌佐焉，孔子爲客，子貢使令於君前，甚聽，其佐多賢矣。」簡子按兵而不動。是皆有道則仕之事也。韓詩外傳二曰：「外寬而內直，自設於隱括之中，直己而不直人，善廢而不悒悒，蘧伯玉之行也。」韓傳説卷懷之行如此也。春秋傳載近關再出事，前儒有疑，式三舊作論以破之矣。論曰：「左傳襄公十四年，孫林父逐其君衎。二十六年，甯喜弑其君剽。蘧伯玉身遭其變，近關再出。或以伯玉爲無此事，而左氏爲誣。或以左氏有此事，而伯玉爲非。左氏，信史也。伯玉，賢大夫也。爲此説者，豈通論哉！孔子之再主伯玉家也，據史記在衛靈公將卒之時，事在哀公二年。距襄公之十四年，年六十有七。則孫氏構禍，伯玉年少，而名德既著，物望攸歸。

孫氏奸雄，意欲收拾人心，藉以爲重。卒能進退裕如，全身遠害，此明哲之知幾也。逮夫衎奔剽立，孫甯專國，伯玉當此無道，必已卷而懷之矣。惟其卷而懷之，甯喜疑其不忘舊君，欲與之謀弑剽也。亦惟其卷而懷之，甯喜亦聽其從近關出也。伯玉之答孫林父曰：『君制其國，誰敢奸之？』大義已懔懔矣。其答甯喜則曰：『瑗不得聞君之出，敢聞其入？』是出與入皆可付之不聞矣。包子良謂其『不與時政』者是也。顧震滄大事表以三大義責伯玉，上者正色直辭以折之，次者乞師大國以討之，其又次者逃之深山終身不仕，此三策也，豈容責不與時政之伯玉乎？甬上全氏曰：『伯玉之力不足以誅孫甯，即其地亦非能通密勿有聞即可入告者，故凡責伯玉以不討賊不死節，皆屬不知世務之言。』全氏此説，以伯玉聞謀而去，爲義所宜矣。然全氏又謂既去而返，與亂臣賊子比肩旅進，責伯玉以再仕，不知其何所據而斷爲再仕也。夫二子之論，一以左氏爲非實録，一以近關之出爲别有一人，而左氏爲誤，此皆因伯玉之賢見稱於聖人，不敢不以左氏爲疑。然則伯玉之賢，使不有聖人之定論，而後儒如顧氏者，將據左氏之文而貶伯玉於人表之下矣。論古之士，其慎之哉！」

論語足徵記：集注：「如於孫林父、寗殖放弑之謀不對而出，亦其事也。」案此注爲劉歆所誤，乃歆之厚誣伯玉也。以羣書校之，不惟事理不合，亦且年數不符。據史記世家，孔子適衛，或譖於靈公，孔子恐獲罪，去衛過匡，拘焉。去即過蒲，反乎衛，主蘧伯玉家。此與經蘧伯玉使人於孔子。吕氏春秋召類篇：「趙簡子將襲衛，使史默往睹之。反曰：『今蘧伯玉爲相，孔子爲客，子貢使令於君前，甚聽。』」淮南子同。新序：「衛靈公之時，蘧伯玉賢而未用。」列女傳：「衛靈公與夫人夜坐，聞車聲轔轔，至闕而止。公問夫人曰：『知此爲誰？』夫人曰：『此蘧伯玉也。』」是皆以伯玉爲仕靈公朝，惟左傳列之於獻公朝，左氏有必不可通者。當魯襄公二十九年，季札來聘説叔孫穆子，於齊説晏平仲，於鄭見子産，適衛説蘧瑗、史狗、史鰌、公子荆、公叔發、公子朝，適晉説趙文子、韓宣子、魏獻子、叔向。及趙文子之孫簡子於昭二十五年合諸侯之大夫，韓宣子之孫簡子於昭三十二年城成周，魏獻子之孫襄子於定十三年伐范氏，叔孫穆子之子爲昭子，孫曰成子，皆卒昭二十五年，成子之子武叔又相繼從政矣。是終昭、定之世，趙、韓、魏氏已三傳，叔孫氏已四傳，平仲、子産、叔向、季札亦皆前卒，而與五國之卿同時服官之伯玉，至哀公二年孔子適衛時尚存，已爲可異。且孔子於定十五年初適衛時，史魚亦尚存，公叔文子卒於定十三年，而皆爲季札所説，何齊、鄭大夫人人早世，魯、晉卿族世世短命，而耄耄老臣獨萃於衛也？然且獻公出奔在魯襄公十四年，又先季札來聘十五年，是時伯玉已由仕而懷，禮曰「四十强而仕」，即使伯玉始仕即懷，極少亦四十餘歲矣。從此七年，孔子始生，則伯玉約長孔子五十歲，至孔子五十九歲乃主其家，伯玉且百有一十歲矣。雖古多高年之人，然高年遇主如太公、絳縣老人之流，書皆載之以爲美談，何羣書於伯玉但述其賢，未詳其壽耶？今案伯玉行年五十而知四十九年之非，行年六十而六十化，然則寡過未能當在五六十之間，若五十以前未及知非，六十以後當可無過，何但未能寡哉？而孔子於蘧使之來當在初去衛以後，年方五十有七，是則伯玉於孔子年當相若，即稍長亦無幾歲，衛獻出奔之時，孔子未生，伯玉亦未生，即生亦不過數歲，安得有不與孫甯之謀，兩從近關出事？若果有之，則孔子適衛時伯玉應已前卒，何從主其家？何從使人於孔子？以此言之，左氏是則論語、史記非也，論語、史記是則左氏非也。左氏經劉歆竄亂，豈論語、史記比者？蓋歆左莽篡漢，醜正惡直，上及古人，其竄亂左氏，誣搆忠良也。或謂其懿行而曲肆貶辭，如洩冶之直諫而訾之以立辟是也。或掩其本事而造言污衊，如不言孔父之正色立朝而誣以因妻賈禍是也。誣伯玉亦誣孔父之類。朱子未燭其隱而取以注此，此而不辨，則事君者安則食其禄，危則避其難，而猶得稱爲君子，則全軀保妻子之臣，於計得矣，豈非害義之大者？　羣經平議：「之」字漢石經作「也」，後漢書周黄徐姜申屠傳序亦曰：「孔子稱蘧伯玉，邦無道，則可卷而懷也。」是古本如此，當從之。卷之義爲收，儀禮公食大夫禮「有司卷三牲之俎」，鄭注曰：「卷，猶收也。」懷之義爲歸，詩匪風篇「懷之好音」，皇矣篇「予懷明德」，毛傳並曰：「懷，歸也。」邦有道則仕，邦無道則可卷而懷也，美其有道則出仕，無道則卷收而歸也。今作「卷而懷之」，之字何所指乎？

【集解】包曰：「卷而懷，謂不與時政，柔順不忤於人。」

【集注】伯玉出處合於聖人之道，故曰君子。卷，收也。懷，藏也。如於孫林父、甯殖放弒之謀不對而出，亦其事也。

按：閻氏若璩曰：「孫林父謀逐君在襄十四年，甯喜謀弒君在二十六年，並無甯殖。此甯殖當是甯喜。喜者，殖子也。」王厚齋云：「甯殖當是甯喜。」戴大昌四書問答論之曰：「是說疑之者多矣。顧復初曰：襄十四年，孫甯逐其君衎，迨二十五年，衎復入，伯玉俱不對，從近關出。左氏所稱，殆不可信，如果有之，是春秋之馮道也。夫食人之禄者，死人之事，當聞孫林父之謀，伯玉能直辭正色以折之，上也。乞師大國討其罪而復其君，次也。否則逃之深山，終身不復出，又次也。乃衎出而臣剽，剽弑而復臣衎，有事則束身出境，無事則歸食其禄，而謂伯玉出此乎？子朱子乃引爲卷而懷之之證，余疑其事而急辨之。」全謝山亦曰：「伯玉位在庶僚，力不足以誅孫甯，故伯玉所處不能討賊，亦不必定死節，惟聞孫甯之言而去，固義所宜，乃既去而即返，且即返亦何可以再仕？是視其君之出人生殺如弈棋，以近關之出爲定算，禍作而去，禍止而返，仍浮沉于鴟鴞之羣，則似于義固有歉也。惟是伯玉之年齒固有可疑者，計獻公之出在襄公十四年，而其時孫甯已思引以共事，蓋少亦當三十矣。乃至哀公元年，孔子再至衞，主于其家，則上距孫甯逐君之歲已六十有六年，伯玉當近期頤，而史魚猶以尸諫，南子尚聞車聲，則猶未致仕，是大可疑也。竊意近關再出，不知何人之事，誤屬之伯玉，以是時伯玉當未從政也。」此二君之説大略如此。竊謂吴季札因闔閭使專諸刺僚，去之延陵，終身不入吴國；叔孫昭子因季平子逐昭公，使其祝宗祈死，雖至親且不願與同朝，寧伯玉獨出其下乎？如曰不對而出，則亦陳文子之去他邦，不久即返耳，尚足爲有道則仕、無道則卷之證哉？

【餘論】潘德輿養一齋集：卷而懷之，殆未仕也與？夫獻公之暴，所謂邦無道時也，觀史魚之進伯玉，知伯玉始固未嘗進矣。又曰未仕而國之卿大夫訪之，重其賢也。四書紹聞編：有道則仕，無道則可卷而懷之，我不以不仕矯人，人不以仕强我，我不以仕徇人，其間可不可，有義存焉。多少有立有爲之人，到無道時不可卷懷以及於悔者有之矣。是有道而仕可能也，無道可卷而懷之爲難，然即其無道可卷而懷之，則其於有道之時進不隱賢，必以其道，亦並可想矣。惟進有可出而行之，則退有可卷而懷之。

○子曰：「可與言而不與之言，失人；不可與言而與之言，失言。知者不失人，亦不失言。」

【考異】皇本、唐石經本引「不與之言」俱無之字。後漢書安帝紀或語郭林宗，引孔子云云，亦無之字。

【考證】中論貴言篇：君子必貴其言。貴其言則尊其身，尊其身則重其道，重其道，所以立其教。言費則身賤，身賤則道輕，道輕則教廢。故君子非其人則弗與之言。君子之與人言也，使辭足以達其知慮之所至，事足以合其性情之所安，弗過其任而强牽制也。孔子曰：「可與言而不與之言，失人。不可與言而與之言，失言。知者不失人，亦不失言。」夫君子之於言也，所致貴也，雖有夏后之璜、商湯之駟，弗與易也。今以施諸俗士，以爲志誣而弗貴聽也，不亦辱己而傷道乎？

【唐以前古注】皇疏：謂此人可與共言，而己不與之言，則此人不復見顧，故是失於可言之人也。

言與不可言之人共言，是失我之言者也。唯有智之士則備照二途，則人及言並無所失也。

【餘論】四書説約：人才難遇，覿面而失，豈是小事？然恐失人，遂至失言者勢也，兩病祇是一根，祇爲不識人耳，故知者得之。

○子曰：「志士仁人，無求生以害仁，有殺身以成仁。」

【考異】唐石經「害仁」之「仁」作「人」。文選曹植贈徐幹詩注引論語「無求生以害人」。太平御覽仁德類述論語「無求生以害人」。漢書蘇武傳贊、中論夭壽篇、後漢書杜林傳注、秦淮海集臧洪論引文皆以「殺身」句處「求生」句前。列女傳節義篇引論語曰：「君子殺身以成仁，無求生以害仁。」晉書忠義傳序：「古人有言，君子殺身以成人，不求生以害仁。」郭象南華經注引孔子曰：「士志於仁者，有殺身以成仁，無求生以害仁。」翟氏考異：按文選注引用人字，前輩校本嘗改之爲「仁」。今考唐石經自作「人」，則選注未嘗誤也。在石經此字難言非誤，而當時勒諸太學示學者咸取則焉，李善生值其世，又安得不遵從乎？此等處足見校書之難。

【考證】羣經平議：志士即知士也。禮記緇衣篇：「爲上可望而知也，爲下可述而志也。」鄭注曰：「志，猶知也。」楚辭天問篇：「師望在肆，昌何志？」王注曰：「言太公在市肆而屠，文王何以志知之也。」是志與知義同。列子湯問篇：「女志强而氣弱，故足於謀而寡於斷。」張湛注曰：「志，謂心智。」蓋志可爲知，故亦可爲智，論語每以仁知並言，此云志士仁人，猶云知士仁人也。

仁者安仁，知者利仁，故有殺身以成仁，無求生以害仁。正義以爲志善之士，非是。孟子滕文公篇：「志士不忘在溝壑，勇士不忘喪其元。」此志字亦當讀爲智。韓詩外傳載巫馬期之言曰：「吾嘗聞之夫子，勇士不忘喪其元，志士仁人不忘在溝壑。」是則孔子本以志士仁人並稱，與此章同，孟子所引不備耳。趙岐但據孟子文爲注，故曰：「志士，守義者也。勇士，義勇者也。」恐非孔子之本意矣。

論語補疏：殺身成仁，皇、邢兩疏引比干、夷、齊，固矣，乃殺身不必盡甘刀鋸鼎鑊也，舜勤衆事而野死，冥勤其官而水死，爲民禦大災捍大患，所謂仁也。以死勤事，即是殺身成仁。苟自惜其身，則禹不胼胝不至於跳步，則水不平，民生不遂，田賦不能成，即是不能成仁。故有殺身以成仁者也，不愛其身以成仁，則能敬其事，故修己以敬，即能安人安天下也。管子不死而民到於今受其賜，則成仁不必殺身，死不死之關乎仁不仁可互見矣。

【集解】孔曰：「無求生而害仁，死而後成仁，則志士仁人不愛其身也。」

【唐以前古注】皇疏：既志善行仁，恒欲救物，故不自求我之生以害於仁，恩之理也。生而害仁，則志士不爲也。

又引繆播云：仁居理足，本無危亡，然賢而圖變，變則理窮，窮則任分，所以有殺身之義。故比干割心，孔子曰殷有三仁也。

【集注】志士，有志之士。仁人則成德之人也。理當死而求生，則於其心有不安矣，是害其心之德也。當死而死，則心安而德全矣。

【餘論】朱子語類：問：死生是大關節，功夫却不全在此，學者須是於日用之間，不問事之大小，皆欲即於義理之安，然後臨死生之際，庶幾不差。若平常應事義理合如此處都放過，到臨大節未有不可奪也。曰然。

南軒論語解：人莫不重於其生也，君子亦何以異於人哉？然以害仁，則不敢以求生。以成仁，則殺身而不避。蓋其死有重於生故也。夫仁者，人之所以生者也。苟虧其所以生者，則其生也亦何爲哉？曾子所謂「得正而斃」者，正此義也。志士志於仁者，與仁人淺深雖有間，然是則同也。

○子貢問爲仁。子曰：「工欲善其事，必先利其器。居是邦也，事其大夫之賢者，友其士之仁者。」

【考異】漢書梅福傳引「利」作「厲」。論語古義：古文論語「利」作「厲」，春秋文公七年傳云：「訓卒利兵。」是「利」與「厲」同。論語後録：厲，古以爲旱石，厲勵其器者，所謂於石上刉之也。詩鄭箋曰：「善其事曰工。」許慎説：「工，巧飾。」云工者已善矣。梅福傳注：工以喻國政，利器喻賢才。

按：劉恭冕云：「惠氏棟九經古義以『利』爲古論，馮氏登府異文考證以『厲』爲魯論，二字訓義略同也。言『居是邦』則在夫子周遊時。」其説良確。

【集解】孔曰：「言工以利器爲用，人以賢友爲助。」

【唐以前古注】皇疏：將欲達於爲仁之術，故先爲説譬也。工，巧師也。器，斧斤之屬也。言巧師雖巧，藝若輪般，而作器不利，則巧事不成；如欲其所作事善，必先磨利其器也。合譬成答也。是，猶此也。言人雖有賢才美質，而居住此國，若不事賢、不友於仁，則其行不成，如工器之不利也。必欲行成，當事此國大夫之賢者，又友此國士之仁者也。大夫貴，故云事。士賤，故云友也。大夫言賢，士云仁，互言之也。

【集注】賢以事言，仁以德言。夫子嘗謂子貢悦不若己者，故以是告之，欲其有所嚴憚切磋以成其德也。　程子曰：「子貢問爲仁，非問仁也，故孔子告之以爲仁之資而已。」

【餘論】四書辨疑：人之所以處己所以接物者，無非事也。事合善道然後爲德，仁德在身然後稱賢。無無事之德，無無德之賢。今推注文之説，賢如何單以事言而無關於德，仁如何單以德言而無關於事，賢與仁如何分，事與德如何辨，皆不可曉。試從此説分仁賢爲兩意論之，事其大夫之賢者，則仁者不在所事矣；友其士之仁者，則賢者不在所友矣。人或以此爲問，不知答者復有何説也？經文於大夫言賢，於士言仁，此特變文耳。言賢則仁在其中，言仁則賢在其中，賢者仁者義本不殊，不可强有分别也。　劉開論語補注：此章告子貢以爲仁之資，罕譬語意本自分明，而因解反晦。工欲善其事，必先利其器者，蓋利器即所以善事，而器不能自利，必假物以利之。春秋傳曰「摩厲以須」，是刃必摩厲而後有用，而摩厲必有藉也。百工之事不過金角木石之屬，周禮八材，珠曰切，象曰磋，玉曰琢，石曰磨，木曰刻，金曰鏤，革曰剝，羽曰析，而其用器互相爲利，如金之利必假于石，竹箭木角之利必假于金，皆取資他物以成其器之利也。此亦猶欲爲仁者必先自成其德，而德不能自成，必賴士大夫之賢仁，嚴憚切磋而後得以薫陶德性。子貢生質最美，夫子稱爲瑚璉之器，但好方人而悦不若己者處，恐其自是而輕視當時之人，故告以隨所居之邦，必得賢仁之資以收事友之效，庶幾可以成其材德之善； 如工之善事利器，不自恃其器之良，而必取利于他物以自利也。 若如俗解，只知工當利器，而不知器不能自利，故與爲仁之取資于大夫士者不能關合，于是衍爲紛紜之論，以上器字對下士大夫，以上利字對下賢仁，是子所謂利器專以比大夫之賢與士之仁者矣，于己何涉？ 夫工之利器雖假于他物，而所利者猶屬在己之器； 士之爲仁雖資于賢仁，而所成者猶屬在己之德。 今謂大夫士之賢仁乃爲仁之利器，是器在大夫士，利亦在大夫士，而所以利其器者誰耶？ 而夫子何以不言利器而必曰利其器也？ 則知所謂器者，蓋比己之材質，即「汝器也」之義。 所謂利者，蓋比取益于人以成己之善，是即所以利其器也。 不然，利器屬大夫士，而吾將爲大夫士利之乎？ 真乃説之不可通者矣。

○顔淵問爲邦。

【唐以前古注】皇疏：顔淵魯人，當時魯家禮亂，故問治魯國之法也。

【集注】顔子王佐之才，故問治天下之道，曰爲邦者，謙辭。

按：皇疏以爲問治魯國之法固非，然必謂顔子爲問治天下而謙言爲邦則亦不然。 邢疏「問治國之禮法於孔子」，語較無疵。 劉氏正義曰：「爲邦者，謂繼周而王，以何道治邦也。」最爲得之。

【餘論】干寶易雜卦注： 弟子問政者數矣，而夫子不與言三代損益，以非其任也。 回則備言，王者之佐，伊尹之人也，故夫子及之焉。 吕氏春秋察今篇： 故治國無法則亂，守法而弗變則悖。悖亂不可以持國。世易時移，變法宜矣。譬之若良醫，病萬變，藥亦萬變；病變而藥弗變，嚮之壽民，今爲殤子矣。故凡舉事，必循法以動。變法者因時而化，若此論則無過務矣。夫不敢議法者，衆庶也。以死守者，有司也。因時變法者，賢主也。小倉山房文集：此章顔淵必是論時輅等項，記者但括之曰問爲邦，夫子因如其問而定之。不然，豈有南面爲君，僅頒一曆，乘一車，戴一冠，奏一部樂，而謂治國平天下之道已盡于此乎？

子曰：「行夏之時，

【考異】後漢書輿服志引孔子曰：「其或繼周者，行夏之正，乘殷之輅，服周之冕，樂則韶舞。」

按：此爲劉氏正義之説所本，蓋漢儒舊説也。

【考證】北史李業興傳：天平四年，使梁。梁武帝問：「尚書正月上日受終文祖，此時何正？」業興對曰：「此夏正月。」問何以得知。對曰：「按尚書中候運衡篇云日月營始，故知夏正。」又問：「堯以前何月爲正？」對曰：「自堯以上書不載，實所不知。」梁武云：「寅賓出日即是正月，日中星鳥，以殷仲春，即是二月，此出堯典，何得云堯時不知用何正？」對曰：「雖三正不同，言時節者皆據夏時正月。周禮，仲春二月會男女之無夫家者，雖自周書，亦言夏時。堯之日月亦當如此。」日知録：三正之名見於甘誓。蘇氏以爲自舜以前必有以建子建丑爲正者。微子之命曰：「統承先王，修其禮物。」則知杞用夏正，宋用殷正，若朝覲會同，則用周之正朔，其於本國，自用其先王之正朔也。獨晉爲姬姓之國而用夏正，則不可解。讀書臆：商、周子丑之建，或曰時月皆改，或曰時月皆不改，惟即位改元，以是月行事耳。二説宜何從？曰：於周吾從其時月俱改者，於商吾從其時月俱不改者。伊訓：「惟元祀，十有二月乙丑，伊尹祠于先王，奉嗣王祇見厥祖。」太甲：「惟三祀，十有二月朔，伊尹以冕服奉嗣王歸于亳。」蔡氏曰：「祠告復政皆重事也，故皆以正朔行之是也。然皆不言正月，吾故曰於商從其時月俱不改者，從商書也。春秋『春王正月』，左氏曰：『春王周正月。』公羊亦曰：『曷爲先言王，後言正月？王正月也。』吾故曰於周從其時月俱改者，從春秋也。」商書之義，蔡氏得之，若詩之「四月維夏，六月徂暑」，則吴氏徵所云夏正得天，行於民間者久，詩人從舊俗稱之耳。蔡氏引爲周不改時月之證，誤矣。

陔餘叢考：春秋時列國多用夏正，左傳隱公三年夏四月鄭祭足帥師取温之麥，秋又取成周之禾。若係周正，則麥禾俱未熟，取之何用？是鄭用夏正也。隱六年，宋人取長葛。經書冬而傳書秋，蓋宋用殷正建酉之月，周之冬即宋之秋也。桓七年，穀伯綏來朝，鄧侯吾離來朝。經書夏而傳書春，而傳在上年十二月。十年，里克弑其君卓。經書正月而傳在上年十一月。十五年，晉侯及秦伯戰於韓，獲晉侯。經書十一月，傳書九月。又如左傳僖二十三年九月，晉惠公卒。二十四年正月，秦伯納重耳於晉。而國語則云十月晉惠公卒，十二月秦穆公納公子。魯之月與晉不同，是晉不用周正也。文十年，齊公子商人弑其君舍。經書九月，傳作七月，是齊不用周正。又管子立政篇「正月令農始作」，輕重篇「令民九月種麥」，則齊用夏正也。史記秦本紀「宣公初志閏月」，則宣公以前並有不置閏者，其不用周正可知也。魯號秉禮之國，然論語「暮春者，春服既成」，若周正則暮春尚是夏之正月，安得有换春衣浴且風之事？則魯亦用夏正可知也。又左傳文元年閏三月，非禮也。襄二十七年再失閏，哀二年又失閏。季孫問仲尼。仲尼曰：「今火猶西流，司曆過也。」杜注云：「尚是九月，曆官失一閏也。」十三年十二月又螽，杜注云：「季孫雖聞仲尼言而不能正曆，失閏至此年，故十二月又螽。」則魯不惟不用周正，並夏正亦失之矣。劉原父謂左氏日月多與經不同，蓋左氏雜取當時諸侯史策之文，其用三正參差不一，故與經多歧。逸周書周月解曰：「亦越我周改正以垂三統，至於敬授民時，巡狩烝享，猶自夏焉。」故七月之詩，皆以夏正紀節物；四月維夏，六月徂暑；維暮之春，下接於皇來牟，將受厥明；周禮仲春會合男女之無夫家者，非皆夏正乎？孔子告顔子以行夏時，亦以夏時本所當遵，當時已多私用，與其另建一朔而不能使天下畫一，不如仍用夏正，俾上下通行也。四書問答：三正之説，按詩多言夏正，凡云四月維夏，六月徂暑；六月北伐；及十月之交，皆夏正也。（鄭氏以十月之交爲夏之八月者，非。）而七月一篇凡言月者則夏正，（「七月流火，九月授衣」之類。）凡言日者則周正。（一之日觱發，二之日栗烈。）王介甫謂陽生矣則言日，陰生矣則言月，與易臨「至於八月有凶」，復「七日來復」同意耳。又周禮「正月之吉始和布教於邦國都鄙」，注云：「周正月朔日。」此則周正也。「正歲令於教官」，注云：「夏正月朔日。」此則夏正也。蓋商、周改正朔之説，張敷言謂分史册所書、民俗所用二項。朱子答吴晦叔書亦謂當時二者並行，惟人所用。吕東萊云：邠風十月而曰改歲，蓋三正之通于民俗尚矣。春秋書春王正月，解者三説不同。按周章成以孔、鄭言時月俱改者爲是，觀孟子言十一月徒杠成，十二月輿梁成，朱子以爲十一月十二月者，九月十月也；若非九月十月，築作之期已過，何得更造橋梁？明堂位言季夏六月，以禘禮祀周公於太廟。夫禘在孟夏四月，而言季夏六月，是以孟夏爲季夏，以四月爲六月也。春秋書雩者二十，其時皆七八九月，乃夏之五六七月，正百穀望雨之時，故雩祀以求之。且春秋書春無冰，秋無麥，謂時不改，何以冰在春而麥在秋？孟獻子言正月日至可以有事於上帝，七月日至可以有事於祖，謂月不改，何以冬至在正月而夏至在七月？更考曆法，昭公七年四月甲辰朔，日食於降婁之初，則夏之二月也。昭公三十一年十二月辛亥朔，日食在龍尾，則夏之十月也。梓慎曰：火出於夏爲三月，於商爲四月，於周爲五月。此尤其明白易見者也。（徐揚貢曰：春夏秋冬之序，則用周正；分至啓閉之候，則用夏時。）黃氏後案：何解云「夏時易知」，失之。朱子以時正令善言，其義爲備。斗柄以歲差而移，如今正月初昏柄指丑矣，注言斗柄亦失之。注天開於子當以一歲言，依邵堯夫說，以一萬八百年之一會言，亦失之也。夏時對周正言，孔子時之所行者周正，以子月爲春正月也。胡康侯謂周改月不改時，蔡仲默又謂時月俱不改，後儒申蔡說者並以春秋書正月爲建寅之月，尤失之也。先儒駁胡、蔡者曰，月必首正，時必首春，如謂殷之正稱冬十二月，周之正稱冬十一月，是二代俱無正，何以稱改正？且一年之内首尾皆冬，非所以一天下之視聽也。周既不改時月，而謂夫子作春秋改冬爲春，改十一月爲正月，戾王朝之正朔，改本國之史書，尤不可訓。且如胡說，則周本行夏時，而以子月爲冬；夫子不行夏時，而以子月爲春，與胡氏所謂夫子有行夏時之意實相矛盾，然則周以夏之十一月爲春正月無疑也。以詩證之，如七月述公劉而主夏正，其云一之日二之日，又以十月爲改歲，已爲用子正之始。禮言仲冬作酒，而詩言春酒，是正改而時亦改之證。唐風「蟋蟀在堂，歲聿其莫」，毛傳：「蟋蟀九月在堂。」則周以子月爲歲首，而九月以後爲歲暮也。采薇「歲亦陽止，歲亦莫止」，箋謂十月爲陽月，則周以十月爲歲暮也。是周詩以子月爲春正矣。以周官言之，太史職曰「正歲年以序事」，歲指夏言，年指周言。大司徒職、鄉大夫職、州長職異正月正歲之名，而事不異。凡言正月之吉，必在歲終正歲之前，未嘗一錯舉於後，以其時之相承正月爲建子之月，歲終爲建丑之月，正歲爲建寅之月也。是周官凡言正月皆子月也。以禮記證之，雜記孟獻子曰：「正月日至可以有事於上帝，七月日至可以有事於祖。」以二至在正月七月，用周正也。以孟子證之，「七八月之間旱而苗槁，七八月之間雨集溝澮皆盈」，言苗槁言雨集，是爲夏之五六月。又曰：「十一月徒杠成，十二月輿梁成。」以國語、夏小正諸書徵之，爲夏之九十月。又引曾子曰「秋陽以暴之」，所謂秋者，指夏正五六七月而言，是孟子言周正也。春秋左傳之文，如梓慎曰：「火出於夏爲三月，於商爲四月，於周爲五月。」此周改月之證，固爲明著矣。而隱公九年三月震電，乃正月雷也。桓公八年冬十月雨雪，乃八月雪也。桓公十四年春正月無冰，成公元年春二月無冰，乃十一月十二月無冰也。成公十年六月晉侯使甸人獻麥，六月乃夏之四月也。僖公五年十二月晉滅虢，先是卜偃據夏正，言克虢在九月十月之交，此以周正書也。僖公五年正月，日南至，正月爲冬至，則夏之十一月也。經有但書時者，僖公十年冬大雨雪，以酉戌月爲冬，故異而誌之。襄公二十八年春無冰，以子丑月爲春，故異而誌之。桓公四年春正月，公狩于郎。杜注謂冬獵曰狩，周之春，夏之冬也。哀公十四年春，西狩獲麟，亦然。定公十三年夏，大蒐于比蒲，次年又書五月大蒐于比蒲，此行夏時春田之禮於周之夏也。此皆經傳之確有可據者。三陽之月皆可爲正，皆可爲春，周以天氣一陽初復之月爲春正，殷以地氣初萌芽之月爲春正，夏以人得陽煦之氣農功初起之月爲春正，三正迭用，而夫子則以夏時爲得宜也。此前儒顧震滄、戴東原等言之詳矣。或曰：呂圭叔以爲顔子得志行道，改革天命，方可行之，是信然與？曰非也。先王既立一代之法，而前代典章必兼存而不廢，殷、周雖改正朔，必存夏正。説者以史册所書者周正，民俗所用者夏正，是固然矣。而其實夏正之用非特民俗之話言而已，周官重别歲年，凌人掌冰云「歲十有二月，令斬冰」，此承夏月而言。其他祭祀田獵逆暑迎寒之屬，夏時繫仲春者周爲四月，繫仲秋者周爲十月。又考之易與書，盤庚曰「若農服田力穡乃亦有秋」，是商用夏正。金縢「秋大熟」，是周用夏正。易説卦傳曰「兑正秋」，皆用夏正者也，誰謂爲邦不可行夏時哉？

【集解】據見萬物之生，以爲四時之始，取其易知。

【唐以前古注】皇疏：孔子此答，舉魯舊法以爲答也。行夏之時，謂用夏家時節以行事也。三王所尚，正朔服色也，雖異，而田獵祭祀播種並用夏時，夏時得天之正故也。魯家行事亦用夏時，故云行夏之時也。

【集注】夏時，謂以斗柄初昏建寅之月爲歲首也。天開於子，地闢於丑，人生於寅，故斗柄建此三辰之月，皆可以爲歲首，而三代迭用之，夏以寅爲人正，商以丑爲地正，周以子爲天正也。然時以作事，則歲月自當以人爲紀，故夫子嘗曰「吾得夏時焉」，而說者以爲謂夏小正之屬，蓋取其時之正與其令之善，而於此又以告顏子也。

【餘論】論語後録：有夏時，亦有殷時、周時。夏時春以人爲正，殷時春以地爲正，周時春以天爲正。三代革命，應天順人，故改正而月從之。陳寵所稱「天以爲正，周以爲春；地以爲正，殷以爲春；人以爲正，夏以爲春」者是已。後世儒者說春秋有夏時冠周月之論，是於古制無所依據，難信之矣。又曰周雖改正，亦兼用夏時，如詩七月流火，六月北伐，禮春頒秋刷，春蒐秋獮是也。又周書解周月以春三月中氣，雨水、春分、穀雨，亦是夏時。周禮稱十一月爲正月，十二月爲歲終，以十三月爲正歲。夏曰歲，以十三月爲正歲，十二月爲歲終，先王遵夏時之明恉歟？乾鑿度曰：「三王之郊一用夏正。」比物此志歟？過庭録：元年春王周正月，解曰：周禮太史「正歲年以敍事」，鄭康成說：「中數曰歲，朔數曰年。」中數者日數，凡十二月之中氣於是乎出。朔數，月數也，晦朔弦望於是乎成。春夏秋冬之序以日所次爲紀，班固述博士義謂四時不隨正朔變，周書周月云：「萬物春生夏長，秋收冬藏，天地之正，四時之極。夏數得天，百王所同。」又云：「我周致伐於商，改正異械，以垂三統，至於敬授民時，巡守祭享，猶自夏焉。」然則所謂正歲年者，以中數正朔數也。事者，授時巡守祭享之事也。秦、漢以後，太史正歲年之法廢，故或以秋爲冬，以冬爲春，以春爲夏，以夏爲秋，而生長收藏舊訓咸戾。始於風謡，及於紀載，并沿訛於儒者之説經，由太史之失官也。既有元有春而後有王，董仲舒言王者上承天之所爲，下以正其所爲，正王道之端云爾。春秋以王上承天，故繫王於春而繫正於王。春秋之名即太史正歲年之法。孔子之所竊取，則春秋之義天法也。其不隨正朔而變，所謂天不變也。正月以下皆王之所爲，故有三統，而史之文用之，凡商、周之書稱月者，未嘗繫時。又代所流傳商、周彝器，其銘詞皆史官所籑，皆稱月而不繫時，以繫時則文不順也。春秋之經以元年春王正月公即位分爲五始，故或不書春，或不書王，或不書正月，或不書即位，以各爲一條，非連綴而讀，則辭得參差也。或難曰：子所言之義，皆今文家言，説左氏者恐不然。答曰：左氏之書，史之文也，於春秋之義蓋闕而不言，故博士以爲不傳春秋，學者求其義，舍今文家末由也。且左氏獨言周正月，以見正月以下爲史官之文，未嘗以春爲周之春，則亦以爲不變，是雖不傳春秋而循文求義，亦不佹也。

論語述何：春秋于郜、河陽冬言狩，周十二月夏十月也。于郎春言狩，周正月夏十一月，以正月譏其非禮。獲麟春言狩，不加正月，譏文去周之正，行夏之時也。夏時今在禮記，文簡而旨無窮，春秋法其等，用其忠也。

論語竢質：此爲周後言之也。鄭注尚書堯典曰：「堯正建丑，舜正建子。」尚書大傳曰：「夏以孟春月爲正，殷以季冬月爲正，周以仲冬月爲正。」又曰：「王者存二代之後，與己爲三，所以通三統，立三正。」又曰：「三統，三正也，若循連環，周則又始，窮則反本也。」是以知帝王之受命，必改正朔，不相沿襲，逆而溯之，堯之前高辛氏必建寅，又其前高陽氏必建子，凡建子後必建寅也。周正建子，則繼周者自當建寅，故子曰「行夏之時」，是據繼周者而言，非謂長行夏曆久不改也。

【發明】康有爲論語注：歐、美以冬至後十日改歲，則建子矣。俄及回曆則建丑矣。今大地文明之國仍無不從孔子之三正者，若印度則與中國同行夏時矣。其餘秦以十月則久不行，波斯以八月則亦微弱，馬達加斯加以九月，緬甸以四月，皆亡矣，益見大聖之大智無外也。今諸經所稱，自春秋外，皆夏時也。

乘殷之輅，

【考異】釋文：「輅」，本亦作「路」。　段氏説文注：「輅」當作「路」。　史記殷本紀贊引孔子曰：「殷路車爲善。」索隱曰：「論語乘殷之輅，太史公不取成文，遂作此語。」　後漢書輿服志志五路，曰：所謂孔子乘殷之路者也。

【考證】明堂位：鸞車，有虞氏之路也。鉤車，夏后氏之路也。大路，殷路也。乘路，周路也。　陳氏集説：路與輅同。　釋名釋車：天子所乘曰路。路亦車也，謂之路者，言行于道路也。　論語竢質：説文解字：「輅，車軨前横木也。」則非車矣。後人改論語之「路」爲「輅」，誤矣。

【集解】馬曰：「殷車也，大輅。　左傳曰：『大輅越席，昭其儉也。』」

【唐以前古注】皇疏：亦魯禮也。殷輅，木輅也。周禮天子自有五輅：一曰玉輅，二曰金，三曰象，四曰革，五曰木。五輅並多文飾，用玉輅以郊祭。而殷家唯有三輅：一曰木輅，二曰先輅，三曰次輅。而木輅最質素無飾，用以郊天。魯以周公之故，雖得郊天，而不得事事同王，故用木輅以郊也。故郊特牲説魯郊云：「乘素車，貴其質也。旂十有二旒，龍章而設日月，以象天也。」鄭玄注云：「設日月，畫於旂上也。素車，殷輅也。魯公之郊，用殷禮也。」按如記、注，則魯郊用殷之木輅也。

【集注】商輅，木輅也。輅，大車之名。古者以木爲車而已，至商而有輅之名，蓋始異其制也。周人飾以金玉，則過侈而易敗，不若商輅之樸素渾堅，而等威已辨，爲質而得其中也。

【餘論】潘氏集箋：論語後録曰：「漢祭天乘殷之輅，今謂之桑根車。」案周禮巾車：「掌王之五路。一曰玉路，鍚，樊纓十有再就，建太常，十有二斿，以祀。金路，鉤，樊纓九就，建大旂以賓，同姓以封。象路，朱，樊纓七就，建大赤以朝，異姓以封。革路，龍勒，條纓五就，建太白，以即戎，以封四衛。木路，前樊鵠纓，建大麾，以田，以封蕃國。」此五路旂物遞降，木路最簡易，故春秋傳曰：「大路越席，昭其儉。」周以之田，漢以之祭，漢改周制，以夫子之言歟？又考司馬彪輿服志：「秦并天下，閱三代之禮，或曰殷瑞山車，金根之色。漢承秦制，御爲乘輿，孔子所謂乘殷之輅者也。」劉昭曰：「殷人以爲大輅，於是始皇作金根之車。殷曰桑根，秦改曰金根。」然則桑根非金根矣。

【發明】黄氏後案：周人尚輿，一器而工聚，且飾以金玉。夫子言乘殷之輅，則知日用器物以質爲貴，後世金玉之器類失於奢。

服周之冕，

【考證】宋書禮志：周監二代，典制詳密。弁師掌六冕，司服掌六服，設擬等差，各有其序。周之祭冕，繅采備飾，故夫子曰「服周之冕」，以盡美稱之。四書辨證：冕何以名也？周禮弁師疏：「爵弁前後平則得弁稱，冕則前低一寸餘，得冕名，冕則俛也，以低爲號也。」又左傳疏亦謂冕後高前下，有俛俯之形，而因名焉。蓋以在上位者易於驕矜，欲令位彌高而志彌下也。

【集解】包曰：「冕，禮冠。周之禮文而備，取其黈纊塞耳，不任視聽。」

按：劉恭冕云：「注有脱文，當云：『取其垂旒蔽明，黈纊塞耳，不任視聽也。』大戴禮子張問入官篇：『古者冕而前旒，所以蔽明也。黈絖塞耳，所以弇聰也。』盧辯注：『禮緯含文嘉以懸絖垂旒爲閑姦聲，弇亂色，令不惑視聽。』則繅瑱之設，兼此二事也。」

【唐以前古注】皇疏：亦魯郊也。周禮有六冕：一曰大裘冕，二曰袞，三曰鷩，四曰毛毳，五曰絺，六曰玄。周王郊天以大裘而冕，雖魯郊不得用大裘，但用袞以郊也。郊特牲云：「祭之日，王被袞以象天。」鄭玄注曰：「謂有日月星辰之章也，此魯禮也。周禮，王祀昊天上帝則服大裘而冕，祀五帝亦如之。魯公之服，自袞冕而下也。」按此記、注即是魯郊用袞也。

【集注】周冕有五，祭服之冠也。冠上有覆，前後有旒，黄帝已來蓋已有之，而制度儀等至周始備。然其爲物小而加於衆體之上，故雖華而不爲靡，雖費而不及奢，夫子取之，蓋亦以爲文而得其中也。

樂則韶、舞。

【考證】羣經平議：舞當讀爲武。周官鄉大夫：「以鄉射之禮五物詢衆庶，五曰興舞。」論語八佾篇「射不主皮」，馬注引作「五曰興武」。莊十年左傳經文「以蔡侯獻舞歸」，穀梁作「獻武」。詩序：「維清，奏象舞也。」獨斷曰：「維清，奏象武之所歌也。」皆古人舞、武通用之證。樂則韶、武者，則之言法也，言樂當取法韶、武也。子於四代之樂獨於韶、武有盡美之論。雖盡善微有低昂，然尚論古樂，韶之後即及武，而夏、殷之樂不與焉。可知孔子之有取於武矣。夏時、殷輅、周冕皆以時代先後爲次，若韶、武專指舜樂，則當首及之。惟韶、武非一代之樂，故列於後。且時言夏，輅言殷，冕言周，而韶、舞不言虞，則非止舜樂明矣。

按：俞説是也。孔子世家言孔子「絃歌詩以求合韶、武雅頌之音」，韶、武並言，皆孔子所取也。

【集解】韶，舜樂也。盡善盡美，故取之。

【唐以前古注】皇疏：謂魯所用樂也。韶舞，舜樂也。周用六代樂：一曰雲門，黄帝樂也。二曰咸池，堯樂也。三曰大韶，舜樂也。四曰大夏，夏禹樂也。五曰大濩，殷湯樂也。六曰大武，周樂也。若餘諸侯，則唯用時王之樂。魯既得用天子之事，故賜四代禮樂，自虞而下，故云樂韶舞也。所以明堂位云：「凡四代之服器官，魯兼用之。」是故魯王禮也，而用四代，並從有虞氏爲始也。又春秋魯襄公二十九年傳：吴公子季札聘魯，請觀周樂，乃爲之舞，自周以上至見舞韶箾者，曰：「至矣哉！大矣，如天之無不幬，如地之無不載也。雖甚盛德，其蔑以加於此矣。觀止矣！若有他樂，吾不敢請已！」杜注云：「魯用四代之樂，故及韶箾而季子知其終也。」

【集注】取其盡善盡美。

【餘論】陳祥道禮書：學者之事，始乎書，立乎禮，成乎樂，而舞又樂之成焉，故大司樂言樂德樂語而終於樂舞，樂師言樂成告備而終於臯舞，孟子言仁義智禮樂之實而終於不知手之舞之，記言詩言志，歌詠聲，而終於舞動容，此舞之所以爲樂之成也。四書釋地三續：吴公子札之觀樂，以歌始，以舞終，即舞亦以文武始，以韶箾終。黄氏後案：韶武之舞，後世猶存。漢有文始五行舞，五行舞本周舞，秦始皇二十六年，改名五行文始舞，即韶舞，漢高祖六年更名文始，魏文帝改五行舞曰大武舞，正始舞曰大韶舞，北魏武帝改武舞爲章烈，韶舞爲崇德。然古樂如碩果孤存，而淫哇之新聲盛行，以未遵夫子放淫之教耳。漢有河間獻王之雅樂，備數而不常御，常御及郊廟皆非雅聲。唐所用者多教坊俗樂，太常閲工人常肄習之，其不可教者乃習雅樂。漢、唐如此，餘復何論。

放鄭聲，遠佞人。鄭聲淫，佞人殆。」

【考證】樂記：鄭音好濫淫志，宋音燕女溺志，衛音趨數煩志，齊音敖辟喬志。此四者，皆淫於色而害於德，是以祭祀弗用也。　五經異義：魯論説，鄭國之俗，有溱、洧之水，男女聚會，謳歌相感，故云「鄭聲淫」。　白虎通禮樂篇：樂尚雅何？　雅者，古正也，所以遠鄭聲也。　孔子曰「鄭聲淫」何？　鄭國土地民人山居谷汲，男女錯雜，爲鄭聲以相悦懌。　朱子詩集注：鄭、衛皆淫聲，然衛詩三十九，淫奔才四之一。　鄭詩二十一，淫奔不翅七之五。　衛猶爲男悦女，鄭皆爲女惑男。　衛人猶多刺譏懲創之意，鄭人無復羞愧悔悟之萌，故夫子獨以鄭聲爲戒。　四書稗疏：集注謂是鄭國之音，據溱洧諸詩言之，而謂鄭詩淫者十九，舉叔段、忽突及憂亂刺學校之詩概指之爲淫，而盡廢古序以徵此文之説。　按鄭之爲國，在雍州之域，今漢中之南郊也。　桓公謀遷於虢、檜之墟而復蒙鄭號，然則風氣之淫者故鄭乎？　新鄭乎？　衛居沬上，濱河沃衍，有紂之遺風，是故桑間、濮上靡靡之音以作。　雒州水土重厚，周京之故壤，檜地狹而多憂，有宗周之感，既皆民無淫習，桓、武、莊、厲，亟戰貪利，其叔内訌，五子交争，晉、楚尋兵，辛苦墊隘，淫聲其暇作乎？　蓋雅，正也。　鄭，邪也。　醫書以病聲之不正者爲鄭聲，么哇嚅唲而不可止者也，其非以鄭國言之明矣。　先儒以今之琴操爲鄭聲，其説是已。　琴不譜褰裳、溱洧之辭，豈亦如朱子詩傳之譏乎？　丹鉛總録：淫者，過也。　水過於平曰淫水，雨過於節曰淫雨，聲過於樂曰淫聲，謂鄭作樂之聲淫，非謂鄭詩皆淫也。　陳啓源毛詩稽古篇：朱子以鄭聲淫一語斷盡鄭風二十一篇，此誤也。　夫子言鄭聲淫耳，曷嘗言鄭詩淫乎？　聲者，樂音也，非詩詞也。　淫者，過也，非專指男女之欲也。　古之言淫多矣，於星言淫，於雨言淫，於水言淫，於刑言淫，於遊觀田獵言淫，皆言過其常度耳。樂之五音十二律長短高下皆有節焉，鄭聲靡曼幻眇，無中正和平之致，使聞之者導欲增悲，沈溺而忘返，故曰淫也。朱子以鄭聲爲鄭風，以淫過之淫爲男女淫欲之淫，遂舉鄭風二十一篇盡目爲淫奔者，所幸免者惟緇衣、太叔于田、清人、羔裘、女曰雞鳴五篇而已，其餘雖思君子如風雨，刺學校廢如子衿，亦排衆論而指爲淫女之詞。夫孔子删詩以垂教立訓，何反廣收淫詞豔語，傳示來學乎？陶靖節閑情賦，昭明歎爲白璧微瑕，故不入文選，豈孔子之見反出昭明下哉？　匏瓜録：案左傳蕭魚之會，鄭人賂晉侯以師悝、師觸、師蠲，鐘磬、女樂。襄公十五年，以賂請尉氏、司氏之餘盜於宋，而師茷、師慧與焉。慧過宋朝而譏其無人，且曰：「若猶有人焉，豈其以千乘之相，易淫樂之矇？」由此觀之，當時列國必尚鄭聲，故鄭以此行賂於晉、宋，人情所喜如彼，政治風俗可知矣，夫子所以惡其淫而放之也。　劉氏正義：漢書禮樂志云：「桑間、濮上，鄭、衛、宋、趙之聲並出。内則致疾損壽，外則亂政傷民。庶民以爲利，列國以相間。」皆以鄭聲爲鄭國之聲，與魯論説同。其煩手淫聲謂之鄭聲，乃左傳別一義，服虔解誼據之，不與魯論同也。又魯論舉溱洧一詩，以爲鄭俗多淫之證，非謂鄭詩皆是如此，許氏錯會此旨，舉鄭詩而悉被以淫名。自後遂以鄭詩混入鄭聲，而謂夫子不當取淫詩。又以序所云刺時刺亂者改爲刺淫，則皆許君之一言誤之矣。樂記云：「世亂則禮慝而樂淫，是故其聲哀而不莊，樂而不安，慢易以犯節，流湎以忘本。廣則容姦，狹則思欲。感條暢之氣，而滅平和之德，是以君子賤之也。」周官大司樂「凡建國，禁其淫聲、過聲、凶聲、慢聲」，注：「淫聲，若鄭、衛也。」淫聲爲建國所宜禁，故此言爲邦亦放之矣。白虎通誅伐篇：「佞人當誅何？爲其亂善行，傾覆國政。」韓詩内傳曰：「孔子爲魯司寇，先誅少正卯。謂佞道已行，亂國政也。佞道未行，章明遠之而已。論語曰：『遠佞人。』」公羊莊十七年：「齊人執鄭詹，書甚佞也。」何注：「孔子曰：『放鄭聲，遠佞人。』罪未成者，但當遠之而已。」與白虎通義合。通鑑孝元帝紀引荀悦曰：「子曰『遠佞人』，非但不用而已，乃遠而絶之，隔塞其源，戒之極也。」

【集解】孔曰：「鄭聲佞人亦俱能感人心，與雅樂賢人同。而使人淫亂危殆，故當放遠之。」

【唐以前古注】皇疏：亦魯禮法也。每言禮法，亦因爲後教也。鄭聲淫也，魯禮無淫樂，故言放之也。佞人，惡人也。惡人壞亂邦家，故黜遠之也。出鄭聲、佞人，所以宜放遠之由也，鄭地聲淫而佞人鬥亂，使國家爲危殆也。按樂記云：「鄭音好濫淫志，宋音燕女溺志，衛音趨數煩志，齊音敖辟喬志。」所以是淫也。

按：皇疏以此爲治魯國之法，可謂别解之一，故備列也。

【集注】放，謂禁絶之。鄭聲，鄭國之音。佞人，卑諂辨給之人。殆，危也。程子曰：「問政多矣，惟顔子告之以此。蓋三代之制皆因時損益，及其久也，不能無弊。周衰，聖人不作，故孔子斟酌先王之禮，立萬世常行之道，發此以爲之兆爾。由是求之，則餘皆可考也。」尹氏曰：「此所謂百王不易之大法，孔子之作春秋，蓋此意也。孔、顔雖不得行之於時，然其爲治之法，可得而見矣。」

【别解】羣經義證：莊十七年公羊傳疏：「或何氏云『鄭聲淫』與服君同，皆謂鄭重其手而音淫過，非鄭國之鄭也。」鄭既與服同指，殆勝許氏之單説矣。又鄭聲即樂記「鄭音好濫淫志」，亦非鄭詩是也。

論語發微：此陳明堂之法，亦春秋之法也。明堂者，祀五精之帝，行五行四時之令，所謂布政之宫，朝諸侯之堂也。平天下在治其國，故大司徒言建王國，康誥言作新大邑于東國洛，此治天下以爲邦言也。曰行夏之時者，春夏秋冬謂之四時，春秋先言春，後言王正月。王正月，不修春秋也。曰春曰王，孔子之修春秋也。公羊以春爲歲之始，董生書曰：「天之道春暖以生，夏暑以養，秋清以殺，冬寒以藏。」何休述春秋説曰：「昏斗指東方曰春，指南方曰夏，指西方曰秋，指北方曰冬。」周書周月曰：「凡四時成歲，有春夏秋冬，各有孟仲季以名十二月，中氣以著時。應春三中氣，雨水、春分、穀雨。夏三中氣，小滿、夏至、大暑。秋三中氣，處暑、秋分、霜降。冬三中氣，小雪、冬至、大寒。閏無中氣，斗指兩辰之間，萬物春生夏長，秋收冬藏，天地之正，四時之極，夏數得天，百王所同。」又曰「亦越我周致伐于商」云云。故周公作明堂、月令，首孟春之月，即周月篇之義。先儒言堯正建丑，舜正建子，而虞書言授時巡守，皆用建寅，即明堂之法。白虎通引尚書大傳曰「夏以孟春月爲正」云云。白虎通又曰：「四時不隨正朔變，何以爲四時？據物爲名，春當生，冬當終，皆以正爲時也。」則凡言春夏秋冬皆主夏數，不隨正朔而易。春秋託新王，將以夏正變周正，故冠之以春。董生有云「春者，天之所爲」云云，此行夏之時之義也。然則左傳、孟子之言春秋，蓋以孔子之名加之於魯史者也，故論語言易、詩、書、禮、樂及史而未嘗言春秋，則春秋自孔子時乃名之矣。考書二十八篇、詩三百篇、周官六篇未嘗以春夏秋冬加之十二月之上，今傳三代彝器銘詞，但云幾年幾月，而無言春正月秋七月者，春秋之文所謂春自爲春，正月自爲正月，五始之義與傳記之詞不同。左氏不傳春秋，其云春正月夏四月，以史記引左氏校之，往往無春夏字，知劉歆以傳合經，依經文加之，實違春秋之旨。自歆改左氏而班固撰漢書，於史記幾月之上皆加春夏字以歸畫一。白虎通係固撰集諸經博士議，各有家法，而自撰漢書則失其義。若以春秋隨正朔而變，是以周正建子爲春，當寒而藏，不得言暖以生也。秋暑以養，不得言清以殺也。周正建子，斗指北方，不得爲春，四時類是。且春者，蠢也。夏者，假也。秋者，揫也。冬者，終也。使以建子爲春，則春不蠢動，秋不收斂，按之名義，四時皆失。然四時不隨正朔而變，在漢初已茫昧，故太初以前輒以孟秋爲孟冬（古詩十九首玉衡指孟冬，此用秦正，實用建申月也）。而鄭康成解經又往往以孟春爲建子，季夏爲建巳者，由春秋之學未是專門也。曰乘殷之輅者，明堂位言「魯君孟春乘大路」云云，配以后稷，天子之禮也。孟春建寅之月，易說云：「三王之郊，一用夏正。」魯既用天子禮，故亦以建寅月。明堂位又言：「大路，殷路也。乘路，周路也。」鄭注：「大路，木路也。乘路，玉路也。」漢祭天乘殷之輅也，今謂之桑根車。」郊特牲曰：「乘素車，貴其質也。」鄭注：「素車，殷路也。」魯公之郊用殷禮。」按小戴記與春秋、論語同一家法，不與周禮同也。曰服周之冕者，郊特牲曰：「祭之日，王被衮以象天。」鄭注：「謂有日月星辰之章，此魯禮也。周禮祀昊天上帝，則服大裘而冕，祀五帝亦如之。

魯侯之服，自袞冕而下也。」又曰：「戴冕璪十有二旒，則天數也。」鄭注：「天之大數不過十二。」按被袞象天之義與堯典、虞書所載同，亦春秋之禮也。春秋託王於魯，亦可謂之魯禮，其不用大裘而戴十二旒之冕，則惟冕用周禮，餘自爲春秋之制，不必如鄭君引魯侯之服自袞冕而下也。

曰樂則韶舞者，夏時殷輅周冕，備三代之質文，著三統之遞易，春秋去周之正，行夏之時，故獲麟春言狩。公羊傳曰：「麟者，仁獸也，有王者則至。」何休曰：「上有聖帝明王，天下太平，然後乃至。」尚書曰：「簫韶九成，鳳皇來儀，擊石拊石，百獸率舞。」此樂則韶舞之義也。八佾篇：「子謂韶，盡美矣，又盡善也。」鄭注：「韶，舜樂也。美舜以德禪於堯，又盡善，謂太平也。」又云：「謂武，盡美矣，未盡善也。」鄭注：「武，周武王樂。美武王以武功定天下，未盡善，謂未致太平。」此明韶樂爲致太平之樂，春秋至所見世爲治太平，故作韶樂以明之。公羊傳又曰：「撥亂世反諸正，莫近諸春秋，則未知其爲是與？其諸君子樂道堯、舜之道與？」何休曰：「堯、舜當古歷象日月星辰，百獸率舞，鳳皇來儀。春秋亦以王次春，上法天文，四時具，然後爲年，以敬授民時，崇德致麟，乃得稱太平。道同者相稱，德合者相友，故曰樂道堯、舜之道。」是春秋致太平之後，與堯、舜之道爲一，故可用韶舞。云放鄭聲者，太平既致，瑞應既臻，日中則昃，持盈保泰，不可不嚴也。夫鄭聲之亂雅樂，利口之覆邦家，既亂既覆，所謂淫也，殆也，雖隨以誅戮，亦無及也。惟仁君克己復禮，則知而放之遠之而已，故樂記曰：「鄭音好濫淫志，宋音燕女溺志，衛音趨數煩志，齊音敖辟喬志，此四者皆淫于色而害於德，是以祭祀弗用也。」此明堂之祭弗登四者之音，鄭聲其最甚者。云遠佞人者，春秋莊十七年「齊人執鄭瞻」，傳：「書甚佞也。」何休曰：「罪未成者，但當遠之而已。」此解遠之義。又「鄭瞻自齊逃來」，傳：「何以書？曰佞也。曰佞人來矣，佞人來矣。」何休曰：「蓋痛魯知而受之，聽其計策以取齊淫女，丹楹刻桷，卒爲後敗也。」按莊公用鄭瞻計，取齊淫女，幾爲陳佗之殺，故曰殆也。如明堂之法，備四代之官，而自嚴澤宫取士之制，故曰勇則害上，不登於明堂。書曰「何畏乎巧言令色孔壬」，皆謂遠佞人也。

【餘論】困學紀聞：唐太宗文學館學士，許敬宗與焉；裴晉公淮西賓佐，李宗閔與焉，以是知佞人之難遠。

論語集釋卷三十二

衛靈公下

○子曰：「人無遠慮，必有近憂。」

【考異】皇本「人」下有而字。

【集解】王曰：「君子當思慮而豫防也。」

【唐以前古注】皇疏：人生當思漸慮遠，防於未然，則憂患之事不得近至。若不爲遠慮，則憂患之來不朝則夕，故云必有近憂也。

【集注】蘇氏曰：「人之所履者，容足之外，皆爲無用之地，而不可廢也。故慮不在千里之外，則患在几席之下矣。」

【餘論】四書辨疑：蘇氏論地理遠近，義有未安。君子以正心修身爲本，近思約守，事來則應，未聞所慮必須長在千里外也。存心於千里之外，以備几席之間，咫尺之患，計亦疎矣。遠，久遠也。但凡作事不爲將來久遠之慮，必有日近傾敗之憂也。梁氏旁證：蔡氏淵曰：「蘇氏之說，遠近以地言，若以時言，恐亦可通。如國家立一法度，若不爲長遠之慮，則目前即有近憂矣。」按皇疏云：「人當思漸慮遠，防於未然，則憂患之事不得近。」蔡氏之説蓋本此也。四書釋地三續：京山郝氏曰：「居安而不慮危，危即生於安。處治而不慮亂，亂即伏於治。故曰慮不遠，憂必近也。慮者預備，非虚慮也。凡造化人事，憂樂相循，利害相倚，日中則昃，月盈則虧，自然之數。能慮則神明常醒，灼見消息盈虚之理，不敢爲貫盈履滿之事；兢業早圖，則造化可回，雖氣數有固然，而意外卒至之患無矣。」

【發明】困學紀聞：思欲近，近則精；慮欲遠，遠則周。論語集注補正述疏：所謂遠慮者，以正謀，非以私計也。如私計乎，古人之戒室家，子孫蓄財多害；秦燔書而銷兵，二世速亡。孔子曰：「吾恐季孫之憂，不在顓臾，而在蕭牆之内也。」後世若斯類者，豈可言遠慮哉！

○子曰：「已矣乎！吾未見好德如好色者也。」

【考異】皇本無「乎」字。

【考證】論語稽：此章與子罕篇所記同，而多「已矣乎」三字，疑因季桓子受女樂而郊不致膰，孔子時將去魯而發也。曰已矣乎，有惜功業不就，吾道不行之意。

【唐以前古注】皇疏：既先云已矣，明久已不見也。疾時色興德廢，故起斯歎也。此語亦是重出，亦孔子再時行教也。

【集注】已矣乎，歎其終不得而見之也。

○子曰：「臧文仲其竊位者與？知柳下惠之賢而不與立也。」

【考異】文選西京賦注引國語曰：臧文仲聞柳下惠之賢。又報孫會宗書注引論語，「與立」下無「也」字。

【考證】列女傳：柳下惠處魯，三黜而不去，仕於下位。既死，門人將誄之。妻乃誄曰：「夫子之不伐兮，夫子之不竭兮，夫子之信誠而與人無害兮。屈柔從容，不强察兮。蒙恥救民，德彌大兮。雖遇三黜，終不蔽兮。愷悌君子，永能厲兮。嗟呼惜哉！乃下世兮。庶幾遐年，今遂逝兮。嗚呼哀哉！魂神泄兮。夫子之謚，宜爲惠兮。」門人從之。　瞥記：柳下惠氏展，名獲，字禽，又字季，謚惠，而柳下之稱未知是邑是號。趙岐孟子注以柳下爲號。廣韻及唐書宰相表云食采柳下，遂爲氏，故左傳、論語疏謂柳下食邑名。莊子盜跖釋文一曰邑名，而藝文類聚八十九引許慎淮南子注云：「展禽之家樹柳行惠德，號柳下惠。」莊子釋文、荀子成相、大略注並同其説，以爲居於柳下也。魯地無名柳者，展季卑爲士師，亦未必有食邑，當是因所居號之。　四書釋地續：展禽爲魯公族，居應于曲阜，而食邑則在柳下。柳下今不可的知所在，以顔蠋言「秦攻齊，令有敢去柳下季壟五十步而樵採者，死不赦」證之，古人多葬於食邑，壟所在即邑所在，則柳下者自當在齊之南，魯之北，二國壤接處，方昔爲魯地，後爲齊有也，可以想見。予獨怪集注于論語柳下既曰食邑矣，于孟子柳下忽用莊子注「居柳下而施德惠」之文曰居柳下，雖居含有食義，而食邑不可徒言居。意者展禽亦如李伯陽，生而指李樹因以爲姓；又如晉五柳先生，宅邊有五柳樹，因以爲號焉者耶？　潘氏集箋：孟子公孫丑篇趙岐注：「姓展名禽字季，柳下是其號。」高誘淮南子注：「展禽之家有柳樹，身行惠德，因號柳下惠。」皆不以柳下爲邑，與鄭義異。高誘以邑名列於後，一解。莊子盜跖釋文亦云一曰邑名。瞥記又據荀子成相、大略篇注亦云居柳下，謂魯地無名柳者，展季卑爲士師，亦未必有食邑，當是因所居號之。錢塘梁履繩左通補釋曰：「余於乾隆己酉孟夏，至曲阜，過宋家營，有柳下惠墓，豈即春秋之柳下乎？」據閻百詩謂古人多葬於食邑，梁説是也。

按：柳下惠邑里字名諸説各異，鄭以爲食采柳下，朱子從之，而注孟子則又云居柳下。趙岐注孟子，柳下是其號，朱子以爲展獲字禽，趙岐以爲名禽字季。考柳下爲食邑，見左傳孔疏。居柳下，見莊子注。皆不知其據何書。至謂柳下爲號，則更無可見矣。柳下氏展，係公子展之後，名獲，見國語；字季，見國策；字禽，見左傳，以居柳下，姓展，名獲，字禽，私諡惠爲近。其曰季者，蓋以行第稱之也。高誘淮南子注：「展禽家有柳樹，身行惠德，因號柳下惠。」藝文類聚八十九引作許慎注。荀子成相、大略篇注亦云居柳下，然魯地無名柳下者。展季卑爲士師，未必有食邑，當是因所居號之，如東門遂、南宮适、東郭偃之類。

羣經義證：左傳宣十八年：「臧宣叔怒曰：『子欲去之，許請去之。』」注：「宣叔，文仲子，武仲父，許其名也。時爲司寇，主行刑。」襄二十一年，季孫謂臧武仲曰：「子爲司寇，將盜是務去。」此兩世皆爲司寇。獨文仲無文，古者仕有世官，文仲蓋居是位而子孫因之。文十八年傳：「僕因國人以弒紀公，以其寶玉來奔。季文子使司寇出諸境，公問其故。季文子使太史克對曰：

『先大夫臧文仲教行父事君之禮曰：見有禮於其君者，事之如孝子之養父母也。見無禮於其君者，誅之如鷹鸇之逐鳥雀也。』」是文仲告文子皆舉其職言之，無禮則誅，司寇責也。文仲居是官，實身爲其屬，日相從事，材與不材必無不悉，夫子故探其實，曰知獄，無遁辭矣。羣經識小：臧氏世爲司寇，文仲當己爲之，或爲司空而兼司寇也。惠士師，正其屬官，無容不知。此與文子同升事正相反也。

論語述何：在魯言魯，前乎夫子而聖與仁，柳下惠一人而已，仲忌而不舉，罪與三家者同。春秋於莊公二十八年書臧孫辰告糴于齊，譏其爲國不知禮也。自後大亂三世，臧文仲柄爲政，若罔聞知，歷莊、僖、文之篇，凡四十有八年，而書其卒，餘事曾不一見，于策蓋削之也。若曰素餐尸位，妨賢病國之文臣，不若盜死之爲愈矣。論語偶記：展喜犒齊師，使受命於展禽，正臧孫辰爲政之時。見内傳。展禽譏文仲祀爰居，文仲曰：「是吾過也。季子之言不可不法也。」使書之以爲三筴。見外傳。並是文仲知柳下惠之證。繹史：魯國之無治也，世卿柄政而公室不張，臧孫蔽賢而展禽伏處於下位，屬有疆埸之事，則談言可以却强敵，要信足以孚鄰國（呂氏春秋，齊攻魯，求岑鼎。魯君載他鼎以往，齊侯弗信，必取信於柳下惠是），亦唯柳下惠是問，彼肉食者安往乎？故惠之三黜，不足以損惠之聖，而魯不用惠，非惠之不幸，是魯之不幸也。羣經平議：不與立於朝廷，而但曰不與立，文義未足。立當讀爲位，周官小宗伯「掌建國之神位」，注曰：「故書位作立，立讀爲位。」古者立、位同字，古文春秋經「公即位」爲「公即立」，然則「不與立」即「不與位」，言知柳下惠之賢而不與之禄位也。上句竊位作位字，下句不與位作立字，猶孟子公孫丑篇「有仕於子而子悦之」作仕字，「夫士也亦無王命而私受之於子」作士字也。

【集解】孔曰：「柳下惠，展禽也。知其賢而不舉，是爲竊位。」

【唐以前古注】文選陶徵士誄注引鄭注：柳下惠，魯大夫展禽。食邑柳下，謚曰惠。

按：御覽四百二引鄭注：「柳下惠，魯士師展禽也。其邑名柳下，謚曰惠。」文小異。

【集注】竊位，言不稱其位而有愧於心，如盜得而陰據之也。柳下惠，魯大夫展獲，字禽，食邑柳下，謚曰惠。與立，謂與之並立於朝。范氏曰：「臧文仲爲政於魯，若不知賢，是不明也；知而不舉，是蔽賢也。不明之罪小，蔽賢之罪大，故孔子以爲不仁，又以爲竊位。」

【餘論】四書説約：自古權臣無不蔽賢，匪獨量隘，實是持位保禄之心勝耳。知惠之賢而不與立，是何心腸？「竊位」二字化工之筆。

○子曰：「躬自厚而薄責於人，則遠怨矣。」

【考異】春秋繁露仁義法篇作「躬自厚而薄責於外」。經義述聞：躬自厚者，躬自責也。因下「薄責於人」而省責字。

【考證】吕氏春秋舉難篇：故君子責人則以人，自責則以義。責人以人則易足，易足則得人。自責以義則難爲非，難爲非則行飾。故任天地而有餘。不肖者則不然，責人則以義，自責則以人。責人以義責難瞻，難瞻則失親。自責以人則易爲，易爲則行苟。故天下之大而不容也，身取危，國取亡焉，此桀、紂、幽、厲之行也。中論修本篇：孔子之制春秋也，詳内而略外，急己而寬人。故於魯也，小惡必書；於衆國也，大惡始筆。夫見人而不自見者謂之矇，聞人而不自聞者謂之聵，慮人而不自慮者謂之瞀。故明莫大乎自見，聰莫大乎自聞，睿莫大乎自慮。

【集解】孔曰：「責己厚，責人薄，所以遠怨咎。」

【唐以前古注】皇疏引蔡謨云：儒者之説，雖於義無違，而於名未安也。何者？以自厚者爲責己，文不辭矣。厚者，厚其德也，而人又若己所未能而責物以能，故人心不服。若自厚其德而不求多於人，則怨路塞，責己之美雖存乎中，然自厚之義不施於責也。

【集注】責己厚，故身益修；責人薄，故人易從。所以人不得而怨之。

【發明】養一齋劄記：大人者，正己而物正者也。至誠而不動者，未之有也。不誠未有能動者也。常常誦之，責己必密，責人必輕矣。吕成公讀躬自厚而薄責於人章，頓改悁忿之質，此祇認得躬字，非從遠怨落想也。吴廷棟拙修集：疾惡太嚴，非處世所宜，然究其弊，仍是爲己之心未切。若移疾惡之心反而自治，則其疾人惡之意自緩矣，故曰攻其惡，無攻人之惡。惡不仁者，其爲仁矣，不使不仁者加乎其身。又曰見不賢而内自省也，其不善者改之。蓋學惟爲己而已，誠嚴於自治，又何暇責人乎？

○子曰：「不曰『如之何，如之何』者，吾末如之何也已矣。」

【音讀】梁氏旁證：孔注於第一「如之何」下安注，於「如之何者」下注云：「言禍難已成，吾亦無如之何也。」皇、邢兩疏並同，則皆作兩截讀，似不如集注之順。春秋繁露執贄篇引子曰：「人而不曰『如之何，如之何』者，吾莫如之何也矣。」此在注疏之前，當即集注之所據也。鄒浩論語解義：「不曰如之何如之何」當作一句，如之何猶云奈之何也。至於言如之何如之何，固已不能爲之於未有，治之於未亂矣；猶不曰如之何如之何，則是不知悔者也，雖聖人其如何哉！

【考證】荀子大略篇：天子即位，上卿進曰：如之何？憂之長也。陸賈新語辨惑篇：故孔子遭君暗臣亂，衆邪在位，政道隔於王家，仁義閉於公門。故作公陵之歌，傷無權力於世，大化絶而不通，道德私而不用，故曰：「無如之何者，吾末如之何也已矣。」

按：此漢人舊説，指世亂言之。僞孔所云「禍難已成」，似即竊取此義。然曰「無如之何」者，亦統兩「如之何」爲一句，非如僞孔横分兩句也。

【集解】孔曰：「不曰如之何者，猶言不曰奈是何也。如之何者，言禍難已成，吾亦無如之何也。」

【唐以前古注】皇疏引李充云：謀之於其未兆，治之於其未亂，何當至於臨難而方曰如之何也。

【集注】如之何，如之何者，熟思而審處之辭也。不如是而妄行，雖聖人亦無如之何矣。

【别解】論語集説：天下之事當防微杜漸於未然之前，故不曰如之何。若至於已然，横流極熾，無可奈何之後，雖聖人亦無如之何矣，故曰如之何者，吾末如之何也已矣。（河東侯氏）

按：此以「如之何」斷句，本注疏之説，不如朱注之長，姑備一説。

【發明】此木軒四書説：此章與季文子章對看，彼欲其果斷，此戒其輕率，既精審又果斷，處事之道盡矣。

○子曰：「羣居終日，言不及義，好行小慧，難矣哉！」

【考異】釋文：魯讀慧爲惠，今從古。　皇本「慧」作「惠」，所載鄭氏注亦作「小惠」。　太平御覽人事部引論語「好行小惠」。　翟氏考異：漢書昌邑王清狂不惠，列子逢氏有子少而惠，義並通慧。又韓非説林「惠子」作「慧子」，王應麟云篆文惠與慧同，然則魯、古之文雖異，實仍無異。　論語古義：漢書言昌邑王清狂不惠，義作慧，是慧、惠古通。　讀書叢録：文選陳孔璋檄吴將校部曲「説誘甘言，懷寶小惠」，李善注：「論語曰好行小慧。」從魯讀也。　馮登府論語異文考證：案晉語：「巧文辯惠則賢。」惠即慧。後漢孔融傳「將不早惠乎」，注：「惠作慧。」列子穆王篇「秦人逢氏有子少而惠」，陸機弔魏武文「知惠不能去其惡」，並與慧同。

【考證】劉氏正義：此章是夫子家塾之戒。説文云：「羣，輩也。」羣居，謂同來學共居者也。夫子言人羣居當以善道相切磋，不可以非義小慧相誘引也。説文：「慧，儇也。」史記索隱：「慧，智也。」左成十八年傳「周子有兄而無慧」，杜注：「蓋世所謂白癡。」則慧爲有才知之稱。戴氏望注云：「小慧爲小辨慧也。哀公欲學小辨以觀於政。孔子曰：『不可。社稷之主愛日。』」案戴説即鄭義。釋文引注更云：「魯讀慧爲惠，今從古。」則作「慧」者古論，魯論用假借字作「惠」也。

【集解】小慧，謂小小之才知也。難矣哉，言終無成功也。

【唐以前古注】皇疏：三人以上爲羣居，羣居共聚，有所談説，終於日月，而未嘗有及義之事也。

小惠，若安陵調諓屬也，以此處世，亦難爲成人也。

【集注】小慧，私智也。言不及義，則放僻邪侈之心滋。好行小慧，則行險僥倖之機熟。難矣哉者，言其無以入德而將有患害也。

【發明】日知録：飽食終日，無所用心，難矣哉，今日北方之學者是也。羣居終日，言不及義，好行小慧，難矣哉，今日南方之學者是也。四書紹聞編：此章與飽食終日無所用心章皆聖人警厲學者至痛切之言。張子曰：「學者捨禮義，則飽食終日無所猷爲，與下民一致，所事不踰衣食之間，燕遊之樂耳。」吾謂亦見有如此而不入於非僻，陷於患害者乎，故聖人兩處俱云難矣哉。夏錫疇强學録：羣居終日，言不及義，好行小慧，此學校不修，教學不明之故也。後世糾黨立社，標榜聲譽之徒大率如此。求其講學以明善取善而輔仁者，殆無有也。人材之所以日壞，世道之所以日病，其不以此歟？

○子曰：「君子義以爲質，禮以行之，孫以出之，信以成之。君子哉！」

【考異】羣經雜記：據釋文，知陸氏所從古本作「子曰義以爲質」，無「君子」二字，鄭康成注本同。一本有者，係衍文。蓋先説「義以爲質」四句，然後言君子哉，明不當先言君子也。鄭本略同，略字蓋衍。翟氏考異：孝經三才章疏引無「君子」二字。

【集解】鄭曰：「義以爲質，謂操行。孫以出之，謂言語。」

【唐以前古注】筆解：韓曰：「操行不獨義也，禮與信皆操行也。吾謂君子體質先須存義，義然後禮，禮然後遜，遜然後信，有次序焉。」李曰：「上云君子者，舉古之君子也。下云君子哉者，言今之學者能依此次序乃能成君子耳。」

【集注】義者，制事之本，故以爲質幹，而行之必有節文，出之必以退遜，成之必在誠實，乃君子之道也。程子曰：「義以爲質，如質幹然，禮行此，孫出此，信成此，此四句只是一事，以義爲本。」

【餘論】强學録：子曰「質直而好義」，又曰「察言而觀色，慮以下人」；曰「義以爲質」，又曰「禮以行之，孫以出之，信以成之」。上一截是骨子，無上一截則成同流合汙鄉愿一流人物；然無下一截，則有激訐之病，或致清流之禍，此聖人之言所以周全中正而無弊也。松陽講義：這一章就處事上見君子學問之精。大抵君子學問規模固極其闊大，而節目又極其細密，成箇君子，不是容易的。這箇義只是事之所當然，「義以爲質」一句，便包得「無適無莫，義之與比」一節意思。若義上稍差，這件事就如没質榦一般，縱做得來驚天動地也不中用。萬事有萬事的義，一事有一事的義，常事有常事的義，變事有變事的義，須要認得清，立得定，參不得一毫意見，雜不得一毫功利。有了這義，則這件事大段不差了。然義又不是可徑情直遂的，非怕徑情直遂壞了這事，只是義中容不得一毫疏忽，有一毫疏忽，事雖無傷，亦可恥也。故必禮以行之，使有節文，而無太過不及之弊焉。義又不是可稜角峭厲的，非怕稜角峭厲壞了這事，只是義中容不得一絲鹵莽，有一絲鹵莽，事雖克就，深可鄙也。故必孫以出之，使去矜張，而有從容和順之美焉。既禮行孫出，則義已入細密了，又恐幾微之間，須臾之頃，誠意或不貫徹，一處不貫徹，便有一處的病；一息不貫徹，便是一息的病，不必大段虚僞，然後爲義之累，故自始至終又必信以成之，使一言一動莫非實心實理之流行焉。君子之處事如此。又曰：三之字只依程注指義説爲是，蒙引謂皆指其事言，非也。據存疑，則又似行之之字指義，出之之字指禮，成之之字指義禮孫，亦不必如此。

【發明】反身録：惟君子方義以爲質，若小人則利以爲質矣。利以爲質，則本質盡喪，私欲篡其心位而爲主於内，耳目手足悉供其役，動静云爲惟其所令。即有時而所執，或義節文咸協，辭氣雍遜，信實不欺，亦總是有爲而爲，賓義主利，名此實彼，事成功就，聲望赫烜，近悦遠孚，翕然推爲君子，君子乎哉？吾不知之矣。

○子曰：「君子病無能焉，不病人之不己知也。」

【集解】包曰：「君子之人但病無聖人之道，不病人之不己知。」

【發明】論語稽：古今人材大有大用，小有小用，苟其有用，則皆有能，故君子唯以無能爲病。至於天下之大，何患無知己者哉？

○子曰：「君子疾没世而名不稱焉。」

【音讀】王陽明傳習録：稱字當去聲讀，亦聲聞過情，君子恥之之意。

【考證】史記孔子世家：子曰：「弗乎！弗乎！君子病没世而名不稱焉。吾道不行矣，吾何以自見于後世哉！」云孔子作春秋時語。　日知録：疾名之不稱，則必求其實。君子豈有務名之心哉？乾初九傳曰：「不易乎世，不成乎名。」又曰：古人求没世之名，今人求當世之名。

養新録：孔子贊易，曰：「善不積，不足以成名。」孝經曰：「立身行道，揚名於後世。」於論語曰：「君子去仁，惡乎成名？」又曰：「君子疾没世而名不稱焉。」聖人以名立教，未嘗惡人之好名也。孟子曰：「令聞廣譽施於身。」令聞廣譽非名而何？唯聲聞過情，斯君子恥之耳。道家以無爲宗，故曰「聖人無名」，又曰「無智名，無勇功」，又以伯夷死名與盜跖死利並言，此悖道傷教之言，儒者所弗道。

阮元名説：古人於天地萬物皆有以名之，故説文曰：「名，自命也。从口，从夕。夕者，冥也。冥不相見，故以口自名。」然則古人命名之義，任口耳者多，任目者少，可見矣。名也者，所以從目所不及而以口耳傳之者也。

【集解】疾，猶病也。

【唐以前古注】皇疏引江熙云：匠終年運斤不能成器，匠者病之。君子終年爲善不能成名，亦君子病之也。

【集注】范氏曰：「君子學以爲己，不求人知，然没世而名不稱，則無爲善之實可知矣。」

【别解】羣經平議：此章言謚法也。周書謚法篇曰：「大行受大名，細行受細名。行出於己，名生於人。」春秋時列國大夫多得美謚，細行而受大名，名不稱矣，故孔子言此，明當依周公謚法，不得溢美也。

按：此即本陽明稱字當去聲讀之義，可備一説。

【餘論】王肯堂論語義府：君子之疾，非疾其無名也，疾其無實也；非疾人之不見知也，疾我之無可知也。推此心，則當其未没之先，而汲汲焉以求盡其實者，不容已矣。夫子此言蓋勉人及時進修也。

【發明】康有爲論語注：没世，猶没身也。名者，身之代數也。有是身乃有是名，有其實乃有其華，然身不過數十年，名可以千載。有身之時，人尚有待，無名猶可，至没世之後，草木同腐，魂魄並逝，則顧念生前，淹忽隨化，未有不以榮名爲寶者。名在則其人如在，雖隔億萬里億萬年而丰采如生，車服爲之流連，居游爲之慨慕，輯其年譜，考其起居，薦其馨香，頌其功德，稱其姓號，愛其草木，其光榮過于有身時萬萬，故没世無稱，君子以爲疾也。名蓋孔子大義，重之如此。宋賢固篤于務實者，而惑于道家之攻名，至使天下以名爲不肖，人乃不好名而好利，于是風俗大壞，此則背孔子之義矣。

○子曰：「君子求諸己，小人求諸人。」

【集解】君子責己，小人責人。

【集注】謝氏曰：「君子無不反求諸己，小人反是，此君子小人所以分也。」楊氏曰：「君子雖不病人之不己知，然亦疾没世而名不稱也。雖疾没世而名不稱，然所以求者亦反諸己而已。小人求諸人，故違道干譽無所不至。三者文不相蒙而義實相足，亦記言者之意。」

【餘論】四書或問：或疑楊氏之説不太巧乎？曰：雖巧而有益於學者。梁氏旁證：胡氏泳曰：「楊氏合三章爲一意，文義反覆，互相周備，雖非夫子立言之旨，或記者取而相足也。」論語稽：求字當兼何氏、楊氏二義。行者不得而反求諸己，則其責己也必嚴；違道干譽而望人之知己，則其責人也必甚，其始不過求己求人一念之别，其終遂至君子小人品彙之殊，人不慎之於所求哉！四書詮義：求諸己者，凡事祇求自盡，見得盡倫踐形皆己正當事務，不可不求，而窮通殀壽俟之天，用舍毁譽聽之人，於己無與也。然非勉爲也，必求自盡，心始安耳。若著一念勉强，則故爲隱晦，與求諸人者同。

○子曰：「君子矜而不争，羣而不黨。」

【集解】包曰：「矜，矜莊也。」孔曰：「黨，助也。君子雖衆，不相私助，義之與比。」

【唐以前古注】皇疏引江熙云：君子不使其身侻焉若非，終日自敬而已，不與人争勝之也。君子以道相聚，聚則爲羣，羣則似黨，羣居所以切磋成德，非於私也。

【集注】莊以持己曰矜，然無乖戾之心，故不争。和以處衆曰羣，然無阿比之意，故不黨。

【餘論】論語集注補正述疏：洪範云：「無偏無黨，王道蕩蕩。」晉語云：「仁人不黨。」僖九年左傳云：「亡人無黨，有黨必有讎。」故曰君子不黨，蓋從古如斯也。後漢書黨錮傳序云：「初，桓帝爲蠡吾侯，受學於甘陵周福，及即帝位，擢福爲尚書。時同郡河南尹房植有名當朝，鄉人爲之謡曰：『天下規矩房伯武，因師獲印周仲進。』二家賓客互相譏揣，遂各樹朋徒，漸成尤隙，由是甘陵有南北部，黨人之議，自此始矣。」蓋其後宦官乃誣范滂諸君子爲黨而皆禁錮焉。通鑑云：「唐穆宗長慶元年，翰林學士李德裕，吉甫之子也，以中書舍人李宗閔嘗對策譏切其父，恨之。」通鑑又叙德裕以禮部貢舉不公，所取進士以關節得之，因上問而言也，宗閔因以貶焉。及第者蘇巢，宗閔之壻也。通鑑提其要云：「自是德裕、宗閔各分朋黨，更相傾軋，垂四十年。」蓋如牛僧孺入相而德裕之怨深矣。唐文宗每歎曰：「去河北賊易，去朝廷朋黨難。」其禍何如也！續通鑑云：「宋哲宗元祐元年，程頤在經筵，多用古禮。蘇軾謂其不近人情，深疾之，每加玩侮。方司馬光之卒也，明堂降赦，臣僚稱賀訖，兩省官欲往奠光。頤不可曰：『子於是日哭，則不歌。』坐客有難之者曰：『不言歌，則不哭。』軾曰：『此乃枉死市，叔孫通所制禮也。』衆皆大笑，遂成嫌隙。」此史言其端甚微爾。其後朱光庭言蘇軾策問爲訕謗，而吕陶力辨之，史稱議者以光庭因軾與其師程頤有隙而發，而陶與軾皆蜀人，遂起洛、蜀二黨之説，頤，洛人也。史傷之云：「是時熙、豐用事之臣退休散地，怨入骨髓，陰伺間隙，而諸臣不悟，各爲黨比，以相訾議。」蓋傷之也。明史云顧憲成遷文選郎中，廷推忤帝意，削籍歸，時在萬曆二十一年後矣。憲成，無錫人也。史叙之云：「憲成既廢，名益高，邑故有東林書院，宋楊時講道處也。憲成偕同志高攀龍輩講學其中，當是時士大夫抱道忤時者，率退處林野，聞風響附，學舍至不能容。講習之餘，往往諷議朝政，裁量人物，朝士慕其風者多遥相應和，由是東林名大著，而忌者亦多。既而淮撫李三才被論，憲成貽書葉向高、孫丕揚爲延譽，御史吴亮刻之邸鈔中，攻三才者大譁，而其時于玉立、黄正賓輩附麗其間，頗有輕浮好事若徐兆魁之徒，遂以東林爲口實。兆魁騰疏攻憲成，恣意誣詆，嗣後攻者不絶。比憲成殁，攻者猶未止，借魏忠賢毒燄一網盡去之，殺戮禁錮，善類爲一空。崇禎立，始漸收用，而朋黨勢已成，小人卒大熾，禍中於國，迄明亡而後止。」由是言之，從古以來，中國之患，昔人之戒，凡曰黨者，皆非光大；而其羣之涣也，非所以言吉也，況其言元吉也，而他求者乃稱黨爲美，而自歸之乎？則欲其舉之爾。晉語曰：「舉以其私，黨也。舉而不能，黨孰大焉？其何美乎？」

按：是書喜以史解經，非詁經之體，故詞煩而寡要。獨此節説漢、唐、宋、明四代以黨亡國之史，頗爲詳盡，足資鑑戒，故備録之。

○子曰：「君子不以言舉人，不以人廢言。」

【考異】元史劉秉忠疏：君子不以言廢人，不以人廢言。

【集解】包曰：「有言者不必有德，故不可以言舉人。」王曰：「不可以無德而廢善言。」

【唐以前古注】皇疏引李充云：詢于蒭蕘，不恥下問也。

【餘論】四書困勉録：此君子用人聽言之道，大旨謂君子之於人也，何嘗不與言並舉哉？但舉之者自有故，而不以言舉之也。蓋以言舉人，則人之不賢者，飾空言以進，而用人之塗混矣；即人之賢者，亦僅以空言見知，而用人之塗亦混矣。君子之於言也，何嘗不與人並廢哉？但廢之者自有故，而非以人廢之也。蓋以人廢言，則言之善者，因生平之行而見棄，而言者不服矣；即言之不善者，亦僅因生平之行而見棄，而言者亦不服矣，故君子不爾也。則以是見君子之至公也，又見君子之至明也，見君子之至慎也，又見君子之至恕也。

【發明】反身録：不以言舉人，則徒言者不得倖進；不以人廢言，庶言路不至壅塞，此致治之機也。以言舉人則人皆尚言，以行舉人則人皆尚行，上之所好，下即成俗，感應之機，捷於影響，風俗之淳漓，世道之升沈係之矣。三代舉人一本於德，兩漢舉人意猶近古，自隋季好文，始專以言辭舉人，相沿不改，遂成定制。雖其間不無道德經濟之彦，隨時表見，若以爲制之盡善，則未也，是在圖治者隨時調停焉。

○子貢問曰：「有一言而可以終身行之者乎？」子曰：「其恕乎！己所不欲，勿施於人。」

【考異】皇本無之字，「人」下有也字。文選曹植求通親親表注引無有字。又班昭東征賦注引無「可以」二字。蘇軾志林引孔子曰：「有一言而可以終身行之，其恕矣乎。」以子貢之問並入孔子答辭。

【考證】春秋左氏疏引易云：伏羲作十言之教：曰乾、坤、震、巽、坎、離、艮、兑、消、息。韓非子説林下：齊人曰：「臣請三言而已，曰海、大、魚。」

按：古謂一字爲一言，詩之五言七言，其例也。古人稱所著書若數萬言，數十萬言，並以一字爲一言。

【集解】言己之所惡，勿加施於人。

【集注】推己及物，其施不窮，故可以終身行之。尹氏曰：「學貴於知要，子貢之問可謂知要矣。孔子告以求仁之方也，推而極之，聖人之無我，不出於此，終身之行，不亦宜乎？」

【餘論】黄氏後案：韓詩外傳三曰：「己惡饑寒焉，則知天下之欲衣食也。己惡勞苦焉，則知天下之欲安佚也。己惡衰乏焉，則知天下之欲富足也。知此三者，聖王所以不降席而匡天下。故君子之道，忠恕而已矣。」以此言恕，即絜矩之道也。外傳十曰：「吴延陵季子見遺金，呼牧者取之，牧者曰：『子言之野也。』延陵季子問姓字。牧者曰：『子乃皮相之士也，何足語姓字哉！人之欲善，誰不如我。』」亦行恕者之所當知也。

【發明】此木軒四書説：聖賢學問無不從人己相接處做功夫，既有此身，決無與人不交關之理，自家而國而天下，何處無人，何處不當行之以恕。

○子曰：「吾之於人也，誰毁誰譽？如有所譽者，其有所試矣。

【考異】皇本作「如有可譽者」。漢書藝文志引孔子曰：「如有所譽，其有所試。」又谷永傳、薛宣傳引文俱無有字、矣字。三國志胡質傳：孔子曰：「吾之於人，誰毁誰譽？如有所譽，必有所試。」天文本論語校勘記：古本、足利本、唐本、津藩本、正平本「所」作「可」。

【考證】論語稽求篇：此言舉錯之當公也。後漢建初七年，詔下公卿大夫議郡國貢舉，韋彪上議，有云：「夫人才行少能相兼，故孟公綽優爲趙、魏老，而不任爲滕薛大夫。忠孝之人，持心近厚，鍛鍊之吏，持心近薄。三代之所以直道而行者，在其所以磨之之故也。」磨，試也。李賢注韋彪傳曰：「彪引直道而行者，言古之用賢皆磨勵選鍊然後用之。」謂必試而後用也。又前漢谷永薦薛宣疏：「以宣爲御史中丞，舉錯皆當，如有所譽，其有所試。」皆引此作用人解。

按：此漢人舊說，可備一義。

【集解】包曰：「所譽者輒試以事，不虛譽而已。」

【唐以前古注】皇疏：孔子言我之於世，平等如一，無有憎愛毁譽之心，故云誰毁誰譽也。既平等一心，不有毁譽，然君子掩惡揚善，善則宣揚，而我從來若有所稱譽者，皆不虛妄，必先試驗其德而後乃譽之耳，若云其有所試矣。又通云：我乃無毁譽，若民人百姓有相稱譽者，則我亦不虛信而美之，其必以事試之也。

【集注】毁者，稱人之惡而損其真。譽者，揚人之善而過其實。夫子無是也。然或有所譽者，則必嘗有以試之而知其將然矣，聖人善善之速而無所苟如此。若其惡惡，則已緩矣，是以雖有以前知其惡，而終無所毁也。

【餘論】論語或問：譽者，善未顯而亟稱之也。毁者，惡未著而遽詆之也。試云者，亦驗其將然而未見其已然之辭也。蓋聖人之心，光明正大，稱物平施，無毫髮之差，故於人之善惡，稱之未嘗少有過其實者。然以欲人之善也，故但有試而知其賢，則善雖未顯，已進而譽之矣。不欲人之惡也，故惡之未著者，雖有以決知其不善，而卒未嘗遽詆之也。此所以言譽而不及譽，蓋非若後世所謂恥言人過而全無黑白者。但有先褒之善而無預詆之惡，是則聖人之心耳。曰若有譽而無毁，則聖人之心爲有所倚矣。曰有譽無毁，是乃善善速惡惡緩之意，正書所謂與其殺不幸，寧失不經。罪疑惟輕，功疑惟重。春秋傳所謂善善長，惡惡短。孔子樂道人之善，惡稱人之惡之意。而仁包五常，元包四德之發見證驗也。聖人之心雖至公至平，無私好惡，然此意則未嘗不存，是乃天地生物之心也。若以是爲有倚，而以夫扨然無情者爲至，則恐其高者入於老佛荒唐之説，而下者流於申、商慘酷之科矣。

斯民也，三代之所以直道而行也。」

【考異】漢書景帝紀贊引文「民」下無也字，「所」下無以字。後漢書韋彪傳注引文無「民也」二字。論衡率性、非韓二篇引文「三代」下皆無之字。

【考證】包慎言温故録：「斯民」兩語，正申明上文「所試」句。如與而同。以，用也。言我之於人無毁無譽，而或有所譽，稱揚稍過者，以斯人皆可獎進而入於善之人，往古之成效可覩也。蓋斯民即三代之民。三代用此民直道而行，而人皆競勸於善，安在今之不可與爲善哉？其有所試，謂三代已嘗試之，非謂身試之也。漢書藝文志儒家叙略云：「孔子曰：『如有所譽，其有所試。』唐、虞之隆，殷、周之盛，仲尼之業，已試之效也。」後漢書韋彪傳：「彪上議曰：『國以簡賢爲務，賢以孝行爲先。孔子曰：「事親孝，故忠可移於君。」忠孝之人，持心近厚。鍛鍊之吏，持心近薄。三代之所以直道而行者，在其所以磨之故也。』」章懷注云：「彪引之者，言三代選賢，皆磨礪選練然後用之。」合此二文，校其語意，則上文所云「如有所譽」即直道也。直者，無私曲之謂。如有所譽，似偏於厚；而究其磨礪誘掖之意，非爲私曲，故曰直道。所謂「善善宜從長」也。班固景帝贊曰：「孔子稱『斯民，三代之所以直道而行』，信哉！周、秦之敝，網密文峻，而奸軌不勝。漢興，掃除煩苛，與民休息。至於孝文，加之以恭儉。孝景遵業，五六十載之間，移風易俗，至於黎民淳厚。周言成、康，漢言文、景，美矣！」此贊以孔子之言證漢事，言秦人以刻薄馭民而民俗益敝；至漢文、景務率民於寬厚，能容人過，而治迹蒸蒸日上。是直道本厚意而行之者也。　劉氏正義：論衡率性篇：「傳曰：『堯、舜之民可比屋而封，桀、紂之民可比屋而誅。』『斯民也，三代所以直道而行也。』聖主之民如彼，惡主之民如此，竟在化，不在性也。」此亦謂堯、舜以德化民，即是直道而行，異於桀、紂之暴虐。此與包君所引證若合符也。

【集解】馬曰：「三代，夏、殷、周。用民如此，無所阿私，所以云直道而行。」

【唐以前古注】皇疏引郭象云：無心而付之天下者，直道也。有心而使天下從己者，曲法。故直道而行者，毁譽不出於區區之身，善與不善信之百姓，故曰吾之於人，誰毁誰譽，如有所譽，必試之斯民也。

【集注】斯民者，今此之人也。三代，夏、商、周也。直道，無私曲也。言吾之所以無所毁譽者，蓋以此民即三代之時所以善其善，惡其惡，而無所私曲之民，故我今亦不得而枉其是非之實也。

按：四書釋地云：「黄勉齋，朱子之子婿也，親見朱子改訂注文直至通宵。又謂此句難得簡潔，然宜挑出直道，獨解而後及句意，其辭若曰，直道而行，謂善善惡惡無所私曲也。吾之於民所以無毁譽者，蓋以此民即三代之時所用以直道而行之民，故我今亦不得而枉其是非之實也。」實勝今集注，附識於此。

【餘論】四書辨疑：此一節與上文本不可通説。注文先指毁譽爲稱惡損真，揚善過實之私，於此乃言無所私曲，不枉是非之實，蓋以誰毁誰譽與直道而行互相遷就，必欲使之通爲一意也。毁譽之説前已辨之，既毁譽無損真過實之私，則誰毁誰譽，與此一節無復相關，此其不可通之一也。直道而行，止是民之自身，不爲邪惡之行，循其淳善之直道而行；善其善，惡其惡，却是剖判他人之善惡曲直，乃其在民上而治人者所爲，非其爲民者所行之道，此其不可通之二也。凡知爲人之理者，枉人之心自不當有，何必問其民之有無私曲哉？必須彼先無所私曲，然後己纔不得枉其是非之實；彼若有所私曲，己遂得以枉之邪？聖人之心正不如此，此其不可通之三也。既以兩節解爲一章，經之全文皆當通論，今於前一節中惟取「誰毁誰譽」一句之意，與此一段相合爲説，其於「如有所譽，其有所試矣」之兩句略無干涉，此其不可通之四也。尹氏之説，惟解上文則可，於此一節亦不可通。蓋自「斯民」以下本自是一章，言今之此民亦三代之民耳，在三代之時皆能不爲邪惡之事，循其淳善之直道而行也，蓋傷今民不如古民之直，非天之降才爾殊，皆其風化使然，故有此歎。南軒曰：「春秋之時風俗雖不美，然民無古今之異，三代之所以直道而行者，亦斯民也。」此爲得之。南軒此解與解上文之説本亦分爲兩意，故兩説皆當，然猶懷疑不斷，其下却欲牽合爲一，不免反以爲累，惜哉！王滹南曰：「記者以此屬於聖人無毀譽之下，義終齟齬，疑是兩章。」予謂南軒、滹南所見本同，須作兩章，義乃可通。此章首無主名，蓋闕文也。

論語述何：春秋不虛美，不隱惡。褒貶予奪，悉本三代之法，無虛加之辭也。董子曰：「春秋辨是非，故長於治人。」論語集注補正述疏：通鑑唐紀於太宗貞觀四年云：「上之初即位也，嘗曰：『今承大亂之後，恐斯民未易化。』魏徵對曰：『不然，久安之民驕佚，驕佚則難教；經亂之民愁苦，愁苦則易化。譬猶飢者易爲食，渴者易爲飲也。』上深然之。封德彝非之曰：『三代以還，人漸澆訛，故秦任法律，漢雜霸道，蓋欲化而不能，豈能之而不欲邪？』徵曰：『五帝三王不易民而化，昔黄帝征蚩尤，顓頊誅九黎，湯放桀，武王伐紂，皆能身致太平，豈非承大亂之後邪？若謂古人淳樸，漸至澆訛，則至於今日，當悉化爲鬼魅矣，人主安得而治之？』上卒從徵言。是歲天下大稔，斗米不過三四錢。」續通鑑宋紀云：「徽宗崇寧三年，蔡京奉詔書元祐姦黨姓名，於是詔頒之州縣，令皆刻石。有長安石工安民當鐫字，辭曰：『如司馬相公者，海内稱其正直，今謂之姦邪，民不忍刻也。』府官怒，欲加之罪。安民泣曰：『被役不敢辭，乞免鐫安民二字於石末，恐得罪後世。』聞者愧之。」相公者，司馬光也。明史本紀云：「莊烈帝崇禎十一年九月，京師戒嚴。十月，盧象昇督援軍。十二月，盧象昇兵敗於鉅鹿，死之。」列傳云：「象昇之戰殁也，楊嗣昌遣三邏卒察其死狀。其一人俞振龍者，歸言象昇實死。嗣昌怒，鞭之三日夜。且死，張目曰：『天道神明，無枉忠臣。』於是天下聞之，莫不欷歔，益恚嗣昌矣。」孔子云：「人之生也直。」故世變有不直之時，民生無不直之性。天道生人，今猶古矣。宋、明以來，凡君子人雖蒙難焉，世皆稱之，直道之公若斯也。奈之何他求者，自迷其性生之直也！

○子曰：「吾猶及史之闕文也。有馬者借人乘之，今亡已夫！」

【考異】唐石經無之字。　葉夢得石林燕語：班孟堅引子曰：「吾猶及史之闕文也，今亡矣夫。」雖略去「有馬者借人乘之」之語，其傳必有自矣。　翟氏考異：二事大小精麤實不相並，葉氏疑「有馬者」七字爲衍，因作是説。　注疏本、釋文本、筆解本、宋石經本、南軒解本、集説本、纂箋本「已」俱作「矣」。　四書辨疑：中原古注本「已」作「矣」。　皇本作「今則亡矣夫」，又有則字。　五經文字序作「今則亡矣」，無夫字。　漢書藝文志引文「已」亦作「矣」。蘇長公集遠景樓記引文「已」亦作「矣」。

【考證】漢書藝文志：古制，書必同文，不知則闕，問諸故老。至於衰世，是非無正，人用其私，故孔子曰：「吾猶及史之闕文也，今亡矣夫。」蓋傷其寖不正。　路史發揮：「吕不韋之書曰：『史皇作書，倉頡氏也。』」注云：「古謂字書爲史，故有倉頡史篇之類。揚雄曰『史哉史哉』，非史記也。孔子曰：『吾猶及史之闕文也。』謂字書之闕。故漢藝文志敘小學云：『古制書必同文，不知則闕。』」　論語發微：周禮保氏：「教國子以六藝，四曰五御，五曰六書。」孔子言執御，言正名，言雅言，所以教門弟子者，與天子諸侯之設官無異。史籀爲周宣王時太史，作大篆十五篇。周禮内史掌達書名於四方，亦太史之屬。漢律，太史試學童，能諷書九千字以上乃得爲史。又以六體試之，課最者以爲尚書、御史、史書。吏民上書字或不正，輒舉劾。史書令史者，爲掌史書之令史，以正書字爲職，故曰史書，曰史篇，皆謂書字掌於太史，而保氏以教。班氏藝文志云：「古制，書必同文云云。」其引論語「史之闕文」與子路篇「不知蓋闕」同義。志又言：「史籀篇，周宣王教學童書也。」論語之史，或漢代史書史篇之類，而不必爲紀言紀事之成書也。許氏説文解字叙曰：「詭更正文，鄉壁虚造不可知之書，以耀於世。」與班氏言衰世之弊同。許氏又云：「書曰：『予欲觀古人之象。』言必遵修舊文而不穿鑿。孔子曰：『吾猶及史之闕文，今亡矣夫。』蓋非其不知而不問，人用己私，是非無正，巧説衺辭，使天下學者疑。蓋文字者，經藝之本，王政之始。前人所以垂後，後人所以識古，故曰『本立而道生』，知天下之至賾而不可亂也。」班、許兩家之言若出一涂，故包注云：「古之良史於書字有疑，則闕之以待知者。有馬不能調良而借人乘習。」則皆期於善御，亦六藝之一，弟子之事，而保氏之所教也。五馭之目爲鳴和鸞、逐水曲、過君表、舞交衢、逐禽左。乘之者，習此者也。有一定之法，非可人用其私，故車能同軌。六書之目爲指事、象形、諧聲、會意、轉注、假借。闕文者，所不知者也。有一定之法，非可詭更正文，故書能同文也。論語補疏：包注以闕文、借人兩事平列，邢疏謂有馬借人爲舉喻，非是。借，猶藉也。僖二十八年，先軫曰「使宋舍我而賂齊、秦，藉之告楚」，釋文：「藉，借也。」杜注云：「報借齊、秦使爲宋請。」宣十二年，楚子告唐惠侯曰「敢藉君靈以濟楚師」，杜注云：「藉，猶假借也。」我有馬不能服習，藉人之能服習者，乞其代己調良，此謹篤服善之事也，與子路以車馬衣裘公諸朋友不同。史闕文屬書，借人乘屬御，此孔子爲學六藝者言也。論語後録：季路曰「願車馬衣裘與朋友共」，此借人乘之説也。包説未是。

【集解】包曰：「古之良史於書字有疑，則闕之以待知者也。有馬不能調良，則借人乘習之。孔子自謂及見其人如此，至今無有矣。言此者，以俗多穿鑿也。」

【唐以前古注】皇疏：孔子此歎世澆流迅速，時異一時也。史者，掌書之官也。古史爲書，若於字有不識者，則懸而闕之以俟知者，不敢擅造爲者也。孔子自云已及見昔史有此時闕文也矣。孔子又曰，亦見此時之馬難調御者，不能調則借人乘服之也。亡，無也。當孔子末年時，史不識字，輒擅而不闕；有馬不調，則恥云其不能，必自乘之，以致傾覆，故云今亡也矣夫。筆解：韓曰：「上句言己所不知必闕之，不可假他人之言筆削也。譬如有馬不能自乘而借他人乘之，非己所學耳。」李曰：「上云吾猶者，是喻史官闕文。下句更喻馬不可借他人，今亡者，言吾今而後無此借乘之過也。」

【集注】楊氏曰：「史闕文，馬借人，此二事孔子猶及見之，今亡矣夫，悼時之益偷也。」愚謂此必有爲而言，蓋雖細故而事之大者可知矣。

【别解一】蔡節論語集説：劉氏安世曰：「吾猶及史之闕文也，有馬者借人乘之，今亡已夫。先儒説此多矣，但難得經旨貫串。今熟味及字與亡字，自然意貫。有馬者借人乘之，便是史之闕文。夫有馬而借人乘，非難底事，而史且載此，必是闕文。及如及見之謂，聖人在衰周猶及見此等史存而不敢削，亦見忠厚之意。後人見此語頗無謂，遂從而削去之，故聖人歎曰今亡已夫，蓋歎此句之不存也。故聖人于郭公、夏五皆存之於經者，蓋慮後人妄意去取，失古人忠厚之意，書之所以示訓也。」

【別解二】邢疏：古之良史於書字有疑則闕之以待能者，不敢穿鑿，孔子言我尚及見此古史闕疑之文。有馬者借人乘之者，此舉喻也，喻己有馬不能調良，當借人乘習之也。今亡矣夫者，亡，無也。孔子自謂及見其人如此闕疑，至今則無有矣，言此者，以俗多穿鑿。

【餘論】日知録春秋闕疑説云：史之闕文，聖人之所不敢益也。春秋桓公十七年冬十月朔，日有食之。傳曰：「不書日，官失之也。」僖公十五年夏五月，日有食之。傳曰：「不書朔與日，官失之也。」以聖人之明，千歲之日至可坐而致，豈難考歷布算而補其闕，而夫子不敢也，況史文之誤無從取正者乎？況列國之事得之傳聞不登於史册者乎？且春秋，魯國之史也，即使歷聘之餘，必聞其政，遂可以百二十國之寶書增入本國之記註乎？乃若改葬惠公之類不書，舊史之所無也。曹大夫、宋大夫、司馬、司城之不名者，闕也。鄭伯髡頑、楚子麇、齊侯陽生之實弑而書卒者，傳聞不勝簡書，從舊史之文也。左氏出於獲麟之後，網羅浩博，實夫子所未見。春秋因魯史而修者也，左氏傳採列國之史而作者也，故書晉事，自文公主夏盟政，交於中國，則以列國之史參之，而一從周正，自惠公以前則間用夏正，其不出於一人明矣。其謂賵仲子爲子氏未薨，平王崩爲赴以庚戌，陳侯卒爲再赴，似皆揣摩而爲之説。

○子曰：「巧言亂德。小不忍，則亂大謀。」

【考異】七經考文：足利本無則字。

【考證】吳嘉賓論語説：先王有不忍人之政，然非小不忍之謂也。故曰惟仁者能愛人，能惡人。苟不忍於惡一人，則將有亂大謀者矣。聖人之所惡，常在於似是而非者。巧言亂德，所謂惡佞足以亂義也。小不忍則亂仁，或曰必有忍，其乃有濟，若後世所謂能有所忍以就大事者。不知此狙詐之術，雖於聖人之辭若可通，竊以爲非也。

【集解】孔曰：「巧言利口則亂德義，小不忍則亂大謀。」

【集注】巧言變亂是非，聽之使人喪其所守。小不忍，如婦人之仁、匹夫之勇皆是。

【餘論】四書或問：或疑婦人之仁、匹夫之勇强弱不同，而皆爲不忍何也？曰：忍之爲義，有所禁而不發云爾。婦人之仁，不能忍其愛也。匹夫之勇，不能忍其暴也。四書蒙引：沛公因項羽王於關中而欲攻項羽，向非蕭何之諫，則亂大謀矣，是匹夫之勇也。趙王太后愛其少子長安君，不肯使質於齊，向非左師觸龍之言，則亂大謀矣，是婦人之仁也。黄氏後案：小不忍，集注以不決忍於愛，不容忍於怒兼言之。案賈子道術曰：「惻隱憐人謂之慈，反慈爲忍。」忍者，決絶之謂。小不忍者，不決絶於所愛，小有慈憐也。漢書外戚傳曰：「夫小不忍，亂大謀，恩之所不能已者，義之所割也。」古解如此，口柔心柔俱亂之由也。

○子曰：「衆惡之，必察焉；衆好之，必察焉。」

【考異】潛夫論潛歎篇：孔子曰：「衆好之必察焉，衆惡之必察焉。」好惡字上下易置。風俗通義正失篇：孔子曰：「衆善焉，必察之；衆惡焉，必察之。」梁書劉孝綽傳謝東宫啓曰：「先聖以衆惡之，必監焉；衆好之，必監焉。」羅隱兩同書真僞章：孔子曰：「衆善者，必察焉；衆惡者，必察焉。」葛洪涉史隨筆、王氏論語辨惑舉此文，俱以「衆好」句易置「衆惡」句上。司馬温公集嘉祐六年論選舉狀、熙寧二年議貢舉狀、王臨川集答段縫書引文亦俱上下易置。羣經平議：阿黨比周，解衆好必察之意。特立不羣，解衆惡必察之意。是王肅所據本「衆好」句在「衆惡」句前。潛夫論潛歎篇引孔子曰：「衆好之，必察焉；衆惡之，必察焉。」蓋漢時舊本如此，今傳寫誤倒耳。風俗通義正失篇引孔子曰：「衆善焉，必察之；衆惡焉，必察之。」雖文字小異，而亦善在惡前，可據以訂正。劉氏正義：案潛夫論引「衆好」句在「衆惡」前。宋葛洪涉史隨筆、王氏論語辨惑、司馬温公論選舉狀、議貢舉狀、王臨川答段縫書亦先好後惡。風俗通義正失篇、羅隱兩同書真僞章「好」均作「善」，亦「衆善」句在前，即王注疑亦如此。俞氏樾平議以爲傳寫誤倒，或有然也。

【考證】管子明法解：亂主不察臣之功勞，譽衆者則賞之；不審其罪過，毁衆者則罰之。如此者，則邪臣無功而得賞，忠臣無罪而有罰。

【集解】王曰：「或衆阿黨比周，或其人特立不羣，故好惡不可不察也。」

【唐以前古注】皇疏引衛瓘云：賢人不與俗争，則莫不好愛也；俗人與時同好，亦則見好也；凶邪害善則莫不惡之；行高志遠與俗違忤亦惡之，皆不可不察也。

【集注】楊氏曰：「惟仁者能好惡人，衆好惡之而不察，則或蔽於私矣。」

【餘論】刁包四書翊注：或以獨行滋多口，或以大義冒不韙，衆雖惡之，所當鑒諒於形迹之外者也。或違道以干時譽，或矯情以博名高，衆雖好之，所當推測於心術之微者也。衆之所惡亦有當惡，則察其所以得罪於清議者安在；衆之所好亦有當好，則察其所以允符於輿情者安在，斯不至隨聲附和也。患不知人者其詳之。

○子曰：「人能弘道，非道弘人。」

【考異】皇本下句末有也字。

【考證】劉氏正義：道隨才爲大小，故人能自大，其道即可極仁聖之詣，而非道可以弘人。故行之不著，習矣不察，終身由之而不知其道，則仍不免爲衆。中庸記所云「苟不至德，至道不凝焉」，即此意也。漢書董仲舒傳：「夫周道衰於幽、厲，非道亡也，幽、厲不繇也。至於宣王，思昔先王之德，興滯補弊，明文、武之功業，周道粲然復興。」下引此文。又禮樂志載平當説：「衰微之學，興廢在人。」亦引此文，義皆可證。

【集解】王曰：「才大者道隨大，才小者道隨小，故不能弘人。」

按：皇本不言王肅曰，則何晏等義也。

【唐以前古注】皇疏引蔡謨曰：道者寂然不動，行之由人。人可適道，故曰人能弘道。道不適人，故曰非道弘人也。

【集注】弘，廓而大之也。人外無道，道外無人，然人心有覺，而道體無爲，故人能大其道，道不能大其人也。

【餘論】四書或問：人即道之所在，道即所以爲人之理，不可殊觀。但人有知思，則可以大其所有之理；道無方體，則豈能大其所託之人哉？似勝今注。論語述要：此章最不煩解而最可疑。朱子謂道如扇，人如手，手能摇扇，扇如何能摇手。此誰不知，夫子何必爲此閒言？意必有一義也。蓋自有人類以來，初只渾渾噩噩，久而智力相積，文物燦然；一人由始生至長大，積以學思，道日推闡，亦然，是人能弘道之説也。夫子之時，老氏之流曰人法天，天法道，道法自然。曰道無爲而無不爲，是道能弘人之説也。彼以禮義爲出於人爲而不足貴，而欲不藉人力，一任道之自然，究必人事日就退化，是夫子非道弘人之説也。黄仲元四如講稿：弘有二義。人之得是道於心也，方其寂然，而無一理之不備，亦無一物之不該，是容受之弘。及感而通，無一事非是理之用，亦無一物非是理之推，是廓大之弘。其容受也，人心攬之若不盈掬，而萬物皆備於我，此弘之體。其廓大也，四端雖微，火然泉達，充之足以保四海，此弘之用。性分之所固有者一一收入，職分之所當爲者一一推出，方是弘。

○子曰：「過而不改，是謂過矣。」

【考異】穀梁僖二十年傳：過而不改，是謂之過。宋襄公之謂也。韓詩外傳三引孔子曰：

「過而改之，是不過也。」

【唐以前古注】皇疏引江熙云：一過容恕又文，則成罪也。

【集注】過而能改，則復於無過。惟不改，則其過遂成，而將不及改矣。

○子曰：「吾嘗終日不食，終夜不寢，以思，無益，不如學也。」

【考異】大戴禮勸學篇：孔子曰：「吾嘗終日而思矣，不如須臾之所學也。」荀子勸學篇無「孔子曰」三字，餘同。　孔叢子雜訓篇：子思曰：「吾嘗深有思而莫之得也，於學則寤焉。」潛夫論讚學篇：孔子曰：「吾嘗終日不食，終夜不寢，以思，無益，不如學也。耕也，餒在其中。學也，禄在其中矣。君子憂道不憂貧。」二章文連讀爲一。

【音讀】經讀考異：此凡兩讀，一讀「以思無益」連句，一讀「以思」屬上二句，自「吾嘗」以下十二字作一氣讀，「無益」另作一讀，義並通。　梁氏旁證：皇疏言我嘗竟日終夕不食不眠，以思天下之理，惟學益人，餘事皆無益，故云不如學也。此似以思無益説成一片，與集注微異，而語意未能簡易，故集注必於「以思」斷句，「無益」斷句也。

【考證】賈子新書修政語上：湯曰：「學聖王之道者，譬其如日。静思而獨居，譬其若火。夫舍學聖之道而静居獨思，譬其若去日之明於庭，而就火之光於室也。然可以小見而不可以大知，是故明君而君子貴尚學道，而賤下獨思也。」

【唐以前古注】皇疏引郭象云：聖人無詭教，而云不寢不食以思者何？夫思而後通、習而後能者，百姓皆然也。聖人無事而不與百姓同事，事同則形同，是以見形以爲己異，故謂聖人亦必勤思而力學。此百姓之情也，故用其情以教之，則聖人之教因彼以教彼，安容詭哉！【集注】此爲思而不學者言之，蓋勞心以必求，不如遜志而自得也。李氏曰：「夫子非思而不學者，特垂語以教人爾。」

【餘論】四書存疑：徒思而不學，則此理出於想像億度而無真實之見，且旋得旋失，不免危殆之患，故無益。學則講習討論，體驗躬行，有真見，無遺忘，德之成也有自矣，故曰不如學也。

○子曰：「君子謀道不謀食。耕也，餒在其中矣；學也，禄在其中矣。君子憂道不憂貧。」

【考異】太平御覽述文「食」下有也字。

【考證】潛夫論釋難篇：秦子問於潛夫曰：「耕種，生之本也。學問，業之本也。孔子曰：『耕也，餒在其中。學也，禄在其中。』敢問今使舉世之人釋耨耒而羣相程於學何如？」潛夫曰：「善哉問！君子勞心，小人勞力。故孔子所稱，謂君子爾。今以目所見耕，食之本也。以心原道即學，又耕之本也。」論語集注補正述疏：説苑云：「甯越，中牟鄙人也。苦耕之勞，謂其友曰：『何爲而可以免此苦也？』友曰：『莫如學。學二十年則可以達矣。』甯越曰：『請十五年，人將休，吾將不休；人將卧，吾不敢卧。』十三年學，而周威公師之，蓋爲諸侯師也，其禄非代耕已也。」此以謀食而學焉，非君子謀道也。

【集解】鄭曰：「餒，餓也。言人雖念耕而不學，故飢餓。學則得禄，雖不耕而不餒。此勸人學。」

【唐以前古注】皇疏引江熙云：董仲舒曰：「遑遑求仁義，常患不能化民者，大人之意也。遑遑求財利，常恐匱乏者，小人之意也。」此君子小人謀之不同者也。慮匱乏，故勤耕；恐道闕，故勤學。耕未必無餓，學亦未必得禄，禄在其中，恒有之勢，是未必君子，但當存大而遺細，故憂道不憂貧也。

【集注】耕所以謀食而未必得食，學所以謀道而禄在其中。然其學也，憂不得乎道而已，非爲憂貧之故，而欲爲是以得禄也。

【餘論】此木軒四書說：使謀道謀食了不相涉，則謀道之君子不須以謀食疑之。惟夫謀食莫如耕，而餒在其中，竟有時不得食也。謀道莫如學，而禄在其中，可以兼得食也。然而君子之心，則憂道不憂貧也，曷嘗爲禄而學乎？不然，則以道而謀食，所謂修天爵以要人爵者耳，其不流爲小人之歸者幾希。

○子曰：「知及之，仁不能守之；雖得之，必失之。知及之，仁能守之，不莊以涖之，則民不敬。知及之，仁能守之，莊以涖之，動之不以禮，未善也。」

【考異】後漢書班固傳論作「智及之而不能守之」，劉梁傳「必失之」下有也字。皇本涖字作「莅」。　舊鄭康成本此下有「子曰：父在觀其志，父没觀其行」一章，見釋文。　翟氏考異：舊注謂此章論居官臨民之法，包咸解上句作「嚴以臨之」，疏述李充云：「仁以守位，其失也寬，故更涖以威。」荀引文變下敬字爲「禁」，則尤與嚴字相應。當時各家師授文每不同，此或其本有如是，未必爲記憶之譌。羣經平議：後漢書班固傳論引此文作「而不能守之」，視今本爲長。知及之而不能守之，謂無仁以守之也。今作「仁不能守」，夫既仁矣，又何不能守之有？此蓋後人據下文改易，而不知其非也。且如下文「不莊以涖之」，若改易其文曰莊不能涖之，豈可通乎？當依范氏所引以正其誤。下文言仁能守之，則此文不能守之由於不仁，其故自見，正古文互見之妙也。

【考證】論語稽求篇：盧東元曰：「此爲有天下國家者言。易曰：『何以守位？曰仁。』孟子曰：『天子不仁，不保四海。諸侯不仁，不保社稷。』皆此意也。下文涖之不莊，動之不以禮，皆有位者之事，文理接貫，不可移易。」其言甚辨。夫顯諸仁，藏諸用，夫子之原文也。漢書食貨志曰：「守位以仁。」蔡邕釋誨曰：「故以仁守位，以財聚人。」古之引經者未嘗乏也。李氏論語劄記：此章似專爲臨民者發。知及仁守，所謂道之以德也。莊涖動禮，所謂齊之以禮也。四書紀聞：得者，得乎天下國家也。失者，失乎天下國家也。曰民敬，曰莊涖，其言明白無疑。注疏以居官爲言，其説未盡。劉氏正義：後漢書劉梁傳：「孔子曰：『智之難也。有臧武仲之智而不容於魯國。抑有由也，作而不順，施而不怒矣。』蓋善其知義，譏其違道也。」下文又云：「患之所在，非徒在智之不及，又在及而違之者矣。故曰『智及之，仁不能守之；雖得之，必失之』也。」此引論語以證武仲之失位由於不順不恕。不順不恕即是不仁，與包義正合。

易繫辭傳：「何以守位？曰仁。」

按：此章十一之字皆指民言，毛氏之說是也。朱注以之字指此理言，所謂强人就我也，不可從。

【集解】包曰：「知能及治其官，而仁不能守，雖得之，必失之。不嚴以臨之，則民不敬從其上。」王曰：「動必以禮然後善。」

【唐以前古注】皇疏：謂人有智識，得及爲官位者，故云智及之也。雖謀智能及，不及能用仁守官位，故云仁不能守之也，此皆謂中人不備德者也。禄位雖由智而得爲之，無仁以持守之，必失禄位也。莅，臨也。又言若雖能智及仁守，若臨民不用莊嚴，則不爲民所敬。雖智及仁守莅莊，而動静必須禮以將之，若動静不用禮，則爲未盡善也。又引李充云：夫智及以得，其失也蕩；仁守以静，其失也寬；莊莅以威，其失也猛，故必須禮，然後和之。以禮制智，則精而不蕩；以禮輔仁，則温而不寬；以禮御莊，則威而不猛，故安上治民，莫善於禮也。又引顔特進云：智以通其變，仁以安其性，莊以安其慢，禮以安其情，化民之善，必備此四者也。

【集注】知足以知此理，而私欲間之，則無以有之於身矣。涖，臨也，謂臨民也。知此理而無私欲以間之，則所知在我而不失矣。然猶有不莊者，蓋氣習之偏，或有厚於内而不嚴於外者，是以民不見其可畏而慢易之。下句放此。動之，動民也，猶曰鼓舞而作興之云爾。禮，謂義理之節文。

【餘論】四書辨疑：注言知足以知此理，理字與下文「不莊以涖之，則民不敬」義不可通。知及仁守以位言也，人於公卿大夫等位，其才智各有能至之者，或能至於大夫，或能至於公卿，然無仁義之道以守之，雖已得之，終必不久而失之也。　黄氏後案：此章言治民之道也。以知得民，以不仁失民，殘刻之害爲大。武王踐阼記云：「以仁得之，以仁守之，其量百世。以不仁得之，以仁守之，其量十世。以不仁得之，不以仁守之，必及其世。」語意略同。司馬君實稽古録秦論以知及仁不能守，指斥秦之所以失天下，是得之失之言得民失民也。包注治官當作治民爲是。朱子注學政分説，未必然。李安溪云此章專爲治民者發，趙鹿泉、戚鶴泉謂章内十一之字皆以民言。　四書問答：集注此節空主理言，又謂無以有之於身。如其説，則次節忽説箇則民不敬，便覺語意突出矣。竊按通章俱應就治民説，聖人第于中間「涖之不莊」點明民字，以包前後耳。故首節所云知及之，仁不能守，雖得必失，俱就民言，如刑名法術之家雖能馭民而不能保民也。試觀下二節集注于涖之謂臨民也，動之謂動民也，其上二句「知及之，仁能守之」語氣本相連，而下獨不主民言也得乎？邢疏末引顔氏説云：「知以通其變，仁以安其性，莊以安其慢，禮以安其情，化民之道必備此四者。」數語尤爲明確。至古注此節主禄位説，亦孟子「桀、紂之失天下也，失其民也」之意耳。　四書改錯：此本論爲政以及之民者，凡十一之字俱是一義，乃動輒以理字當之，則仁能守理已自難通。仁是何物，而反使守理？況莊以莅理，動理不以禮，則大無理矣。章大來曰：「朱氏既不從包説，而作易本義，引陸氏釋文及晁氏僞古易説將繫辭仁字改作人字，此有意改經者。」按漢書食貨志曰「守位以仁」，蔡邕釋誨曰「故以仁守位，以財聚人」，皆據繫辭語，然皆是仁字。包注雖不足顧，與易繫何與，而必改此字？且陸、晁劣學，説最叵信，其校經字，豈反過於蔡邕之書石經者而可爲據耶？

○子曰：「君子不可小知而可大受也，小人不可大受而可小知也。」

【考證】淮南子主術訓：是故有大略者不可責以捷巧，有小智者不可任以大功。人有其才，物有其形，有任一而太重，或任百而尚輕，是故審毫釐之計者，必遺天下之大數；不失小物之選者，惑於大數之舉，譬猶狸之不可使搏牛，虎之不可使搏鼠也。

【集解】王曰：「君子之道深遠，不可以小了知而可大受。小人之道淺近，可以小了知而不可大受也。」

按：論語校勘記云：「皇本、高麗本無『王曰』二字，當是何解。」

【唐以前古注】皇疏引張憑云：謂之君子，必有大成之量，不必能爲小善也，故宜推誠闇信，虚以將受之，不可求備，責以細行也。

【集注】此言觀人之法。知，我知之也。受，彼所受也。蓋君子於細事未必可觀，而材德足以任重；小人雖器量淺狹，而未必無一長可取。

【發明】朱子文集（答張敬夫）：一事之能否不足以盡君子之藴，故不可小知。任天下之重而不懼，故可大受。小人一才之長亦可器而使，但不可以任大事爾。四書説約：用違其才，不止虧君子之長，並且棄小人之用。可不可兩邊皆有此，即聖人治天下手段。四書存疑：此言觀人當於其大，不當於其小。以大事而觀人，然後其人可見。以小節而觀人，小人未有不勝君子，君子或置之無用之地矣。

○子曰：「民之於仁也，甚於水火。水火，吾見蹈而死者矣，未見蹈仁而死者也。」

【考異】太平御覽述「民之於仁也」句，無也字。下文「吾見蹈而死者矣」，無矣字。謝道藴論語贊述文末句「也」作「矣」。

【集解】馬曰：「水火與仁皆民所仰而生者。仁最爲甚。蹈水火或時殺人，仁未嘗殺人。」

【唐以前古注】皇疏引王弼云：民之遠於仁，甚於遠水火也。見有蹈水火死者，未嘗蹈仁死者也。

【集注】民之於水火，所賴以生，不可一日無，其於仁也亦然。但水火外物，而仁在己，無水火不過害人之身，而不仁則失其心，是仁有甚於水火，而尤不可以一日無者也。況水火或有時而殺人，仁則未嘗殺人，亦何憚而不爲哉？李氏曰：「此夫子勉人爲仁之語，下章放此。」

【餘論】惠棟周易述：仁乃乾之初生之道，故未見蹈仁而死。極其變，如求仁得仁，殺身成仁，乃全而歸之之義，不可言死。沈守正四書説叢：仁者，人也，無物可與之較緩急，即以緩急論，而至切之水火猶爲未甚。蹈仁亦不當以利害論，即以利害論，而仁又獨有利而無害，此聖人提醒人語。黄氏後案：禮：「君子曰終，小人曰死。」又曰：「死而不弔者三：畏、厭、溺。」此死謂夭折也。民非水火不生活，利其生活而夭折其中者不少，聖人憫之。仁者，乾元生生之道，心所賴以生者。蹈仁而死，如伯夷、比干。能擇正命之處，雖死猶生，聖人榮之。此聖人望死身者不死其心，求見之切而歎之也。哀莫大於心死，而身死次之，語見莊子田子方篇，可以援證。

○子曰：「當仁，不讓於師。」

【考證】春秋繁露竹林篇論楚子反許宋平事云：今子反往視宋，聞人相食，大驚而哀之，不意之至於此也，是以心駭目動而違常禮。禮者，庶於仁文質而成體者也。今使人相食，大失其仁，安著其禮？方救其質，奚恤其文？故曰當仁不讓，此之謂也。

【集解】孔曰：「當行仁之事，不復讓於師，行仁急也。」

【唐以前古注】皇疏引張憑云：先人後己，外身愛物，履謙處卑，所以爲仁，非不好讓，此道非所以讓也。

【集注】當仁，以仁爲己任也。雖師亦無所遜，言當勇往而必爲也。蓋仁者人所自有而自爲之，非有争也，何遜之有？

【别解】黄氏後案：或曰師，衆也。或曰「師」當作「死」。屈原懷沙賦「知死不可讓兮」本此，與上章未見蹈仁而死互相發明。

○子曰：「君子貞而不諒。」

【集解】孔曰：「貞，正也。諒，信也。君子之人正其道耳，言不必小信也。」

【唐以前古注】皇疏：貞，正也。諒，信也。君子權變無常，若爲事苟合道，得理之正，君子爲之，不必存於小信，自經於溝瀆也。一通云：君子道無不正，不能使人信之也。　筆解：韓曰：「諒當爲讓，字誤也。上文云『當仁不讓于師』，仲尼慮弟子未曉，故復云正而不讓，謂仁人正直不讓于師耳。孔說加一小字爲小信，妄就其義，失之矣。」

【集注】貞，正而固也。諒則不擇是非而必於信。

【餘論】黄氏後案：此言君子之危行孫言也。貞，信乎正也。諒者，言之信也。君子行事必守道之正，而言之信有時不拘守也。昭公七年左傳「子産爲豐施歸州田」，杜注引此文，邢疏謂段受晉邑，卒而歸之，是正也。知宣子欲之而言，畏後禍，是不信。故杜氏引此文爲證也。漢書王貢龔鮑傳贊曰「貞而不諒，薛方近之」，顔注：「薛方志避亂朝，詭引巢、許爲喻，近此義也。」何異孫十一經問對：孟子曰：「君子不亮，惡乎執。」亮與諒同。孔子曰：「豈若匹夫匹婦之爲諒也。」又曰：「君子貞而不諒。」諒者，信而不通之謂。君子所以不亮者，非惡乎信，惡乎執也。故孟子又曰：「所惡執一者，爲其賊道也。」　焦循孟子正義：論語云：「好信不好學，其蔽也賊。」蓋好信不好學，則執一而不知變通，遂至於賊道。君子貞而不諒，正恐其執一而蔽於賊也。友諒兼友多聞，多聞由於好學，則不至於賊。　劉氏正義：案上篇夫子答子貢曰：「言必信，行必果，硜硜然小人哉！」孟子離婁下：「大人者，言不必信，行不必果，唯義所在。」言必信，即此注所云「小信」也，亦即諒也。漢書王貢等傳贊「貞而不諒，薛方近之」，顔注云：「薛方志避亂朝，詭引巢、許爲喻，近此義也。」亦言不必信之證。

○子曰：「事君，敬其事而後其食。」

【考異】郡齋讀書志：蜀石經作「敬其事而後食其禄」。

【考證】羣經平議：説文茍部：「茍，自急敕也。」敬字從茍爲意，故義亦與茍通。敬其事者，急其事也，正與後其食相對，猶禮記儒行篇「先勞而後禄」矣。

【集解】孔曰：「先盡力，然後食禄也。」

【唐以前古注】皇疏引江熙云：恪居官次以達其道，事君之意也，蓋傷時利禄以事君也。

【集注】後與後獲之後同。食，禄也。君子之仕也，有官守者修其職，有言責者盡其忠，皆以敬吾之事而已，不可先有求禄之心也。

○子曰：「有教無類。」

【考異】漢書地理志引「無」作「亡」。

【考證】吕氏春秋勸學篇：故師之教也，不争輕重尊卑貧富而争於道。其人茍可，其事無不可。

【集解】馬曰：「言人所在見教，無有種類。」

【唐以前古注】皇疏引繆播云：世咸知斯旨之崇教，未信斯理之諒深。生生之類，同稟一極，雖下愚不移，然化所遷者其萬倍也。若生而聞道，長而見教，處之以仁道，養之以德，與道終始，乃非道者，余所以不能論之也。

【集注】人性皆善，而其類有善惡之殊者，氣習之染也。故君子有教，則人皆可以復於善，而不當復論其類之惡矣。

○子曰：「道不同，不相爲謀。」

【考證】鹽鐵論憂邊篇引孔子曰：不通於論者難於言治，道不同者不相與謀。吴嘉賓論語說：孟子曰：「伯夷、伊尹、柳下惠三子者不同道。」道者，志之所趨舍，如出處語默之類。雖同於爲善，而有不同。其是非得失皆自知之，不能相爲謀也。劉氏正義：案孟子又言「君子之行不同也。或遠或近，或去或不去，歸潔其身而已矣」。歸潔其身，道也。而遠近去不去行各不同，則不能相爲謀也。史記伯夷列傳引此文云：「亦各從其志也。」即孟子不同道之說。顏注以天道人道爲言，失其旨矣。老莊申韓列傳：「世之學老子者則絀儒學，儒學亦絀老子。『道不同，不相爲謀』，豈謂是耶？」亦以老子之學與儒不同，未可厚非也。若夫與時偕行，無可無不可，夫子之謂集大成，安有所謂不相謀哉？不相謀者，道之本。能相爲謀者，聖人之用。後世儒者舉一廢百，始有異同之見。而自以爲是，互相攻擊，既非聖人覆焘持載之量，亦大昧乎「不相爲謀」之旨。

【集注】不同如善惡邪正之類。

【餘論】黄氏後案：孟子言禹、稷、顏子同道，曾子、子思同道，故君子與君子有時意見不同，行跡不同，而卒能相謀者，其道同也。此言道不同，指異端小人之賊道者，注義是也。或援周、召不說以證君子之不相謀，或謂微、箕各成其是，不必相謀，皆未詳審夫君奭、微子之書者矣。或謂尊德性道問學不妨殊途，說更謬。

○子曰：「辭達而已矣。」

【集解】孔曰：「凡事莫過於實，辭達則足矣，不煩文豔之辭。」

【集注】辭取達意而止，不以富麗爲工。

【別解】潛研堂答問：三代之世，諸侯以邦交爲重。論語使於四方，不辱君命，則稱之；使於四方，不能專對，則譏之。此辭即專對之辭也。公羊傳：「大夫出使，受命不受辭。」聘禮記：「辭無常，孫而說。辭多則史，少則不達。辭苟足以達，義之至也。」論語之文與禮經相表裏，以經證經，可以知辭達之義矣。羣經義證：聘禮記「辭多則史，少則不達。辭苟足以達，義之至也」，謂爲當時邦交之辭而發。

按：此說較有根據，可備一說。

○師冕見，及階，子曰：「階也。」及席，子曰：「席也。」皆坐，子告之曰：「某在斯，某在斯。」師冕出。子張問曰：「與師言之道與？」子曰：「然，固相師之道也。」

【考異】漢書人表師冕，顔師古注曰：即師免。翟氏考異：表與論語正同，注轉舉別文證之，文又于他書無所見，豈唐初論語冕字曾作「免」歟？七經考文：古本「告」作「謂」。周禮樂師注引作「相師之道與」。

【考證】日知録：經傳稱某有三義。書金縢「惟爾元孫某」，史諱其君，不敢名也。春秋宣公六年公羊傳「於是使勇士某往殺之」，傳失其人也。曲禮「内事曰孝王某，外事曰嗣王某」，儀禮士冠禮「某有子某」，論語「某在斯，某在斯」，通言之也。禮少儀曰：其未有燭而後至者，則以在者告，道瞽亦然。鄭君注曰：「爲其不見，意欲知之也。」下即引此經以證。論語偶記：道瞽即是相師，子曰「相師之道」，少儀云「道瞽亦然」，知此是古禮矣。

按：曲禮有某甫、某人、某士，儀禮有某子之稱，而某子又有姓氏之别，至單言某，鄉飲酒某酬某子，士冠禮某有某子，士昏禮某有先人之禮，使某請納采，注俱謂名。本文孔注言歷告以坐中人姓字所在處，然師於弟子不稱字，則當是名，而記者以兩某字括之耳。

潘氏集箋：説文：「名，自命也。从口，从夕。夕者，冥也，冥不相見，故以口自名。」此於瞽者爲尤切。逸周書太子晉解：「師曠曰：請使瞑臣往。」孔晁注：「師曠，晉大夫，無目，故稱瞑。」又禮記少儀云「瞽曰聞名」，鄭曰：「瞽，無目也。以無目辭不稱見。」此皆瞽者自名之證。其實瞽者有相，亦必以名詔之，故論語師冕見，孔子舉階席及在坐之人一一告之。

【集解】孔曰：「師，樂人盲者，名冕。某在斯某在斯，歷告以坐中人姓字及所在處也。」馬曰：「相，導也。」

【唐以前古注】釋文引鄭注：相，扶也。

【集注】師，樂師，瞽者，冕名。再言某在斯，歷舉在坐之人以詔之。聖門學者於夫子之一言一動，無不存心省察如此。相，助也。古者瞽必有相，其道如此。蓋聖人如此，非作意而爲之，但盡其道而已。

【餘論】薛瑄讀書録：觀聖人與師言，辭語從容，誠意懇至，真使人感慕於數千載之上。常人見貴人則知敬，見敵者則敬稍衰，於下人則慢之而已。聖人於上下人己之間，皆一誠敬之心。　論語傳注：古瞽必有相，夫子待師如化工賦物，而曰固相師之道者，以爲平常自然如此也。然則聖人接天地萬物莫不有道焉，亦祇平常自然耳。

論語集釋卷三十三

季氏

○季氏將伐顓臾。

【考證】劉氏正義：季氏，謂康子。説文云：「伐，擊也。從人持戈。」左莊二十九年傳：「凡師有鍾鼓曰伐。」論語述何：伐顓臾不書於春秋者，封内兵不録，或聞夫子言而止也。

【集解】孔曰：「顓臾，宓犧之後，風姓之國。本魯之附庸，當時臣屬魯。季氏貪其地，欲滅而有之。」

按：左傳僖公二十一年：「任、宿、須句、顓臾，風姓也，實司大皞與有濟之祀。」杜注：「大皞，伏羲。四國，伏羲之後，故主其祀。」今山東省沂州府蒙陰縣古顓臾國。

【集注】顓臾，國名，魯附庸也。

【餘論】四書或問：伐顓臾而曰季氏，見以魯臣而取其君之屬也，是無魯也。顓臾而曰伐，見以大夫而擅天子之大權也，是無王也。將者，欲伐而未成，見其臣尚可以諫，而季氏尚可以止也。

冉有、季路見於孔子曰：「季氏將有事於顓臾。」孔子曰：「求！無乃爾是過與？

【考證】羣經平議：是當讀爲寔，爾雅釋詁：「寔，是也。」桓六年公羊傳曰：「寔來者何？猶曰是人來也。」是與寔古蓋通用。無乃爾是過與，猶曰無乃爾寔過與。襄十四年左傳曰：「吾今實過。」國語晉語：「簡子曰：善，吾言實過矣。」並與此經同義。詩韓奕篇鄭箋曰：「趙、魏之東，實、寔同聲。」　論語集注補正述疏：經之所書冉有先季路，其序與所書侍坐不同，此猶春秋書法也。冉有，與其謀者也。冉有仕季氏在哀三年，季路仕季氏在定十二年，彼其時二子仕不同時矣。哀十四年左傳云：「小邾射以句繹來奔，曰：『使季路要我，吾無盟矣。』使子路，子路辭。季康子使冉有謂之曰：『千乘之國，不信其盟，而信子之言，子何辱焉？』」此其時則二子同仕季氏也。哀十五年左傳云：「秋，齊陳瓘如楚，過衛，仲由見之。」則季路在衛焉，其冬而季路死衛難矣，然則將伐顓臾之時，可從而知也。

【集解】孔曰：「冉有與季路爲季氏臣，來告孔子。冉求爲季氏宰，相其室爲之聚斂，故孔子獨疑求教之。」

【唐以前古注】皇疏引蔡謨云：冉有、季路並以王佐之姿，處彼相之任，豈有不諫季孫以成其惡？所以同其謀者，將有以也，量己揆勢，不能制其悖心於外，順其意以告夫子，實欲致大聖之言以救其弊；是以夫子發明大義，以酬來感，宏舉治體，自救時難，引喻虎兕，爲以罪相者，雖文譏二子，而旨在季孫，既示安危之理，又抑强臣擅命，二者兼著，以寧社稷，斯乃聖賢同符，相爲表裏者也。然守文者衆，達微者寡也，覩其見軌而昧其玄致，但釋其辭，不釋所以辭，懼二子之見幽，將長淪於腐學，是以正之，以莅來旨也。

【集注】按左傳、史記二子仕季氏不同時，此云爾者，疑子路嘗從孔子自衞反魯，再仕季氏，不久而復之衞也。冉求爲季氏聚斂，尤用事，故夫子獨責之。

【餘論】潘氏集箋：左哀十一年傳：「季孫欲以田賦，使冉有訪諸仲尼。三發不對，而私於冉有曰：『君子之行也，度於禮，施取其厚，事舉其中，斂從其薄，如是則以丘亦足矣。若不度於禮，而貪冒無厭，則雖以田賦，將又不足。且子季孫若欲行而法，則周公之典在。若欲苟而行，又何訪焉？』弗聽。」而明年春，書用田賦，即其例也。況三傳皆不載此事，則其聞夫子言而止也必矣。田賦不與子路並見孔子者，其時未再仕季也。或疑史記無子路再仕魯事。毛奇齡據哀十四年春，小邾射以句繹來奔，季氏使子路要之，而子路請辭，爲夫子反魯後，由再仕季之證。又引韓非子季孫相魯，子路爲郈令，魯以五月起衆爲長溝，子路挾粟而餐之，孔子使子貢覆其餐。季孫讓之曰：「肥也起民而使之，而先生使餐，將無奪肥之民耶？」謂伐顓臾是康子事，肥爲康子名，爲由、求共仕康子之旁證。維城謂此不必求諸他經傳，即下文子云「今由與求也相夫子」云云，由苟不仕季，夫子曷爲與求並責耶？況由亦必不肯並見夫子矣，此事理之至易明者。四書辨證：蘇東坡曰：「定十二年，子路爲季氏宰。哀十一年，冉求爲季氏宰。伐顓臾當在季康子之世。」按集注亦即蘇氏之説。子然問可謂大臣，康子問可使從政，正此時也。今書冉有於季路之上，下文孔子開口便責求，求辨論不休，而由無一語，則見雖同，而曰字當專屬冉有。

夫顓臾，昔者先王以爲東蒙主，且在邦域之中矣，是社稷之臣也。何以伐爲？」

【考異】太平寰宇記引論語「夫顓臾」，「夫」上有今字。釋文：「邦」或作「封」。集解：孔曰：「魯七百里之封，顓臾在其域中。」似其所據古論「邦」字爲「封」。潘氏集箋：或謂漢諱邦，改爲「封」，非也。尚書叙邦侯、邦康叔，義皆作封。漢有上邦、下邦縣字。如封字，下文「邦内」，鄭本作「封内」，明此「邦域」亦當爲「封域」也。九經古義、陳鱣說同。說文：「邦，國也。封，爵諸侯之土也。从之，从土，从寸。守其制度也。或，邦也。从口，从戈，以守一地也。域从或，又从土。」據此，則邦、域同義，從封字爲長。劉氏正義：邦域者，周禮大宰注：「邦，疆國之境。」釋名釋州國：「邦，封也，封有功於是也。」釋文云：「邦或作封。」蓋二字音義同。漢書王莽傳「封域之中」，即邦域也。惠氏棟謂依孔注「邦」當作「封」。然孔云「七百里之封」，乃釋邦爲封，非孔本作「封」，惠氏誤也。陳氏鱣又謂下文「邦内」，鄭作「封内」，明此「邦域」亦當爲「封域」。然釋文於此但云「或作封」，邦域義通，不必舍正本用或本矣。周禮大司徒注引論語「中」下無矣字。下句「是社稷之臣」下無也字。皇本作「何以爲伐也」。按孔注「何用滅之爲」，則伐、爲二字不可倒矣，皇本恐誤。

【考證】四書釋地續：東蒙，山名，即書之「蒙、羽其藝」，詩之「奄有龜、蒙」之蒙也。自元和志誤析爲二，謂在沂州費縣西北八十里者蒙山，在費縣西北七十五里者東蒙山，相距僅五里。余以漢地理志「蒙陰縣」注曰：「禹貢蒙山在西南有祠，顓臾國在蒙山下。」證其爲一山是也。四書經注集證：地理志「顓臾國在蒙山下」，今沂州府費縣。按明一統志顓臾城在縣西北九十里。趙氏曰：「蒙山在泰山郡蒙陰縣西南，今沂州費縣也。」馮厚齋曰：「禹貢有二蒙，徐州蒙、羽其藝，東蒙也。梁州蔡、蒙旅平，西蒙也。」洪氏曰：「魯頌『奄有龜、蒙，遂荒大東』，即東蒙也。」按廣輿記山東省沂州府，後魏名北徐州，其屬有蒙陰縣，又有費縣。費縣境有蒙山，一名東山。一統志云「孔子登東山而小魯」即此。義門讀書記：費在蒙之陽，魯以費爲東郊，故謂之東蒙。劉氏正義：蒙山即東蒙，山在魯東，故云。胡氏渭禹貢錐指：「蒙山在今蒙陰縣南四十里，西南接費縣界。漢志：『蒙陰縣有蒙山祠，顓臾國在山下。』後魏志：『新泰縣有蒙山。』劉芳徐州記：『蒙山高四十里，長六十九里，西北接新泰縣界。』元和志：『蒙山在新泰縣東八十八里，費縣西北八十里。東蒙山在費縣西北七十五里。』是謂蒙與東蒙爲二山也。齊乘曰：『龜山在今費縣西北七十里，蒙山在龜山東，二山連屬，長八十里。』禹貢之蒙、論語之東蒙，正此蒙山也。後人惑於東蒙之説，遂誤以龜山當蒙山，蒙山爲東蒙，而隱没龜山之本名，故今定正之。邑人公鼐論曰：『蒙山高峰數處，俗以在東者爲東蒙，中央者爲雲蒙，在西北爲龜蒙，其實一山。龜山自在新泰，亦非即龜蒙峰也。』」蔣氏廷錫尚書地理今釋：「蒙山在今山東青州府蒙陰縣南八里，西南接兖州費縣界，延袤一百餘里。」今案蔣説以蒙陰縣南八里諸山爲即蒙山，盖統山之羣阜言之，與胡氏蒙陰縣南四十里説異而實同也。蒙陰今屬沂州府。

【集解】孔曰："使主祭蒙山。魯七百里之封，顓臾爲附庸，在其域中。已屬魯爲社稷之臣，何用滅之爲？"

按：劉恭冕云："孟子云：『公侯百里，伯七十里，子男五十里。』不能五十里，不達於天子，附於諸侯，曰附庸。解者謂此周初之制，其後成王用周公之法制，廣大邦國之竟。故周官大司徒言：『公方五百里，侯四百里，伯三百里，子二百里，男百里。』先鄭注以爲附庸在内，後鄭則以附庸不在其中。明堂位云：『成王以周公爲有勳勞於天下，是以封周公於曲阜，地方七百里。』注云：『上公之封，地方五百里。加魯以四等之附庸方百里者二十四，并五五二十五，積四十九開方之，得七百里。』是魯七百里包有附庸。僞孔此注用後鄭義也。"

【集注】東蒙，山名。先王封顓臾於此山之下，使主其祭，在魯地七百里之中。社稷，猶云公家。是時四分魯國，季氏取其二，孟孫、叔孫各有其一，獨附庸之國尚爲公臣，季氏又欲取以自益，故孔子言顓臾乃先王封國，則不可伐；在邦域之中，則不必伐；是社稷之臣，則非季氏所當伐也。此事理之至當，不易之定體，而一言盡其曲折如此，非聖人不能也。

【餘論】四書辨證：主，孔注謂主祭蒙山，朱注依之，而桓六年傳"以山川則廢主"，晉語"國主山川"，鄭語"主芣、騩而食溱、洧"，似是以山川爲國之主也。而傳疏："廢主，謂廢國内之所主祭。"國語解："主，謂爲神之主。"俱引本文爲證，則其義與孔同。

冉有曰："夫子欲之，吾二臣者皆不欲也。"

【集解】孔曰：「歸咎於季氏。」

【集注】夫子指季孫。冉有實與謀，以夫子非之，故歸咎於季氏。

孔子曰：「求！周任有言曰：『陳力就列，不能者止。』危而不持，顛而不扶，則將焉用彼相矣？

【考異】漢書薛宣傳引此直作孔子語。後漢書安帝紀引傳曰：「顛而不扶，危而不持。」上下易置。漢書王嘉傳引作「安用」。後漢書陳球傳：「傾危不持，焉用彼相耶？」葛洪抱朴子良規篇：「危而不持，安用彼相？」考文補遺：古本「矣」作「也」。

【集解】馬曰：「周任，古之良史。言當陳其才力，度己所任，以就其位，不能則當止。」包曰：「言輔相人者當能持危扶顛，若不能，何用相爲？」

【唐以前古注】皇疏：孔子不許冉有歸咎於季氏，故又呼求名語之也，此語之辭也。周任，古之良史也。周任有言曰：「人生事君當先量後入，若計陳我才力所堪，乃後就其列，次治其職任耳。若自量才不堪，則當止而不爲也。」既量而就，汝今爲人之臣，臣之爲用，正在匡弼，持危扶顛。今假季氏欲爲濫伐，此是危顛之事，汝宜諫止；而汝不諫止，乃云夫子欲之，吾等不欲，則何用汝爲彼之輔相乎？若必不能，是不量而就之也。

【集注】周任，古之良史。陳，布也。列，位也。相，瞽者之相也。言二子不欲則當諫，諫而不聽則當去也。

【餘論】四書辨疑：瞽者之相，蓋取上篇相師之相爲説也。相本訓助，訓扶，元是扶持輔佐之義，非因先有孔子相師之言，然後始有此訓也。凡其言動之間，相與扶持輔佐之者，通謂之相。如舜之相堯，禹之相舜，伊尹相湯，周公相武王，豈皆瞽者之相耶？舊説相謂輔相，言其輔相人者，當持其主之傾危，扶其主之顛躓；若其不能，何用彼相？只從此説，豈不本分？

按：陳氏之説是也。此相字即下相夫子之相，集注謂瞽者之相，義雖可通，未免好爲立異，且與下文相夫子互岐，不如舊説之善。

且爾言過矣，虎兕出於柙，龜玉毁於櫝中，是誰之過與？」

【考異】舊文柙字爲「匣」。釋文曰：「匣」，本今作「柙」。皇本「虎兕出柙」、「龜玉毁」櫝中各無於字。漢書文三王傳：虎兕出於匣，龜玉毁於匱中，是誰之過也？三國志公孫度傳注引魏略曰：「龜玉毁於匱，虎兕出於匣。」匱、匣字異，又略去中字，上下易置。文選任彦升勸進牋注引論語亦作「出於匣」。

【集解】馬曰：「柙，檻也。櫝，匱也。失虎毁玉，豈非典守之過耶？」

【唐以前古注】皇疏引欒肇云：後虎家臣而外叛，是出虎兕於柙也。伐顓臾於邦内，是毁龜玉於櫝中也。

【集注】兕，野牛也。柙，檻也。櫝，匱也。言在柙而逸，在櫝而毁，典守者不得辭其過。明二子居其位而不去，則季氏之惡，己不得不任其責也。

冉有曰：「今夫顓臾，固而近於費。今不取，後世必爲子孫憂。」

【考異】水經沂水注引作「固而便近於費者也」。舊無「後世」二字。釋文曰：「必爲子孫憂」，本或作「後世必爲子孫憂」。後漢書臧宫傳注引冉有曰：「今夫顓臾，固而近季氏之邑。今不取，恐爲子孫之憂。」無「後世」字。

【考證】論語發微：書費誓曰：「淮夷、徐戎並興。」魯東南邊費，又東南則淮、徐之地。費邑故城在今山東費縣西北二十里，又西北二十里有冠石之山，又北爲陪尾，此顓臾所以固而近於費也。魯之費邑反在顓臾之南，故孔子以爲在邦域之中也。四書釋地又續：前漢志顓臾國在泰山郡蒙陰縣蒙山下，費縣爲魯季氏邑，則屬東海郡，杜氏通典總收於沂州費縣下，曰有蒙山，有東蒙山，有顓臾城。余讀酈注沂水條云：「沂水從臨沂縣東流逕蒙山下，又東南逕顓臾城北，又東南流逕費縣故城南。」案其里程相距纔七十里耳，故曰近。潛丘劄記：兗州府志：「故顓臾城距古費城六十五里。」

【集解】馬曰：「固，謂城郭完堅，兵甲利也。費，季氏邑。」

【集注】固，謂城郭完固。費，季氏之私邑。此則冉有之飾辭，然亦可見其實與季氏之謀矣。

孔子曰：「求！君子疾夫舍曰欲之而必爲之辭。

【考異】皇本「必」下有更字。太平御覽述無而字。天文本論語校勘記：古本、足利本、唐本、津藩本、正平本「而必」下有更字。

【音讀】經讀考異：近讀從「欲之」爲句。考何氏集解，孔曰「疾如女之言」，是以夫字斷句。又曰「舍其貪利之説而更爲他詞」，是又以「舍」連下讀。

【集解】孔曰：「疾夫，疾如女之言也。舍其貪利之説而更作他辭，是所疾也。」

【集注】欲之，謂貪其利。

丘也聞有國有家者，不患寡而患不均，不患貧而患不安。蓋均無貧，和無寡，安無傾。夫如是，故遠人不服，則修文德以來之。既來之，則安之。

【考異】春秋繁露度制篇引孔子曰：不患貧而患不均。　魏書張普惠傳亦引孔子曰：不患貧而患不均。　漢書食貨志引文三「無」字俱作「亡」。　尚書大禹謨孔傳曰：「遠人不服，大布文德以來之。」正義曰：「『遠人不服，文德以來之。』論語文也。」並與「則修」字異。

【考證】羣經平議：寡、貧二字傳寫互易，此本作「不患貧而患不均，不患寡而患不安」。貧以財言，不均亦以財言，財宜乎均，不均，則不如無財矣，故不患貧而患不均也。寡以人言，不安亦以人言，人宜乎安，不安，則不如無人矣，故不患寡而患不安也。下文云「均無貧」，此承上句言。又云「和無寡，安無傾」，此承下句言。觀「均無貧」之一語，可知此文之誤易矣。春秋繁露度制篇引孔子曰：「不患貧而患不均。」可據以訂正。　論語述要：「均無貧」三句，均對無貧，和對無寡，安對無傾，意義分配至當，無俟煩解。祇因上二語以均對寡，以安對貧，上下語脈遂亂。集注因文遞解，未嘗不可圓其説，究屬勉强費力。若以下截正上截之誤，均字作爲和字，安字作爲均字，上下一氣相承，自至聯貫。意前儒讀語至此，亦必有苦於費解者，祇因不敢改經，舍遵注外無他法。不知改經雖不可，以經正經，且以本經正本經，則未爲不可。此二字當是傳寫者偶有錯誤，夫子原辭必不至前後紊亂至此也。再考春秋繁露引孔子曰：「不患貧而患不均。」疑義更爲釋然。董氏所據本下語既如此，則上語當作「不患寡而患不和」可知。董氏尚在古注諸家之先，原本不知被何誤寫，遂以謬傳至今。然上下文理至明也，繁露至可徵信之書也，繁露雖引下語，未及上語，理之至易隅反者也。

按：魏書張普惠傳引夫子言亦與董氏同，是漢初善本，至魏猶有存者，益見繁露之可信，俞氏之説是也。

論語後録：遠人，謂徐、郯之屬，非指顓臾也。國語曰：「荒服者王有不至，則修德。」故上言修文德以來之。四書釋地又續：遠人似謂邾。考哀公元年冬，伐邾。七年秋，伐邾，遂入之，以邾子益來。八年夏，以吴將伐我，乃歸邾子。或曰，魯擊柝聞於邾，相距僅七十六里，何以爲遠？曰：敵國則遠人矣。四書劄記：遠人非指顓臾，正對顓臾在邦域之中而至近者言之，言雖有遠人不服，疑乎可以動干戈矣，然且猶來之以文德，況如顓臾之在邦内乎？

【集解】孔曰：「國，諸侯。家，卿大夫。不患土地人民之寡少，患政理之不均平，憂不能安民耳。民安則國富。」包曰：「政教均平，則不貧矣。上下和同，不患寡矣。小大安寧，不傾危矣。」

【集注】寡，謂民少。貧，謂財乏。均，謂各得其分。安，謂上下相安。季氏之欲取顓臾，患寡與貧耳。然是時季氏據國，而魯公無民，則不均矣。君弱臣强，互生嫌隙，則不安矣。均則不患於貧而和，和則不患於寡而安，安則不相疑忌而無傾覆之患。内治修，然後遠人服。有不服，則修德以來之，亦不當勤兵於遠。

【餘論】李清植淛嘐存愚：今使千金之家而生四子，均分之，則一子惟得二百五十金，以與千金較，雖覺寡，而無全乏之事。若就中有一子兼得其二分，則必有一子全失其一分者，是不均而後有貧，均則雖寡而斷不至於貧，此均無貧之説也。况四子既各得其分，勢必輯睦而和。彼其所以見寡者，以析而爲四也，和則合四歸一，依然千金之家，不獨無貧，而且不見有寡，此和無寡之説也。如是則必安，安則無論無貧寡，借使貧寡，亦必不至於傾，此安無傾之説也。惟均無貧，和無寡，此所以不患寡而患不均也。惟安無傾，此所以不患貧而患不安也。四書翼注：「不患寡」二句，當是古語。侯國較之王畿自是寡，大夫之采地較之侯封又自是寡，自古安有以此爲患者？若不顧尊卑，侯之民欲多於王，卿大夫之民欲多於侯，大小厚薄皆失其宜，謂之不均，乃可患耳。侯之君十卿禄，比天子百里之内以供官，千里之内以爲御，自是貧。卿禄四大夫，比諸侯錫之山川土田附庸，又自是貧。自古亦無以此爲患者。若一味封殖自肥，公室懸磬，柄臣擅聚斂之饒，强蓄籠山海之入，冠裳倒置，嫌釁必生，謂之不安，乃可患耳。至「均無貧」三句，又是夫子爲古語下注脚，言若果各安本分，曉得君尊臣卑國大家小，則不均處正是均。以四境之内供侯國之用，守宗廟之典籍，供覲聘之筐篚，有餘矣。以私邑之田供私家之費，束修之遺不出境，喪祭之禮有定式，更有餘矣。何貧之有？如是則下不上僭，上自然不下侵，君君臣臣歡若一體，則和矣。和則有國者恪居侯服，魯賦八百乘，邾賦六百乘，非寡於天子也，宜也。有家者敬居官次，管仲之書社三百，韓起之長轂四千，非寡於齊侯、晉侯也，宜也。如此則上下各得其所，名分足以定志，恩誼可以聯情，相安於當然之理，自然之勢，國長有其國，家長有其家矣。夫長國家者，惟傾覆是虞，苟能無傾，樂莫大焉，又何患寡與貧之有哉？

今由與求也，相夫子，遠人不服，而不能來也；邦分崩離析，而不能守也，而謀動干戈於邦内。吾恐季孫之憂，不在顓臾，而在蕭牆之内也。」

【考異】釋文：鄭本作「封内」，或作「不在於顓臾」。太平御覽述季孫之憂，無之字。隸釋載漢石經論語殘碑，後記諸家異文曰：而在於蕭牆之内，盍、毛、包無「於」。陸贄收河中後請罷兵狀引文「也」作「矣」。翟氏考異：四家所傳論語均無於字，世行本正依此四家也。盍氏、毛氏他籍無言之者，其名及時代今莫審悉。

【考證】四書典故辨正：天子外屏，諸侯内屏，大夫以簾，士以帷，蕭牆非季氏所當有。蓋蕭牆暗指魯君，故朱注引哀公欲以越伐魯爲證。論語偶記：蕭牆之内，魯哀公也。不敢斥君，故婉言之。若曰季氏非憂顓臾，實憂魯君疑己而將爲不臣，所以伐顓臾耳。蓋其時哀公欲去三桓，季氏隱憂顓臾世爲魯臣，與魯犄角，故爲此謀。夫子此言，所以誅季氏之心也。

按：方説是也。鄭謂伐顓臾在陽虎未執桓子以前，則由、求未嘗與陽虎共仕季氏，而經文明言由、求，考求之得志於季氏，在哀公十一年清之役勝齊以後，是季孫當指康子而非桓子矣。

【集解】孔曰：「民有異心曰分，欲去曰崩，不可會聚曰離析。干，楯也。戈，戟也。」鄭曰：「蕭之言肅也。牆，謂屏也。君臣相見之禮，至屏而加肅敬焉，是以謂之蕭牆。後季氏家臣陽虎果囚季桓子。」

【唐以前古注】皇疏：人君於門樹屏，臣來至屏而起肅敬，故謂屏爲蕭牆也。臣朝君之位在蕭牆之内也。今云季孫憂在蕭牆内，謂季孫之臣必作亂也。然天子外屏，諸侯内屏，大夫以簾，士以帷。季氏是大夫，應無屏而云蕭牆者，季氏皆僭有之也。

【集注】子路雖不與謀，而素不能輔之以義，亦不得爲無罪，故并責之。遠人，謂顓臾。分崩離析，謂四分公室，家臣屢叛。干，楯也。戈，戟也。蕭牆，屏也。言不均不和，内變將作，其後哀公果欲以越伐魯而去季氏。謝氏曰：「當是時，三家强，公室弱，冉求又欲伐顓臾以附益之，夫子所以深罪之，爲其瘠魯以肥三家也。」洪氏曰：「二子仕於季氏，凡季氏所欲爲，必以告於夫子，則因夫子之言而救止者宜亦多矣。伐顓臾之事不見於經傳，其以夫子之言而止之也。」

【餘論】劉氏正義：方氏觀旭偶記：「俗解以蕭牆之内爲季氏之家。不知禮天子外屏，諸侯内屏，大夫以簾，士以帷。則蕭牆惟人君有耳，卿大夫以下但得設帷薄。管仲僭禮旅樹，禮記不言自管仲始，可見管仲之後，諸國卿大夫無有效之僭者，季氏之家安得有此？竊謂斯時哀公欲去三桓，季氏實爲隱憂。又以出甲墮都之後，雖有費邑，難爲臧紇之防，孫林父之戚，可藉以逆命。

君臣既已有隙，一旦難作，即效意如之譎，請囚於費而無可逞。又畏顓臾世爲魯臣，與魯犄角以逼己。惟有謀伐顓臾，克之，則如武子之取卞以爲己有而益其强；不克，則魯師實已勞憊於外，勢不能使有司討己以干戈。憂在内者攻强，乃田常伐吴之故智。此後所爲正不可知，所謂内變將作者也。然則蕭牆之内何人？魯哀公耳。」說文：「牆，垣蔽也。」屏亦短垣，所以障蔽内外，故亦稱牆。陽虎囚季桓子在定公八年，而二子事季氏則在哀公十一年後，鄭氏此言未得其實，宜乎方氏之易其義也。

○孔子曰：「天下有道，則禮樂征伐自天子出；天下無道，則禮樂征伐自諸侯出。自諸侯出，蓋十世希不失矣；自大夫出，五世希不失矣；陪臣執國命，三世希不失矣。

【考證】論語述何：齊自僖公小霸，桓公合諸侯，歷孝、昭、懿、惠、頃、靈、莊、景，凡十世，而陳氏專國。晉自獻公啓彊，歷惠、懷、文而代齊霸，襄、靈、成、景、厲、悼、平、昭、頃而公族復爲强臣所滅，凡十世。魯自隱公僭禮樂滅極，至昭公出奔，凡十世。魯自季友專政，歷文、武、平、桓子，爲陽虎所執。齊陳氏，晉三家亦專政而無陪臣之禍，終竊國者，皆異姓公侯之後，其本國亡滅，故移於他國也。又曰：南蒯、公山不擾、陽虎皆及身而失，計其相接，故曰三世。蕳庢考古録：左傳昭公二十四年，樂祁曰：「政在季氏三世矣，魯君喪政四公矣。」注以三世爲文子、武子、平子。四公爲宣、成、襄、昭。論語禄去公室五世，鄭注言此時魯定公之初。魯自東門襄仲殺文公之子赤而立宣公，於是政在大夫，爵禄不從君出，至定公爲五世矣。杜預解左傳三世，不數悼子，以未立爲卿而卒，則論語所謂四世，應亦由文而起，數至桓子爲四世也。其云五世希不失者，亦孔子據理而言，非必定指季氏也。馮季驊春秋三變説：隱、桓以下，政在諸侯。僖、文以下，政在大夫。定、哀以下，政在陪臣。當其初，會盟征伐，皆國君主之。隱十年，翬帥師會四國伐宋也，則貶而去族。桓十一年，柔會宋公、陳侯、蔡叔盟折也，亦貶而去族。權猶不遽下移也。僖十九年，大夫爲翟泉之盟以伐鄭，則諱不書公。文二年，垂隴盟，書士穀；十五年，以上軍下軍入蔡，書郤缺，而大夫始專矣。浸淫至成二年鞌之戰，魯以四卿帥師，而三家之勢張。襄十六年湨梁之會，晉直以大夫主盟，而無君之勢成。于是物極必反，上行下效，諸侯專天子，大夫專諸侯，家臣專大夫。宋樂祁有陳寅，鄭罕達有許瑕，齊陳恒有陳豹，衛孔悝有渾良夫，晉趙鞅有董安于，魯仲孫有公斂處父，而莫狡且彊于季孫之陽虎。以公伐鄭，而實意在惡季、孟于鄰國。盟公周社，而實意在詛三桓于國人。夫子于定八年特書盜竊寶玉大弓，所以治陪臣也。春秋上治諸侯，中治大夫，下治陪臣，至目之曰盜。充其類以盡其義，諸侯大夫，一言以蔽之耳。春秋大事表：春秋之中葉，討伐無書公者，政自大夫出也。定公之初，伐齊反書公者，陪臣執國命，而欲叚公以與大夫抗也。哀公之世，征伐盟會無書公者，大夫復張，專其利，而以危難之事陷其君也。馮景解春集：孔子不言禮樂征伐自陪臣出，而曰執國命，其辭信，其義精。蒙引仍以禮樂征伐之事爲國命者，非也。家臣雖專政，無行禮樂征伐之事者也。

禮樂征伐必交乎四鄰，而國命不出境。陪臣執之云者，猶彊奴抗孱主，第相鬩於門之内而已矣。禮樂征伐自大夫出何也？曰古之大夫束修之問不出境，春秋之大夫交政於中國，凡盟會之事皆與焉。大夫而僭諸侯久矣。若陪臣雖稱兵據地，甚至囚執其主，而卒不得與於會，昭、定、哀之間可徵也。南蒯也、侯犯也、公山不狃也、陽虎也，皆季氏家臣執國命者也。然春秋於其叛也、襲魯也皆不書，何也？略家臣也。家臣賤，名氏不見。聖人謹微，蓋絶之於其端焉耳。不可以告廟，不可以赴於諸侯，故嚴其防而不書其後。陪臣懼，子洩及身而出奔。南蒯者，南遺之子也，二世而出奔。陽氏爲季氏家臣，至虎三世而出奔，三世而不失者希矣。聖人之言春秋法備焉，義精而辭信。

【集解】孔曰：「希，少也。周幽王爲犬戎所殺，平王東遷，周始微弱。諸侯自作禮樂，專行征伐，始於隱公。至昭公十世失政，死於乾侯矣。季文子初得政，至桓子五世，爲家臣陽虎所囚也。」馬曰：「陪，重也。謂家臣。陽氏爲季氏家臣，至虎三世而出奔齊。」

【唐以前古注】周禮序疏引鄭注亦謂幽王之後也。　詩黍離正義引鄭注：平王東遷，政始微弱，諸侯始專征伐。皇疏：諸侯是南面之君，故至全數之年而失之也。若禮樂征伐從大夫而專濫，則五世，此大夫少有不失政者也。其非南面之君，道從勢短，故半諸侯之年，所以五世而失之也。陪，重也。其爲臣之臣，故云重也。是大夫家臣僭執邦國教令，此至三世必失也。既卑，故不至五世，則半十而五，三亦半五，大者難傾，故至十。十，極數也。小者易危，故轉相半，理勢使然。亡國喪家，其數皆然，未有過此而不失者也。按此但云執國命，不云禮樂征伐出者，其不能僭禮樂征伐也。　又引繆播云：大夫五世，陪臣三世者，苟得之有由，則失之有漸，大者難傾，小者易滅，近本罪輕，遠彌罪重，輕故禍遲，重則敗速，二理同致，自然之差也。　筆解：韓曰：「此義見仲尼作春秋之本也。吾觀隱至昭十君誠然矣，禮樂征伐自作，不出于天子，亦然矣。若稽諸春秋，吾疑十二公引十世爲證，非也。」李曰：「退之至矣。觀隱公不書即位而書王正月，定公不書正月而書即位，此有以見自桓至定爲十世，仲尼本旨存不言，哀公未没，不可言世也。」韓曰：「吾考隱公書正月者，言周雖下衰，諸侯禀朔不可不書也。隱攝政不書即位，言不預一公之數也。定書即位，繼體當爲魯君；不書正月者，不禀朔也。禀朔因三桓强盛，不由公室也。政去公室，則自桓公至定公爲十世明矣。」李曰：「吾觀季氏一篇皆書孔子曰，餘篇即但云子曰，此足見仲尼作春秋，本惡三桓，正謂亂臣賊子。當時弟子避季氏强盛，特顯孔子之名以制三桓耳，故悉書孔子曰，以明當時之事，三桓可畏，宜其著春秋以制其彊焉。」韓曰：「季孫行父自僖公時得魯政，至平子意如逐昭公于乾侯，終季孫斯，定公八年爲陽虎所伐。桓子即季孫斯也。仲尼既言諸侯十世，又言大夫五世者，斥魯君臣皆失道也。定公九年，陽貨以葱靈逃奔宋，遂奔於晉。至哀公二年，陽貨猶見于左傳。蓋仲尼自定、哀之際，三桓與魯皆衰，故春秋止于麟，厥旨深矣。」

【集注】先王之制，諸侯不得變禮樂專征伐。陪臣，家臣也。逆理愈甚，則其失之愈速，大約世數不過如此。

天下有道，則政不在大夫。

【集解】孔曰：「制之由君。」

【集注】言不得專政。

天下有道，則庶人不議。」

【考證】困學紀聞：古者士傳言諫，其言責與公卿大夫等。及世之衰，公卿大夫不言而士言之，於是有欲毁鄉校者，有謂處士横議者，不知三代之盛，士亦有言責也。夫子曰「天下有道，則庶人不議」，而不及士，其指微矣。論語偶記：庶人又在大夫之下，若陪臣亦是也。議者，圖議國政。若云私議君上之得失，則庶人傳語正是先王之制，王者斟酌焉，而事行不悖，豈得謂非有道？蓋庶人有凡民，有府史胥徒之屬。凡民可以傳語，府史胥徒不當與謀國政。況有道之世，野無遺賢，俊傑在位，自不下資於庶人之議。左傳述定姜曰：「舍大臣而與小臣謀，一罪也。」鄭子國曰：「國有大命而有正卿，童子言焉，將爲戮矣。」子貢曰：「君子有遠慮，小人何知？」若曹劌論戰事，足見魯卿大夫之已鄙；重人告伯宗，足見晉卿大夫之無學。陽貨有言而魯國亂，鄙人論政而曹國亡。俱是無道之時，庶人之議得聞於世者也。

【集解】孔曰：「無所非議。」

【唐以前古注】皇疏：君有道，則頌之聲興在路，有時雍之義，則庶人民下無所街羣巷聚以評議天下四方之得失也。若無道，則庶人共有所非議也。

【集注】上無失政，則下無私議，非箝其口使不敢言也。

【餘論】黄氏後案：陸稼書曰：「此議亦是公議，春秋之末猶有公議，至戰國遂變爲横議。」式三謂上有私議，則下興公議；上無正議，則下恣横議。

【發明】蔡節論語集説引劉東溪曰：天下有道，在上者總其政，而其咨訪亦及乎芻蕘之賤，當是之時，民有公言而無私議。天下無道，大夫竊執國柄，雖士君子之言亦壅於上聞，於是庶人始私相非議於下，又其甚至於道路以目，而天下之情窮矣。

○孔子曰：「禄之去公室五世矣，政逮於大夫四世矣，故夫三桓之子孫微矣。」

【考異】漢書劉向傳：孔子曰：「禄去公室，政逮大夫，危亡之兆。」師古注引論語孔子曰：「禄去公室五君矣，政逮於大夫四君矣，故三桓之子孫微矣。」

【考證】論語稽求篇：禄去公室即是政逮大夫，未有去彼不之此而中立者，然而一是五世，一是四世，若是其不齊何也？曰：去公室，從公室數則公適五世。逮大夫，從大夫數則大夫適四世，不相左也。然而其五世何也？曰宣、成、襄、昭、定也。何以知宣、成、襄、昭、定？按春秋昭二十三年，叔孫舍如宋。宋樂祁曰：「魯君必出。政在季氏三世矣，魯君喪政四公矣。」至三十二年，公薨乾侯。史墨對趙簡子曰：「季友有大功於魯，受費爲上卿。至于文子、武子，世增其業。魯文公薨，而東門襄仲殺適立庶，魯君於是乎失國政，政在季氏，於此君也四公矣。」是兩人所言皆春秋當年指定世數，非後人所得而逆計者。然而一曰四公，一又曰四公，上自文薨以後而下及昭終之年，宣、成、襄、昭，詘指四世。其不云五世者，欒祁與子墨言此在昭公時，子所言在定公時，多一世也。其上不及文者，以指定昭公曰於此君，則等而上之四，不及文；猶之等而下之四，亦不及定也。故史記魯世家云：「文公卒，襄仲立宣公。魯由此公室卑，三桓强。」而漢食貨志云：「魯自文公以後，禄去公室，政在大夫。」則于此禄去政逮十字，鑿定是文公以後，爲宣、成、襄、昭、定五世，即康成注論語，亦曰自宣至定爲五世，而集注遵之。今經典稽疑翻謂以文、宣、成、襄、昭五公爲斷，而截去定公，則于欒祁、子墨二公所定世數皆不合矣。其四世何也？曰文、武、平、桓也。何以知文、武、平、桓？欒祁不云乎，政在季氏三世矣，謂文、武、平也。子墨不云乎，文子、武子世增其業，謂季之執政自文子始也。其不及桓者，以昭公時未有桓也。舊注引孔安國説，以文、武、悼、平爲四世，則多悼而少桓。朱注以武、悼、平、桓爲四世，則知有桓而又多悼而少文。兩皆失之。蓋武子之卒在昭之七年，是時悼子先武卒，而平子于是年即代武立，悼子未嘗爲卿也，未嘗爲卿則政不逮矣，故政逮四世，斷自文始而桓止，不及悼子，此無可疑者。盧東元荷亭辨論極知新舊二注俱各有誤，然欲解此四世爲公之四世，爲成、襄、昭、定，則欲去宣公以應四數，而不知禄去政逮，不分兩時，且于上一章自諸侯出，十世必失；自大夫出，五世必失，就諸侯大夫而分較其世數者相矛盾矣。或曰漢五行志又云「季氏萌于釐公而大于成公」，則成、襄、昭、定恰是四世，但此當數大夫，不當數公室耳。

論語偶記：左氏宣

十八年傳記歸父欲去三桓，張公室；又記公薨，季文子遂逐東門氏，則行父之專恣可見。又成十六年傳宣伯使告郤犫曰：「魯之有季孟，猶晉之有欒范也，政令於是乎成。若欲得志於魯，請止行父而殺之。」宣伯雖行不軌，其言行父專政，自當不誣。再史記魯世家襄仲立宣公，魯由此公室卑，三桓强。漢書五行志劉向亦有魯三桓執國政，宣公欲誅之之語。又五行志云「主大夫始顓事」，師古注謂季孫行父，並是切證。舊注數文、武、悼、平爲四世，知文子始專魯政，而於夫子當桓子時言未合。朱子數武、悼、平、桓爲四世，知夫子與桓子同時，而於經史言文子專政未合。都緣忘却悼子未嘗爲卿執政而誤數之耳。五世爲魯宣至定，四世是季友至桓。毛西河云：「禄去公室即是政逮大夫，未有去彼不逮此而中立者。」真確論也。江永羣經補義：專政者東門遂，輔之者季孫行父。襄仲死，逐子家者，文子也。觀所載虧姑成婦等事，行父亦專橫矣，故專政當自文子始。昭二十五年宋樂祁曰「政在季氏三世矣」，杜注：「三世，文子、武子、平子。」孔疏云：「不數悼子者，悼子未爲卿而卒，不執魯政，故不數也。十二年傳曰：『季悼子之卒也，叔孫昭子以再命爲卿。』卿必再命，乃得經書名氏。七年三月，經書叔孫婼如齊涖盟。其年十一月，季孫宿卒。是悼子先武子而卒，平子以孫繼祖也。」此疏甚確，當以文子、武子、平子、桓子爲四世。潘氏集箋：潛邱劄記云：「政在季氏，季氏者，文子也。宣十八年，欲去三桓以張公室；成十六年，魯之有季、孟，猶晉之有欒、范也，政令於是乎成，皆謂文子。若武子專國，武子立襄五年，上溯宣元年凡四十有一年，政將誰歸乎？」羣經補義、論語偶記、羣經識小並據昭二十五年傳注爲説。補義謂注不數桓子則非，其數文子則是。識小謂禄去政逮是一串事，去公室則入私家矣。此論蓋發於哀公初年，五世則成、襄、昭、定、哀，四世則文、武、平、桓也。其謂五世數哀公而不數宣公，與諸家異，非也。解春集又據左傳史墨對趙簡子曰：「季友有大功於魯，受費以爲上卿。至於文子、武子，世增其業，不廢舊績。魯文公薨，而東門遂殺適立庶，魯君於是乎失國，政在季氏，於此君也，四公矣。」爲政逮四世之確證，亦以四世爲文、武、平、桓而悼子不與焉。顧棟高春秋魯政下逮表叙曰：「自僖公元年至哀公二十七年，左氏春秋經傳之末，閲年一百九十三，魯之執政共十一人，季氏凡六人，叔孫氏二人，孟孫氏一人，東門氏一人。中間陽虎執政在定之六七八，僅三年爾，旋出奔，政柄復歸季氏。當定之九年，季孫斯乘意如兇惡之後，遭陽虎幾死，僅而得免，創鉅痛深，乃始用孔子以銷弭禍患。孔子建墮三都之議，叔、季二家墮費墮郈，譬之虎穴，虎出而羣狼據之，虎亦不得歸墮其穴，非特公室安，私門亦安，此聖人撥亂反正之大機括也。至十二年冬十二月，孟氏不肯墮成。哀十五年，成宰公孫宿叛入于齊，踵南蒯及侯犯之後，聖人之言始驗。明年，孔子亦卒。使孔子久於其位，當能感慨孟氏使漸就約束，而卒以女樂去，此天也。」四書翼注：哀公欲去季氏，雖無成事，然自是三家遂不振。孟子、戰國策、史記載魯君臣事俱無三家子孫，此其徵也。

按：左氏昭二十三年傳宋樂祁曰：「魯公喪政四公矣。」三十二年傳史墨對趙簡子曰：「魯文公薨，東門襄仲殺適立庶，魯公於是乎失國，政在季氏，於此君也，四公矣。」此在昭公時數喪政之世凡四公，則夫子於定公時爲此言，自是五世矣。又昭二十三年傳宋樂祁曰：「政在季氏三世矣。」樂祁言時當平子之身，由平子上溯三世，却是武子。然武子立悼子爲適於襄二十三年，至昭公七年武子卒時，悼子實已先死，並未執國政，而平子即嗣爲卿，是三世當數文子、武子、平子。史墨所云政在季氏，亦在指魯宣公時季文子言。以此推之，是魯公失政之年即季氏得政之歲，而孔子身當桓子時，則數四世者自應以文、武、平、桓爲確。鄭注有文子而無桓子，集注有桓子而無文子，皆緣多數一悼子故耳。考文子於春秋文公六年見經，桓子於哀三年卒，則宣、成、襄、昭、定之世，季氏正文、武、平、桓四子。孔注以文、武、悼、平爲四世，則多悼而少桓；朱注以武、悼、平、桓爲四世，則知有桓而多悼少文，兩皆失之。三桓三家，然以別子爲祖，繼別爲宗之義言之，是專指季氏。論語述何曰：「魯小於齊、晉，而三桓又同姓世卿，權同力等，不能如陳氏之代齊，又不如韓、趙、魏之分晉，故曰微也。」（閻氏若璩又引孔子世家，言季武子卒，平子代立，亦一證。）

【集解】鄭曰：「言此之時，魯定公之初也。魯自東門襄仲殺文公之子赤而立宣公，於是政在大夫，爵禄不從君出，至定公爲五世矣。」孔曰：「四世，文子、武子、悼子、平子。三桓者，謂仲孫、叔孫、季孫。三卿皆出桓公，故曰三桓也。仲孫氏改其氏稱孟氏，至哀皆衰也。」

【唐以前古注】皇疏：禮樂征伐自大夫出，五世希有不失，于時孔子見其數將爾，知季氏必亡，故發斯旨也。公，君也。禄去君室，謂制爵禄出于大夫，不復關君也。制爵禄不關君，于時已五世也，故云去公室五世也。逮，及也。制禄不由君，故及大夫也。季文子初得政，武子、悼子、平子四世，是孔子時所見，故云四世。大夫執政，五世必失，而季世已四世，故三桓子孫轉以弱也。謂爲三桓者，仲孫、叔孫、季孫三家同出桓公，故云三桓也。　筆解韓曰：「此重言定公時事也。上文十世五世三世希不失者，蓋泛言之耳。此云禄去公室五世，及下文云政逮於大夫四世，皆指實事言也。」李曰：「注亦重解。季氏當定公時，季氏斯爲陽虎所伐，極則衰矣。仲尼魯哀十一年自衛返魯，使子路伐三桓城不克。至十四年，叔孫氏西狩獲麟，仲尼乃作春秋，始于桓，終於定而已。三家興于桓，衰於定，故徵王經以貶强臣。三桓子孫微者，諭默扶公室，將行周道也。」

【集注】魯自文公薨，公子遂殺子赤立宣公，而君失其政。歷成、襄、昭、定，凡五公。逮，及也。自季武子始專國政，歷悼、平、桓子，凡四世，而爲家臣陽虎所執，三桓，三家皆桓公之後，此以前章之説推之而知其當然也。　此章專論魯事，疑與前章皆定公時語。蘇氏曰：「禮樂征伐自諸侯出，宜諸侯之强也，而魯以失政。政逮於大夫，宜大夫之强也，而三桓以微。何也？强生於安，安生於上下之分定，今諸侯大夫皆陵其上，則無以令於下矣，故皆不久而失之也。」

按：倪氏登論語解（詹氏纂箋引）：「春秋是年書冬十月子卒，左氏以爲惡，公羊以爲赤，集注曰子赤，本公羊傳也。」

【餘論】論語或問：孔子所言，常理也，猶書之言惠迪吉，從逆凶。易之言積善餘慶，不善餘殃者也。氣數舛戾，則當然而不然者多矣，孰得而齊之？但儒者之所守，則亦知有常理而已矣，其成敗得失有非所計者，是以雖世故反覆百千萬變，而在我者未嘗失其守也。況田常三晉傳世亦皆不過五六，而胡氏又以後世篡奪之迹考之，則如王莽、司馬懿、高歡、楊堅、五胡十國、南朝四姓、五代八氏皆得之非道，或止其身，或及其子孫，遠不過四五傳而極矣。唯晉祚爲差永，而史謂元帝牛姓，猶吕政之紹嬴統也。以此論之，則所謂常理者，又未嘗不驗也。天定勝人，其此之謂歟？　論語集注補正述疏：禮郊特牲云：「大夫强而君殺之，義也，由三桓始也。」或曰禮所言者，其春秋後事歟？　鄭禮注非也。莊三十二年酖殺叔牙，閔二年慶父自縊殺，皆季友使之然，實非君命本然，今春秋傳可考也。且季友非殺，何以言三桓之殺乎？其事必春秋後也。三桓子孫，戰國時無聞焉爾。

○孔子曰：「益者三友，損者三友。友直，友諒，友多聞，益矣。友便辟，友善柔，友便佞，損矣。」

【考異】漢書佞幸傳贊：咎在親便嬖，所任非仁賢，故仲尼著損者三友。　七經考文：一本「辟」作「僻」。　後漢書爰延傳注引文「辟」作「僻」。　太平御覽交友部述亦作「僻」。　説文解字引論語曰「友諞佞」。

【音讀】集解：馬氏曰：「便辟，巧辟，人之所忌，以求容媚。」讀辟爲避。　公羊傳定公四年注引此章文，疏曰：便辟，謂巧爲譬喻。今世間有一論語音辟爲僻，非鄭氏之意，通人所不取矣。

示兒編：前漢佞幸傳正引此語，辟字从女，與孟子「便嬖不足使令於前」同，則辟讀爲寵嬖之嬖亦通。釋文：辟，婢亦反。四書考異：辟字，馬融讀避，鄭康成讀譬，班固讀嬖，俱不讀婢亦反，而陸氏僅著婢亦一音，則其他之多或未備由可知矣。黄氏後案：便辟之辟，馬氏讀爲避，鄭君讀爲譬，謂巧爲譬諭。班固漢書佞幸贊又讀爲便嬖。公羊傳定公四年疏云：「世間有一論語音便辟爲便僻。」此又一説。式三謂便辟者，習慣其般旋退避之容，一於卑遜，是足恭也。善柔，馬注云面柔，是令色也。便佞，説文作「諞佞」，鄭君讀辯，辯諞義同，是巧言也。劉氏正義：釋文音辟爲婢亦反，謂注亦同，是誤以馬注讀避爲婢亦矣。盧氏文弨考證曰：「公羊定四年傳疏云：『便辟，謂巧爲譬喻。』又云：『今世間有一論語音便辟爲便僻者，非鄭氏之意，通人所不取矣。』據此，則讀辟爲譬，本鄭注，馬融讀爲避，與鄭義異，故皇本注中作避。惠氏云：『馬、鄭皆讀辟爲避。』誤。」案盧校是也。巧爲譬喻，已是便佞，鄭君此義未爲得也。考文載一本、高麗本、經注皆作「便僻」，後漢書爰延傳注、太平御覽交友部引論語亦作「僻」，與公羊疏所稱世間之音合，而徑寫經注字作「僻」，此直以義妄改。夫善柔便佞皆邪僻之行，則作便僻便是渾言無所指稱，宜爲通人所不取也。後漢書佞幸傳贊：「咎在親便嬖，所任非仁賢，故仲尼著損者三友。」此又讀便辟爲便嬖。孟子梁惠王篇：「爲便嬖不足使令于前與？」便嬖是近倖小臣，不得稱友，且若輩亦非盡無良，以釋此文，未能允也。

按：盧文弨引公羊定四年傳疏云：「便辟，謂巧爲譬喻。」則辟讀爲譬。正義申馬注巧辟者，辟與避同，則辟讀爲避。或引高麗本經注皆作便僻，又後漢書佞幸傳贊「咎在親便嬖」，皆各有義證。朱注讀僻，較鄭讀譬爲長。洪氏頤煊曰：「家語入官篇『邇臣便辟者，羣僕之倫也』，王肅注：『僻宜爲辟。』公冶長篇『巧言令色足恭』，孔注：『足恭，便辟貌。』當是古論作僻字也。」

【集解】馬曰：「便辟，巧避人之所忌以求容媚者。善柔，面柔也。」鄭曰：「便，辯也，謂佞而辯也。」

【唐以前古注】皇疏：明與朋友益者有三事，故云益者三友。又明與朋友損者只有三事，故云損者三友。一益也，所友得正直之人也。二益也，所友得有信之人也。諒，信也。三益也，所友得能多所聞解之人也，益矣。上所言三事皆是有益之朋友也。謂與便辟之人爲朋友者，謂悟巧能爲避人所忌者爲便辟也。謂所友者善柔者也，善柔，謂面從而背毀者也。謂與便佞爲友也，便佞謂辯而巧也。上三事皆是爲損之朋友也。

【集注】友直則聞其過，友諒則進於誠，友多聞則進於明。便，習熟也。便辟謂習於威儀而不直，善柔謂工於媚說而不諒，便佞謂習於口語而無聞見之實，三者損益正相反也。

【別解】劉氏正義引公羊定四年傳，何休注「朋友相衛」云：「君臣言朋友者，闔廬本以朋友之道爲子胥復仇。孔子曰『益者三友』云云。」據何注，則三友三樂皆指人君言。直者能正言極諫，諒者能忠信不欺，多聞者能識政治之要，人君友此三者，皆有益也。便辟者，集注云：「謂習於威儀。」與直相反。善柔能爲面柔，與諒相反。便佞但能口辯，非有學問，與多聞相反。人君友此三者，皆有損也。

【餘論】論語述何：便辟便佞，謂便於辟與佞者。善柔，謂善爲柔者。此三等人不必一一與直諒多聞相反。論語述要：習於威儀是致飾於外而不誠實，與諒正相反。善柔者工於媚悦，與直正相反。而集注乃取其與上文次第相對，遂不覺其義之强合，意夫子立言時未必如後人作偶句，求其針針相對也。

【發明】反身録：人生不可無友，交友不可不擇。友直諒多聞，則時時得聞己過，聞所未聞，長善救失，開拓心胷，德業學問日進於高明。若與便辟柔佞之人處，則依阿逢迎，善莫予責，自足自滿，長傲遂非，德業學問日墮於匪鄙。爲益爲損，所關匪細，交友可不慎乎！

○孔子曰：「益者三樂，損者三樂。樂節禮樂，樂道人之善，樂多賢友，益矣。樂驕樂，樂佚遊，樂晏樂，損矣。」

【考異】七經考文：古本「道」作「導」。論語述要：道人之善，道字，集注是稱道之道，而皇疏及漢書酷吏傳序引此文俱作「導」，釋文亦云本或作「導」，是漢、唐舊本多作「導」也。二字義各異，作稱道者，謂好稱人善，即有悦慕之意，悦慕人善，則己亦趨於善，故有益。然悦慕人善，已在樂多賢友中，何必多此一語？似以作「導」義較長。釋文：「佚」，本亦作「逸」。

【音讀】四書湖南講：樂當如字讀，下皆同。

【集解】樂節禮樂，動静得於禮樂之節也。王曰：「佚遊，出入不知節也。」孔曰：「驕樂，恃尊貴以自恣。晏樂，沈荒淫瀆也。三者自損之道也。」

【集注】節，謂辨其制度聲容之節，驕樂則侈肆而不知節，佚遊則惰慢而惡聞善，晏樂則淫溺而狎小人，三者損益亦相反也。

【餘論】黄氏後案：樂節禮樂，謂心之失中和者，節以禮之中、樂之和也。漢書貢禹傳引此云「放古以自節」是也。樂驕樂，樂驕肆之樂也。樂晏樂，漢書成帝紀引作「樂燕樂」，言燕私之樂也。

趙佑温故録：禮節樂和，並言節者，和不可無節也。有節有文，獨言節者，節所以成文也。

【發明】反身録：禮以謹儀節，樂以養性情，此日用而不可離者。所樂在此，斯循繩履矩，身心咸淑，聞人之善，喜談樂道，愛慕流連，即此便是己善，或道德邁衆，或經濟擅長，以至直諒多聞，忠孝廉節，有一於斯，便是賢友。交一賢友，則得一友之益。所交愈多，則取益愈廣。驕奢佚惰，惟晏樂是躭者，烏足以語此？昔人謂晏安鴆毒劇於病卧，又云安於逸樂如陷水火，故君子所其無逸。

四書近指：從來會受享人祇是於損者之樂占盡勝塲，以爲奇福。豈知樂有損益，益者之樂，在彼不在此，節禮樂全在日用間應事接物上討求，心安理順，此便是孔、顏樂處。

○孔子曰：「侍於君子有三愆：言未及之而言謂之躁，言及之而不言謂之隱，未見顏色而言謂之瞽。」

【考異】太平御覽述作「三僭」。釋文：魯讀躁爲傲，今從古。荀子勸學篇：未可與言而言謂之傲，可與言而不言謂之隱，不觀氣色而言謂之瞽。君子不傲不隱不瞽。鹽鐵論孝養篇：言不及而言者，傲也。韓詩外傳卷四：未可與言而言謂之瞽，可與之言而不與之言謂之隱，君子不瞽言，謹慎其序。翟氏考異：「僣」當作「愆」，文訛。廣韻謂「愆」爲「諐」之俗。荀卿所用論語文與魯讀同爲傲字，可見魯論所傳得未經秦厄之真也。鹽鐵論仍述作「傲」，桓寬似亦習魯論人。皇本「而不言」，無而字。

【考證】劉氏正義：説文：「趮，疾也。」躁即趮字。考工記：「羽豐則遲，殺則趮。」趮與遲對文，亦訓疾。人性疾則不安静，釋名釋言語云「躁，燥也，物燥乃動而飛揚也」是也。釋文引注更云：「魯讀躁爲傲，今從古。」盧氏考證曰：「未及言而先自言之，是以己所知者傲人之不知也。」此則魯義與古不同。荀子勸學篇：「未可與言而言謂之傲，可與言而不言謂之隱，不觀氣色而言謂之瞽。君子不傲不隱不瞽，謹順其身。」鹽鐵論孝養篇：「言不及而言者，傲也。」並用魯論作「傲」。陳氏鱣曰：「繫辭傳云：『躁人之辭多。』故鄭從古作躁。」

【集解】孔曰：「愆，過也。隱，匿不盡情實也。」鄭曰：「躁，不安静也。」周曰：「未見君子顔色所趣向，而便逆先意語者，猶瞽者也。」

【集注】君子，有德位之通稱。愆，過也。瞽，無目，不能察言觀色。尹氏曰：「時然後言，則無三者之過矣。」

【發明】讀四書大全説：若但戒人言以時發，則與人恭而有禮，初不擇人也，故曰「言滿天下無口過」。今云「侍於君子有三愆」，則是因侍君子而始有之也，不侍君子，非可無愆也，有愆而不自知其有也。以位言之，則朝廷者，禮法之宗也。以德言之，則君子言動以禮，而非禮者以相形而易見也。若與草野鄙陋人一例爲伍，則有終日皆愆而自以爲無愆者矣。人不可以有愆，而當其有愆，則尤不可不自知。其有不知，則終不能知媿而思改，故君子者，夫人之衡鑒也，不可不求親近之，以就正者也。

○孔子曰：「君子有三戒：少之時血氣未定，戒之在色；及其壯也，血氣方剛，戒之在鬭；及其老也，血氣既衰，戒之在得。」

【考異】太平御覽人事部戒字作「誡」，下皆倣此。釋文：「得」，或作「德」，非。

【考證】翟氏考異：淮南詮言訓：「凡人之性，少則猖狂，壯則强暴，老則好利。」本於此章。今釋氏所謂戒者，曰貪、嗔、癡，曰淫、盜、殺，亦竊此敷衍之也。蓋色由於癡極於淫，鬭由於嗔極於殺，得由於貪極於盜。論語偶記：皇疏：「老，謂五十以上也。」此是望經文衰字爲説，不如用曲禮「七十曰老」之義也。王制云「五十始衰」，是方衰而非既衰，斯時正古人命爲大夫服官政之年，豈國家用既衰之人，或反迨人貪得之際而用之乎？孔穎達禮疏云「六十至老境而未全老」，可證無五十以上爲老之説。孟子言七十者衣帛食肉，又言老者衣帛食肉，亦足明老是七十也。

【集解】孔曰：「得，貪得。」

【唐以前古注】皇疏：君子自戒其事有三，故云有三戒也。一戒也少，謂三十以前也，爾時血氣猶自薄少，不可過慾，過慾則爲自損，故戒之也。二戒也壯，謂三十以上也，禮，三十壯而爲室，故不復戒色也，但年齒已壯，血氣方剛，性力雄猛者無所與讓，好爲鬬爭，故戒之也。三戒也老，謂年五十以上也，年五十始衰，無復鬬爭之勢，而戒之在得也。得，貪得也。老人好貪，故戒之也。老人所以好貪者，夫年少象春夏，春夏爲陽，陽法主施，故少年明怡也。年老象秋冬，秋冬爲陰，陰體斂藏，故老耆好斂聚，多貪也。

【集注】血氣，形之所待以生者，血陰而氣陽也。得，貪得也。隨時知戒，以理勝之，則不爲血氣所使也。

【餘論】黄氏後案：樂記云：「民有血氣心知之性。」性之善，心知之静而正也。血氣之粗駁者，君子不敢藉口於性而必戒之也。血氣中有嗜欲，好色好鬬好得，因之以生，然污者能言潔，爭者能言讓，貪者能言廉，凡人猶明於此，君子亦以學問擴充其心而已。或曰血氣之駁，至好色好鬬好得，將謂斯人血氣之軀與物無異與？曰非也。好色好鬬好得，血氣之軀之駁氣足以動志者也。洪範云「貌恭，言從，視明，聽聰」，血氣之軀之正也。曰思睿，則心之静而正也。於人心未爲習俗所累之時，而觀肅乂哲謀聖之本，然可見有物有則，而與物迥異矣。或曰信如是，人之血氣有偏有正，其性兼善惡之謂乎？曰：孟子道性善，而云味色聲臭安佚，性也。荀子性惡篇云：「人之性，生而有好利焉，生而有疾惡焉，生而有耳目之欲，有好聲色焉。」又云：「塗之人皆有可以知仁義法正之質，皆有可以能仁義法正之具。」董子繁露深察名號篇云：「仁貪之氣兩在於身。」揚子修身篇云：「人之性也善惡混。」論衡本性篇云：「宓子賤、漆雕開、公孫尼子之徒與世子碩皆言性有善有惡。」申鑒雜言下引劉向曰：「性情相應，性不獨善，情不獨惡。」宋程、朱二子遵孟子而言性善，又云惡亦不可不謂之性，又云孟子論理不論氣，論性不備，然則合一身血氣之粗駁者以言性，諸書之言固可擇取互證以通其説也。

【發明】讀四書叢説：醫書以血爲陰，而行乎脈之中爲榮，謂榮養乎身也。氣爲陽，而行乎脈之外爲衞，謂衞輔乎血也。二者周流上下於一身，無有暫息。惟心則主乎血，而志爲氣之帥，故知養其心，則能制血氣而不至於亂。聖人三者之戒，亦惟操其心而已。尹會一讀書筆記：高景逸云：「孔子不言養氣，然三戒即養氣之法。戒色則養其元氣，戒鬬則養其和氣，戒得則養其正氣。孟子言持志，戒即持志也。」此亦范氏志氣之説，而言理益精，學者所當銘諸心也。

○子曰：「君子有三畏：畏天命，畏大人，畏聖人之言。小人不知天命而不畏也，狎大人，侮聖人之言。」

【考異】漢書外戚中山衞姬傳「不畏天命，侮聖人言」，師古注曰：「此文引論語也。侮，古侮字。」

按：説文「侮」下云：「侮，古文從母。」外戚傳所引當出古論。

【考證】春秋繁露郊語篇引此文解之云：以此見天之不可不畏敬，猶主上之不可不謹事。不謹事主，其禍來至顯。不畏敬天，其殃來至闇。闇者不見其端，若自然也。由是觀之，天殃與上罰所以别者，闇與顯耳。孔子同之，俱言可畏也。又順命篇説此文云：其祭社稷宗廟山川鬼神，不以其道，無災無害。至於祭天不享，其卜不從，使其牛口傷，鼷鼠食其角，或言食牛，或言食而死，或食而生，或不食而自死，或改卜而牛死，或卜而食其角，遇有深淺厚薄，而災有簡甚，不可不察也。以此見其可畏。專誅絶者，其唯天乎？臣殺君，子殺父，三十有餘，諸其賤者則損。以此觀之，可畏者，其唯天命大人乎？亡國五十有餘，皆不事畏者也。況不畏大人，大人專誅之，君之滅者，何日之有哉？

按：董氏言天命專主禍福，必論語家舊説。易文言傳：「積善之家，必有餘慶。積不善之家，必有餘殃。」尸子曰：「從道必吉，反道必凶。如影如響。」即此注義。集注以天理言命，唐以前尚無此説，何況三代？不可從。

程廷祚論語説：大人，謂當時之天子諸侯也。天子有天下，建立諸侯，與之分而治之。君子之畏之者，豈爲其崇高富貴哉？位曰天位，事曰天職，則皆天命之所在也。故進退必以禮，匡諫必以正，所謂「我非堯、舜之道，不敢以陳於王前」也。小人之於大人，效奔走之恭，極逢迎之巧，而日導之以非，所謂「是何足與言仁義」，則狎之甚也。朱彬經傳考證：大人以位言。引禮運「大人世及以爲禮」，鄭注：「大人，謂諸侯。」可證鄭説。又引士相見禮「與大人言，言事君」，鄭注：「大人，卿大夫也。」昭十八年左傳：「閔子馬曰：『夫必多有是説，而後及其大人。大人患失而惑。』」杜注：「大人，在位者。」　潘氏集箋：諸注無兼言天子諸侯者，惟乾爻「利見大人」，集解引干寶，以九二謂文王免于羑里之日，九五爲武王克紂正位之爻。又象辭「見龍在田，德施普也」，荀爽云：「大人，謂天子見據尊位，臨長羣陰，德施於下，故曰德施普也。」又曰「飛龍在天，大人造也」，荀爽謂大人造法見居天位，聖人作而萬物覩。是其義也。論語古訓：大人，當從鄭訓主有位者而言。若何解即聖人，則與下聖人之言相複，是二畏矣。義疏云：「畏大人，謂居位爲君者。」亦本鄭訓，是也。

按：大人有二說，鄭主有位者，何主有位有德者。朱子語録云：「大人不止有位者，是指有位有齒有德者。」趙氏順孫曰：「大人，有德位者之稱。」皆主何說，然與下文聖人重複。易革九五「大人虎變」，馬融注謂舜與周公。蓋凡在上位者皆謂之大人，漢人解經原如此，鄭注義爲長。孔子畏大人，孟子藐大人，所謂言各有當也。

【集解】順吉逆凶，天之命也。大人即聖人，與天地合其德者也。深遠不可易知測，聖人之言也。恢疏，故不知畏也。直而不肆，故狎之也。不可小知，故侮之也。

【唐以前古注】士相見禮疏引鄭注：大人，爲天子諸侯爲政教者。書大禹謨正義引鄭注：狎，慣忽之言，慣見而忽也。皇疏：天命，謂作善降百祥，作不善降百殃，從吉逆凶，是天之命，故君子畏之，不敢逆之也。又引江熙云：小人不懼德，故媟慢也，侮聖人之言，以典籍爲妄作也。

【集注】畏者，嚴憚之意也。天命者，天所賦之正理也。知其可畏，則其戒謹恐懼自有不能已者，而付畀之重可以不失矣。大人，聖言皆天命所當畏，知畏天命，則不得不畏之矣。侮，戲玩也。不知天命，故不識義理而無所忌憚如此。

尹氏曰：「三畏者，修己之誠當然也。小人不務修身誠己，則何畏之有。」

【餘論】四書改錯：天解作理，四書集注補辨之甚悉。大抵宋儒拘滯，總由過執理字，實是大錯。如中庸「天命之謂性」，性注作理；而天又注理，將理命之謂理，自然難通，況天作命解，每與理反。孟子莫之爲而爲者，理也，向使孟子聞之，亦必咈然。若曰吾不遇魯侯，理也，則孟子將勃然矣。漢學商兑引李威云：理字見於三代典籍者，皆謂條理。易曰：「君子黄中通理。」又曰：「和順於道德而理於義。」又曰：「將以順性命之理。」詩曰：「我疆我理。」周禮考工記曰：「陽也者，稹理而堅。陰也者，疏理而柔。」中庸曰：「文理密察。」孟子謂：「理也，義也。」又曰：「始條理也，終條理也。」其義皆同，未有以爲至精至完，無所不具，無所不周，爲萬事萬物之祖者也。論語，孔門授受之書，不言及理，何獨至於宋儒乃把理字做個大布袋，精粗鉅細無不納入其中，至於天亦以爲即理，性亦以爲即理，却於物物求其理而窮之，凡説不來者則以爲必有其理，凡見不及者則以爲斷無是理，從此遂標一至美之名曰理學，意爲古昔聖賢未開之門庭，不亦異哉！　此木軒四書説：君子畏大人，如中庸所稱王天下者，德位兼隆，固所當畏，然必待此然後畏之，則君子終身但有畏天命聖言，而畏大人空有其心，竟無其事矣。以孔子言之，如魯之定、哀，豈非庸君弱主？　然事之盡禮，告之盡誠，是亦畏大人之事也。　推之出事公卿，禮有等差，敬畏之心未嘗忘也。

【發明】反身録：　讀聖人之書而不能實體諸躬，見諸行，徒講説論撰，假途干榮，皆侮聖言也。

○孔子曰：「生而知之者上也，學而知之者次也；　困而學之，又其次也；　困而不學，民斯爲下矣。」

【考異】顏氏家訓勉學篇引此二語無兩也字。　翟氏考異：　顏氏書證篇云：「河北經傳悉略也字，其間有不可得無者，削之頗成廢缺。　又有俗學聞經傳中時須也字，輒以意加之，每不得所益，誠可笑。」顏既以漫削也字爲非，則此之削之者，當其所見河北舊本如是，非顏氏之自爲削矣。

【集解】孔曰：「困，有所不通。」

【唐以前古注】皇疏：　此章勸學也，故先從聖人始也。　若生而自有知識者，此明是上智聖人，故云上也。　云學而云云者，謂上賢也，上賢既不生知，資學以滿分，故次生知者也。　謂中賢以下也，本不好學，特以己有所用，於理困憤不通，故憤而學之，此只次前上賢人也。　謂下愚也，既不好學，而困又不學，此是下愚之民也，故云民斯爲下矣。

【集注】困，謂有所不通。　言人之氣質不同，大約有此四等。　楊氏曰：「生知學知以至困學，雖其質不同，然及其知之一也，故君子惟學之爲貴。　困而不學，然後爲下。」

【發明】反身録：問生而知之，學而知之，此之字果何所指？曰：知之只是知本性，本性之外再無知。若於此外更求知，何異乘驢更覓驢？又曰：生知學知困知及民斯爲下等，雖有四知，止一知。知之在人，猶月之在天，豈有兩乎？月本常明，其有明有不明者，雲翳有聚散也，雲散則月無不明。有知有不知者，氣質有清濁也，氣澄則知無不知。學也者，所以變化氣質以求此知也，上次又次及民下，人自爲之耳。

○孔子曰：「君子有九思：視思明，聽思聰，色思温，貌思恭，言思忠，事思敬，疑思問，忿思難，見得思義。」

【考異】文選應吉甫華林園集詩：「言思其順，貌思其恭，在視思明，在聽思聰。」注引論語爲證。翟氏考異：忠字本可叶，而詩反改順，疑應氏所據本有不同。

【考證】何邵公論語義：莊三十二年，季子曰：「夫何敢？是將爲亂乎？夫何敢？」解詁曰：「再言夫何敢者，反覆思惟，且欲以安病人也。」下引此章文。樾謹案：古人之辭，凡極言其多者曰九，如叛者九國，反者九起，皆是也。君子有九思，止是極言其反覆思惟耳。既有九思之目，因姑舉九事以實之，非以此盡君子之思也。何注雖亡，即其所引，可見其善會聖言矣。論語集注補正述疏：「思」，古文作「恖」。説文云：「恖，睿也。从心，从囟。」説文云：「囟，頭會腦蓋也。象形。」内經云：「腦爲髓之海，其輸上在於其蓋。」由是言之，思者，主於心而通於腦焉。孟子云：「心之官則思。」知所主也。如謂思即主於腦乎？斯失其本矣。書洪範云：「五事：

一曰貌，二曰言，三曰視，四曰聽，五曰思。貌曰恭，言曰從，視曰明，聽曰聰，思曰睿。恭作肅，從作乂，明作哲，聰作謀，睿作聖。」蔡傳云：「睿者，通乎微也。貌澤，水也。言揚，火也。視散，木也。聽收，金也。思通，土也。」蔡言五事之序，由五行之序而言也。論語九思，以洪範五事推之，則不同而同。夫五行由土而成，人得五行以生，則五事由思而成，是思列五事而爲之主也，故君子九思，皆惟思是主焉。君子與人相見者，先接之以視聽，次接之以色貌，次接之以言，次接之以事，既有事矣，斯或有疑，斯或有忿，斯或有得，此九思之序也。終曰見得，明乎九者，皆君子與人相見者也。洪範色該貌中，論語於貌中先舉色而言之，則以君子與人相見者，其貌之要在色也。夫貌之要在色，而視聽貌言皆有思，則洪範稱「敬用五事」者，備矣，萬事由之而成矣，故論語總而約之曰「事思敬」。若夫疑也，忿也，得也，皆於事中舉其要也。

【唐以前古注】皇疏引李充云：静容謂之色，柔暢謂之温也，動容謂之貌，謙接謂之恭也。

又引江熙云：義然後取也。

【集注】視無所蔽，則明無不見。聽無所壅，則聰無不聞。色，見於面者。貌，舉身而言。思問則疑不蓄，思難則忿必懲，思義則得不苟。

【餘論】黄氏後案：或問許仲平：「心中思慮多奈何？」答曰：「不知所思慮者何事？果求所當知，雖千思萬慮可也。」式三謂君子九思，日用迭起循生，無動静無内外，而必省察之以求其當，正如許氏曰，程伯子曰，九思各專其一，欲人思之深也。如玉藻九容，目容端與視思明相足，色容莊與色思温相足，口容止與言思忠相足，足容重、手容恭、頭容直、聲容静、氣容肅、立容德與貌思恭相足，思必深於一也。或謂心存則九者自正，非經恉。

【發明】困學紀聞：四勿九思皆以視爲先，見弓以爲蛇，見寢石以爲伏虎，視汨其心也。閔周者黍稷不分，念親者莪蒿莫辨，心惑其視也。吴筠心目論：「以動神者心，亂心者目。」陰符經：「心生於物，死於物，機在目。」蔡記通釋其義曰：「老子曰：『不見可欲，使心不亂。』西方論六根六識，必先曰眼曰色。」均是意也。

○孔子曰：「見善如不及，見不善如探湯。吾見其人矣，吾聞其語矣。

【考異】後漢書黨錮傳：范滂曰：「臣聞仲尼之言，見善如不及，見惡如探湯。」大戴禮注引文亦作「見惡」。古史柳下惠傳論引文「吾聞」句處「吾見」句上。

【考證】曾子立事篇：「見善恐不得與焉，見不善恐其及己也。」盧辯注引此文。四書典故辨正：荀子云「以指撓沸」，此探湯之説。集注雖無解，而朱子感興詩云：「劬書劇嗜炙，見惡逾探湯。」正作探熱水解。毛西河以漢書王滂對王甫語，注引論語孔注偶脱惡字，遂以疾爲疾，湯爲湯藥。如其説，則列子湯問篇曰：「日初出則滄滄涼涼，及日中如探湯。」亦可作湯藥治病解乎？黄氏後案：漢書劉向傳注云：「探湯，言其除難無所避。」杜周傳注云：「言重難之，若以手探熱湯也。」二説雖異，其以爲惡惡則一也。張子韶絶句云：「試問何如是探湯，喻其漸入久無傷。顧於不善乃如斯，深恐斯人志不剛。」則以如探湯爲漸入惡矣，又一説也。

【集解】孔曰：「探湯，喻去惡疾也。」

【唐以前古注】皇疏引顏特進云：好善如所慕，惡惡如所畏，合義之情，可傳之理，既見其人，又聞其語也。又引袁氏云：恒恐失之，故馳而及之也。

【集注】真知善惡而誠好惡之，顏、曾、閔、冉之徒蓋能之矣。語，蓋古語也。

隱居以求其志，行義以達其道。吾聞其語矣，未見其人也。」

【唐以前古注】皇疏引顏特進云：隱居所以求志於世表，行義所以達道於古人，無立之高，難能之行，徒聞其語，未見其人也。

【集注】求其志，守其所達之道也。達其道，行其所求之志也。蓋惟伊尹、太公之流可以當之，當時若顏子亦庶乎此。然隱而不見，又不幸而蚤死，故夫子云然。

【發明】反身録：隱居求志，斯隱不徒隱。行義達道，斯出不徒出。若隱居志不在道，則出必無道可達，縱有建樹，不過詭遇，君子不貴也。莘野、傅巖、磻溪、隆中，當其隱居之日，志未嘗不在天下國家；經世事宜，咸體究有素，故一出而撥亂返治，如運諸掌。後世非無隱居修潔之士，顧志既與古人異，是以成就與古人殊。

○齊景公有馬千駟，死之日，民無德而稱焉。伯夷、叔齊餓于首陽之下，民到于今稱之。

【考異】皇本「德」作「得」，無而字。文選河陽縣詩、求立太宰碑表、運命論三注皆引作

「得」。論語集説本、四書大全皆「德」作「得」。論語稽求篇：舊本原是德字，並無別本魯論并古論、齊論作得字者，即注疏本可考也。惟泰伯篇「民無德而稱」是得字。今程子欲加「誠不以富，亦祇以異」八字于此章之首，而安定胡氏又欲加八字于「其斯之謂與」之句之上，遂改德字爲得字，則何可矣？論語校勘記：「得」與「德」字雖通，然此處自當作「德」。王注云：「此所謂以德爲稱。」正義云：「此章貴德也。」又云：「及其死也，無德可稱。」又云：「其此所謂以德爲稱者與？」皆以斯字即指德言，直截自然。若改爲得，頗乖文義。又曰：論語「于」皆作「於」，惟此章作「于」。文選東征賦注：論語民到於今稱之，「稱」或爲「祠」。翟氏考異：按正義曰：「此章貴德也。」齊景死而無德可稱，夷、齊到今稱之，豈非其德之謂與？王肅注此云：「此所謂以德爲稱。」蓋謂即稱也，斯即德也。宋儒改作得字，而近代刻本則仍改德字，惟祁氏藏宋板集注本是得字。天文本論語校勘記：古本、足利本、唐本、津藩本、正平本「德」作「得」。

【考證】四書纂箋：晏子春秋言齊景公好馬，疑公以好馬，故致如此。陳祥道禮書：諸侯六閑，衛文公之騋牝三千，齊景公之有馬千駟，三千則近於天子十二閑之數，而千駟又過之，是皆僭侈而違禮者也。四書釋地又續：余讀郝氏解，益決齊景公有馬千駟，蓋指公馬之畜于官者，非國馬之散在民間者也。何則？周禮校人：「掌馬政。天子十有二閑。」良馬十閑，二千一百六十匹；駑馬二閑，千二百九十六匹，共三千四百五十六匹。降而諸侯六閑，猶千二百九十六匹，皆所以給公用，備賜予也。當齊景公時，地大于王畿盛時，性又惟狗馬是好，故畜多如是。至出自民間，則説苑所稱「我長轂三千乘」，是非此數也。豈惟齊景公，即衛文公之賢，亦奢踰制，倌人所駕者至騋牝三千；秦后子以富而出奔，私車有千乘。不然，孟子禄之以天下，猶富有四海之説也。繫馬千駟，必馬之在廐中者，與十有二閑同方相稱。若在民間，直一大國能有耳。語意不倫乃爾乎？故孟子之千駟與論語千駟，一而已矣。　樊廷枚釋地補：漢書梅福傳：「雖有景公之位，伏櫪千駟，臣不貪也。」按伏櫪，正與韋昭國語注「繫馬，良馬在閑，非放牧者」同義。

包慎言温故録：後漢書濟南王康傳：「康多殖貨財，大修宫室，廐馬千二百匹，奢侈恣欲，游觀無度。何敞上疏諫曰：『諸侯之義，節謙制度，然後能保其社稷，和其民人。楚作章華以凶，吴興姑蘇而滅，景公千駟，民無稱焉。』」依何敞疏，則千駟當指公廐之馬，蓋僭侈之事。

困學紀聞：史記正義：「首陽山有五。」顔師古注漢書云：「伯夷歌登彼西山，當以隴西爲是。」石曼卿詩曰：「恥生湯、武干戈日，寧死唐、虞揖讓區。」謂首陽在河東蒲坂，乃舜都也。余嘗考之曾子書，以爲夷、齊死於濟、澮之間，其仁成名於天下。又云二子居河、濟之間，則曼卿謂首陽在蒲爲得其實。　四書釋地：史記正義：「首陽山凡五所。」王伯厚考曾子書，以爲在蒲坂舜都者得之。余謂莫徵信于酈注，然已兩説互存，既云：「河北縣雷首山有夷齊廟，闞駰十三州志曰：『山一名獨頭山，夷、齊所隱也。山南有古冢，陵栢蔚然，攢茂邱阜，俗謂之夷齊墓。』」又云：「平縣故城有首陽山，春秋所謂首戴也。夷、齊之歌所矣，曰『登彼西山』。上有夷、齊之廟。」蓋莫能定爾。總之認餓爲失國而餓，兩地皆可遯迹。認餓爲恥食周粟，則寧死乎唐、虞揖遜區。不知恥食周粟者，必無之事也。求古録：曾子制言中篇云：「夷、齊居河、濟之間。」莊子讓王篇云：「夷、齊北至於首陽之山，遂餓而死。」言北至於首陽，則首陽當在蒲坂之北。雷首南枕大河，不得言北也。況論語言首陽之下，是首陽二字名山，非言首山之陽也。蒲坂雷首山一名首山，不名首陽，則謂首陽在蒲坂者非也。唐國即晉國，始封在晉陽，即夏禹都，至穆侯遷于翼，在今平陽，獻公居絳，亦屬平陽，詩所詠首陽，即夷、齊所隱之首陽也。平陽爲堯都，又黄帝所葬，二子所願居，其地近河、濟，又在蒲坂之北，與曾子、莊子所言皆合，但非在河、濟之間。意二子先居於河、濟間，後乃隱於首陽。史記云：「武王東伐紂，夷、齊叩馬而諫。」蓋在孟津之地。孟津正當河、濟間，是夷、齊去周，未隱首陽而居於河、濟之間也。又云：「武王已平殷亂，天下宗周。夷、齊恥之，隱於首陽山，採薇而食，遂餓死。」是武王克商之後，乃隱於首陽山也。故曾子言居河、濟之間而不言隱首陽，莊子言北至於首陽，明自河、濟間而北去也。首陽之在平陽，可無疑矣。四書典故辨正：莊子讓王篇云：「夷、齊北至於首陽之山，遂餓而死。」偃師在河南，不得云北，則以蒲州爲是。四書釋地辨證：據元和郡縣志，河南府偃師縣，首陽山在縣西北二十五里，盟津在縣西北三十里，謂武王伐紂，夷、齊叩馬而諫，當在盟津，首陽當不甚相遠，斷以在洛陽東北者爲是。蓋本戴延之西征記，洛陽東北首陽山有夷齊祠，恐不足據。四書辨證：首陽，唐風疏謂在河東蒲坂，莊子謂在岐山西北，曹大家謂在隴西，説文謂在遼西，元和郡縣志謂在河南偃師，地凡五，各有證據，其爲夷、齊餓死之處則一也。水經注、九域志、寰宇記於蒲坂、偃師皆兩存其説，主偃師者則有高誘、杜預、阮籍。又路史云：「黄太史言武王師渡孟津，二子叩馬而諫，當以洛陽爲是。石曼卿詩所云則非洛陽矣，又孰有叩馬之事哉？」則羅氏亦以偃師爲是也。然考禹貢「雷首」疏引漢地志云：「雷首在河東蒲坂縣南。」詩唐風「首陽」疏同漢志，故李樗詩解言首陽亦名雷首。又宣二年傳「趙宣子田於首山」，杜注亦同漢志，故朱子詩傳言「首陽，首山之陽也」。本文馬注「山在河東蒲坂，華山之北，河曲之中」，則首陽即雷首、首山，而載在唐風者，此山名之見於經者，確有可據，非若他處但出一時之傅會也，則王伯厚、閻百詩所斷定當不誣云。趙佑温故録：首陽山諸説不一，當以説文在遼西者近是。孤竹國在遼西也。是時義不食周粟，而天下皆周土也，惟有本國所在尚仍殷之遺封，不失首丘之義歟？

按：説文謂首陽在遼西，即近時永平府孤竹國之遺墟。諸説互歧，當以趙氏所言爲得其實。文選廣絶交論：「夷、齊斃淑媛之言。」李善注引古史考：「夷、齊于首陽山採薇而食之。野有婦人謂之曰：『子義不食周粟，此亦周之草木也。』於是餓死。」路史炎帝紀注：譙周古史考：「夷、齊採薇，有婦難之。」故劉孝標有「夷、齊斃媛」之言，列女傳亦有王摩子往難，遂不食之説，而黄庭堅謂無餓死事也。路史餘論：韓子通解：夷、齊居首陽，採薇而食，採葛而衣。伯夷傳只言採薇而食，餓死，亦未言其由也。三秦記：夷、齊食薇三年，武王戒之，不食而死。

論語稽：明文衡山、王直謂無諫武王伐殷，隱首陽餓死事。伯夷去紂歸西伯，在文之初年，已稱天下大老。文享國五十年，又十三年而武伐紂，時夷、齊當百餘歲，未必兄弟俱與太公齊年而尚存也。存則何不早諫，而何必道傍叩馬？且以文所敬之大老，左右欲殺之，何武王竟無一言，而唯太公一言而後扶去也？遷作周紀云：「武王祭於畢，東觀兵至孟津。」畢，文王葬所也。然則夷、齊何爲言父死不葬，爰及干戈也？孟子「聞誅一夫紂，未聞弑君」，然則夷、齊何爲言以臣殺君也？武王弔民伐罪，天下悦服，而夷、齊乃恥食其粟而餓死，不與人情大相左乎？史記遷所據者，采薇之歌耳，此乃逸詩，不知何人所作，安知非戰國秦、項時人作，而遷何即指爲夷、齊耶？故夷、齊首陽之餓當指逃孤竹言，論語只言餓，不言死。夷、齊讓而餓，與齊景之貪而富，兩兩相形，且齊景之兄莊公爲崔杼所弑，景不能討而貪其位，視夷、齊兄弟相讓當愧矣。

【集解】孔曰：「千駟，四千匹。」馬曰：「首陽山在河東蒲坂縣，華山之北，河曲之中。」

【唐以前古注】皇疏：千駟，四千匹馬也。生時無德而多馬，一死則身名俱消，故民無所稱譽也。夷、齊是孤竹君之二子也，兄弟讓國，遂入隱于首陽之山。武王伐紂，夷、齊扣武王馬諫曰：「爲臣伐君，豈得忠乎？横尸不葬，豈得孝乎？」武王左右欲殺之。太公曰：「此孤竹君之子，兄弟讓國，大王不能制也。隱於首陽山，合方立義，不可殺是賢人。」即止也。夷、齊反首陽山，責身不食周粟，唯食草木而已。後遼西令支縣祐家白張石虎，往蒲坂採材，謂夷、齊曰：「汝不食周粟，何食周草木？』夷、齊聞言，即遂不食，七日餓死。云首陽下者，在山邊側也。雖無馬而餓死，而民到孔子之時，相傳猶揄揚愈盛也。

按：皇疏所載夷、齊事迹未知出何書，今皆不可考。六朝古籍存者無多，彌可寶貴。

【集注】駟，四馬也。首陽，山名。

【餘論】黄氏後案：夷、齊之餓，守義而不食周禄也。韓子曰：「武王，聖人也。夷、齊非聖人而敢自是，信道篤而自知明也。其逃墨胎之封也，權衡於父子軍國之間，而軍國爲輕。其諫伐紂也，權衡於君臣世事之間，而君臣爲重。若曰商之民猶受虐於商，夷、齊以爲事之無如何也，博施濟衆，聖人所病，以所病者付之無如何之數，亦全其君臣之義而已，此夷、齊之心也。」王介甫謂伯夷與太公就養，同有夷紂之心，此誣説也。近俞長城言首陽之下避商非避周，避紂非避武，亦説之不可據也。

其斯之謂與？

【考異】朱子文集答江德功云：此章文勢或有斷續，或有闕文，或非一章，皆不可考。四書湖南講：上無「子曰」字，分明與前合爲一章。劉氏正義：「其斯之謂與」句上當有脱文。注以斯指德，亦是因文解之。蔡節論語集説牽合上章，而謂「見善矣，又若不及見之也；見不善矣，猶未免於嘗試之。此指齊景公。『隱居』二句爲指夷、齊」，殊爲穿鑿。張栻論語解、孔廣森經學巵言並以隱居求志、行義達道證合夷、齊，而於見善、見不善二句略而不言，則亦集説之傅會矣。

【集解】王曰：「此所謂以德爲稱者也。」

【唐以前古注】皇疏：「斯，此也。言多馬而無德，亦死即消；雖餓而有德，稱義無息。言有德不可不重，其此之謂也。」

【集注】胡氏曰：「程子以第十二篇錯簡『誠不以富，亦祗以異』當在此章之首，今詳文勢，似當在此句之上，言人之所稱不在於富，而在於異也。」愚謂此説近是。而章首當有「孔子曰」字，蓋闕文耳。大抵此書後十篇多闕誤。

【別解】論語意原：見善如不及，有志於善也。見不善如探湯，未免於嘗試也。君子有志於善，必力去不善以成之，不然，則好善之心終爲不善之所勝也。齊景公聞夫子君君臣臣父父子子之言則深善之，聞晏子惟禮可以爲國之言則又善之，見善如不及也。知陳氏之僭不能已其僭，知子荼之嬖不能忘其嬖，見不善如探湯也。悠悠於惡善之間，是以無德而稱。夷、齊之隱居，至於舍國而逃，所以遂求仁之志也。其行義也，至於叩馬而諫，所以達萬世之道也。二人果於自信，勇於力行，是以民到於今稱之。夫子於景公，蓋見其人矣；於夷、齊，則不見其人也。南軒論語解：舉夷、齊而言夷、齊，所謂能求其志者也。先以齊景公爲言以見求志者，非有慕乎外也。論語集説：見善如不及，謂見善矣，又若不及見之也。見不善如探湯，謂見不善矣，猶未免於嘗試之也。求之於今，則齊景公其人矣。隱居以求其志，志於求仁者也；行義以達其道，行吾得爲之義，以達夫當然之道於天下後世者也。求之於今，則未見其人也；求之於古，則夷、齊其人也。景公知夫子之聖而不能用，善晏子之言而不能行，是見善如不及也。田氏不之正，而倖公室之僅存；嗣君不之定，而幸嬖子之得立，是見不善如探湯也。悠悠於善惡之間，故雖擁千乘之富，而無一德之稱。夷、齊兄弟遜立捨國而逃，是隱居以求其志也。扣馬而諫，恥食周粟，是行義以達其道也。即夫人心之安，循夫天理之正，雖餓死首陽，而民到於今稱之。即是人以證是語，故曰其斯之謂與。翟氏考異：如蔡氏說，不惟上章文勢不見斷續，下章章首無「子曰」字不必疑，而「誠不以富」二句亦無煩移就，可謂洞澈千古，有功聖經之格論，特詳識之。經學卮言：此自弟子之言，故别爲一章，而附繫於前章之下。因末綴「其斯之謂與」一句，言如伯夷、叔齊，乃所謂隱居以求其志，行義以達其道之人與。盖夷、齊自行其志耳，然後民稱之，使君臣之義終古不墜，其道固已達矣。

按：舊注合兩章爲一章，葛氏寅亮謂上無「子曰」字，分明與前合爲一章，此其最大之根據也。然如鄭氏、張氏、蔡氏、孔氏所論，雖可備一説，究屬牽强附會，反不如從胡氏之説，使兩處均有着落，不得因其論出宋儒而輕之也。且史通雜説篇引此章，上加「子曰」，亦與集注合。

【餘論】四書近指：或曰：此春秋所爲榮義不榮勢也。嘗謂天下之亂，災凶盜賊爲小，而賢不肖混淆爲大。使人知千駟不足榮，餓夫有足取，則必競善懲惡，而天下治矣。惟此義不明，臣弑君，子弑父，無所不至。孔子此語，所以遏求利者之心，而作好修之氣也。而世猶有棄義若屣，趨富如飴者，亦惑矣。

【發明】反身録：景公、夷齊，一則泯没無聞，一則垂芳無窮，公道自在人心，三代所以直道而行也。噫！一時之浮榮易過，千載之影樣難移，是故君子貴知所以自立。

○陳亢問於伯魚曰：「子亦有異聞乎？」對曰：「未也。嘗獨立，鯉趨而過庭。曰：『學詩乎？』對曰：『未也。』『不學詩，無以言。』鯉退而學詩。他日又獨立，鯉趨而過庭。曰：『學禮乎？』對曰：『未也。』『不學禮，無以立。』鯉退而學禮。聞斯二者。」陳亢退而喜曰：「問一得三，聞詩，聞禮，又聞君子之遠其子也。」

【考異】説文解字：論語有陳伉。　七經考文：古本「學詩乎」下「未也」，「也」作「之」。上下「未也」同今本。　皇本、高麗本「不學詩」上有曰字，「言」下有也字。　高麗本「立」下有也字。　皇本「二者」下有矣字。　高麗本「者」作「矣」。

【考證】大戴禮勸學篇：孔子曰：「鯉，君子不可以不學，見人不可以不飾。不飾無貌，無貌不敬，不敬無禮，無禮無以立。」　家語致思篇：子謂伯魚曰：「鯉乎！吾聞可以與人終日不倦者，其惟學焉。其容體不足觀也，其勇力不足憚也，其先祖不足稱也，其族姓不足道也，終有大名，顯聞四方，流聲後裔，豈非學之效乎？故君子不可不學，容不可不飾，不飾無類，無類失親，失親不忠，不忠失禮，失禮不立。夫遠而有光者，飾也。近而愈明者，學也。譬之污池，水潦注焉，萑葦生焉，雖或以觀之，孰知其源乎？」　王通中説引姚義曰：夫教之以詩，則出辭氣斯遠暴慢矣。約之以禮，則動容貌斯立威嚴矣。又門人問於姚義曰：「孔庭之法，曰詩曰禮，不及四經，何也？」姚義曰：「嘗聞諸夫子矣。春秋斷物，志定而後及也。樂以和德，德全而後及也。書以制法，從事而後及也。易以窮理，知命而後及也。四者非具體不能及，故聖人後之。」司馬光家範引此文説云：遠者，非疏遠之謂也，謂其進見有時，接遇有禮，不朝夕嘻嘻相褻狎也。翟氏考異：夫子訓伯魚學詩之言，别見後篇，學禮之言别見大戴禮，而其文皆不齊，蓋伯魚述其略，記者記其詳也。劉氏正義：案古者命士以上，父子皆異宫，所以别嫌疑，厚尊敬也。一過庭須臾之頃，而學詩學禮，教以義方，所謂家人有嚴君者，是之謂遠。白虎通五行篇云「君子遠子近孫」，此其義也。

【集解】馬曰：「以爲伯魚孔子之子，所聞當有異。」孔曰：「獨立謂孔子。」

【唐以前古注】皇疏：陳亢即子禽也，伯魚即鯉也。亢言伯魚是孔子之子，孔子或私教伯魚有異門徒聞，故云子亦有異聞不也。呼伯魚而爲子也。伯魚對陳亢曰：我未嘗有異聞也。此述己生平私得孔子見語之時也。言孔子嘗獨立，左右無人也。孔子獨立在堂，而己趨從中庭過也。孔子見伯魚從過庭，呼而問之曰：汝嘗學詩不乎？伯魚述舉己答孔子，言未嘗學詩也。孔子聞伯魚未嘗學詩，故以此語之，言詩有比興答對酬酢，人若不學詩，則無以與人言語也。伯魚得孔子之旨，故退還己舍而學詩也。他日，又别日也。孔子又在堂獨立也，伯魚又從中庭過也。孔子又問伯魚：汝學禮不乎？亦答曰：未學禮也。孔子又語伯魚曰：禮是恭儉莊敬立身之本，人有禮則安，無禮則危。若不學禮，則無以自立身也。鯉從孔子旨，退而學禮也。又答陳亢，言己爲孔子之子，唯私聞學詩學禮二事也。陳亢得伯魚答己二事，故退而歡喜也，言我問異聞之一事，而今得聞三事也。伯魚二也，又君子遠其子三也。伯魚是孔子之子，一生之中唯知聞二事，即是君子不獨親子，故相疏遠，是陳亢今得聞君子遠於其子也。又引范甯云：孟子曰「君子不教子」，何也？勢不行也。教者必以正，以正不行，繼之以忿，繼之以忿，則反夷矣，父子相夷惡也。

【集注】亢以私意窺聖人，疑必陰厚其子。事理通達而心氣和平，故能言。品節詳明而德性堅定，故能立。當獨立之時，所聞不過如此，其無異聞可知。尹氏曰：「孔子之教其子，無異於門人，故陳亢以爲遠其子。」

【餘論】困學紀聞：孔庭之教曰詩、禮，子思曰：「夫子之教，必始於詩、書而終於禮、樂，雜説不與焉。」荀子勸學亦曰：「其數則始乎誦經，終乎讀禮，其義則始乎爲士，終乎爲聖人。」黄氏後案：以爲遠其子者，疑聖人必有不傳之秘，特未嘗傳子也。後儒舍經文正訓而求聖人不傳之秘，正與子禽同意。

【發明】四書近指：他人以爲道有異，聖人原無所容其異也。他人見爲子可私，聖人原無所容其私也。詩、禮之訓，伯魚與弟子孰不聞？此外求異，私心也。遂以爲遠其子，亦私心也。陳亢到底未得分曉。

○邦君之妻，君稱之曰夫人，夫人自稱曰小童；邦人稱之曰君夫人，稱諸異邦曰寡小君；異邦人稱之亦曰君夫人。

【考異】七經考文：古本「稱」上無君字。皇本、高麗本「君夫人」下有也字。唐石經「諸」作「謂」。義門讀書記：雜記云：「訃於他國之君夫人曰寡小君不禄。」此「稱諸異邦」之一證，不得專據曲禮。

【考證】禮記曲禮：「公侯有夫人，夫人自稱於天子曰老婦，自稱於諸侯曰寡小君，自稱於其君曰小童。」鄭注：「自稱於諸侯，謂饗來朝諸侯之時。小童，若云未成人也。」正義：「此諸侯，謂他國君也。古者諸侯相饗，夫人亦出，故得自稱也。坊記云：『陽侯殺繆侯，竊其夫人，故大饗廢夫人之禮。』於此之前，有夫人饗法，故注云謂饗來朝諸侯之時也。」白虎通嫁娶篇：國君之妻稱之曰夫人何？明當扶進夫（夫字疑衍）人，謂非妾也。國人尊之，故曰國君之妻。君稱之曰夫人，夫人自稱曰小童，國人稱之曰君夫人，稱諸異邦曰寡小君，謂聘問兄弟之國及臣於他國稱之，謙之辭也。四書近指引郝敬説：稱諸異邦，如大夫士出使他邦致辭之類，非夫人自稱也。夫人無越國，亦無有自稱爲君者。曲禮謂夫人自稱於諸侯曰寡小君，誤也。胡培翬研六室雜著：此節惟小童句係夫人自稱，餘皆屬他人稱謂之辭。稱諸異邦，亦是邦人稱之。經文條貫甚明。禮，稱君於他國曰寡君，稱君之夫人於他國曰寡小君。雜記「夫人薨，訃於他國曰寡小君」，此確證也。聘禮「夫人使下大夫韋弁歸禮」，注云：「致辭當稱寡小君。」又聘禮記「君以社稷故在寡小君」，注云：「此贊拜夫人聘享辭。」明寡小君是臣下對他邦人釋拜之稱，非夫人自稱審矣。俗解因曲禮有「自稱於諸侯曰寡小君」之文，遂指爲夫人自稱。然則云「寡小君不禄」，亦可爲夫人自稱乎？曲禮當屬記者之誤。孔疏謂古者諸侯相饗，夫人亦出，故得自稱。考之禮，饗食，主賓皆有擯贊傳辭，亦無夫人對他國君自稱之禮。内宰「凡賓客之祼獻瑶爵皆贊」，是其證。況論語無「自」字，與記文本異，考古者當據論語以訂曲禮之非，不當因曲禮而滋論語之誤也。

按：劉恭冕云：「白虎諸儒以稱諸異邦爲國人所稱，當是論語家舊義。故僞孔此注亦以寡小君爲邦人謙稱也。曲禮『夫人自稱於諸侯曰寡小君』，注云：『謂饗來朝諸侯之時。』彼文以寡小君爲夫人自稱於異邦諸侯，與論語言寡小君爲邦人所稱異。案孫氏諸説皆精審，足證從來傳注之誤。李氏光地劄記：『下兩句皆以邦人之稱言。君尊之，則邦人尊之，故稱於本國者耦君，以重君命也。夫人自小，則邦人小之，故稱於異邦者不敢夷君，以順夫人意也。』」

【集解】孔曰：「小君，君夫人之稱也，對異邦謙。故曰寡小君。當此之時，諸侯嫡妾不正，稱號不審，故孔子正言其禮也。」

【唐以前古注】皇疏：當時禮亂，稱謂不明，故此正之也。邦君自呼其妻曰夫人也。此夫人向夫自稱，則曰小童。小童，幼小之目也，謙不敢自以比於成人也。邦人，其國民人也。若其臣之民呼君妻，則曰君夫人也。君自稱則單曰夫人，故民人稱帶君言之也。自我國臣民向他邦人稱我君妻，則曰寡小君。君自稱曰寡人，故臣民稱君爲寡君，稱君妻爲寡小君也。若異邦臣來，即稱主國君之妻，則亦同曰君夫人也。吴氏曰：「凡語中所載如此類者不知何謂，或古有之，或夫子嘗言之，不可考也。」

【集注】寡，寡德，謙辭。

【餘論】論語述何：春秋正適妾之名，仲子、成風以天王太廟，異邦正之，不得稱夫人也。則妾子爲君，皆繫於子。君稱之曰母，自稱曰先君之妾，邦人稱之曰君母，稱諸異邦曰寡君之母，異邦人稱之亦曰君之母而已。四書翼注：此章本古語，記於衛靈公問陳之册末，蔡氏覺軒以爲爲南子而發，似得其旨。蓋子見南子四字本是輕賤之詞，然南子使人於孔子云：「凡四方賓客辱與寡君爲兄弟者，皆見寡小君，寡小君願見。」是稱諸異邦曰寡小君也。公子郢對靈公言君夫人在堂，三揖在下，君命祇辱。是邦人稱之曰君夫人也。而衛人却只稱南子，只謂此「邦君之妻」四字來歷不明耳。禮，天子諸侯不再娶，天子一娶十二女，諸侯一娶九女，正室死，則以媵之貴者攝理内政，不下漁色娶於國中，如取魚於池沼曰漁色，所以敬宗廟，重繼嗣，杜亂萌也。以妾爲妻，非妻也。由左右媵以色而升，非妻也。正室没而娶繼室，如魯隱之仲子，晉平之少姜，非妻也。齊桓内嬖如夫人者六人，魯娶於吴爲同姓，益非妻也。非邦君之妻而用其名，則不稱，故鄭重言之也。翟氏考異：鄭氏禮記注云：「自稱于諸侯，謂饗來朝諸侯時也。」據坊記，自陽侯竊繆侯夫人，而大饗廢夫人之禮矣。其禮既廢，其文未盡删於傳記，當時乃有藉口以掩其私，如文姜之饗齊侯者，聖人因既貶諸春秋，又與門弟子議及於此，此論語所以有此章文而與禮記不符合歟？章首當有子曰字，今闕文。論語訓：此篇記此夫人之稱者，蓋孔子在魯掌瞽宗，人所聞其稱引也，不内稱子皆加氏，足明國人記之。

按：最近梁任公所著古今僞書及其時代一書，於鄉黨末篇色斯舉矣一章，季氏末篇邦君之妻一章，微子末篇太師摯以下三章，疑後人見竹簡有空白處，任意附記他事，故往往無頭無尾。此由未明古人書字之法，古人書字用竹簡，又曰策，左傳序疏、聘禮疏、北史徐遵明傳引鄭論語序云：「書以八寸策。」鉤命決云：春秋二尺四寸書之，孝經一尺二寸書之。故知六經之策皆二尺四寸，孝經謙，半之；論語八寸策者，三分居一，又謙焉。」而論衡推論語策所獨者，則云：「紀之約省，懷持之便也，故但以八寸。」蓋與鄭説不同，然其以爲八寸簡所書則一也。且古人書簡必計字書之，短者每章一簡，長者一章數簡，斷無餘地可容空白。又何晏序云：「鄭玄就魯論篇章考之齊、古，爲之注。」釋文曰：「鄭校周之本，以齊、古讀正凡五十事。」是今之論語係鄭康成以魯論爲主，參校齊、古而成，如季氏篇，洪氏以爲齊論是也。臧琳經義雜記曰：「古論語邦君之妻，魯論作國君之妻。」可見此章古論、魯論皆有之，并非後人攙入。

論語集釋卷三十四

陽貨上

○陽貨欲見孔子，孔子不見，歸孔子豚。孔子時其亡也，而往拜之。遇諸塗。

【考異】論語釋文：歸如字，鄭本作「饋」，魯讀爲歸，今從古。儀禮士虞疏、孟子章句俱引論語作「饋」。四書釋地又續：此與「歸女樂」注並云歸如字，一作「饋」。按歸如字，解則云入也，還也。杜預「歸者，不反之辭」，此於蒸豚、女樂何涉乎？自當作「饋」，孟子書正作「饋」。孔子世家作「遺魯君女樂文馬」，饋，餉也。遺，餽贈也。康成注「以物有所饋遺」是也。韓李筆解：「時」當爲「待」。論衡知實篇引作「途」。黄氏後案：「歸」，鄭君本作「饋」，古字通，以饋爲正。「時」，筆解云當爲「待」，時、待古聲相近，往則墮其計中，故待之也。「塗」作「途」，見釋文。案説文無塗、途字，古用涂。

【音讀】陳梓四書質疑：以孟子例之，則當注「欲見之見去聲」六字。

【考證】論語駢枝：玉藻曰：「大夫親賜士，士拜受，又拜於其室。」又曰：「敵者不在，拜於其室。」説者謂大夫賜士，士拜受於家，又就拜於大夫之家，是爲再拜。敵者之賜，但拜受於家而已，不得受於其家，然後就拜於其家，則一拜也。由是言之，陽虎饋豚而瞯孔子之亡，正欲以敵者之禮致孔子，而孔子亦以敵者之禮拜貨，是故貨不爲驕，孔子不爲詘。孟子以一拜爲大夫賜士之禮，與玉藻不合，以事理論之，則玉藻是也。不然，貨非大夫而以大夫自處，其妄甚矣。而孔子因即以大夫之禮禮之，何以爲孔子？　四書賸言：孟子：「大夫有賜於士，不得受於其家，則往拜其門。」此大夫禮也，乃引之以稱陽貨，此最異事。不知季氏家臣原稱大夫，季氏是司徒，下有大夫二人，一曰小宰，一曰小司徒。此大國命卿之臣之明稱也，故邑宰家臣當時得通稱大夫，如郈邑大夫、郕邑大夫、孔子父鄹邑大夫，此邑大夫也。陳子車之妻與家大夫謀；季康子欲伐邾，問之諸大夫；季氏之臣申豐，杜氏注爲屬大夫；公叔文子之臣，論語稱爲臣大夫，此家大夫也。然則陽貨大夫矣，注故不識耳。　劉氏正義：貨、虎一聲之轉。疑貨是名，虎是字也。　顧氏棟高春秋大事表：「陽虎欲以己更孟氏，疑與孟孫同族。」

【集解】孔曰：「陽貨，陽虎也。季氏家臣而專魯國之政，欲見孔子使仕也。欲使往謝，故遺孔子豚也。塗，道也。於道路與相逢也。」

【唐以前古注】皇疏：歸，猶餉也。既召孔子，孔子不與相見，故又遣人餉孔子豚也。所以召不來而餉豚者，禮，得敵己以下餉，但於己家拜餉而已；勝己以上見餉，先既拜於己家，明日又往餉者之室也。陽貨乃不勝孔子，然己交專魯政，期度孔子必來拜謝己，因得與相見也。得相見而勸之，欲仕也。亡，無也。無，謂虎不在家時也。孔子曉虎見餉之意，故往拜謝也。若往謝必與相見，相見於家，事或盤桓，故伺取虎不在家時而往拜於其家也。塗，道路也。既伺其不在而往拜，拜竟而還，與之相逢於路中也。孔子聖人，所以不計避之而在路與相逢者，其有所以也。若遂不相見，則陽虎求召不已，既得相見，則其意畢耳。但不欲久與相對，故造次在塗路也。所以知是已拜室還與相逢者，既先云時亡也，後云遇塗，故知已至其家也。其若未至室，則於禮未畢，或有更隨其至己家之理，故先伺不在而往，往畢還而相逢也。一家通云：餉豚之時，孔子不在，故往謝之也。然於玉藻中爲便，而不勝此集解通也。

【集注】陽貨，季氏家臣，名虎，嘗囚季桓子而專國政，欲令孔子來見己，而孔子不往。貨以禮大夫有賜於士，不得受於其家，則往拜其門，故瞰孔子之亡，而歸之豚，欲令孔子來拜而見之也。

謂孔子曰：「來！予與爾言。」曰：「懷其寶而迷其邦，可謂仁乎？」曰：「不可。」「好從事而亟失時，可謂智乎？」曰：「不可。」「日月逝矣，歲不我與。」孔子曰：「諾，吾將仕矣。」

【考異】孟子疏引全章文，獨此無兩其字。韓詩外傳：懷其寶而迷其國者，不可與語仁。

【考證】經傳釋詞：一人自爲問答，加曰字以別之。論語稽求篇：懷寶迷邦，兩問兩答，皆陽貨與夫子爲主客。則「日月逝矣，歲不我與」下，何以重着「孔子曰」三字？豈前二答皆非夫子語，夫子之答祇此句耶？明儒郝京山有云：「前兩曰字皆是貨口中語，自爲問答，以斷爲必然之理。此如史記留侯世家，張良阻立六國後八不可語有云：『今陛下能制項籍之死命乎？

曰未能也。能得項籍頭乎？曰未能也。能封聖人墓，表賢者閭，式智者門乎？曰未能也。」皆張良自爲問答，並非良問而漢高答者。至『漢王輟食吐哺』以下，纔是高語。此章至『孔子曰』以下纔是孔子語。孔子答語祇此耳，故記者特加孔子曰三字以別之。」千年夢夢，一旦喚醒，可爲極快。且貨求親夫子，詞語絜絜，而夫子以不絕絕之，祇作五字答，並不別綴一字，覺于當日情事尤爲可念。解經至此，謂非漆室一炬不得矣。四書釋地又續補：毛西河謂明儒郝京山云：「前兩曰字皆是貨口中語，自爲問答，以斷爲必然之理。此如史記留侯世家，張良阻立六國後八不可語，皆張良自爲問答，至『漢王輟食吐哺』以下，纔是高語。此章至『孔子曰』以下，纔是孔子語，故記者特加『孔子曰』三字以別之。」按此似先得閻氏之意者。孔子世家：「楚令尹子西曰：『王之使使諸侯有如子貢者乎？曰無有。王之輔相有如顏回者乎？曰無有。王之將率有如子路者乎？曰無有。王之官尹有如宰予者乎？曰無有。』」此亦子西自爲問答，史公往往有此筆調。胡紹勳四書拾義：或謂身爲寶，如老子「輕敵幾喪吾寶」，注云：「寶，身也。」呂覽先己篇「嗇其大寶」，注云：「大寶，身也。」懷其寶，謂藏其身。揅經室集：元謂魯國時人之論，已皆以聖仁尊孔子，故孔子曰「則吾豈敢」。陽貨之言亦因時論而難之也。又智者仁之次，漢書古今人表叙論九等，列智人於仁人下。子張以仁推令尹子文及陳文子，孔子皆答以「未智，焉得仁」，明乎必先智而後能仁也。故陽貨諷孔子仁智並稱，孔子謙不敢當。非特不居仁，且不居智矣。

【集解】馬曰：「言孔子不仕，是懷寶也。知國不治而不爲政，是迷邦也。日月逝，年老歲月已往，當急仕也。」孔曰：「言孔子栖栖好從事，而數不遇失時，不得爲有知者也。言將仕，以順辭免害也。」

【唐以前古注】皇疏引郭象云：聖人無心，仕與不仕隨世耳。陽虎勸仕，理無不諾，不能用我，則無自用此直道而應者也。然危遜之理，亦在其中也。

【集注】懷寶迷邦，謂懷藏道德，不救國之迷亂。亟，數也。失時，謂不及事幾之會。將者，且然而未必之辭。貨語皆譏孔子而諷使速仕，孔子固未嘗如此，而亦非不欲仕也，但不仕於貨耳，故直據理答之，不復與辯，若不諭其意者。陽貨之欲見孔子，雖其善意，然不過欲使助己爲亂耳，故孔子不見者，義也。其往拜者，禮也。必時其亡而往者，欲其稱也。遇諸塗而不避者，不終絶也。隨問而對者，理之直也。對而不辯者，言之孫而亦無所詘也。楊氏曰：「揚雄謂孔子於陽貨也，敬所不敬，爲詘身以信道，非知孔子者。蓋道外無身，身外無道，身詘矣而可以信道，吾未之信也。」

【餘論】四書通：此一事耳，而見聖人之一言一動，無非時中之妙。陽貨欲見孔子而遽見之，非中也。既有饋而不往拜之，非中也。不時其亡則中小人之計，非中也。不幸遇諸塗而又避之，則絶小人之甚，非中也。理之直者其辭易至於不遜，非中也。辭之遜而或有所詘，非中也。聖人不徇物，而亦不苟異，不絶物，而亦不苟同，愈雍容不迫，而愈剛直不詘，此其所以爲時中之妙也。

○子曰：「性相近也，習相遠也。」

【考證】中庸疏：感五行在人爲五常，得其清氣備者爲聖人，得其濁氣簡者爲愚人，聖人以下，愚人以上，所稟或多或少，故分爲九等。孔子云：「唯上智與下愚不移。」二者之外，逐物移矣，故論語云：「性相近，習相遠也。」亦據中人七等也。韓詩外傳六：子曰：「不知命，無以爲君子也。」言天之所生，皆有仁義禮智順善之心。無仁義禮智順善之心謂之小人，故曰不知命，無以爲君子。小雅曰：「天保定爾，亦孔之固。」言天之所以仁義禮智，保定人之甚固也。大雅曰：「天生蒸民，有物有則。民之秉彝，好是懿德。」言民之秉德以則天也，不知所以則天，又焉得爲君子乎？春秋繁露實性篇云：善如米，性如禾，禾雖出米，而禾未可謂米也；性雖出善，而性未可謂善也。米與善人之繼天而成於外也，非在天所爲之内也。天之所爲之内也，天之所爲止於繭麻與禾，以麻爲布，以繭爲絲，以米爲飯，以性爲善，此皆聖人所繼天而進也，非性情質樸之能至也。聖人言中本無性善名，而有善人吾不得見之矣。使萬民之性皆已能善，善人者何爲不見也？觀孔子言此之意，以爲善難當甚，而孟子以爲萬民性皆能當之，過矣。聖人之性，不可以名性；斗筲之性，又不可以名性。名性者，中民之性，中民之性如繭如卵，卵待復二十日而後能爲雛，繭待繅以綰湯而後能爲絲，性待漸於教訓而後能爲善。善，教誨之所然也，是以米出於粟，而粟不可謂米；玉出於璞，而璞不可謂玉；善出於性，而性不可謂善。卵之性未能作雛也，繭之性未能作絲也，麻之性未能爲縷也，粟之性未能爲米也。性者，天質之樸也。善者，王教之化也。無其質，則王教不能化。無王教，則質樸不能善。日知録：性之一字，始見於商書，曰：「惟皇上帝，降衷于下民，若有恒性。」恒即相近之義。相近，近於善也。相遠，遠於善也。故夫子曰：「人之生也直，罔之生也幸而免。」人亦有生而不善者，如楚子良生子越椒，子文知其必滅若敖氏也，然此千萬中之一耳。故公都子所述之三説，孟子不斥其非，而但曰：「乃若其情則可以爲善矣，乃所謂善也。」蓋凡人之所大同而不論其變也，若紂爲炮烙之刑，盜跖日殺不辜，肝人之肉，此則生而性與人殊；亦如五官百骸人之所同，然亦有生而不具者，豈可以一而概萬乎？故終謂之性善也。戴震孟子字義疏證：性者分於陰陽五行，以爲血氣心知，品物區以別焉。舉凡既生以後所有之事，所具之能，所全之德，咸以是爲其本。故易曰：「成之者，性也。」氣化生人生物以後，各以類滋生久矣。然類之區別，千古如是也，循其故而已矣。在氣化曰陰陽，曰五行。而陰陽五行之成化也，雜糅萬變，是以及其流形，不特品物不同，雖一類之中，又復不同。凡分形氣於父母，即爲分於陰陽五行，人物以類滋生，皆氣化之自然。中庸曰：「天命之謂性。」以生而限於天，故曰天命。大戴禮記曰：「分於道之謂命，形於一之謂性。」分於道者，分於陰陽五行也。言乎分，則其限之於始，有偏全、厚薄、清濁、昏明之不齊，各隨所分而形於一，各成其性也。然性雖不同，大致以類爲之區別，故論語曰「性相近」也。此就人與人近言之也。孟子曰：「凡同類者，舉相似也。何獨至於人而疑之？聖人與我同類者。」

言同類之相似，則異類之不相似明矣。故語告子生之謂性曰：「然則犬之性猶牛之性，牛之性猶人之性與？」明乎其不可混同言之也。又曰：問孟子之時，因告子諸人紛紛各立異説，故直以性善斷之。孔子但言性相近，意在於警人慎習，非因論性而發，故不必直斷以善與？曰然。古今常語，凡指斥下愚者，矢口言之，每曰此無人性。稍舉其善端，則曰此猶有人性。以人性爲善，稱無人性即所謂人見其禽獸也，有人性即相近也，善也。論語言「性相近」，正見人無有不善。若不善與善相反，其遠已縣絶，何近之有？分別性與習，然後有不善，而不可以不善歸性。凡得養失養及陷溺梏亡，咸屬於習也。李光地論語劄記：案夫子此言，惟孟子能暢其説。其曰「性善」，即相近之説也。其曰「或相倍蓰而無算」、「其所以陷溺其心者然也」，則習相遠之説也。先儒謂孔子所言者，氣質之性，非言性之本。孟子所言，乃極本窮源之性。愚謂惟其相近，是以謂之善。惟其善，是以相近。似未可言孔、孟之指殊也。蓋孔、孟所言者，皆人性耳。若以天地之理言，則乾道變化，各正性命。禽獸草木，無非是者。然禽獸之性則不可言與人相近，相近者必其善者也。故孝經曰：「天地之性人爲貴。」是孔子之説無異於孟子也。禽獸之性不可以言善，所謂善者，以其同類而相近也。故曰「人皆可以爲堯、舜」，是孟子之説又無異於孔子也。經傳考證：相近指性之善者言，相遠當指性之惡者。孔子未嘗明言性善，聖人之言，無所不包，而渾然無迹。後儒言性，究不能出其範圍。性善之旨，直至孟子始發之。孟子道性善，言必稱堯、舜，乃一生願學大本領，故七篇自述之。焦循性善解：性無他，食色而已。飲食男女，人與物同之。當其先民，知有母，不知有父，則男女無別也。茹毛飲血，不知火化，則飲食無節也。有聖人出，示之以嫁娶之禮，而民知有人倫矣。示之以耕耨之法，而民知自食其力矣。以此示禽獸，禽獸不知也。禽獸不知，則禽獸之性不能善。人知之，則人之性善矣。以飲食男女言性，而人性善不待煩言自解也。禽獸之性不能善，亦不能惡。人之性可引爲善，亦可引爲惡。惟其可引，故性善也。牛之性可以敵虎，而不可使之咥人。所知所能，不可移也。惟人能移，則可以爲善矣。是故惟習相遠，乃知其性相近。若禽獸，則習不能相遠也。論語足徵記：王充論衡本性篇曰：「宓子賤、漆雕開、公孫尼子皆言性有善有惡。」此必聞諸夫子者也。論語諸弟子之言，漢、唐諸儒引之皆以爲夫子之言，蓋夫子所嘗言，而諸弟子述之者也。然則三子之言性，皆本夫子之言性可知。漢書古今人表序孔子曰：「中人以上，可以語上也。惟上智與下愚不移。」傳曰：「譬如堯、舜，禹、稷、卨與之爲善而行，鯀、讙兜欲與爲惡則誅，可與爲善，不可與爲惡，是謂上智。桀、紂，龍逢、比干欲與爲善則誅，于莘、崇侯與之爲惡則行，可與爲惡，不可與爲善，是謂下愚。齊桓公，管仲相之則霸，豎刁輔之則亂，可與爲善，可與爲惡，是謂中人。」觀三子之言性，與班氏之言善惡智愚，皆與此章密合，是夫子之言性，固謂有善有惡也。惟有善惡，故言相近。如孟子言性善，荀子言性惡，則何相近之有？且孟子言性善，則自孟子創言之。荀子言性惡，亦自荀子創言之。孟、荀以前，固未有言性有善無惡，亦未有言性有惡無善者也。王仲任曰：「孟子言性善，中人以上也。荀子言性惡，中人以下也。揚雄言善惡混，中人也。」韓退之曰：「性之品有上中下三，上焉者，善而已矣；中焉者，可道以上下也；下焉者，惡而已矣。」案王、韓所謂上即上智，下即下愚，中即相近者也，正與孔子之言性同。集解孔曰：「上智不可使爲惡，下愚不可使强賢。」邢疏亦以慎所習爲中人，其性可上可下，與韓之言性同。劉敞乃云：「智愚非善惡也。」案智非即善，善必由智；愚非即惡，惡必由愚。人苟善，雖於小物有所不知，不可謂愚。人果惡，雖才氣過人，不可謂智。故使堯牽一羊而舜鞭之，不如牧豎之欲東而東，欲西而西，仍無損於上智。桀、紂雖有拒諫飾非之才，徒成其爲下愚耳。劉敞析智愚與善惡而二之，非所謂惑於用名之亂實者耶？程、朱自謂窺不傳之秘於遺經，説性自出新義。集注曰：「此所謂性，兼氣質而言者也。氣質之性固有美惡之不同，然以其初而言，則皆不甚相遠也。」又引程子曰：「此言氣質之性，非言性之本也。若言其本，則性即理。理無不善，孟子之言性是也，何相近之有？」案黄東發曰：「言性者自分理氣，而後學乃陰陋夫子之言。」劉念臺曰：「盈天地祇有氣質之性。」孫自强曰：「經典未嘗離氣質以言性。」李安溪曰：「孟子論性固論氣質，非離氣質言之。」是篤信程、朱者，於其言性亦未敢曲從矣。且夫子言窮理盡性，性理並言，則不謂性即理可知。此程子性即理之説顯違夫子者也。且天之生堯、舜有生堯、舜之理，生桀、紂有生桀、紂之理，生稻粱有生稻粱之理，生豺狼有生豺狼之理，豈可謂天生堯、舜、生稻粱是理，生桀、紂、生豺狼非理哉？亂臣賊子自謂忠孝，而覺君父之相負已甚，乃敢行悖逆之謀。如元凶劭之於宋文帝，僕固懷恩之於唐代宗，豈不以君父之所爲爲非理，而自以其所爲爲理哉？依則理無不善之説亦可通矣。總之，程、朱之言性也，援孟子以繩孔子，而性近之旨，不免改頭换面矣。出己説以贊孟子，而性善之旨，亦去實踏空，析一爲二矣。不但非孔子所謂性，亦非孟子所謂性也。

【集解】孔曰：「君子慎所習。」

【唐以前古注】皇疏：性者，人所禀以生也。習者，謂生後有百儀常所行習之事也。人俱禀天地之氣以生，雖復厚薄有殊，而同是禀氣，故曰相近也。及至識，若值善友則相效爲善，若逢惡友則相效爲惡，惡善既殊，故云相遠也。然情性之義，説者不同，且依一家。舊釋云：性者，生也。情者，成也。性是生而有之，故曰生也。情是起欲動彰事，故曰成也。然性無善惡，而有濃薄；情是有欲之心，而有邪正。性既是全生而有，未涉乎用，非唯不可名爲惡，亦不可目爲善，故性無善惡也。所以知然者，夫善惡之名恒就事而顯，故老子曰：「天下以知美之爲美，斯惡已。以知善之爲善，斯不善已。」此皆據事而談。情有邪正者，情既是事，若逐欲流遷，其事則邪；若欲當於理，其事則正，故情不得不有邪有正也。故易曰：「利貞者，性情也。」　又引范甯云：人生而静，天之性也；感於物而動，性之欲也，斯相近也。習洙、泗之教爲君子，習申、商之術爲小人，斯相遠也。　又引王弼云：不性其性，焉能久行其正，此是性之正也。若心好流蕩失真，此是性之邪也。若以情近性，故云性其情。情近性者，何妨是有欲。若逐欲遷，故云遠也。若欲而不遷，故曰近。但近性者正，而即性非正；雖即性非正，而能之正，譬如近火者熱，而即火非熱；雖即火非熱，而能使之熱。能使之熱者，氣也，熱也。能使之正者，儀也，靜也。又知其有濃薄者，孔子曰「性相近也」，若全同也。相近之辭不生，若全異也。相近之辭亦不得立。今云近者，有同有異。取其共是無善無惡則同也，有濃有薄則異也。雖異而未相遠，故曰近也。

筆解：韓曰：「上文云性相近，是人以可習而上下也。此文云上下不移，是人不可習而遷也。二義相反，先儒莫究其義。吾謂上篇云：『生而知之，上也。學而知之，次也。困而學之，又其次也。困而不學，民斯爲下矣。』與此篇二義兼明焉。」李曰：「窮理盡性，以至於命，此性命之説極矣。學者罕明其歸。今二義相戾，當以易理明之。乾道變化，各正性命。又利貞者，情性也。又一陰一陽之謂道，繼之者善也，成之者性也，謂人性本相近于静，及有動感外物，有正有邪，動而正則爲上智，動而邪則爲下愚，寂然不動，則情性兩忘矣，雖聖人有所難知。故仲尼稱顔回『不言如愚，退省其私，亦足以發，回也不愚』。蓋坐忘遺照，不習如愚，在卦爲復，天地之心邃矣。亞聖而下，性習近遠，智愚萬殊，仲尼所以云困而不學，下愚不移者，皆激勸學者之辭也。若窮理盡性，則非易莫能窮焉。」韓曰：「如子之説，文雖相反，義不相戾，誠知乾道變化，各正性命，坤道順乎承天，不習無不利，至哉！果天地之心其邃矣乎！」

【集注】此所謂性，兼氣質而言也。氣質之性固有美惡之不同矣，然以其初而言，則皆不甚相遠也。但習於善則善，習於惡則惡，於是始相遠耳。程子曰：「此言氣質之性，非言性之本也。若言其本，則性即是理。理無不善，孟子之言性善是也，何相近之有哉？」

【餘論】東塾讀書記：論衡云：「周人世碩以爲性有善有惡，在所養焉，作養書一篇。宓子賤、漆雕開、公孫尼子之徒，亦論情性，與世子相出入，皆言性有善惡。孟子作性善之篇，以爲人性皆善，未爲實也。」又云：「孟軻言人性善者，中人以上者也。孫卿言人性惡者，中人以下者也。揚雄言人性善惡混者，中人也。」又云：「盜跖非人之竊也，莊蹻刺人之濫也。」澧案世碩等但言人性有善有惡，非謂人性無善也，此不可執以難孟子也。盜跖非人之竊，莊蹻刺人之濫，則惡人之性皆有善明矣，愈可見孟子之言性爲實矣。其言中人以上以下，則韓昌黎性三品之說與之暗合也。又云：劉原父云：永叔問曰：「人之性必善，然則孔子所謂上智與下愚可乎？」劉子曰：「可。智愚非善惡也。」智愚與善惡判然不同，而永叔不能分，宜爲原父所折也。嶺雲軒瑣記：余嘗論性是性，氣質是氣質，不可言有氣質之性，乃宋儒鶻突語。又見後人說來說去，總欠分明，惟明嘉靖間魏恭簡公最說得好，其言曰：「性有不善，只是出於氣質。性本善，然不能自善，其發爲善，皆氣質之良知良能也。氣質能爲善，而不能盡善。性即太極，氣質是陰陽五行。所爲氣運純駁不齊，故氣禀合下便有清濁厚薄，濁則遮蔽不通，薄則承載不起，便生出不善來。性惟本善，故除却氣質不善，便純是善。性惟不能自善，故變化氣質，以歸於善，然後能充其良知良能也。」言性至是，乃透澈無遺藴矣。與孔子「性相近，習相遠」；周子「五行之生各一其性，五性感動而善惡分」，皆有吻合處，實爲至當不可易。黄氏後案：朱子申程子，分理氣以言性，云人生而静以上，人物未生時，衹可謂之理，未可名爲性。方說性時，即是人生以後，此理已墮在形氣中，不是性之本體。戴氏謂如其説，人生以後，性在氣質中，已不是善，孟子乃溯斯人未生未有氣質之前而曰性善，是離人而空言理也。程易疇曰：「以賦稟之前言性，釋氏之言性也，所謂如何是父母未生前本來面目也。」李安溪論語劄記曰：「孔、孟所言皆人性耳。禽獸之性不可言與人相近，相近者必其善者也，未可言孔、孟之指殊也。」孟子劄記又謂孟子論性，固論氣質，非離氣質言之。李氏堅守程、朱之學，於此不能無異也。然此亦非李氏、戴氏、程氏之剏説也。朱子門人劉季文曰：「既言性有氣質，又曰不論氣不備，又以孟子不分理氣，未能杜絶荀、楊之口，則又令吴幼清等之顯陋孟子矣。儒者而陋孔、孟，能無誤乎？」羅整庵曰：「别白言之，孰爲天命之性，孰爲氣質之性，一性而兩名，雖曰二之則不是，而一之又未能也。學者之惑，終莫之解。」劉念臺曰：「言性不明，祇因將此理别作一物視之，盈天地間止有氣質之性，謂别有義理之性，不雜於氣質，臧三耳之説也。」合觀諸説，知理氣之分，非聖賢之遺訓矣。魏象樞寒松堂集：先儒謂此性爲指氣質之性而言，愚謂天命之性本一也，安得又有氣質之性？但氣質所以承受此性者也，性所以主宰氣質者也。性離氣質，安頓何處？此性一落氣質之内，豈無稍偏？然究其最初之理，原自相近，猶孟子所云平旦之氣，其好惡與人相近也者幾希。今人乍見孺子將入於井，皆有怵惕惻隱之心；嘑爾而與之，行道之人弗受；蹴爾而與之，乞人不屑也。夫以今人、行道之人、乞人無不皆然，相近了了矣，祇要慎所習耳，故下節緊説唯上智與下愚不移。上智下愚有幾人哉？其餘皆可移也。

【發明】焦氏筆乘：孟子性無善無不善，性相近也。性可以爲善，可以爲不善，習相遠也。有性善，有性不善，上智下愚不移也。要之皆出於孔子之言。蓋性無不入，此性之所以爲妙。知性之無不入，此聖言之所以爲全。

反身録：性因習遠，誠反其所習而習善，相遠者可使之復近。習之不已，相遠者可知之如初。是習能移性，亦能復性。書曰：「習與性成，惟聖罔念作狂，惟狂克念作聖。」亶其然乎？問習之之實。曰：親善人，讀善書，講善端，薰陶漸染，惟善是資，存善念，言善言，行善行，動静食息，惟善是依，始也勉强，久則自然。

子曰：「唯上知與下愚不移。」

【考異】皇本、集編本、纂疏本唯字俱作「惟」。論衡本性篇、中論夭壽篇引並作「智」。朱子語類：性習遠近與上知下愚本是一章，「子曰」二字衍文也。

按：集解本此合上爲一章，朱子分兩章誤，應從集解。

【考證】問字堂集：上知謂生而知之，下愚謂困而不學。論語後録：言性者三家，孟子言性善，荀子言性惡，揚子言性善惡混。三家混者也，劉向合之，荀悦因向意定性三品，蓋兼用三家矣。三品之論，以性善，故有瞍、鯀之父而子舜、禹；以性惡，故有堯、舜之父而子朱、均；以性善惡混，故有中人。夫子言中人，謂性善惡混者也，即性相近而習相遠者也。中人以上是上知，以下是下愚。不移言不易，移之言易也。孟子字義疏證：生而下愚，其人難與言禮義，由自絶於學，是以不移。然苟畏威懷惠，一旦觸於所畏所懷之人，啓其心而憬然覺悟，往往有之。

苟悔而從善，則非下愚矣。加之以學，則日進於智矣。以不移定爲下愚，又往往在知善而不爲，知不善而爲之者，故曰不移，不曰不可移。雖古今不乏下愚，而其精爽幾與物等者，亦究異於物，無不可移也。阮元論性篇：性中雖有秉彝，而才性必有智愚之别。然愚者非惡也，智者善，愚者亦善也。古人每言才性，即孟子所謂「非才之罪」也。韓文公原性，因此孔子之言，爲三品之説，雖不似李習之之悖於諸經，然以下愚爲惡，誤矣。或者更欲以性爲至静至明，幾疑孔子下愚之言爲有礙，則更誤矣。尚書召誥曰：「今天其命哲。」哲與愚相對，哲即智也。有吉必有凶，有智必有愚。召公曰「既命哲者」，言所命非愚，然則愚亦命之所有，下愚亦命之所有。但今若生子，在厥初生自貽哲命耳。孔子之言與召公之言無少差謬。又案韓文公原性篇謂孔子性善之説得上而遺下，蓋文公以子魚、楊食我等爲性惡也。然此正是孔子所謂不移之下愚也，非惡也。劉氏正義：今案阮説是也。漢書古今人表傳曰：「譬如堯、舜、禹、稷、卨與之爲善則行，鮌、讙兜欲與爲惡則誅。可與爲善，不可與爲惡，是謂上智。桀、紂、龍逢、比干欲與之爲善則誅，于莘、崇侯與之爲惡則行，可與爲惡，不可與爲善，是謂下愚。齊桓公，管仲相之則霸，豎刁輔之則亂，可與爲善，可與爲惡，是謂中人。」此文略本賈誼新書連語篇，以上智爲善，下愚爲惡。論衡本性篇亦云：「孔子曰：『性相近也，習相遠也。』夫中人之性，在所習焉。習善而爲善，習惡而爲惡也。至於極善極惡，非復在習。故孔子曰：『惟上智與下愚不移。』性有善不善，聖化賢教不能復移易也。」是以上智下愚爲善惡之分。又以上章及此章爲三品，漢人早有此說，而文公因之。然有性善有性不善，性可以爲善可以爲不善，孟子已辭而闢之。而斷爲性善，則知三品之言非矣。夫子言生而知之爲上，即此上智。困而學之爲又次，困即是愚，而爲又次，無不可移也。至困而不學，乃云「民斯爲下」，下即此所云「下愚」。黄氏後案：此與上節合言之，則性有上知之不移於惡，有相近之中人本善而可移於惡，有下愚之不能移於善。漢書人表云：「可與爲善，不可與爲惡，是爲上知。可與爲惡，不可與爲善，是爲下愚。可與爲善，可與爲惡，是爲中人。」韓子性有三品之説亦同。則下愚之與物同蠢者，固在性相近之外矣。然則孟子言性皆善者何也？曰：水性陰而有温泉，火性陽而有凉燄，浮石沈木，各返其性，人有下愚，亦復何怪。天生中人，其常也。生上知下愚，其變也。孟子道其常，孔子通其變，顧亭林説如此。或曰：韓子之所謂下愚如越椒、叔魚，程子之所謂下愚則指商辛之類，二説然與？曰：今人固有教之數與方名而不知者，豈可望其爲聖爲賢？左傳云：「周子有兄而無慧，不能辨菽麥。」彼之所謂無慧，即此之所謂下愚，如越椒、叔魚所習皆惡，而傳所云熊狀豺聲者，即孟子所云君子不謂性者也。如商辛之類，後漢韓歆所謂亡國之君皆有才者，左傳言商紂恃儁才而滅，史記稱商辛之資辨捷疾，聞見甚敏，固非生而爲下愚矣。或又曰：天生商辛以滅商也，如其愚可移，是天運爲無定矣。曰：商辛自絶於天耳，果爲下愚之不移，則箕子、比干之欲移之者何昧也？或又曰：戴氏以下愚爲可移而不移，説同程子。今以下愚爲不可移，説同朱子，何也？曰：説性者不必拘守一説也，亦取其説之不叛於經者而已。

【集解】孔曰：「上知不可使爲惡，下愚不可使强賢。」

【唐以前古注】皇疏：前既曰性近習遠，而又有異，此則明之也。夫降聖以遠，賢愚萬品，若大而言之，且分爲三，上分是聖，下分是愚，愚人以上，聖人以下，其中階品不同，而共爲一。此之共一，則有推移。今云上智謂聖人，下愚愚人也。夫人不生則已，若有生之始，便稟天地陰陽氛氳之氣。氣有清濁，若稟得淳清者，則爲聖人；若得淳濁者，則爲愚人。愚人淳濁，雖澄亦不清。聖人淳清，攪之亦不濁。故上聖遇昏亂之世，不能撓其真。下愚值重堯疊舜，不能變其惡。故云唯上智與下愚不移也。而上智以下，下愚以上，二者中間，顔、閔以下，一善以上，其中亦多清少濁，或多濁少清，或半清半濁，澄之則清，攪之則濁，如此之徒，以隨世變改，若遇善則清升，逢惡則滓淪，所以別云：性相近，習相遠。

【集注】此承上章而言。人之氣質，相近之中，又有美惡一定，而非習之所能移者。程子曰：「人性本善，有不可移者何也？語其性則皆善也，語其才則有下愚之不移。所謂下愚有二焉，自暴自棄也。人苟以善自治，則無不可移，雖昏愚之至，皆可漸磨而進也，惟自暴者拒之以不信，自棄者絶之以不爲，雖聖人與居，不能化而入也，仲尼之所謂下愚也。然其質非必昏且愚也，往往强戾而才力有過人者，商辛是也。聖人以其自絶於善，謂之下愚。然考其歸，則誠愚也。」或曰：此與上章當合爲一，「子曰」二字蓋衍文耳。

按：皇疏兼採諸説，六朝舊籍，賴以保存。集注惟知稱其師，雖有他説，了不兼採。如此章韓子三品之説，原本孔氏，不採者，恐其争道統也。余向主皇疏勝於集注，於兹益信。

【餘論】四書辨疑：經中只説性相近，非言氣質相近也。上智之不移，由其氣質全正；下愚之不移，由其氣質極偏，正爲氣質之禀絶相懸遠，故上智不可下移，下愚不可上移也。氣質相近之中，豈有美惡一定，非習可移之理，然則注中此六字已差矣。性與氣質皆是實物，今於性與氣質之外又别説才，不知所指。且以才專歸下愚而無關於上智，亦不可通。既言昏愚之至，又如何能有以善自治之美？孔子以下愚爲不移，程子以至愚爲可移，程子之言果是，則孔子之言非矣。

四書改錯：乃分别孔、孟，言性一本一氣質，或專或兼，如許精晰，總是門外人説話。嘗謂孟子自解性善有二：一以舜我比較，正指相近，而於是以有爲若是授其權於習。一以善屬才，明分善不善，而於是以求得舍失至倍蓰無算爲習之相遠。則是性善二字，原包性相近三字，而習之相遠即從此可見。孔、孟前後總是一轍，何專何兼？何本何氣質？皆門外語也。至唯上知下愚不移，此正言氣質之性與本性有别，故加一唯字。而朱氏於或問、小注則又云古無言氣質是性者，此從張、程二氏創説。又云係程氏讀太極説推算所得，則不特不讀書，並不識性所自始。祇知擡高張、程，訾謷聖門，而於己身所固有之性全未之曉。家語有云「形於一謂之性」，此本性也，即相近者也。若其他論性，則如子太叔述子産語，謂民有六情，生於天之六氣，必哀樂不失，乃能協天地之性。而通論有云人同五方之風氣以成性，此氣性也。禮器：「禮釋回，增美質。」注：「質即是性。」人有美質，惟禮能增益之。而董仲舒對賢良策曰：「性者，生之質。」此質性也。是氣質之性古所習言，誰謂程氏讀太極圖説始推出者？

【發明】傳習録：問：「上智下愚如何不可移？」先生曰：「不是不可移，只是不肯移。」反身録：上知明善誠身，之死靡他；下愚名利是耽，死而後已，非不移而何？遲鈍人能存好心，行好事，做好人，雖遲鈍亦是上知。明敏人若心術不正，行事不端，不肯做好人，即明敏亦是下愚。

○子之武城，聞弦歌之聲。夫子莞爾而笑，曰：「割雞焉用牛刀？」

【考異】七經考文：古本作「子游之武城」。文選古詩引論語曰：「子游爲武城宰，聞弦歌之聲。」又謝元暉卧病詩注同。藝文類聚述論語曰：子游爲武城宰。子之武城，聞弦歌之聲。舊文「莞」爲「莧」。釋文曰：「莧」，本今作「莞」。唐貞觀孔子廟碑：唲爾微咲。楊錫觀六書辨通：集韻莞字下或作「莧」，作「唍」。莧爲莧陸，即莞陸也。唍則專主笑矣。文選注引論語「莞爾而笑」，依記當作「唍爾」，趙氏長箋迺以「莧爾」爲正。劉氏正義：易夬九五「莧陸夬夬」，虞翻注：「莧，悦也。讀如『夫子莧爾而笑』之莧。」案説文莧讀若丸，與莧字從廿從見形最相似。莧訓山羊細角。羊有善義，故引申爲和睦之訓。論語正字作「莧」，叚借作「莞」。集解云「小笑貌」，與虞氏莧睦之訓亦合。釋文所見本作「莧」，遂音華版反，非也。此説略本之劉氏毓崧，見其所著通義堂集。唐石經作「莞」。皇、邢本同。列子天瑞篇「老韭之爲莞也」，殷敬順釋文：「莞一作莧。」亦二字混用不別。廣雅釋詁：「莧，笑也。」疑「莞」字小變。唐貞觀孔廟碑「唲爾微笑」，此後出俗字。

【集解】孔曰：「子游爲武城宰也。」何曰：「莞爾，小笑貌。」孔曰：「言治小何須用大道。」

【唐以前古注】文選永明策秀才文注引鄭注：武城，魯之下邑。皇疏引繆播云：子游宰小邑，能令民得其所，弦歌以樂也。惜其不得導千乘之國，如牛刀割雞，不盡其才也。又引江熙云：小邑但當令足衣食教敬而已，反教歌詠先王之道也，如牛刀割雞，非其宜也。

【集注】弦，琴瑟也。時子游爲武城宰，以禮樂爲教，故邑人皆弦歌也。莞爾，小笑貌，蓋喜之也。因言其治小邑，何必用此大道也。

子游對曰：「昔者偃也聞諸夫子曰：『君子學道則愛人，小人學道則易使也。』」子曰：「二三子！偃之言是也。前言戲之耳。」

【集解】孔曰：「道，謂禮樂也。樂以和人，人和則易使也。二三子，從行者也。戲以治小而用大道也。」

【唐以前古注】皇疏引繆播云：夫博學之言，亦可進退也。夫子聞鄉黨之人言，便引得射御；子游聞弦歌之喻，且取非宜，故曰小人學道則易使也。其不知之者，以爲戲也；其知之者，以爲聖賢之謙意也。

【集注】君子小人以位言之。子游所稱，蓋夫子之常言，言君子小人皆不可以不學，故武城雖小，亦必教以禮樂。嘉子游之篤信，又以解門人之惑也。

【餘論】熊禾標題四書：子游宰武城之事凡兩見，一以人才爲重，一以道化爲先，皆見其知本。論語稽：禮樂之治，冉有以俟君子，公西華亦曰願學，而皆無以自見。子游不得行其化於天下國家，而唯於武城小試焉，夫子牛刀割雞之喻，其辭若戲之，其實乃深惜之也。

○公山弗擾以費畔，召，子欲往。子路不說，曰：「末之也已，何必公山氏之之也？」

【考異】皇本「弗擾」作「不擾」。漢書人表「公山不狃」，師古注曰：「即公山不擾。」論衡問孔篇作「子路曰末如也已」，無「不説」二字。七經考文：「何必公山氏之之也」，古本無一之字。太平御覽州郡部述文無一之字。

【音讀】經讀考異：近讀從「已」字絶句。案集解：「孔曰：『之，適也。無可之則止。』」是當以「也」字爲句。已爲止，又作一讀。依文推義，想見仲夫子出語敢決，如聞其聲。此以體認虚會得之。記者于仲夫子摹擬聲情，如「何必讀書」、「奚爲正」之類，皆發語截然，故此亦當爲一例。

【考證】王引之春秋名字解詁：不，語詞。不狃，狃也。論語作「弗擾」，假借字也。古音「狃」與「擾」同。不狃字子洩，「洩」與「忕」通，皆貫習之義。金履祥通鑑前篇：公山不狃以費畔季氏，佛肸以中牟畔趙氏，皆家臣畔大夫也。而召孔子。孔子雖卒不往，而云欲往者，蓋大夫畔諸侯，而陪臣以張公室爲名也。子韓晳曰：「大夫而欲張公室，罪莫大焉。」此當時流俗之言也。抑大夫而欲張公室，亦名義也，故欲往以明其可也。然二人者皆以己私爲之，非真可與有爲也，故卒不往，以知其不可也。洙泗考信録：春秋傳：「季氏將墮費，公山不狃、叔孫輒帥費人以襲魯。入及公側，仲尼命申句須、樂頎下伐之，費人北。」然則是弗擾叛而孔子伐而敗之耳。

此事在定公十二年夏，孔子方爲魯司寇聽國政。公羊傳曰：「孔子行乎季孫，三月不違。曰家不藏甲，邑無百雉之城。於是帥師墮郈墮費。」是主墮費之議者，孔子也。弗擾不肯墮費，至帥費人以襲魯，其讎孔子深矣，必不反召之。弗擾方沮孔子之新政，而孔子乃欲輔弗擾以爲東周，一何舛耶？此必無之事也。陔餘叢考：史記公山不狃本之左傳，小司馬注引鄒氏曰：「狃一作蹂，論語作弗擾。」是論語之公山弗擾即左傳之公山不狃也。左傳定公五年，季桓子行野，公山不狃爲費宰，出勞之，桓子敬之。而家臣仲梁懷弗敬，不狃乃族陽虎逐之。是時不狃但怒懷而未怨季氏也。定公八年，季寤、公鉏極、公山不狃皆不得志於季氏，叔孫輒無寵於叔孫氏，叔仲志又不得志於魯。故五人因陽虎，欲去三桓，將享桓子於蒲圃而殺之。桓子以計入於孟氏，孟氏之宰公斂處父率兵敗陽虎，陽虎遂逃於讙、陽關以叛，季寤亦逃而出。是時不狃雖有異志，然但陰搆陽虎發難，而已實坐觀成敗於旁。故事發之後，陽虎、季寤皆逃，而不狃安然無恙，蓋反形未露也，則不得謂之以費叛也。至其以費叛之歲，則在定公十二年。仲由爲季氏宰，將墮三都。叔孫先墮郈，季孫將墮費，於是不狃及公孫輒帥費人以襲魯。公與三子入於季氏，登武子之臺，費人攻之，弗克。仲尼命申句須、樂頎下伐之，費人北。國人追之，敗諸姑蔑。不狃及輒奔齊，遂墮費。此則不狃之以費叛也。而是時孔子已爲司寇，方助公使申句須等伐而逐之，豈有欲赴其召之理？史記徒以論語有孔子欲往之語，遂以其事附會在定公八年陽虎作亂之下，不知未叛以前召孔子容或有之，然不得謂之以費叛而召也。既叛以後，則孔子方爲司寇，斷無召而欲往之事也。世人讀論語，童而習之，遂深信不疑，而不復參考左傳，其亦陋矣。王鏊震澤長語又謂不狃以費叛乃叛季氏，非叛魯也。孔子欲往，安知不欲因之以張公室。因引不狃與叔孫輒奔吳後，輒勸吳伐魯，不狃責其不宜以小故覆宗國，可見其心尚欲效忠者，以見孔子欲往之故。此亦曲爲之説。子路之墮費，正欲張公室，而不狃即據城以抗，此尚可謂非叛魯乎？蓋徒以其在吳時有不忘故國之語而臆度之，實未嘗核對左傳年月而推此事之妄也。戰國及漢初人書所載孔子遺言軼事甚多，論語所記本亦同。此記載之類，齊、魯諸儒討論而定，始謂之論語。語者，聖人之遺語；論者，諸儒之討論也。於雜記聖人言行真僞錯雜中，取其純粹，以成此書。固見其有識，然安必無一二濫收也，固未可以其載在論語，而遂一一信以爲實事也。莊子盜跖篇有云：「田常弑君竊國，而孔子受其幣。」夫陳桓弑君，孔子方請討，豈有受幣之理？而記載尚有如此者。論語公山不擾章毋亦類是。四書辨疑：舊疏云弗擾即左傳之公山不狃也，字子洩。集注蓋於舊疏中去此一節，而取其下文也。雖不明指弗擾爲誰，推所言之事，亦是以弗擾爲不狃也。然左傳或稱不狃，或稱子洩，未嘗又稱弗擾也。又以史記與左傳對考其事，所載亦多不同，注文與二書皆不相合。史記於定公九年陽虎出奔之下，言公山不狃以費叛季氏。十二年，言仲由爲季氏宰，將墮三都。公山不狃率費人襲魯。左傳惟十二年有不狃帥費人襲魯之事，十二年以前，未嘗於不狃言叛也。若從史記之説，不狃自九年以費叛，至十二年猶據費邑，而率費人襲魯，季氏之於費邑，豈有經涉三年，不往攻取之理？若從左傳之説，惟以十二年帥費人襲魯爲不狃之叛，而陽虎出奔已踰三年，不可謂與陽虎共執桓子以叛也。況是時孔子爲魯司寇，不狃以叛逆之人而召司寇，孔子居司寇之職，而欲往從叛逆之召，皆無此理。然則以弗擾爲不狃之説尚待別考也。翟氏考異：按左傳、史記各與論語事不同。左傳陽虎之畔，在定公八年，時公山不狃雖未著畔迹，而與季寤等共因陽虎，則季氏亦已料其畔矣。因於次年使人召孔子圖之，孔子未果往，而不狃盤踞於費，季氏無如之何也。十二年，孔子爲魯司寇，建墮費策，不狃將失所倚恃，遂顯與叔孫輒襲魯犯公。孔子親命申句須、樂頎伐之，公室以之平，季氏之召終亦以之應矣。如此説之，則左、史兩家所載得以相通，而於事理亦可信。論語召字上原無主名，舊解惟推測子路語，謂是公山氏名，實大誤也。揆子路語意，當介介於季氏之平素劣跡，而云何必因公山氏之之以從畔伐畔也。上之謂往，下之謂季氏所。書經屢寫，句内偶脱一字，乃致與左、史文若矛盾耳。先儒承舊解，謂此爲聖人體道之大權。夫權之爲喻，或輕或重，審物以濟變也。如論季氏之平素，召不當往，而不狃之罪更有重焉，則不妨于應季氏，此正所謂權矣。若併不狃之悖亂略不審擇，則枉道而已，烏得謂之權乎？黄氏後案：史記當以「畔季氏」爲句，先儒多以「季氏」連下讀，因謂此經云召亦屬季氏，否則兩處争召，論語、史記各記其一。此説失之也。弗擾召孔子者，時孔子未仕，故得相召，依左傳，事當在定公八年，史記以爲在九年，或失之也。據注言陽虎執桓子事在定公五年，若左傳定公十二年載弗擾襲魯事，在孔子仕魯之日，非此初畔而召之時。崔東壁合兩事爲一，遂疑聖經之僞，盲人耳。下經言末之也已，何必公山氏之之也，決非仕魯時之言。崔氏胡不重複經文哉？羣經補義：左傳定公八年，公山不狃不得志於季氏，因陽虎。是年十月，虎欲爲亂，不克而出，入于讙、陽關以叛。不言不狃以費叛，而蘇氏古史取論語事載之是年，蓋虎既據陽關以叛，不狃亦據費遥爲聲援，是亦叛也，故論語以叛書之。及明年，虎敗奔齊，不狃勢孤，遂不敢動。桓子新遭大變，亦畏縮而不敢討，自是復爲費宰者四年。至定十二年，季氏將墮費，不狃懼其及己，乃帥費人襲魯，不克，奔齊，於是始爲真叛矣。劉氏正義：左定五年傳：「季桓子行野，及費。子洩爲費宰，逆勞於郊，桓子敬之。九月乙亥，陽虎囚季桓子。」又八年傳：「季寤、公鉏極、公山不狃皆不得志於季氏，叔孫輒無寵於叔孫氏，叔仲志不得志於魯。故五人因陽虎欲去三桓，將享桓子於蒲圃而殺之。桓子以計入於孟氏。孟氏之宰公斂處父率兵敗陽虎。陽虎遂逃於讙陽關以叛，季寤亦逃而出。」竊意不狃斯時正爲費宰，而陰觀成敗於其際，故畔形未露。直至九年，始據邑以叛，然猶曰張公室也。久之而並與魯爲敵，故定十二年，「仲由爲季氏宰，將墮費，而不狃及叔孫輒率費人襲魯。夫子命申句須、樂頎伐之，而後北。國人追之，敗諸姑蔑，不狃及輒遂奔齊」。此則不狃畔魯之事，而非此之以費畔也。史記孔子世家載以費叛，召孔子，在定九年。可補左氏之遺。趙氏翼陔餘叢考信左傳而反議史記，並疑論語，則過矣。若毛氏奇齡稽求篇（按四書賸言：「公山弗擾以費畔，孔注：『共執桓子。』雖策書不載，然定五年陽虎囚桓子而逐仲梁懷，實弗擾使之。則以費宰而謀執君主即是畔。且適在夫子未仕之前，因注曰『執桓子而召孔子』，原可通也。劉氏當係誤記。」）據此注，謂陽虎囚季桓子，弗擾之畔即在其時，則爲定五年，與世家不合。且不狃初以仲梁懷不敬己而欲陽虎逐之，虎遂並囚桓子。桓子先亦甚敬不狃，斯時似尚無釁，其畔季氏乃八年以後事。左傳文甚明顯，不得牽混。

按：弗擾之召，崔氏、趙氏以爲必無之事。陳氏天祥以弗擾非即不狃。翟氏灝、黄氏式三以召屬季氏。三説互異，此等處止宜闕疑。

【集解】孔曰：「弗擾爲季氏宰，與陽虎共執季桓子而召孔子。之，適也。無可之則止耳，何必公山氏之適也。」

【集注】弗擾，季氏宰，與陽虎共執桓子，據邑以叛。末，無也。言道既不行，無所往矣，何必公山氏之往乎。

子曰：「夫召我者，而豈徒哉？如有用我者，吾其爲東周乎？」

【考異】皇本「用我」上有復字。史記世家：夫召我者，豈徒哉？如用我，其爲東周乎？

論衡「用我」上下亦無有字、者字。

【音讀】朱子讀余隱之尊孟辨曰：鄭叔友引孔子「吾其爲東周乎」，謂爲當作去聲讀。

【考證】説苑至公篇：孔子懷天覆之心，挾仁聖之德，憫時俗之汙泥，傷紀綱之廢壞，服重歷遠，周流應聘，乃俟幸施道以子百姓，而當世諸侯莫能任用。是以德積而不肆，大道屈而不伸，海内不蒙其化，羣生不被其恩，故喟然歎曰：「而有用我者，則吾其爲東周乎？」劉氏正義：「吾其爲」者，其與豈同，言不爲也。東周者，王城也。周自文王宅豐，武王宅鎬，及後伐紂有天下，遂都鎬，稱鎬京焉，天下謂之宗周。迨周公復營東都於郟鄏，是爲王城。幽王時，犬戎攻滅宗周，平王乃遷居東都，遂以東都爲東周，而稱鎬京爲西周也。公羊傳曰：「王城者何？西周也。成周者何？東周也。」成周者，亦周公所營，以處殷頑民，在王城之東。胡氏渭禹貢錐指謂「二城東西相去四十里」是也。王子朝之亂，敬王出居成周，當時遂以王城爲西周，成周爲東周。鄭云「據時當指成周。爲當訓助」，然考其時王室已定，不致有爲東周之疑也。

【集解】興周道於東方，故曰東周。

【唐以前古注】詩黍離正義引鄭注：東周，據時成周。皇疏：孔子荅子路所以欲往之意也。徒，空也。言夫欲召我者，豈容無事空然而召我乎，必有以也。若必不空然而用我時，則我當爲興周道也。魯在東，周在西，云東周者，欲於魯而興周道，故云吾其爲東周也。一云周室東遷洛邑，故曰東周。又引王弼云：言如能用我者，不擇地而興周室道也。筆解：韓曰：「仲尼畏三桓，不欲明言往公山氏，又不容順子路當季氏，故言吾爲東周。東周，平王東遷，能復修西周之政，志在周公典禮。不徒往也，非子路所測。」

【集注】豈徒哉，言必用我也。爲東周，言興周道於東方。程子曰：「聖人以天下無不可爲之事，亦無不可改過之人，故欲往。然而終不往者，知其必不能改故也。」

【別解】孫氏示兒編：吾其爲東周乎，乎，反辭也。言如有用我，則必興起西周之盛，而肯復爲東周之衰乎？　升菴全集：明道先生曰：「吾其爲東周乎，蓋孔子必行王道，東周衰亂，所不肯爲也，亦非革命之謂也。」伊川先生曰：「東周之亂，無君臣上下。孔子曰：『如有用我者，吾其爲東周乎？』言不爲東周也。」二程之言如此。或曰：傳者謂興周道于東方，是乎？曰：是未喻乎字之微旨也。其微旨若曰，如有用吾，其肯爲東周之微弱偏安而已乎？　翟氏考異：杜氏春秋序以或有黜周王魯之説，引「如有用我者，吾其爲東周乎」，以明其説之非，則東周斷非别周，鄭康成所謂成周是也。詩黍離正義引鄭論語注曰：「敬王去王城而遷於成周，自是以後，謂王城爲西周，成周爲東周。故昭二十二年，王子猛入于王城。公羊傳曰：『王城者何？西周也。』二十六年，天王入于成周。公羊傳曰：『成周者何？東周也。』孔子設言之時在敬王居成周後，故云爲東周乎。」爲字實當作去聲，讀如述而篇「爲衛君」之爲，猶言助也。夫子云豈徒哉，言不徒制弗擾，如有用我，則將助周室申明君臣上下大義，即季氏輩並正之矣。集解、集注皆云興周道於東方，意未嘗不含此，而欠昭明。後此小儒乃謂子欲因魯爲東周，或且謂因弗擾爲東周，殊乖謬甚。　論語古訓：鄭以東周爲成周者，詩正義云：「以敬王去王城而遷於成周，自是以後，謂王城爲西周，成周爲東周。故昭公二十二年，王子猛入於王城。公羊傳曰：『王城者何？西周也。』二十六年，天王入于成周。公羊傳曰：『成周者何？東周也。』孔子設言之時，在敬王居成周之後，且意取周公之教頑民，故知其爲東周，據時成周也。」蓋鄭此注極醇，正義申鄭亦善。獨怪其左傳序正義云：「如其能用我者，吾其爲東方之周乎，言將欲興周道于東方也。注論語者，其意多然，唯鄭君獨異，以東周爲成周，則非杜所用也。」是仍從何晏之説，與詩正義相違，夫何説乃公羊黜周王魯之謬論，曾謂聖人出此耶？

按：東周句指衰周，吾其爲東周乎，是言不爲衰周也。程子及張敬夫皆主是説，雖別解，實正解也。何解、集注均失之。

【餘論】四書辨疑：興周道於東方，夫子欲自興之邪？將欲輔人興之邪？輔人興之，將欲遷周王於東方輔之邪？將欲君弗擾於費邑輔之邪？是皆不可得知。語録曰：「使周家修其禮物，作賓於王家，豈不賢於赧王自獻其邑而滅亡乎？」史記孔子世家曰：「公山不狃以費畔季氏，使人召孔子。孔子循道彌久，温温無所試，莫能己用，曰：『蓋周文、武起豐、鎬而王，今費雖小，儻庶幾乎？』」語録是誘説周家，當如堯之禪舜。史記是窺伺時釁，欲據費邑代周。語録是輭取，史記是硬取，二説均爲無理，史記爲尤甚。聖人之心，寧有是哉？況欲倚叛人以興聖王之道，據一邑以圖天下之功，此又昏狂人所爲之事，今乃直以爲聖人之本圖，何其固執如是邪？聖人寃抑至此，莫有肯爲伸理者，悲夫！使異端中有能窺見此釁者，因而乘之，指聖人爲叛逆之人，則吾道受害蓋不淺也。纂疏又引語録答門人之説曰：「若謂弗擾既爲季氏臣，便不當叛季氏，所謂改過者，不過於臣順季氏而已。此只是常法，聖人須別有措置。」此蓋以季氏强僭於魯，謂弗擾叛之爲是也。以臣叛主，從而是之，不知何義。以當時普天下觀之，諸侯卿大夫之違禮犯義、强僭無上者，滔滔皆是也。爲其臣者，知有不可止，當退而不仕，必無據人之邑反叛之理。

若謂弗擾之反叛爲是，則其天下之臣於諸侯及爲卿大夫之家臣邑宰者，皆當各叛其主，家臣叛大夫，大夫叛諸侯，以亂敵亂，亂益滋多，天下國家寧有治邪？且前注言弗擾與陽虎共執桓子以叛，既於弗擾稱是，則陽虎亦無不是，而注文解陽貨欲見孔子，孔子不見，却也説陽貨爲亂，孔子不見，義也。二人同黨，志同事同，而有是非善惡之分，此何説也？注文又引程子一説曰：「聖人以天下無不可有爲之人，亦無不可改過之人，故欲往。然而終不往者，知其必不能改故也。」觀此所論，於本人反叛中，而更望其有爲，不知將爲甚事。前句欲弗擾有爲，後句欲弗擾改過，聖人之心，果何如也？況不可有爲之人，不可改過之人，聖人未嘗言無也。孟子言自棄者，不可與有爲也。此豈不是天下有不可有爲之人。夫子言下愚不移，此豈不是天下有不可改過之人。既言聖人以不可改過之人爲無，又言知弗擾必不能改，此却是以不可改過之人爲有。前既言無，後却言有，既欲其進而有爲，又欲其退而改過，反覆顛倒，殆不可曉。推夫子欲往之心，初亦只是見其來召有道之人，想是有改悔之意，欲往從而勸之，使之去逆從順，復歸於魯而已。其意不過如此，豈有與興周道之理。答子路之言，上下通看，文有宛轉。「夫」字「如有」二字二「者」字，皆是普該衆人之辭，非直指弗擾而言也。吾其爲東周乎，其猶豈也。夫子身在周東，故以東周爲諭。蓋言凡其召我者，豈虚召哉，必將聽信我言，用我之道耳。譬如今此東方諸國，有能信用我者，我必正其上下之分，使之西向宗周而已，我豈與之相黨，别更立一東周乎？只此便是欲勸弗擾歸魯之意，聖人之言辭不迫切如此。初將勸令改過遷善，以此欲往，仁之事也。

察知其心終不能改，以此不往，智之事也。若乘弗擾之叛，欲與共興周道於東方，則是無仁無智之舉，不可以此揆度聖人也。論語意原：公山弗擾執季桓子以叛，其私執之耶？抑爲魯執之耶？其召夫子也，欲挾之以爲亂耶？欲用之以尊魯耶？皆未可知也。召之欲往，不遽絶之也。欲往而不往，觀其所處也。黄氏後案：公山弗擾前止陽虎之逐仲梁懷，後斥叔孫輒之勸吴伐魯，事見左傳，則非決不能改過之人，注引程子説是也。且弗擾之畔季氏，以張公室爲名。其召夫子也，必以爲三桓歸政，己亦歸邑，以此來召，其詞爲順。當時陽虎作亂，三桓之子孫微，弗擾之叛，亦在虎奔失援之時。夫子望其各有悔過之機，而欲往，往而謀果行，一歸政，一歸邑，去大都耦國之强，挽政逮大夫之失，綱紀已肅，盛治可次第舉矣。夫子仕魯，以墮都出甲爲先，亦此道耳。惜乎此事在三桓固不易行，而弗擾亦究未能行，故卒不往也。於此不往，而後禍未絶，迨其仕魯，墮都出甲，爲之極難矣。左傳録墮都之事不得，以成卒未墮，疑都之不必墮也。此經記墮都之兆不得，以卒不赴召，疑欲往之無其事也。而崔氏考信録乃疑聖經爲僞焉，何邪？皇疏謂公山、弗肸之欲往，猶居九夷，乘桴浮海，汎示無係，觀門人之情。後儒因之以夫子並非欲往，興周匏繫，皆屬託辭，託辭於弟子不説之候，固未可據矣。然皇氏等未嘗以經爲僞也。朱子云：「此事思不得，或謂假其權以行己志，或謂迫於用世不得已之苦心，皆非聖人之意。」朱子於此闕疑矣，亦未嘗以經爲僞也。翟晴江以召爲季氏之召，遷就其説以求通，亦説經家之獻疑待質矣，要未嘗以經爲僞也。崔氏歷詆論語後十篇之失，於此經尤專輒呰議焉，意在考信，乃不信經之尤者耳。暴秦焚經之禍由於不信經，世有説經如崔氏者，可懼哉！

論語稽：古今注疏家，其説此章，皆泥於君臣之義而不得真解。不知孔子者，聖之時者也。其删書而上溯典謨，下述誥誓，則於揖讓征誅，固並重也。其去魯後欲見用於列國，因周遊陳、衞、宋、鄭間，則非若後世之以事一姓爲忠也。且南遊而至於楚，又不以僭王之故而返駕也。以庶人而自謂文王既没，文在兹也。非天子不議禮，非代周而王者，不能改周之制。而其告顔淵，則參用夏時、殷輅、周冕、韶舞也。然則彼陳、衞、宋、鄭與楚者，苟有湯、武之君出，畀孔子以伊尹、太公、周公之任，而謂孔子必以尊周爲事，是則勢理之所必不然者矣。且尼谿之田，書社之地，晏嬰、子西之沮之，實已見及於此。非然者，其或將爲殷之亳、周之豐、鎬，未可知也。孟子於孔子之時，第以仕止久速言，蒙竊以爲孔子時而修春秋，則義當尊王。時而對於君，則義當遵時王之制。而時而有王者起，則必爲伊尹、太公、周公。時而有土地人民，則必爲殷之湯、周之武。且時而有舜、禹其人，則又必爲放勳、重華。先聖後聖，其揆一也。

按：曹月川云：「陽虎與不狃，欲去三桓，一也。虎欲見，孔子不見；不狃召，欲往，其用心必有異乎？蓋弗擾名爲畔臣，勢不得來見，故欲見，而召不害爲嚮慕之誠。虎不來見，又瞰亡歸之豚，其意譎矣。且二人皆欲去三桓者，不狃意張公室，特不知非家臣宜舉耳；虎本不在公室，特欲假公室，制大夫爲利而已。觀異日吴欲伐魯，不狃止之，虎乃勸齊三加於魯，則可見夫子不見欲往，殆謂是歟？」其論頗有所見，附識於此。

○子張問仁於孔子。孔子曰："能行五者，於天下爲仁矣。""請問之。"曰："恭、寬、信、敏、惠。恭則不侮，寬則得衆，信則人任焉，敏則有功，惠則足以使人。"

【考異】七經考文：古本"曰"上有"對"字，一本"焉"作"矣"。　集注考證："孔"字衍，疑此等處鄭氏多依齊論。　翟氏考異：後篇言信則民任，此言人任，尚書康誥傳、周禮大司徒疏皆引"信則人任焉"，應屬於此。　論語述要：此章書法與前後文不類，夫子答語一似答問政，與平時答問仁亦不類，與向來答子張欲其鞭辟近裏著己者亦不類。　七經考文云："古本曰上有對字。"則又不知係答何人之問矣。　天文本論語校勘記：皇本"子"下無對字，古本、唐本、正平本有對字。

按：此章疑係齊論子張篇文，錯簡在此。其體裁與五美四惡相同，不應闌入此篇，疑莫能明也。

【考證】論語補疏：敏訓疾，孔所本也。僖四年"遂伐楚，次于陘"。公羊傳云："其言次于陘何？有俟也。孰俟？俟屈完也。"注云："生事有漸，故敏則有功。"疏云："敏，審也。言舉事敏審，則有成功矣。"是敏之義爲審。僖廿三年左傳"辟不敏也"，注云："敏猶審也。"三十三年左傳"禮成而加之以敏"，注云："敏審當於事。"亦以敏爲審。周禮地官師氏"二曰敏德"，注云："敏德，仁義順時者也。"當其可之謂時，順時則審當之謂也。中庸"人道敏政"，注云："敏，勉也。敏或爲謀。"訓勉則讀敏爲黽勉同心之黽，或爲謀，則審當之義矣。蓋善謀而審當，所以有功，若徒以疾速便捷爲敏，非其義矣。故公羊云有侯，而何氏以敏屬之，有侯則非疾速便捷矣。推之敏於事，謂審當於事也。好古敏以求之，謂審以求之也。聖人教人，固不專以疾速爲重耳。趙佑溫故録：惠，順也。此康誥「惠不惠」之惠。仁者待人，務順乎人情。凡有所使，皆量其長而不苛所短。子以佚而常禮其勞，是之謂惠。

按：説文：「敏，疾也。」孔注當爲正解，焦氏義止可備一説。

【集解】孔曰：「不侮，不見侮慢也。敏則有功，應事疾則多成功也。」

【唐以前古注】皇疏引江熙云：自敬者，人亦敬己也。有恩惠，則民忘勞也。

【集注】行是五者，則心存而理得矣。於天下言無適而不然，猶所謂雖之夷狄不可棄也。五者之目，蓋因子張所不足而言耳。任，倚仗也。又言其效如此。張敬夫曰：「能行此五者於天下，則其心公平而周偏可知矣。然恭其本與？」李氏曰：「此章與六言、六蔽、五美、四惡之類，皆與前後文體大不相似。」

【餘論】魯岡或問：孔子答子張能行五者於天下爲仁，非言君相之事與？曰九經所言，何一非君相事？身有顯晦，盡性之學無顯晦。五者一也，天下之人心一也，布衣君相有何分别？雖感應之遠近，視地與位之崇卑，而要之可近即可遠。感而不應者，行未實也。

○佛肸召，子欲往。

【考異】皇本作「佛肹」。漢書人表「茀肹」，師古注曰：「即佛肸也。」論衡問孔篇載佛肸章於公山章前。

【考證】新序：初，佛肸之畔也，有義士田卑者不避斧鉞而就烹，佛肸脱屨而生之。趙氏乃求田卑爲賞之，不受而之楚。趙氏收其母。其母曰：「君有暴臣，妾無暴子。」乃免之。以一言而免其身，亦賢母也。　說苑立節篇：佛肸用中牟之縣畔，設禄邑炊鼎，曰：「與我者受邑，不與我者其烹。」中牟之士皆與之，城北餘子田基獨後至，袪衣將入鼎，曰：「軒冕在前，非義弗乘。斧鉞於後，義死弗避。」佛肸播而止之。　翟氏考異：佛肸之畔，畔趙簡子也。簡子挾晉侯以攻范中行，佛肸爲范中行家邑宰，因簡子致伐，距之。于晉爲畔，于范中行猶爲義也。且聖人神能知幾，范中行滅，則三分晉地之勢成。三分晉地之勢成，則大夫自爲諸侯之禍起，其爲不善，較佛肸孰大小哉？子路見未及此，但知守其常訓。聖人雖有見焉，却難以前知之幾爲門弟子語也，故但以堅白恒理答之。　劉氏正義：史記孔子世家：「佛肸爲中牟宰。趙簡子攻范中行，伐中牟。佛肸畔，使人召孔子云云。」是中牟爲范中行邑，佛肸是范中行之臣。於時爲中牟宰，而趙簡子伐之，故佛肸即據中牟以畔也。左哀五年傳：「夏，趙鞅伐衛，范氏之故也。遂圍中牟。」此即簡子伐中牟之事。然則佛肸之召孔子，當在哀五年無疑矣。蓋聖人視斯人之徒莫非吾與，而思有以治之，故於公山、佛肸皆有欲往之意。且其時天下失政久矣，諸侯畔天子，大夫畔諸侯，少加長，下凌上，相沿成習，恬不爲怪。若必欲棄之而不與易，則滔滔皆是，天下安得復治？故曰：「天下有道，丘不與易也。」明以無道之故而始欲仕也。且以仲弓、子路、冉有皆仕季氏。夫季氏非所謂竊國者乎？而何以異於畔乎？子路身仕季氏，而不欲夫子赴公山、佛肸之召，其謹守師訓，則固以「親於其身爲不善，君子不入」二語而已，而豈知夫子用世之心與行道之義固均未爲失哉。

【集解】孔曰：「晉大夫趙簡子之邑宰。」

【集注】佛肸，晉大夫趙氏之中牟宰也。

子路曰：「昔者由也聞諸夫子曰：『親於其身爲不善者，君子不入也。』佛肸以中牟畔，子之往也，如之何？」

【考異】論衡「子路」下有「不説」二字。史記子路曰：「由聞諸夫子：『其身親爲不善者，君子不入也。』今佛肸親以中牟畔，子欲往，如之何？」

【考證】四書經注集證：史記正義：「蕩陰縣西有牟山，中牟蓋在其山之側。」（今河南彰德府湯陰縣即漢蕩陰，其西有牟山。）索隱：「趙中牟是河北之中牟，非鄭之中牟。」按今河南省開封府中牟縣，其境亦有牟山，所謂鄭之中牟者也。此章中牟斷在湯陰縣西爲是。蓋湯陰屬彰德府，已在大河之北。韓非子曰：「中牟，三國之股肱，邯鄲之肩髀。」蓋指在河北者言也。潘氏集箋：中牟之地見左傳、史記、漢志、水經，而無定在。經史問答謂中牟有二，其一爲晉之中牟，三卿未分晉時已屬趙。其一爲鄭之中牟，三卿既分晉後，鄭附於韓，當屬韓。臣瓚以爲屬魏者非也。左傳所云中牟，晉之中牟也，即史記趙氏所都也。漢志所云中牟，則鄭之中牟也，而班氏誤以趙都當之。故臣瓚詰其非，以爲趙都當在漯水之上，杜氏亦以滎陽之中牟回遠非趙都。其說本了然，道元强護班志，謂魏徙大梁，趙之南界至於浮水，無妨兼有鄭之中牟。不知終七國之世，趙地不至滎陽，而獻子定都時，魏人未徙大梁，則其說之妄，不待深究。且鄭之中牟並不與浮水接，其謬甚矣。惟是臣瓚以爲趙之中牟當在漯水之上，則孔穎達亦闕之，以爲不知何所案據。小司馬但言當在河北，而終不能明指其地。張守節則以湯陰之牟山當之。按左傳趙鞅伐衞，遂圍中牟。是正佛肸據邑以叛之時。則晉之中牟與衞接，其地當在夷儀、五鹿左右。顧祖禹曰：「湯陰縣西五十里有中牟城，所謂河北之中牟也。按湯陰縣有中牟山，三卿所居皆重地，韓氏之平陽，魏氏之安邑是也。趙氏之所重在晉陽，而都在中牟，則其險可知。不知何以自是而後，中牟之名絕不見於史傳。鄭之中牟至漢始得名，其前乎此絕不聞，班志不審而誤綴之，酈注亦强主之。僕校水經渠水篇，始略爲疏證而得之，論語別記亦以爲在河北，近之。又曰史記言孔子去衞過曹，是歲魯定公卒，孔子去曹適宋，又適鄭，遂至陳，居陳三歲而適衞。靈公老，怠於政，不用孔子。孔子行，而佛肸召孔子。下言荷蕢、師襄，又言孔子既不得用於衞，將西見趙簡子，至於河，聞竇鳴犢、舜華之死，乃還息乎陬鄉，作爲陬操以哀之，而反乎衞。靈公問陳，明日與孔子語，仰視蜚雁，色不在孔子，孔子遂行，復如陳。夏，衞靈卒。六月，趙鞅納太子蒯聵于戚。冬，蔡遷于州來，是歲魯哀公三年。孔子年六十，春秋哀公二年也。哀公五年傳云：「趙鞅伐衞，范氏之故也，遂圍中牟。」是中牟叛晉而從范氏矣。又定九年傳云：「晉車千乘在中牟。衛侯如五氏，過中牟。中牟人欲伐之，以褚師圃言而伐齊師。」是中牟爲晉邑又明矣。范中行之亂在定十三年，中牟之叛當在此後。至哀二年孔子在衛，與中牟相近，故有佛肸之召，以此益見中牟不當在漯水之北也。王瑬四書地理考：洪氏亮吉曰：「管子云：『築五鹿、中牟、鄴者，三城相接也。』五鹿，今直隸大名府元城縣。鄴，今河南彰德府安陽縣。是中牟在當時與五鹿、鄴相接矣。韓非子，晉平公問趙武曰：『中牟，三國之股肱，邯鄲之肩髀。』邯鄲即今直隸廣平府邯鄲縣。是中牟在當時又與邯鄲咫尺矣。臣瓚引汲郡古文云：『齊師伐趙東鄙，圍中牟。』趙時已都邯鄲。是中牟又在邯鄲之東矣。戰國策：『昔者趙氏襲衛，魏主身披甲底劍，挑趙索戰，邯鄲之中鶩，河、山之間亂。衛得是藉也，亦收餘甲而北面，殘剛平，墮中牟之郭。』是中牟又在衛之北境矣。太平寰宇記：『湯水在湯陰縣北，源出縣西牟山，去縣三十五里。』元豐九域志亦云：『湯陰縣有牟山。』戰國策舊注云：『中牟在相州湯陰縣。』史記『佛肸爲中牟宰』，索隱云：『此河北之中牟，蓋在漢陽西。』漢陽蓋濮陽之誤，今湯陰縣正在濮州西也。張守節史記正義亦云：『湯陰縣西五十八里有牟山。蓋中牟邑在此山側。』則中牟在湯陰無疑也。今湯陰去安陽不五十里，去邯鄲元城亦不出一二百里，益信管子、韓非子所云『相接』，云『肩髀』，無一字妄設也。春秋傳：『晉車千乘在中牟，中牟人欲伐之。』哀五年，趙鞅伐衛，圍中牟。』杜預以滎陽、中牟爲注，而疑其回遠。裴駰集解又以中牟非自衛適晉之次。不知春秋傳之中牟，即今湯陰中牟也。晉在衛之西北，今湯陰縣正在滑縣等西北，爲衛入晉必由之道。若河南之中牟，漢雖立爲縣，而其名實未嘗見於經傳。班固地理志于河南郡中牟縣注云：『趙獻侯自耿徙此。』則以鄭之中牟爲趙之中牟。雖偶有未檢，然殊非小失矣。左傳正義以爲中牟在河北，不復知其處，而又引臣瓚云：『中牟當在温水之上。』史記集解引瓚説，温水又作漯水，則又未知何據也。」瓚案定九年，衛侯將如五氏，過中牟。五氏在今邯鄲縣西南，蓋衛侯自今開州至邯鄲，而路由湯陰。是時中牟屬晉，至哀五年趙鞅伐衛，圍中牟，則中牟屬衛矣。豈因佛肸之叛，地入于衛與？若臣瓚之説，引作温水，或引作漯水，疑當爲湯水之譌也。案洪説甚核。全氏祖望經史問答、莊氏述祖別記略同。

【集解】孔曰：「不入，不入其國也。」

【唐以前古注】皇疏引江熙云：夫子豈實之公山、弗肸乎？故欲往之意耶？汎示無係，以觀門人之情，如欲居九夷，乘桴浮於海耳。子路見形而不及道，故聞乘桴而喜，聞之公山而不悦。升堂而入室，安知聖人之趣哉！

【集注】子路恐佛肸之浼夫子，故問此以止夫子之行。親，猶自也。不入，不入其黨也。

子曰：「然，有是言也。不曰堅乎，磨而不磷；不曰白乎，涅而不緇。

【考異】論衡作「子曰有是也」，無然字、言字。史記亦無然字。太平御覽述無也字。皇本「言也」下復有「曰」字，然後接「不曰堅乎」。筆解本「緇」作「淄」。新語道基篇、文選座右銘注俱引作「淄」。隸釋：州輔碑「湼而不緇」，湼即涅字，緇即緇字。費鳳碑「涅而不滓」，蓋用「涅而不緇」，其字有不同，若非假借，則是傳授異也。

【音讀】野客叢書：論語磷字作去聲，緇字作平聲；古人亦以磷作平聲，而緇作去聲，可通讀。　傳咸論語詩「磨而不磷」，與臣、身字並叶，讀磷平聲。　金史禮志宣聖廟奠帛辭「磨而不磷」，與舜、仞、振並叶，讀磷去聲。

【考證】漢州輔碑「摩而不粼」，隸辨曰：「摩與磨，粼與磷，古蓋通用。」　論語後録：依字「磨」應作「礳」，省字也。「磷」應作「粼」，別字也。　潘氏集箋：説文無磷字。説文：「粼，水生厓石間粼粼也。」詩唐風「白石粼粼」，傳：「粼粼，清澈也。」釋文云：「本又作磷。」考工記輪人「輪雖敝，不甐於鑿」，注：「鄭司農云：『謂不動於鑿中也。』玄謂甐亦敝也。以輪之厚，石雖齧之，不能敝其鑿旁使之動。」鮑人「察其線而藏，則雖敝不甐」，注：「甐，故書或作鄰。鄭司農云：『鄰讀磨而不磷之磷，謂韋帶縫縷没藏於韋帶中，則雖敝縷不傷也。』」甐與磷通，則不磷者，不動不敝不傷也。　史記屈賈傳「皭然泥而不滓者也」，後漢書隗囂傳「賢者泥而不滓」，隸釋費鳳別碑「清潔皦爾，涅而不滓」，綏民校尉熊君碑「泥而不滓」，皆即此「涅而不緇」之異文。羣經義證云：方言：「涅，休也。」涅既訓水，取音近爲義，則涅泥相同。釋名：「緇，滓也。泥之黑者曰滓，此色然也。」是緇與滓訓亦得通。　史記世家、論衡問孔篇、新語道基篇引「緇」並作「淄」，州輔碑作「涅而不繙」，當是隸別。　説文：「涅，黑土在水中者也。」段注：「水部曰：『澱者，滓垽也。滓者，澱也。』土部曰：『垽者，澱也。』黑部曰：『黰謂之垽。垽，滓也。』皆與義近。」　論語補疏云：黑土在水中，即汙泥爾，故廣雅釋訓涅爲泥。顧泥非染物者，淮南子齊俗訓：「素之質白，染之以涅則黑。」俶真訓云：「今以涅染緇，則黑於涅。」高誘注：「涅，礬石也。」西山經：「女牀之山，其陰多石涅。」郭注：「即礬石也。楚人名爲涅石，秦人名爲羽涅也。」本草經亦名涅石，神農本草經：「礬，一名羽䃺。」䃺即涅也，蓋今之皁礬。

按：據此，則泥、湼、休皆與涅通，滓、淄、涅皆與緇通。

【集解】孔曰：「磷，薄也。涅，可以染皁者，言至堅者磨之而不薄，至白者染之於涅而不黑，喻君子雖在濁亂，濁亂不能污。」

【唐以前古注】筆解：韓曰：「此段與公山氏義同，有以知仲尼意在東周，雖佛肸小邑亦往矣。」李曰：「此自衛返魯時所言也，意欲伐三桓，子路未曉耳。」

【集注】磷，薄也。涅，染皁物。言人之不善不能浼己。楊氏曰：「磨不磷，涅不緇，而後無可無不可。堅白不足而欲自試於磨涅，其不磷緇也者幾希。」

吾豈匏瓜也哉？焉能繫而不食？」

【考異】史記「吾」作「我」。論衡「不食」下有「也」字。太平御覽菜茹部「瓠」下述論語：吾豈瓠瓜也哉？事文類聚後集述亦作「瓠瓜」。集注考證：此二句蓋當時方言俗語，夫子引之。

【集解】匏，瓠也。言瓠瓜得繫一處者，不食故也。吾自食物，當東西南北，不得如不食之物繫滯一處。

【唐以前古注】文選登樓賦注引鄭注：我非匏瓜，焉能繫而不食者，冀往仕而得禄也。皇疏：孔子亦爲説我所以一應召之意也，言人非匏瓜，匏瓜係滯一處，不須飲食而自然生長，乃得不用何通乎。而我是須食之人，自應東西求覓，豈得如匏瓜係而不食耶？一通云：匏瓜，星名也。言人有才智，宜佐時理務，爲人所用，豈得如匏瓜係天而不可食耶？又引王弼云：孔子，機發後應，事形乃視，擇地以處身，資教以全度者也，故不入亂人之邦。聖人通遠慮微，應變神化，濁亂不能污其潔，凶惡不能害其性，所以避難不藏身，絶物不以形也。有是言者，言各有所施也。苟不得繫而不食，舍此適彼，相去何若也？

【集注】匏，瓠也。匏瓜繫於一處而不能飲食，人則不如是也。張敬夫曰：「子路昔者之所聞，君子守身之常法。夫子今日之所言，聖人體道之大權也。然夫子於公山、佛肸之召皆欲往者，以天下無不可變之人，無不可爲之事也。其卒不往者，知其人之終不可變，而事之終不可爲耳。一則生物之仁，一則知人之智也。」

【别解一】焦氏筆乘：若抱堅白之空名，而一無禆補，即是匏瓜之繫而不食者。匏瓜星名，繫即日月星辰之繫。匏瓜本可食，此則有其名而不食，猶詩「維南有箕，不可以播揚；維北有斗，不可以挹酒漿」者也。黄震日鈔：臨川應抑之天文圖有匏瓜之名，徒繫於天而不可食，正與「維南有箕，不可簸揚。維北有斗，不可挹酒漿」同義。菣厓考古録：天官星占曰：「匏瓜一名天雞，在河鼓東。」曹植洛神賦：「歎匏瓜之無匹兮，詠牽牛之獨處。」阮瑀止慾賦：「傷匏瓜之無偶，悲織女之獨勤。」古稱匏瓜，無不以爲星者。且繫而不食，正是「日月星辰繫焉」之繫。

按：此説皇疏已有之，亦古義也。

【别解二】饒魯雙峰講義：植物之不可飲食不特匏瓜，不食疑只是不爲人所食，如碩果不食，井渫不食之類。蓋匏瓜之苦者人不食，但當蓄之爲壺，如「匏有苦葉，濟有深涉」，説謂但可爲壺以涉水者也。又如「有敦瓜苦，蒸在栗薪」，即是匏瓜繫於栗薪之上。繫而不食，譬如人之空老而不爲世用者也。聖人道濟天下，其心豈欲如是哉？升菴全集：吾豈匏瓜也哉，匏苦而人不食之，非謂不能飲食也。左傳曰：「苦匏不才，於人共濟而已。」正與孔子之言及詩匏有苦葉相合。

論語稽求篇：何注：「匏瓜得繫一處者，不食故也。我是食物，不得如不食之物繫滯一處。」其云不食，言不可食，非不能食也。云我是食物者，言我是可食之物，非謂能食之物也。能食之物不得稱食物，天下無植物而能飲能食者。匏即瓠也，然而瓠甘而匏苦。埤雅云：「匏苦瓠甘。」甘可食，苦不可食。故匏之爲物，但可繫之以渡水，而不足食者。國語叔向曰：「苦匏不材，于人供濟而已。」而衞詩「匏有苦葉，濟有深涉」，則並以匏小不能供濟爲言。蓋植物以可食爲有用，俗譏無用往往以匏瓜目之，爲不可食也。故韋昭注亦云：「不材，不可食也。」或曰匏瓜多懸繫而生，故王粲登樓賦有云：「懼匏瓜之空懸，畏井渫之不食。」其所云空懸，不必定繫以渡水，然其解不可食則總是一意。

論語删正：注以匏瓜爲瓠，非也。詩「匏有苦葉」，山陰陸氏謂長而瘦上曰瓠，短頸大腹曰匏。匏苦瓠甘，繫而不食，以苦故耳。嚴粲釋詩，謂匏經霜落，取繫之腰以渡水。蓋匏瓜無用之物，但可繫之腰以渡水而不可食。國語叔向曰：「苦匏不材，於人共濟而已。」其理甚明。若如集注，豈有植物而責其能飲食哉？秋槎雜記：苦匏但繫以渡水，夫子言己將爲世用，非若匏瓜但繫以渡水而不能爲人食。

【餘論】論語集注考證：以末二句語意推之，則夫子從佛肸之召，而其操縱久速之機則在我。蓋春秋之初，諸侯專恣，習以爲常；春秋之末，大夫專制，又習以爲常，故當時以二子欲張公室爲大辠。夫聖人在上，則可以治諸侯大夫；聖人在下，非有所假，則何自而爲之哉？此公山、佛肸之畔大夫，夫子所以不絶之也。其可與有爲，則聖人自是爲之必自有道。使其不可與有爲，則聖人行止久速其權在我，彼何足以浼之？又豈足以拘之哉？凡此皆聖人可爲之微機在不言之表者。四書翼注：弗擾、佛肸之召，豈特孔子不往，凡人皆不往也。魯論兩載子欲往者，特無拒絶之詞也。何以無拒絶之詞？一以存魯，一以存晉也。魯昭公逐季孫意如，不克，自出奔，終身不復。又廢其二子公衍、公爲而立公子宋，此人倫之大變。陽虎與公山弗擾欲畔之殺之以張公室，意雖未必良，事則大快人心。今必嚴詞厲色以斥之，是卿大夫可以脅君廢君，適以張季氏之氣，助之陵公室也。故不爲拒絶之詞，使知無禮於君，人皆可以爲鷹鸇逐鳥雀，庶彼有所顧忌，即所以存魯也。晉趙鞅自定公十四年與范中行氏構兵，春秋載趙鞅入于晉陽以畔。至哀公五年左傳，載晉鞅伐范氏，圍中牟，想佛肸必以中牟畔助范氏，故圍之耳。以世卿稱兵於國，五六年而不已，強橫極矣。趙若不敗，勢必伐晉。晉主夏盟，以尊周爲職業，晉滅則周亦從之。佛肸之召，夫子不斥其非，儆趙鞅也。夫子意至深遠，並非欲往。子路但見一面，東周之與，匏瓜之繫，皆託言也，必一一爲之詞，則贅矣。四書辨疑：注文正説處止是「人則不如是也」之一語，於匏瓜之諭，略無發明，與上文「磨而不磷，涅而不淄」不可通。説繫而不食者，言其爲無知之物也。夫子蓋謂我之所往自有當往之理，我豈受其磨涅與之同惡，如匏瓜之不動不食，蠢然不知去就哉。

【發明】反身録：聖人道德高厚，過化存神，無所往而不可，何磷何緇？若德非聖人，不擇而往，未有不磷不緇者。楊龜山出應蔡京之薦，朱子謂其做人苟且。吴康齋持守謹嚴，世味一毫不染，石亨慕而薦之朝，遣行人聘入京師。知石氏非端人，惡入其黨，辭官歸里。士大夫有候之者，問：「先生何爲不致君而還？」則摇手曰：「我欲保全性命而已。」未幾亨等被誅，凡交與者悉被重譴，獨先生皭然不滓，故君子出處不可以不慎。

論語集釋卷三十五

陽貨下

○子曰：「由也！女聞六言六蔽矣乎？」對曰：「未也。」曰：「居！吾語女。

【考異】皇本「由」下無「也」字，「女」作「汝」，下倣此。「居」上有「曰」字。

按：下「曰」字皇本有，邢本無。

【集解】六言六蔽者，謂下六事仁、智、信、直、勇、剛也。孔曰：「子路起對，故使還坐。」

【唐以前古注】皇本引王弼云：不自見其過也。

【集注】蔽，遮掩也。禮，君子問更端，則起而對，故孔子諭子路，使還坐而告之。

【餘論】黄氏後案：居訓坐者，見詩「不遑啓居」傳。先儒謂古人以雙膝著席而伸其股爲跪，跪有危義，啓有起義，二義相足。以雙膝著席而反蹠以尻著之爲坐，坐則安也。爾雅以妥爲安坐，而疏以爲安定之坐，以居爲坐義同。式三謂古居處字作「凥」，居，説文以爲蹲踞字。以蹠著尻爲居，亦蹲踞之引申。

好仁不好學，其蔽也愚。好知不好學，其蔽也蕩。好信不好學，其蔽也賊。好直不好學，其蔽也絞。好勇不好學，其蔽也亂。好剛不好學，其蔽也狂。」

【考異】荀悦前漢高后紀扁鵲引孔子曰：好智不好學，其弊也蕩。

【考證】論語竢質：蕩，讀當爲愓。説文解字曰：「愓，放也。從心，昜聲。」下文「今之狂也蕩」同此。

管同四書紀聞：大人之所以言不必信者，惟其爲學而知義所在也。苟好信不好學，則惟知重然諾，而不明事理之是非。謹厚者則硜硜爲小人，苟又挾以剛勇之氣，必如周、漢刺客游俠，輕身殉人，扞文網而犯公義。自聖賢觀之，非賊而何哉？

孟子字義疏證：人之血氣心知本乎陰陽五行者，性也。如血氣資飲食以養，其化也即爲我之血氣，非復所飲食之物矣。心知之資於問學，其自得之也亦然。以血氣言，昔者弱而今者强，是血氣之得其養也。以心知言，昔者狹小而今者廣大，昔者闇昧而今者明察，是心知之得其養也。故曰雖愚必明。

【集解】孔曰：仁者愛物，不知所以裁之則愚也。蕩，無所適守也。賊，父子不知相爲隱之輩也。狂，妄抵觸人也。

【唐以前古注】皇疏引江熙云：好仁者，謂聞其風而悦之者也。不學不能深原乎其道，知其一而未識其二，所以蔽也。自非聖人，必有所偏，偏才雖美，必有所蔽。學者假教以節其性，觀教知變，則見所過也。尾生與女子期，死於梁下；宋襄與楚人期，傷泓不度，信之害也。

筆解：韓曰：「此三言是泛學五常之有蔽也，不言禮與義，略也。絞，確也，堅確之義。此三者，指子路辭也。由之爲人直勇剛，故以絞亂狂戒之耳。」

【集注】六言皆美德，然徒好之而不學以明其理，則各有所蔽。愚若可陷可罔之類。蕩，謂窮高極廣而無所止。賊，謂傷害於物。勇者剛之發，剛者勇之體。狂，躁率也。

【餘論】黄氏後案：漢書匡衡傳曰：「治性之道，必審己之所有餘，而强其所不足。」其知此者也。後儒以明心見性爲宗恉，而無學以擴充之，節制之，則六蔽因之以起。自是之過，道所以不明不行焉爾。

【發明】反身録：仁知信直勇剛六者莫非懿德，惟不好學，諸病隨生，好處反成不好，甚矣人不可以不學也。好仁知信直勇剛而不濟之以學固易蔽，然天良未鑿，猶有此好，今則求其能好而易蔽者亦不可得。蓋能有此好，即臨境易蔽，而本原不差，亦是易蔽之好人，好學可以救藥。若無此好，藥將何施？

○子曰：「小子何莫學夫詩？詩可以興，可以觀，可以羣，可以怨。邇之事父，遠之事君；多識於鳥獸草木之名。」

【考異】大戴禮小辨篇「足以辨言」，注引孔子曰：「詩可以言，可以怨。」太平御覽學部述作「近之事父」。論語竢質：鄭公注禮，輒云：「志，古文識。」然則志古字，識今字，異文同字也。

【考證】論語補疏：詩之教温柔敦厚，學之則輕薄嫉忌之習消，故可以羣居相切磋。邢疏引詩「如切如磋」，非其義。劉氏正義：焦氏循毛詩補疏序：「夫詩，温柔敦厚者也。不質直言之而比興言之，不言理而言情，不務勝人而務感人。自理道之説起，人各挾其是非以逞其血氣。激濁揚清，本非謬戾，而言不本於情性，則聽者厭倦，至於傾軋之不已，而忿毒之相尋。以同爲黨，即以比爲争，甚而假宫闈廟祀儲貳之名，動輒千百人哭於朝門，自鳴忠孝，以激其君之怨，害及其身，禍於其國，全失乎所以事君父之道。余讀明史，每歎詩教之亡，莫此爲甚。」案焦説甚通。周官：「太師教六詩：曰風，曰賦，曰比，曰興，曰雅，曰頌。」注：「賦之言鋪，直鋪陳今之政教善惡。比，見今之失，不敢斥言，取比類以言之。興，見今之美，嫌於媚諛，取善事以喻勸之。鄭司農云：『比者，比方於物也。興者，託事於物。』」案先鄭解比興就物言，後鄭就事言，互相足也。賦比之義皆包於興，故夫子止言興。毛詩傳言興百十有六而不及賦比，亦此意也。

【集解】包曰：「小子，門人也。」孔曰：「興，引譬連類。」鄭曰：「觀風俗之盛衰。」孔曰：「羣居相切磋。怨，刺上政。邇，近也。」

【唐以前古注】詩擊鼓正義引鄭注：怨，謂刺上政。皇疏引江熙云：言事父與事君以有其道也。

【集注】小子，弟子也。感發志意，考見得失，和而不流，怨而不怒，人倫之道，詩無不備。二者舉重而言，其緒餘又足以資多識。

【餘論】困學紀聞：格物之學，莫近於詩。關關之雎摯有别也，呦呦之鹿食相呼也，德如鳲鳩，言均一也。德如羔羊，取純潔也。仁如騶虞，不嗜殺也。鴛鴦在梁，得所止也。桑扈啄粟，失其性也。倉庚，陽之候也。鳴鵙，陰之兆也。蒹葭，露霜變也。桃蟲，拚飛化也。鶴鳴於九皋，聲聞於野，誠不可揜也。鳶飛戾天，魚躍于淵，道無不在也。南有喬木，正女之操也。隰有荷華，君子之德也。匪鱣匪鮪，避危難也。匪兕匪虎，慨勞役也。蓼莪常棣，知孝友也。蘩蘋行葦，見忠信也。葛屨褊而羔裘怠也，蟋蟀儉而蜉蝣奢也。爰有樹檀，其下維穀，美必有惡也。周原膴膴，堇荼如飴，惡可爲美也。黍以爲稷，心眩於視也。蠅以爲雞，心惑於聽也。緑竹猗猗，文章奢也。皎皎白駒，賢人隱也。贈以芍藥，貽我握椒，芳馨之辱也。焉得諼草，言采其蝱，憂思之深也。柞棫斯拔，侯薪侯蒸，盛衰之象也。鳳凰于飛，雉離于羅，治亂之符也。相鼠碩鼠，疾惡也。采葛采苓，傷讒也。引而伸之，觸類而長之，有多識之益也。

○子謂伯魚曰：「女爲周南、召南矣乎？人而不爲周南、召南，其猶正牆面而立也與？」

【考異】皇本「召」作「邵」。翟氏考異：韓詩邵伯所拔，邵字从邑。列子楊朱篇稱邵公，史記白起傳稱周、邵、吕望，「邵南」字必有師承。

按：此章注疏本與上章合爲一章，惟皇本分爲二章，集注因之，兹從集注。

【考證】陳奂毛詩疏：南，南國也，在江、漢之域。周，雍州地名，在岐山之陽。譙周、司馬貞説。本太王所居，扶風雍東北故周城是也。周公食采于周，故曰周公。當武王、成王之世，周公在王朝爲陝東之伯，率東方諸侯。攝政五年，營治東都王城。六年，制禮作樂。遂以文王受命以後與己陝内所采之詩，編諸樂章，屬歌於大師，名之曰周南焉。釋文：「召，地名，在岐山之陽。扶風雍縣南有召亭。」水經渭水注：「雍水東逕召亭南故召公之采邑。京相璠曰：亭在周城南五里。」奐案：「周武王封召公于北燕，在成王時爲三公。北燕國，今京師順天府治。召公未就國，居王朝爲西伯，自陝以西主之。周公定樂，遂以分陝所典治之國，名之曰召南焉。」潘氏集箋：商丘宋犖四書釋地序曰：「逸周書南，國名。南氏有二臣，力鈞勢敵，用分爲二南之國。韓嬰詩序云：其地在南郡、南陽之間。」釋地又續本程大昌説云：「南，樂名。詩所謂以雅以南，非南國諸侯之謂。」論語偶記曰：「詩譜：『紂命文王典治南國江、漢、汝旁之諸侯。』則南是南方一方，何止二國？似宋氏信逸周書爲短，閻氏不釋爲國爲長。又詩周南有江廣汝墳，召南有江汜、江沱，若非典治南國，何以詩咏及此？左傳云：『江、漢、淮、漳，楚之望也。』又曰：『漢陽諸姬，楚實盡之。』又曰：『楚文王所以封汝也。』明南國地在荊楚，爲國亦多。韓嬰云在南郡、南陽之間，加間字最爲賅括。漢地理志南陽、南郡並屬荊州。又揚子方言：『衆信曰諒，周南、召南、衛之語也。』是別二南爲國。以此而言，實宋氏舉韓詩序説爲長，閻氏謂非南國諸侯爲短。」

劉氏正義：二南之詩，用於鄉人，用於邦國。當時鄉樂未廢，故夫子令伯魚習之。依其義説以循行之，故稱爲也。竊又意二南皆言夫婦之道，爲王化之始。故君子反身必先修諸己，而後可刑于寡妻，至于兄弟，以御于家邦。漢書匡衡傳謂「室家之道修，則天下之理得」，即此義也。時或伯魚授室，故夫子特舉二南以訓之與？論語述要：此章即夫子告伯魚善處夫婦之意。

周南十一篇，言夫婦男女者九；召南十五篇，言夫婦男女者十一，皆無淫蕩狎褻之私，而有肅穆莊敬之德；無乖離傷義之苦，而有敦篤深摯之情，夫婦道德之盛極矣。匡氏衡曰：「夫婦者，人倫之始，萬福之原。」中庸亦曰：「君子之道，造端乎夫婦。」此處一失其道，即無以爲推行一切之本。子所以又曰：「不爲周南、召南，猶正牆面而立。」伯魚出妻，意當日夫婦之間必有苦痛不可言者，子特指二南爲訓，其有意乎？

按：鄭説於義爲長，惜無確證，姑備一説而已。

【集解】馬曰：「周南、召南，國風之始。樂得淑女以配君子，三綱之首，王教之端，故人而不爲，如向牆而立。」

【唐以前古注】皇疏：孔子見伯魚而謂之曰：汝已曾學周、邵二南之詩乎？然此問即是伯魚趨過庭，孔子問之學詩乎時也。先問之，而更爲説周、邵二南所以宜學之意也。牆面，面向牆也，言周、邵二南既多所合載，讀之則多識草木鳥獸及可事君親，故若不學詩者，則如人面正向牆而倚立，終無所瞻見也。然此説亦是伯魚過庭時對曰未學詩，而孔子曰「不學詩，無以言」也。筆解：韓曰：「吾觀周南，蓋文、武已没，成王當國之時也。旦、奭分陜，故别爲二南，戒伯魚當知此耳。」李曰：「子夏云王者之風繫周公，諸侯之風繫召公。由是知仲尼删詩首周南者，本周公也。列國之風首衞詩者，次以康叔也。周公見興周之迹，康叔見革商之俗。不知此義者，面牆立也宜乎。」

【集注】爲，猶學也。周南、召南，詩首篇名，所言皆修身齊家之事。正牆面而立，言即其至近之地，而一物無所見，一步不可行。

【餘論】讀書臆：二南之解，始悮於序之分繫二公，而鄭、孔附會而成之。不知召南可以繫召公，周南必不可以繫周公，何也？召南，南國之詩也。召公宣化於諸侯，日辟國百里，繫之召公，以王臣冠於諸侯之上可也。周南自關雎至螽斯五篇皆后妃之詩也，夫在從夫，夫死從子，文王在上，不繫之文王，而以繫之支子之周公；且其言曰王者之風，故繫之周公，是直以文王而下繫之周公也，奚可哉？從二公之説者，徒以周公左，召公右，與召並列，必周公耳。周、召分陝，在周有天下之後，鄭以文王作豐，乃分岐邦周、召之地爲二公食采，異日分陝或昉於此。然吾以周南之爲周邦而非周公，則斷斷如也。朱子，力攻小序者，獨於斯言曰得之，則猶未免習於成説之悮。然集傳自云：「其得之國中者，雜以南國之詩，而謂之周南，言自天子之國而被於諸侯，不但國中而已也。其得之南國者，則直謂之召南，言自方伯之國被於南方，而不敢以繫於天子也。」以召南繫之召公，而不以周南繫之周公，則固知其有不嫌於序矣。然則召與文王可並列與？曰可。善乎程子之言也，周南、召南如乾坤，乾統坤，坤承乾。周、召地方百里，皆謂之周，召即周之别號。周統召，召承周。乾，周南，君道也；坤，召南，臣道也，君臣對待，何不可也？二南不及周公，在内故壓於所尊也。然均是南也，何以或繫周，或繫召？曰先儒李氏樗言之矣，分陝以東，如江、漢、汝、濆即陝之東也；分陝以西，如江、沱即陝之西也。周、召在天下之西，而周在召東，召又在周西，則如荆之江、漢，豫之汝、潰，又在周之東者，皆繫之周南矣。如梁之江、沱，又在召之西者，皆繫之召南矣。周南所被者小，召南所被者狹。李氏特以分陜之説證周東召西，固未言周公主之、召公主之也。凡吾之所斷斷於周、召之辨者，小序「繫之周公」之一言也。若謹易其一字，曰：關雎、麟趾之化，王者之風，故繫之周南，南言化自北而南也。鵲巢、騶虞之德，諸侯之風也，先王之所以教，故繫之召南。如此則義較然，而後儒紛紛之論亦可截斷矣。

論語識遺（四書拾遺引）：逸周書云：南氏有二臣，功鈞勢敵，分爲二南之國。」韓詩外傳云：「其地在南郡、南陽之間。」據此，則南本國名，厥後南氏廢，二公化行其間，遂爲周南、召南也。水經注亦引之。路史云：「南仲是其後也。」四書賸言：爲字與孟子「高叟之爲詩」俱作説詩解。漢書劉歆傳「或爲雅，或爲頌」，注：「爲，説也。」與此同。

○子曰：「禮云禮云，玉帛云乎哉？樂云樂云，鐘鼓云乎哉？」

【考異】春秋繁露玉杯篇引文，鼓字从皮。

【考證】荀子大略篇：聘禮志曰：「幣厚則傷德，財侈則殄禮。」禮云禮云，玉帛云乎哉？漢書禮樂志：樂以治内而爲同，禮以修外而爲異。同則和親，異則畏敬。畏敬之意難見，則著之於享獻辭受登降跪拜。和親之説難形，則發之於詩歌詠言鐘石筦弦。蓋嘉其敬意而不及其財賄，美其歡心而不流其聲音。故孔子曰：「禮云禮云，玉帛云乎哉？樂云樂云，鐘鼓云乎哉？」此禮樂之本也。禮記仲尼燕居篇：師，爾以爲必舖几筵，升降酌獻酬酢，然後謂之禮乎？

爾以爲必行綴兆，興羽籥，作鐘鼓，然後謂之樂乎？言而履之，禮也。行而樂之，樂也。衞氏集説引臨卭宋氏曰：「禮云」云云，與此經相爲表裏。蓋莫難於言而履之，行而樂之，謂其取成於我也。莫易於玉帛鐘鼓，謂其取成於物也。

【集解】鄭曰：「玉，璋珪之屬。帛，束帛之屬。言禮非但崇此玉帛而已，所貴者，乃貴其安上治民。」馬曰：「樂之所貴者，移風易俗也。非謂鐘鼓而已。」

【唐以前古注】御覽五百六十四引鄭注：言樂不但崇此鐘鼓而已，所貴者移風易俗也。皇疏引王弼云：禮以敬爲主，玉帛者，敬之用飾也。樂主於和，鐘鼓者，樂之器也。于時所謂禮樂者，厚贄幣而所簡於敬，盛鐘鼓而不合雅、頌，故正言其義也。又引繆播云：玉帛禮之用，非禮之本。鐘鼓者樂之器，非樂之主。假玉帛以達禮，禮達則玉帛可忘；借鐘鼓以顯樂，樂顯則鐘鼓可遺。以禮假玉帛於求禮，非深乎禮者也；以樂託鐘鼓於求樂，非通乎樂者也。苟能禮正，則無恃於玉帛，而上安民治矣；苟能暢和，則無借於鐘鼓，而移風易俗也。筆解：韓曰：「此連上文，訓伯魚之詞也。馬、鄭但言禮樂，大略其精微。」李曰：「慮伯魚但習二南，多知蟲魚鳥獸而已，不達旦、奭分治邦家之本也；但習玉帛鐘鼓而已，不達雅、頌形容君臣之美也。有以知詩者禮樂之文，玉帛鐘鼓禮樂之器，兼通即得禮樂之道。」

【集注】敬而將之以玉帛則爲禮，和而發之以鐘鼓則爲樂，遺其本而專事其末，則豈禮樂之謂哉？

○子曰：「色厲而内荏，譬諸小人，其猶穿窬之盜也與？」

【考異】舊文「窬」爲「踰」。釋文曰：「踰，本又作窬。」後漢書陳忠傳注引作「穿窬之盜乎」。

【考證】劉氏正義：説苑修文篇：「顓孫子莫曰：『去爾外厲。』曾子曰：『外厲者必内折。』」内折與内荏同義。釋文：「穿踰，本又作『窬』。」此誤依孔義改經文作「踰」，陸所見本已然也。先伯父五河君經義説略：「儒行『蓽門圭窬』，鄭注：『圭窬，門旁窬也。穿牆爲之。』釋文：『圭窬，説文云：穿木戶也。郭璞三蒼解詁云：門旁小窬也。』此則鄭本作『窬』，陸本作『窬』。玉篇引禮記及左傳並作『圭窬』，今左傳亦作『圭竇』，是知窬與竇通。説文：『竇，空也。』『窬』下曰：『一曰空中也。』窬是穿木戶，亦取空中之義。故凡物之取於空中者皆得爲窬。淮南氾論訓『古者爲窬木方版以爲舟航』，高誘曰『窬，空也』是也。窬與窬同。孟康漢書注曰：『東南謂鑿木空中如曹曰窬』是也。此穿窬猶言穿戶，與踰牆之踰不同。孟子『穿窬』亦此解。」謹案臧氏庸拜經日記略同。

黄氏後案：劉孔才人物志曰：「處虚義則色厲，顧利慾則内荏，厲而不剛者，私慾奪之也。」經之正義如此。説文荏訓桂荏，栠訓弱皃，是荏爲栠之借也。窬與「蓽門圭窬」之窬同。穿窬，穿其窬也，謂穿竇而入竊。

【集解】孔曰：「荏，柔也。謂外自矜厲而内柔佞。爲人如此，猶小人之有盜心也。穿，穿壁。窬，窬牆。」

【唐以前古注】皇疏：言其譬如小人爲偷盜之時也。小人爲盜，或穿人屋壁，或踰人垣牆，當此之時，外形恒欲進爲取物，而心恒畏人，常懷退走之路，是形進心退，内外相乖，如色外矜正而心内柔佞者也。又引江熙云：田文之客能爲狗盜，穿壁如踰而入，盜之密也；外爲矜厲，而實柔，佞之密也。峻其牆宇，謂之免盜，而狗盜者往焉。高其抗厲，謂之免佞，而色厲者入焉。古聖難於荏人，今夫子又苦爲之喻，明免者鮮矣。傳云「蓽門珪窬」，窬，竇也。筆解：韓曰：「外柔而内厲，則尚書所謂『柔而立』也。若外厲而内柔，則是穿窬盜賊爾。」

【集注】厲，威嚴也。荏，柔弱也。小人，細民也。穿，穿壁。窬，窬牆。言其無實盜名，而常畏人知也。

【餘論】四書辨疑：解小人爲細民，其意以爲色厲内荏穿窬之盜已是邪惡小人，中間不可再言小人，以此爲疑，故改小人爲細民也。蓋不察小人爲作，非止一端，或諂或讒，或姦或盜，或顯爲强暴，或暗作私邪，或心狠而外柔，或色厲而内荏，推而辨之，何所不有？譬諸小人者，言於衆小人中譬之也。荏，柔媚也。諸，之也。以色厲内荏之人，譬之於諸般小人，惟其爲穿窬之盜者可以爲比也。注又以穿窬二字分爲兩事，穿爲穿壁，窬爲踰牆，亦爲少思。蓋穿壁而入者爲竊盜，踰牆而入者爲强盜，二者之情狀不同。夫色厲而内荏者，外示嚴正之色以影人，内懷柔媚之心以取事，惟以隱暗中穿壁之竊盜方之爲是，與彼踰牆排户無所畏憚之强盜，大不相類。況窬字分明以穴居上，而訓門邊小竇，竇又訓穴，穿窬乃穿穴也。改窬爲踰，解爲踰牆，非也。

按：禮表記子曰：「君子不以色親人，情疏而貌親，在小人則穿窬之盜也與？」君子小人并言，陳氏之説良確，朱注失之。

○子曰：「鄉原，德之賊也。」

【音讀】釋文：鄉如字，又許亮反。五經文字序：經典之字音非一讀，若鄉原之鄉爲嚮，取材之材爲哉，兩音出於一家，而不決其當否。翟氏考異：荀子富國篇云：「能齊則悍者皆化而愿，躁者皆化而慤。」君道篇云：「材人，愿慤拘録計數，是吏之才也。」正論篇云：「上端誠則下愿慤，愿慤則易使。」其文皆正作「愿」。朱子但云注讀，或宋本與今本異耶？孟子説鄉原云「一鄉皆稱原人」，又云「居似忠信，行似廉潔」，則原必當讀愿，此與孟子集注皆未著音，宜補之。

【考證】中論考僞篇：「鄉愿無殺人之罪，而仲尼深惡之。」直以「原」字作「愿」。履齋示兒編：晦菴先生云原與愿同，非也。愿慤則爲謹厚之人，必不肯同流合污。所謂鄉原，實推原人之情意以求苟合於世，故曰一鄉之原人，而爲德之賊也。羣經平議：周注迂曲，必非經旨，如何晏説，則與孟子「一鄉皆稱原人」之説不合，其義更非矣。原當爲傆。説文人部：「傆，黠也。」鄉傆者，一鄉中傆黠之人也。孟子説鄉原曰：「非之無舉也，刺之無刺也，同乎流俗，合乎污世，居之似忠信，行之似廉潔。」則其人之巧黠可知。孔子恐其亂德，蓋即巧言亂德之意。朱注謂原與愿同，雖視舊説爲勝，然愿自是美名，孔子曰「侗而不愿，吾不知之矣」，則愿固孔子所取也。一鄉皆以爲愿人，當問其果愿與否，安得據絶之爲德之賊？且孟子所稱鄉原之行，亦非謹愿者所能爲也。然則讀原爲愿，抑猶未得其字矣。劉氏正義：孟子盡心篇云：孟子答萬章問，引孔子曰：「過我門而不入我室，我不憾焉者，其惟鄉原乎？鄉原，德之賊也。」此孟子述所聞語較詳。曰：「何如斯可謂之鄉原矣？」曰：「何以是嘐嘐也？言不顧行，行不顧言，則曰：『古之人，古之人，行何爲踽踽涼涼？生斯世也，爲斯世也，善斯可矣。』閹然媚於世也者，是鄉原也。」此孟子言鄉原異於狂狷也。萬子曰：「一鄉皆稱原人焉，無所往而不爲原人，孔子以爲德之賊，何哉？」曰：「非之無舉也，刺之無刺也。同乎流俗，合乎污世。居之似忠信，行之似廉潔。衆皆説之，自以爲是，而不可與入堯、舜之道，故曰『德之賊』也。孔子曰：『惡似而非者。惡莠，恐其亂苗也。惡佞，恐其亂義也。惡利口，恐其亂信也。惡鄭聲，恐其亂樂也。惡紫，恐其亂朱也。惡鄉原，恐其亂德也。』」趙岐注：「萬章言人皆以爲原善，所至亦謂之善人。」是趙訓原爲善。前篇「侗而不愿」，鄭注：「愿，善也。」原與愿同。中論考僞篇：「鄉愿無殺人之罪，而仲尼深惡之。」字直作「愿」，與趙訓同矣。一鄉皆稱善，而其忠信廉潔皆是假託，故足以亂德。所謂「色取仁而行違」者也。子貢問鄉人皆好，夫子以爲未可，亦是恐如鄉原者在其中也。

按：鄉原二字必係古代俗語，孟子解之甚詳。後人紛紛異解，仍以朱注義爲長。

【集解】周生曰：「所至之鄉，輒原其人情，而爲己意以待之，是賊亂德者也。」一曰：「鄉，向也。古字同。謂人不能剛毅，而見其人輒原其趨向，容媚而合之，言此所以賊德也。」

【唐以前古注】皇疏引張憑云：鄉原，原壤也，孔子鄉人，故曰鄉原也。彼遊方之外，行不應規矩，不可以訓，故每抑其迹，所以弘德也。

按：筆解此章與上章合爲一章，且以原爲柔字之誤，擅改經文，解尤支離，兹不録。

【集注】鄉者，鄙俗之意。原與愿同。荀子「原慤」，注讀作愿是也。鄉原，鄉人之愿者也。蓋其同流合污以媚於世，故在鄉人之中獨以愿稱。夫子以其似德非德，而反亂乎德，故以爲德之賊而深惡之。詳見孟子末篇。

【餘論】黄氏後案：論衡累害篇曰：「耦俗全身，則鄉原也。」吕伯恭曰：「鄉原之心，欲盡合天下人也。人非庸人即君子，同乎流俗，合乎污世，以求合乎庸人，居似忠信，行似廉潔，求合於君子。」式三謂古今士術，未有爲君子而能同乎小人者也。鄉原能伸其是非之不忤於世者，而怵然於忤世之是非，隨衆依違，模棱而持兩端，鄉之人以其合君子而賢之，則其合小人者或諒之，或惑之矣。己無立志，復使鄉人迷於正道，故賊德。孟子引之曰亂德，亂、賊同。東塾讀書記：論語記聖人之言，有但記其要語，其餘則删節之者，如孟子云：「孔子曰：過我門而不入我室，我不憾焉者，其惟鄉原乎？鄉原，德之賊也。」據此，則論語所記節去上三句也。以此推之，如「君子不器」、「有教無類」，四字而爲一章，何太簡也？必有節去之語矣。所以然者，書之於竹簡故也。故竹簡謂之簡，文字少亦謂之簡，字義之相因，大率類此。

○子曰：「道聽而塗説，德之棄也。」

【集解】馬曰：「聞之於道路，則傳而説之。」

【唐以前古注】皇疏：道，道路也。塗亦道路也。記問之學，不足以爲人師，師人必當温故而知新，研精久習，然後乃可爲人傳説耳。若聽之於道路，道路仍即爲人傳説，必多謬妄，所以爲有德者所棄也，亦自棄其德也。又引江熙云：今之學者，不爲己者也，況乎道聽者哉。逐末愈甚，棄德彌深也。

【集注】雖聞善言，不爲己有，是自棄其德也。

【餘論】四書辨疑：不説如何是道聽，如何是塗説，但説聞善言而不爲己有，觀其大意，蓋謂聞善言則當蓄之而爲己用，不可於道塗之間傳説與人也。予謂聖人教人必不如此，所聞之言果善，正當廣以傳人，若於道塗之間遇有可傳之人，傳之何礙？傳説與人，亦何損於己有哉？蓋此章戒人聽人所傳，傳己所聽，皆不可不謹。道塗之間濫聽將來，不考其實，即於道塗傳説與人，如此輕妄，則必不爲雅德君子所與，故曰德之棄也。德之棄三字文理甚明，非謂自棄其德也。舊疏云：「聞於道路，則於道路傳而説之，必多謬妄，爲有德者所棄也。」此説爲是。

按：論語旁證云：皇疏之義，集注已該。皇疏亦兼自棄其德言，故集注用之。陳氏不可於道塗傳説云云，集注並無此意。雅德君子，字轉嫌添設，亦好與集注爲難而已。」

【發明】反身録：道聽塗説，乃書生通病，若余則殆有甚焉。讀聖賢遺書，嘉言善行，非不飫聞，然不過講習討論，伴口度日而已，初何嘗實體諸心，潛修密詣，以見之行耶？每讀論語至此，慚悚跼蹐，不覺汗下。同人當鑑余覆車，務以深造默成爲喫緊，以騰諸口説爲至戒。慎毋入耳出口，如流水溝，則幸矣。修德斷當自默始，凡行有未至，不可徒説，即所行已至，又何待説，故善行爲善言之證，不在説上。

○子曰：「鄙夫可與事君也與哉？其未得之也，患得之。既得之，患失之。苟患失之，無所不至矣。」

【考異】釋文：本或作「無哉」。七經考文：一本無「也與」二字。沈作喆寓簡：東坡解云：「患得之，當作『患不得之』。」予觀退之王承福傳云：「其賢於世之患不得之而患失之，以濟其生之欲者。」則古本必如是。四書辨疑：經中本無「不」字。東坡謂患得之當爲「患不得之」，蓋闕文也。此爲完説。論語補疏：古人文法有急緩。不顯，顯也。此緩讀也。公羊傳「如勿與而已矣」，何休注云：「如即不如，齊人語也。」此急讀也。以得爲不得，猶以如爲不如。何氏謂楚俗語。孔子魯人，何爲效楚言也？四書辨證：何氏集解：「患得之者，患不能得之。」按漢儒已如是解，故潛夫論（愛日篇）云：「孔子病夫未得之也，患不得之。」又蘇軾上神宗書引此章文作「患不得之」。沈作喆寓簡曰：「東坡解云，患得之，當作『患不得之』。予觀退之王承福傳言『其賢於世之患不得之而患失之，以濟其生之欲者』，則古本必如是。」紹聞編曰：「蘇氏謂得上有不字，朱子謂文義自通，不必增字，蓋古人語急而文省耳。」四書賸言：家語於論語「其未得之也，患弗得之」，多弗字。王符潛夫論愛日篇曰：「孔子病夫未得之也，患不得之。」與家語同。高麗本「其未得之也」，無也字。「苟患失」下無之字。天文本無也字。考文：一本、唐本、津藩本、正平本「君」下並無與字。

【考證】禮記雜記：既得之，而又失之，君子恥之。方慤解義曰：鄙夫之心在乎固其位，君子之心在乎稱其位。勢不足于固而失之者，鄙夫所患也。德不足以稱而失之者，君子所恥也。此所以爲異。荀子子道篇：孔子曰：「小人者，其未得也，則憂不得；既已得之，又恐失之。是以有終身之憂，無一朝之樂也。」潛夫論愛日篇：孔子病夫未得之也，患不得之；既得之，患失之者。鹽鐵論論誹章：君子疾鄙夫之不可與事君，患其聽從而無所不至也。漢書朱雲傳：今朝廷大臣，上不能匡主，下亡以益民，皆尸位素餐，孔子所謂「鄙夫不可與事君，苟患失之，亡所不至」者也。後漢李法傳：法上疏諫，坐失旨免爲庶人。還鄉里，人問其不合上意之由，法未嘗應對。固問之，法曰：「鄙夫可與事君乎哉？苟患失之，無所不至。」

【集解】孔曰：「言不可以事君。」何曰：「患得之者，患不能得之，楚俗言也。」鄭曰：「無所不至者，言其邪媚無所不爲。」

按：後漢李法傳注引此注，「邪媚」上多「諂佞」二字。

【集注】鄙夫，庸惡陋劣之稱。何氏曰：「患得之，謂患不能得之。」小則吮癰舐痔，大則弒父與君，皆生於患失而已。胡氏曰：「潁昌靳裁之有言曰：『士之品大概有三。志於道德者，功名不足以累其心。志於功名者，富貴不足以累其心。志於富貴而已者，則亦無所不至矣。』志於富貴，即孔子所謂鄙夫也。」

【餘論】黄氏後案：王伯申曰：「與猶以也，言不可以事君也。」顏師古匡謬正俗、李善注文選東京賦引此皆變與言以。靳裁之潁昌人，詳見金氏考證。三品之説極憭。

【發明】反身録：苟圖富貴，便是鄙夫，此非生來如此，學術使然也。當爲學之始，所學者正誼明道之術；及登仕版，自靖共爾位，以道事君。若爲學之始，所學者梯榮取貴之術；及登仕版，止知耽榮固寵，患得患失，不依阿即逢迎，情所必至，無足怪者，故術不可不慎也。梁氏旁證：胡氏泳曰：靳氏三品之説，本非此章正旨，然能推見鄙夫之所以若此。志於道德，聖賢之徒也。志於功名，豪傑之士也。志於富貴，即鄙夫也。聖賢非不事功名也，可爲則爲，不可爲則不爲，不害於道德也。豪傑非惡富貴也，視功名爲重，則富貴爲輕也。鄙夫則富貴而外，他無所志，故其得失之患至於如此也。

○子曰：「古者民有三疾，今也或是之亡也。古之狂也肆，今之狂也蕩；古之矜也廉，今之矜也忿戾；古之愚也直，今之愚也詐而已矣。」

【考異】釋文：魯讀廉爲貶，今從古。論語古訓：貶，自貶損也。釋名云：「廉，自檢斂也。」貶廉義同。皇本「戾」下有也字。

【集解】包曰：「言古者民疾與今時異。肆，極意敢言。」孔曰：「蕩，無所據。忿戾，惡理多怒。」馬曰：「廉，有廉隅。」

【唐以前古注】皇疏：又一通云：古之狂者，唯肆情而病於蕩，今之狂則不復病蕩，故蕩不肆也。

又古之矜者，唯廉隅而病於忿戾，今之矜者則不復病忿戾，而不廉也。又古之愚者，唯直而病詐，今之愚者則不復病詐，故云詐而不直也。又引李充云：矜厲其行，向廉潔也。矜善上人，物所以不與，則反之者至矣，故怒以戾與忿激也。

【集注】氣失其平則爲疾，故氣禀之偏者亦謂之疾。昔所謂疾，今亦無之，傷俗之益衰也。狂者志願太高，肆謂不拘小節，蕩則踰大閑矣。矜者持守太嚴，廉謂棱角陗厲，忿戾則至於争矣。愚者暗昧不明，直謂徑行自遂，詐則挾私妄作矣。范氏曰：「末世滋僞，豈惟賢者不如古哉，民性之蔽亦與古人異也。」

【餘論】四書辨疑：三疾下文所言是也。氣禀之偏，古今之民皆有之，非獨古民爲然。其所偏處，人人不齊，亦非止三者而已。果三疾爲氣禀所偏，則今也或是之亡也，恐無此理。況氣禀偏正，乃人生自有，風俗盛衰，蓋教化使然，因人氣禀不正，却傷風俗衰薄，理亦未是。夫子止是傷其時風益衰，民俗所習，漸不如古，故有此歎，非論氣禀偏正也。疾，猶瑕病也。言古之民行，當時指爲瑕病者有三，今民瑕病又與古民不同，思欲復見如其古者三等之人，今亦不可易得，故曰或是之亡也。　四書翼注：今之德不能如古之德亦已矣，疾何至亦不如古，傷俗之益衰也。　論語稽：疾如木之有癭，玉之有瑕，正可因其疾而見其美。然古之因疾而見其美者，今則終成其惡矣。夫子言此，蓋傷春秋之世也。

【發明】養一齋劄記：今之愚也，詐而已矣，是詐即愚也。爲機變之巧者，無所用恥焉，又自以詐爲智也。孟子曰：「是非之心，智之端也。」荀子曰：「是是非非謂之智，非是是非謂之愚。」以是非二字衡之，而詐之愚決矣。

○子曰：「巧言令色，鮮矣仁。」

【考異】皇本無此章。　七經考文：古本、足利本無此章。　讀書叢録：唐石經此章先無而後添注，蔡邕石經陽貨篇末題云「凡廿六章」。今集解本此章在内，共廿四章。似蔡邕石經僅分「子曰唯上知與下愚不移」，「子謂伯魚曰」各自爲一章，故云廿六。太平御覽卷三百八十八引論語陽貨曰：「巧言令色，鮮矣仁。」是漢、魏舊本皆有此章，後人删之非也。　天文本論語校勘記：正平本無此章。

【集解】王曰：「巧言無實，令色無質。」

【集注】重出。

○子曰：「惡紫之奪朱也，惡鄭聲之亂雅樂也，惡利口之覆邦家者。」

【考異】高麗本首二句無也字。　皇本「者」作「也」。　周禮司市疏、左傳哀十年疏、漢書杜欽傳引並無也字。

【考證】潘氏集箋：羣經補義曰：「玄冠紫緌自魯桓公始，此尚紫之漸。齊桓公有敗紫欲賣之，先自服之，國人争買，其價十倍。春秋末，衛渾良夫紫衣狐裘，太子數其罪而殺之。注：『紫衣，君服。』則當時競尚紫矣，故曰惡紫之奪朱。」　鄉黨圖考：當時尚紫亦有漸，玄冠紫緌自魯桓公始。戰國策云：「齊紫，敗素也，而價十倍。」蓋齊桓公有敗素，染以爲紫，下令貴紫，人争買之，價十倍。管子言「齊桓公好服紫，齊人尚之，五素而易一紫」，其貴紫有由來矣。哀十七年，衞渾良夫紫衣狐裘，太子數其三罪殺之，紫衣居一。杜注：「紫衣，僭君服。」可見當時君服紫。

中論覈辨篇：且利口者，心足以見小數，言足以盡巧辭，給足以應切問，難足以斷俗疑。然而好説而不倦，諜諜如也。夫類族辨物之士者寡，而愚闇不達之人者多，孰知其非乎？此其所以無用而不見廢也，至賤而不見遺也。先王之法，析言破律、亂名改作者，殺之；行僻而堅、言僞而辨、記醜而博、順非而澤者，亦殺之。爲其疑衆惑民，而潰亂至道也。孔子曰：「巧言亂德，惡似而非者也。」

【集解】孔曰：「朱，正色。紫，間色之好者。惡其邪奸而奪正色也。利口之人多言少實。苟能説媚時君，傾覆國家。」包曰：「鄭聲，淫聲之哀者。惡其亂雅樂。」

【集注】朱，正色。紫，間色。雅，正也。利口，捷給。覆，傾敗也。范氏曰：「天下之理正而勝者常少，不正而勝者常多，聖人所以惡之也。利口之人以是爲非，以非爲是，以賢爲不肖，以不肖爲賢，人君苟悦而信之，則國家之覆也不難矣。」

【餘論】四書通：前嘗以佞人對鄭聲言，此文以利口對鄭聲言。集注釋佞字曰辨給，釋利字曰捷給，捷則顛倒是非於片言之頃，使人悦而信之，有不暇致詳者，視佞爲尤甚，故覆亡之禍立見，有甚於殆焉者矣。

論語注義問答通釋：是非善惡最相反也，聖人不之惡者，以人心自有正理，而正不正之相反易辨也。惟夫似是而實非，似善而實惡，則人心疑惑而足以亂正，此孔子所以惡鄉原而又及乎此也。劉氏正義：孟子盡心下引孔子此言：「惡莠，恐其亂苗也。惡佞，恐其亂義也。惡利口，恐其亂信也。惡鄭聲，恐其亂樂也。惡紫，恐其亂朱也。惡鄉原，恐其亂德也。」較此文爲詳。而總之云「惡似而非者」。趙岐注：「似真而非真者，孔子之所惡也。」

【發明】黄氏後案：古今覆邦家者，皆以利口變亂黑白者也，故爲邦必遠佞人。四書翼注：不曰佞人而曰利口，佞人騁辯逞才，有入耳處，亦有取憎處。利口者迎刃而解，要言不煩，苻堅欲伐晉，舉朝皆諫，慕容垂曰：「陛下神武，斷自聖心足矣，何必問外人。」唐高宗欲立武曌，許敬宗曰：「田舍翁多收數十斛麥，便欲易婦，況萬乘乎。」皆頃刻覆其邦家。伊尹謂有言順於汝志，必求諸非道，蓋以此也。

○子曰：「予欲無言。」子貢曰：「子如不言，則小子何述焉？」子曰：「天何言哉？四時行焉，百物生焉，天何言哉？」

【考異】釋文：魯讀天爲夫，今從古。翟氏考異：兩「天何言哉」宜有別，上一句似從魯論所傳爲勝。晉書張忠傳：「天不言而四時行焉，萬物生焉。」百字作「萬」。太平御覽述論語「萬物生焉」。

按：劉恭冕云：「鄭以『四時行、百物生』皆説天，不當作『夫』，故定從古。翟氏灝考異謂從魯論爲勝，誤也。」

【考證】荀子天論篇：列星隨旋，日月遞炤，四時代御，陰陽大化，風雨博施，萬物各得其和以生，各得其養以成，不見其事而見其功，夫是之謂神。皆知其所以成，莫知其無形，夫是之謂天。

【集解】言之爲益少，故欲無言。

【唐以前古注】皇疏引王弼云：予欲無言，蓋欲明本，舉本統末而示物於極者也。夫立言垂教，將以通性，而弊至於湮。寄旨傳辭，將以正邪，而勢至於繁。既求道中，不可勝御，是以修本廢言，則天而行化，以淳而觀，則天地之心見於不言，寒暑代序，則不言之令行乎四時，天豈諄諄者哉？

筆解：韓曰：「此義最深，先儒未之思也。吾謂仲尼非無言也，特設此以誘子貢，以明言語科未能忘言，至于默識，故云天何言哉，且激子貢使進于德行科也。」李曰：「深乎聖人之言，非子貢孰能言之？孰能默識之耶？吾觀上篇子貢曰：『夫子之言性與天道，不可得而聞也。』又下一篇陳子禽謂子貢賢於仲尼。子貢曰：『君子一言以爲不知，言不可不慎也。夫子猶天，不可階而升也。』此是子貢已識仲尼『天何言哉』之意明矣。稱小子何述者，所以探引聖人之言，誠深矣哉！」

【集注】學者多以言語觀聖人，而不察其天理流行之實有不待言而著者，是以徒得其言，而不得其所以言，故夫子發此以警之。子貢正以言語觀聖人者，故疑而問之。四時行，百物生，莫非天理發見流行之實，不待言而可見。聖人一動一靜，莫非妙道，精義之發，亦天而已，豈待言而顯哉？（此亦開示子貢之切，惜乎其終不喻也。）程子曰：「孔子之道譬如日星之明，猶患門人不能盡曉，故曰予欲無言。若顔子則便默識，其他則未免疑問，故曰小子何述。又曰天何言哉，四時行焉，百物生焉，則可謂至明白矣。」愚按此與前篇無隱之意相發，學者詳之。

【餘論】經正録：夫子驀地説予欲無言，意義自是廣遠深至。先儒於此祇向子貢轉語中求意旨，不在夫子發言之本旨上理會。子貢曰：子如不言，則小子何述？此是子貢從無言中抽出小子之待述一種致其疑問，而夫子所答，則又於成己成物一本原處，見得雖爲小子述，計亦不在言也。若子貢未問以前，則夫子初不從教人起義。向後再言天何言哉，非複辭也。前云天何言哉，言天之所以爲天者，不言也。後云天何言哉，言其生百物，行四時者，亦不在言也。蓋自言曰言，語人曰語，言非語也，抑非必喋喋多出於口而後爲言也，有所論辨而著之簡編者皆是也。聖人見道之大，非可以言説爲功，而抑見道之切，誠有其德，斯誠有其道。知而言之以著其道，不如默成者之厚其德以敦化也。故嘗曰訥，曰恥，曰訒，至此而更云無言，則終日乾乾，以體天之健而流行於品物各正其性命者，不以言間之而有所息，不以言顯之而替所藏也。反身録：夫子懼學者徒以言語文字求道，故欲無言，使人知真正學道，以心而不以辯，以行而不以言。而子貢不悟，反求之於言，區區惟言語文字是耽，是以又示之以天道不言之妙，所以警之者至矣。時行物生，真機透露，魚躍鳶飛，現在目前。學人誠神明默成，不識不知，順帝之則，四端萬善，隨感而應，道即在是，夫何所言？一落言詮，便涉聲臭，去道遠矣。陸象山有云：「寄語同遊二三子，莫將言語壞天常。」而鄒南皋亦云：「寄語芸窗年少者，莫將章句送青春。」合二詩觀之，吾曹得無惕然乎？高宗恭默思道，顏子如愚，亦足以發，必如此方是體道忘言之實，否則終屬道聽塗説，德之棄也。松陽講義：這一章是道無不在之意。開口説予欲無言一句，最要看得好，不可將言字太説壞了。聖人平日教人都是用言，若將言字説壞，便是六經皆聖人糟粕話頭，不是孔門教法矣。夫子斯言，蓋欲子貢於動静語默之間，隨處體認，如曾子之隨處精察而力行，不沾沾在言語上尋求也，必如此方是著實工夫。子貢所以終聞性天道而一以貫之者，其得力於此也歟？今日學者讀這章書，要知道無不在於聖人言處也去理會，無言處也去理會。到工夫熟後，鳶飛魚躍，無非至道，便是一貫境界。李氏論語劄記：四時行喻教，百物生喻學。蓋四氣默運，莫非天地一元之心，萬物受之，皆若嘿喻乎天地之心，而變化滋益，其機有不容已者，此豈化工諄諄然命之乎？論語述何：聖人之文，天文也。天道至教，春秋冬夏，風雨霜露，無非教也。春秋之文，日月詳略不書者勝於書，使人沈思而自省悟，不待事而萬事畢具，無傳而明，不言而著。子貢知之，故曰：「夫子之言性與天道，不可得而聞也。」

【發明】論語稽：孔子自比於天，耶氏亦自謂上帝之子，蓋宗教家皆自謂與天合德，中外一也。又天生德於予，天之未喪斯文云云，亦此意也。

○孺悲欲見孔子，孔子辭以疾。將命者出户，取瑟而歌，使之聞之。

【考異】皇本「辭」下有之字。考文補遺：一本「疾」作「病」。文選思舊賦、三國名臣序贊二注俱引論語曰：將命者出。天文本論語校勘記：古本、唐本、津藩本、正平本「辭」下有之字。

【考證】禮記雜記曰：恤由之喪，哀公使孺悲之孔子學士喪禮，士喪禮於是乎書。儀禮士相見禮疏：孺悲欲見孔子，不由介紹，故孔子辭以疾。四書典故辨正：此孺悲未學禮時事也。既學禮，則爲弟子，弟子見師，何用介紹？其在未學禮時可知。朱錫鬯孺悲當從祀議：悲實傳經之一人，後人徒泥論語之文，疑孔子不屑教誨，家語、史記遂擯而不書，以親受禮於孔子之儒，不獲配食，斯爲闕典。潘氏集箋：古人始見必因介紹，悲爲弟子，疑亦無待介紹者。孔子之辭以疾，或别有故歟？若謂其始見，則悲奉君命來學，夫子當亦不得責其無介紹者，疑賈疏因此節有將命者云云，望文生義，實非定解。蓋其所以見拒於孔子之故，與史記弟子傳之不列其名，皆不可考已。劉氏正義：此欲見是始來見，尚未受學時也。儀禮士相見禮疏謂孺悲不由紹介，故孔子辭以疾。此義當出鄭注。御覽四百二引韓詩外傳云：「子路曰：『聞之於夫子，士不中間而見，女無媒而嫁者，非君子之行也。』」注云：「中間，謂介紹也。」禮少儀云：「聞始見君子者辭曰：『某固願聞名於將命者，不得階主。』」此少者見尊長之禮當有介紹。聘義所謂「君子於其所尊弗敢質，敬之至也」是也。鄭注又云：「將命，傳辭者。」此指主人之介，傳主人辭者也。户，室户也。古人燕居在室中，即見賓亦然。」四書辨證：由介紹，此初見則然，而朱子謂必有以得罪者，則悲非初見，而不關介紹之細可知矣。朱子謂悲有以得罪者，則悲固熟悉夫子之聲者，若瑟而不歌，徒聞瑟聲，亦莫悟也。觀此，益知悲非初見而然。

按：孺悲之見，龔元玠、黄式三、周秉中諸家皆斷爲未學禮時事，獨四書辨證力伸朱子之説，所言亦是。此等處止宜闕疑，潘氏之説是也。

【集解】孺悲，魯人也。孔子不見，故辭以疾。爲其將命者不知己，故歌令將命者悟，所以令孺悲思也。

【唐以前古注】皇疏引李充云：孔子曰：「人潔己以進，與其潔，不保其往。」所以不逆乎互鄉也。今不見孺悲者何？明非崇道歸聖，發其蒙矣。苟不崇道，必有舛寫之心，則非教之所崇，言之所喻，將欲化之，未若不見也。聖人不顯物短，使無日新之塗，故辭之以疾；猶未足以誘之，故絃歌以表旨，使抑之而不彰，挫之而不絶，則矜鄙之心頹，而思善之路長也。

【集注】孺悲，魯人，嘗學士喪禮於孔子。當是時，必有以得罪者，故辭以疾，而又使知其非疾，以警教之也。程子曰：「此孟子所謂不屑之教誨，所以深教之也。」

【餘論】此木軒四書説：辭以疾是古人之通辭，不得謂之不誠。以疾爲辭，其人自當會意，然又有真疾者，孔子於孺悲正欲使知其非疾，故取瑟而歌，正見聖人之誠處。黄氏後案：皇疏申何解，謂孺悲使將命者來召，孔子辭以疾而取瑟歌，欲將命者以告悲。朱子注以將命爲孔子家傳命之人，本邢疏。禮雜記下云云，集注以此辭見爲學禮後事，本吴才老説。據或問云，洪氏、胡氏皆以學禮爲此後事。式三謂弟子有罪，禮可面斥，辭疾聞歌，非弟子也。儀禮士相見禮疏云：「孺悲欲見孔子，不由介紹，故辭以疾。」或然也。吕伯恭謂使之聞之，是孺悲猶在可教之列。孺悲歸自克責，後日進德，夫子以士喪禮傳之。士喪禮之傳，孺悲預有功，亦當時不屑教誨之力。

○宰我問：「三年之喪，期已久矣。

【考異】釋文：期音基，一本作「其」。史記弟子傳作「不已久乎」。世說新語引文期字作「朞」。四書紀聞：「期已久矣」之期當讀如字，「期可已矣」之期乃讀爲期月之期，蓋「三年」四句申「期已久矣」之義，「舊穀」二句起「期可已矣」之義，舊説皆讀爲基，非是。潘氏集箋：史記弟子傳引作「不已久乎」，則期非期月之期明甚。况上云三年之喪，下接言期月，義亦不貫，管説是也。

按：期已久矣者，言爲期過久也，爲期限之期。期可已矣者，言期年可以止也，爲期年之期。文同而義不同，管説良是。

【考證】梁玉繩瞥記：閔二年，「吉禘于莊公」，傳云：「譏始不三年也。」文二年，「公子遂如齊納幣」，傳云：「譏喪娶也。」蓋周衰禮廢，三年之喪久已不行。梁氏旁證：馮氏椅曰：夫子之門，子夏、子張既除喪而見，予之琴，和之而不和，彈之而不成聲，曰：先王制禮，不敢過也，不敢不至焉。宰我與二子處久，豈不習聞其概，而安於食稻衣錦也？夫魯莊公之喪，既葬而絰不入庫門，士大夫既卒哭，麻不入，然則三年之喪不行久矣，至是而夫子舉行之。宰我，門人高流也，日聞至論，而猶以期爲安，况斯世乎？其後滕世子欲行三年喪，父兄百官皆不欲，是則三年之喪强行於孔、孟之門，而朝廷未嘗行。甚至以日易月，而無復有聽於冢宰，三年不言之制，然則三年之喪迄今行之天下者，宰我一問之力也。

按：短喪之説，墨氏主之。春秋時未有墨學，何以亦有此論，誠屬可疑。然考當時上下實無行三年喪者，詩檜風素冠序：「刺不能三年也。」檜爲鄭武公所滅，此詩當作於平王時。公羊哀五年九月，齊侯杵臼卒。六年傳：「秋七月，除景公之喪。」孟子滕文公定三年之喪，父兄百官皆不欲，以爲魯先君莫之行，則三年之喪，其不行也久矣。今人習聞孔、孟之説，便以宰我之問爲可怪，由未明古今風俗不同之故，不必曲爲之説也。

【唐以前古注】皇疏：禮爲至親之服至三年，宰我嫌其爲重，故問至期則久，不假三年也。

【集注】期，周年也。

君子三年不爲禮，禮必壞；三年不爲樂，樂必崩。舊穀既没，新穀既升，鑽燧改火，期可已矣。」

【考異】史記封禪書引傳曰：三年不爲禮，禮必廢；三年不爲樂，樂必壞。

【考證】太平御覽、路史注並引衝波傳云：宰我謂三年之喪，日月既周，星辰既更，衣裳既造，百鳥既變，萬物既生，朽者既枯，於期可矣。顔淵曰：「鹿生三年，其角乃墮。子生三年，而免父母之懷。子雖美辯，豈能破堯、舜之法，改禹、湯之典，更聖人之道，除周公之禮，改三年之喪，不亦難哉？」　路史遂人改火論：昔者遂人氏作，觀乾象，察辰星，而出火作鑽燧，別五木以改火，豈惟惠民哉？以順天也。昔隋王劭嘗以先王有鑽燧改火之義，於是表請變火曰：「古者周官四時變火，以救時疾，明火不變則時疾必興。在晉時有以雒陽火渡江，世世事之，相續不滅，火色變青。昔師曠食飲，云是勞薪所爨，平公使視之，果然車輞。今温酒炙肉用石炭火、木炭火、竹火、草火、蔴荄火，氣味各自不同。以此推之，新火舊火，理應有異。伏願遠遵先聖，於五時取五木以變火，用功甚少，救益方大。」若劭可謂知所本矣。夫火惡陳，薪惡勞。晉代荀勗進飯亦知勞薪，而隋文帝所見江寧寺晉長明燈亦復青而不熱。傳記有以巴豆木入爨者，爰得洩利。以糞臭之草炊者，率致味惡。泌以是益知聖人改火，四時五變者，豈得已哉！　湛淵静語：一歲而易火者五，若多事。後讀洪範五行傳，乃知古人改火，關於時化。火性炎上者也，老則愈烈，於是遇物輒燃。若新火性柔，青光熒熒，無忽燎速熾之患。横渠亦云四時改火。蓋水之爲患常少，火之爲患常多。寒食禁火以出新火，必待盡熄天下之火然後出之也。季春大火星高，其時爲之，亦防其火熾也。又火貴新而烹味佳，是則古人鑽燧之意。春取榆柳之火，夏取棗杏之火，季夏取桑柘，秋取柞楢，冬取槐檀。或問朱文公：「四時取火，何爲季夏又取一番？」曰：「土王於未，六月，未月也，故再取之。」（土寄王於四季，每季皆十八日，四個十八日爲七十二日，其他四行分四時，亦各七十二日，共積成三百六十日成歲也。）　日知録：明火以陽燧取之於日，近於天也，故卜祭用之。國火取於五行之木，近於人也，故烹飪用之。今一切取之於石，其性猛烈而不宜人，疾疢之多，年壽之減，有自來矣。　九經古義：注馬融曰：「周書月令有更火之文。」邢昺曰：「其辭今亡。」隋牛弘云：「蔡邕、王肅云，周公作周書，有月令第五十三，即此也。」又云：「周書月令論明堂之制，殿垣方在内，水周如外，水内徑三百步。」尚書正義引月令云：「三日曰朏。」唐大衍歷議曰：「七十二侯原于周公時訓月令，雖頗有增益，然先後之次則同。」然則月令篇歷隋、唐猶在也。長洲徐頲改火解：改火之典，昉於上古，行于三代，迄于漢，廢於魏、晉以後，復于隋而仍廢。其制則四時異木，其名則見周書、鄹子，其器則燧，其用則有常，其官則漢以上皆有，其義則或信或不信。曷言之？尸子曰：「燧人上觀星辰，察五木以爲火。」故曰昉於上古也。唐、虞尚矣，周監二代，周禮有司爟行火之政令，故曰行於三代也。秦棄古制，漢武帝時別置火令丞，中興省之。然續漢志曰：「冬至鑽燧改火。」故曰迄於漢。隋王劭以改火之義近代廢絶，引東晉時有以雒陽火渡江者，世世事之。非見絀於魏、晉後乎？隋文從劭請而復之，然其後不見踵行者，蓋視爲具文而已，故曰復于隋而仍廢者也。其制若何？所謂春取榆柳之火，夏取棗杏之火，季夏取桑柘之火，秋取柞楢之火，冬取槐檀之火也。周書、鄹子亡矣，司爟注，鄭司農引鄹子以説焉；論語「鑽燧改火」，馬南郡引周書月令焉，引異語符則可信。時則訓萁燧松燧等，傳聞異辭耳，不得據以相難，故曰見周書及鄹子。其器與用若何？夫燧取明火於日，木燧則以鑽火，木與木相摩相然，五行之正。内則：「子事父母，右佩決、捍、管、遰、大觿、木燧。」蓋不可一日缺者，非有常乎？其官若何？顓頊有子曰犂，爲高辛氏祝融，昭顯天下之光明，生柔嘉材。堯時有火正閼伯，居商丘。舜使益掌火。夏小正有三夫出火。相土因商丘，商丘主火，祀大火，而以火紀時焉。周則屬夏官下士二人。漢書百官公卿表以別火主改火事屬典客，非漢以上皆有乎？至其義則皇侃諸儒以爲配五方之色，賈公彦致疑於榆柳不青，槐檀不黑，又或不得其説，則曰此據時所宜用而已，依違膚淺，俱不足信也。惟先師半農先生據管子幼官篇及春秋、賈誼書，以槐檀爲東方木，榆柳爲南方木。其説曰：「春取榆柳，取之南方也。夏取棗杏，取之西方也。秋取柞楢，取之北方也。冬取槐檀，取之東方也。」則與淮南王書所云「冬至甲子受制，木用事，火煙青，七十二日」云云者合。古人取火皆於分至，先師灼然見三代制，故獨可信也。抑聞之天官，心爲大火，咮爲鶉火，既並懸象於上，出火内火以之爲節，而炊爨烹飪則别著改火之令。古先聖王，法天地，揆陰陽，順四時，理百姓，不一定也。是故民無夭札，物無害生，革故取新，去沴而蒙福，不其神乎？後世不知其重而忽之，吁！三代以上之政，其廢於後者何可勝道！蓋有大於是者，學者亦講明其義，以待上之人用之而已。論語後録：管子春爨羽獸之火，夏爨毛獸之火，秋爨介蟲之火，冬爨鱗獸之火，中央爨倮蟲之火，義正同。

【集解】馬曰：「周書月令有更火之文。春取榆柳之火，夏取棗杏之火，季夏取桑柘之火，秋取柞楢之火，冬取槐檀之火。一年之中，鑽火各異木，故曰改火也。」

【唐以前古注】皇疏：宰我又説喪不宜三年之義也。君子，人君也。人君化物，必資禮樂，若有喪三年，則廢於禮樂，禮樂崩壞，則無以化民，爲此之故，云宜期而不三年。禮云壞、樂云崩者，禮是形化，形化故云壞，壞是漸敗之名；樂是氣化，氣化無形，故云崩，崩是墜失之稱也。宰予又説一期爲足意也。言夫人情之變，本依天道，天道一期，則萬物莫不悉易，故舊穀既没盡，又新穀已熟，則人情亦宜法之而奪也。鑽燧者，鑽木取火之名也。内則云「大觿木燧」是也。改火者，年有四時，四時所鑽之木不同。若一年，則鑽之一周，變改已遍也。宰我斷之也，穀没又升，火鑽已遍，故有喪者一期亦爲可矣。

【集注】恐居喪不習而壞崩也。没，盡也。升，登也。燧，取火之木也。改火，春取榆柳之火，夏取棗杏之火，季夏取桑柘之火，秋取柞楢之火，冬取槐檀之火，亦一年而周也。已，止也。言期年則天運一周，時物皆變，喪至此可止也。尹氏曰：「短喪之説，下愚且恥言之，宰我親學聖人之門，而以是爲問者，有所疑於心而不敢强焉爾。」

【餘論】四書典故辨正：鑽燧之法，書傳不載。揭子宣璇璣遺述云：「如榆剛取心一段爲鑽，柳剛取心方尺爲盤，中鑿眼，鑽頭大，旁開竇寸許，用繩力牽如車，鑽則火星飛爆出竇，薄煤成火矣。此則莊子所謂『木與木相摩則燃』者，古人鑽燧之法，意亦如此。」今案揭説頗近理。若然，則春取榆柳者，正用兩木，一爲鑽，一爲燧也。其棗杏桑柘意亦然矣。劉氏正義：檀弓言子夏、閔子騫皆三年喪畢見於夫子，是聖門之徒皆能行之。宰我親聞聖教，又善爲説辭，故舉時人欲定親喪爲期之意以待斥於夫子，其謂「君子三年不爲禮，禮必壞；三年不爲樂，樂必崩」，此亦古成語，謂人久不爲禮樂，則致崩壞，非爲居喪者言。而當時短喪者或據爲口實，故宰我亦直述其語，不爲諱隱也。

子曰：「食夫稻，衣夫錦，於女安乎？」曰：「安。」「女安，則爲之！夫君子之居喪，食旨不甘，聞樂不樂，居處不安，故不爲也。今女安，則爲之！」

【考異】皇本「稻」下、「錦」下並有也字。「女」作「汝」，下同。「曰安」下有曰字。　太平御覽布帛部述作「食夫穀」。　世説規箴類：郭林宗謂陳元方，引孔子曰：「衣夫錦也，食夫稻也，於汝安乎？」

【考證】潘氏集箋：説文：「稻，稌也。稉，沛國謂稻曰稉。稴，稻不黏者。」札樸曰：「稻謂黏者，稉俗作糯，音奴卧切，黏者也。」錦，説文云：「襄邑織文。」詩碩人傳云：「文衣也。」　劉氏正義：北方以稻爲穀之貴者，故居喪不食之也。儀禮喪服傳言居喪：「既虞，食疏食，水飲。既練，始食菜果，飯素食。」練者，小祥之祭。鄭彼注云：「疏猶麤也。素猶故也。謂復平生時食也。」程氏瑶田疏食素食説云：「疏食者，稷食也，不食稻粱黍也。素食，鄭云『復平生時食』，謂黍稷也。賤者食稷，然豐年亦得食黍。若稻粱二者，據聘禮、公食大夫禮皆加饌，非平生常食，居喪更何忍食？故夫子斥宰我曰：『食夫稻，于女安乎？』是雖既練飯素食，亦必不食稻粱，宜止於黍稷也。」詩碩人箋：「錦，文衣也。」終南傳：「錦，衣采色也。」錦是有文采之衣，謂凡朝祭服以帛爲之者也。檜詩刺不能三年，而云庶見素冠素衣。素冠，練冠也。禮檀弓云：「練，練衣。黄裏縓緣。」間傳云：「期而小祥，練冠縓緣。」又「期而大祥，素縞麻衣。」注云：「麻衣，十五升布深衣也。謂之麻者，純用布，無采飾也。」陳氏奂毛詩疏：「小祥大祥皆用麻衣。大祥之麻衣配縞冠，小祥之麻衣配練冠。」是未終喪皆服麻衣，無采飾，則不得衣錦可知。喪大記云「祥而食肉」，謂大祥也。間傳云「期而大祥，有醯醬」，有醯醬者，明始得食肉也。又云：「中月而禫，禫而飲醴酒。始飲酒者先飲醴酒，始食肉者先食乾肉。」則自小祥後但得食菜果，飯素食，而醯醬食肉必待至大祥之後，飲醴酒必待至禫之後，則小祥後不得食旨明矣。喪大記：「祥而外無哭者，禫而内無哭者，樂作矣故也。」檀弓云「祥之日鼓素琴」，則自大祥之前不與於樂，故曲禮云「居喪不言樂」是也。居處，謂居常時之處也。間傳云：「父母之喪，居倚廬，寢苫枕塊，不説絰帶。既虞卒哭，柱楣翦屏，芐翦不納。期而小祥，居堊室，寢有席。又期而大祥，居復寢。中月而禫，禫而牀。」喪服傳言「既虞，寢有席」，與間傳言寢有席在小祥之後稍異。又喪服傳言「既練，舍外寢」，注云：「舍外寢，於中門之外，所謂堊室也。」則鄭以喪服傳與間傳合也。又喪大記：「既練，居堊室。既祥黝堊，禫而從御，吉祭而復寢。」復寢在禫後，與間傳在大祥後又稍異。以理衡之，當以大記爲備也。禮問喪云：「夫悲哀在中，故形變於外也。痛疾在心，故口不甘味，身不安美也。」孝經喪親章：「服美不安，聞樂不樂，食旨不甘，此哀慼之情也。」

【集解】孔曰：「旨，美也。責其無仁恩於親，故再言『女安，則爲之』。」

【集注】禮，父母之喪，既殯食粥麤衰，既葬蔬食水飲，受以成布，期而小祥，始食菜果，練冠縓緣，要絰不除，無食稻衣錦之理。夫子欲宰我反求諸心，自得其所以不忍者，故問之以此，而宰我不察也。此夫子之言也。旨亦甘也，初言女安則爲之，絶之之辭。又發其不忍之端以警其不察，而再言女安則爲之，以深責之。

宰我出。子曰：「予之不仁也！子生三年，然後免於父母之懷。夫三年之喪，天下之通喪也。予也有三年之愛於其父母乎！」

【考異】漢石經無乎字。

【考證】禮記三年問篇：孔子曰：「子生三年，然後免於父母之懷。夫三年之喪，天下之達喪也。」　後漢書荀爽對策曰：「天下通喪，可如舊禮。」注引禮記曰：「三年之喪，天下之通喪也。」　四書辨證：王肅據三年問二十五月而畢（荀子同），及檀弓「祥而縞，是月禫，徙月樂」之文，謂三年之喪爲二十五月。鄭康成據間傳「中月而禫」之文，云中月，間一月也，謂三年之喪爲二十七月。夫以三年之喪爲實二十五月，亦見閔公二年公羊傳。又如檀弓：「魯人有朝祥而暮歌者，子路笑之。夫子曰：『由！爾責於人終無已夫。三年之喪，亦已久矣夫。』子路出。夫子曰：『又多乎哉？踰月則其善也。』」是二十五月而畢，夫子已云然已。後世喪期則從鄭說。（魏明帝以景初三年正月崩，至五年正月，積二十五晦爲大祥。太常孔美、博士趙怡等以爲禫在二十七月，其年四月祫祭。散騎常侍王肅、博士樂詳等以爲禫在祥月，其年二月祫祭。晉武帝時，越騎校尉程猗贊成王肅，駁鄭禫二十七月之失，爲六徵、三驗。博士許猛扶鄭義，作釋六徵、解三驗，以二十七月爲得。並見魏書禮志。）

【集解】馬曰：「子生未三歲，爲父母所懷抱也。」孔曰：「通喪，自天子達於庶人也。言子之於父母，『欲報之德，昊天罔極』。而予也有三年之愛乎？」

【唐以前古注】皇疏引繆播云：爾時禮壞樂崩而三年不行，宰我不懼其往，以爲聖人無微旨以戒將來，故假時人之謂，咎憤於夫子，義在屈己以明道也。予之不仁者何？答曰：時人失禮，人失禮而予謂爲然，是不仁矣，言不仁於萬物。又仁者施與之名，非奉上之稱，若予安稻錦，廢此三年，乃不孝之甚，不得直云不仁。又引李充云：子之於親，終身莫已，而今不過三年者，示民有終也。而予也何愛三年而云久乎？余謂孔子目四科，則宰我冠言語之先，安有知言之人而發違情犯禮之問乎？將以喪禮漸衰，孝道彌薄，故起斯問以發其責，則所益者宏多也。

【集注】宰我即出，夫子懼其真以爲可安而遂行之，故深探其本而斥之，言由其不仁，故愛親之薄如此也。懷，抱也。又言君子不忍於親而喪必三年之故，使人聞之，或能反求而終得其本心也。

【餘論】康有爲論語注：古者喪期無數，記至親以期斷，則周時或期也。今歐、美、日本父母皆期喪。三年之喪，蓋孔子改制所加隆也，故宰我以爲舊制期已可矣，不必加隆，乃與孔子商略之詞。孔子乃發明必須三年之意，人義莫尚於報恩，天生魂而不能成之，父傳種，母懷妊，未極其勞；既生之後，撫育顧復，備極劬勞；必歷三年，而後子能言能行，少能自立，而後免於父母之懷。此三年中子不能自爲人，飲食衣服卧起便溺皆父母代之，然後自立，得享人身之樂。雖其後愛育腹我之恩，昊天罔極，終身無以報之；然送死有已，復生有節，惟初生三年之恩，非父母不得成人，則必當如其期以報之也。羣經皆言三年喪制，而未發其理，此爲三年喪所以然之理，論其義至明。自此孔門推行三年喪制於天下，至晉武帝乃爲定制。後儒不知孔子改制，以爲三年之喪，承自上古，定自周世，則何以滕文公欲爲三年喪而父兄百官皆不欲，以爲滕、魯先君莫之行？是自伯禽至於魯悼公，叔繡至於滕定公，皆未嘗行也。今人假極不肖，心無哀思，而以國家法律所在，亦必强服三年之喪制而不敢非難，安有以一王大典定律，而舉世千年諸侯大夫無一服者，且以爲非，即宰我之賢，亦以爲疑而宜減者？蓋古無定制，故孔子加爲三年喪，墨子得減爲三月喪也。墨子亦日稱堯、舜、禹、湯、文、武者，若三年喪爲先王之制，墨子必不敢攻。今墨子非儒篇其理曰：「喪，父母三年，期妻後子三年。」若以尊卑爲歲月數，則是尊其妻子與父母同，逆孰大焉。節葬篇曰：「使面目陷𨹳，顔色黧黑，耳目不聰明，手足不勁强，敗男女之交，則不可爲衆；失衣食之財，則不可爲富。君子無以聽治，小人無以從事。」公孟篇曰：「公孟子謂子墨子曰：『子以三年之喪爲非，子之三月之喪亦非也。』子墨子曰：『子以三年之喪非三月之喪，是猶裸謂撅者不恭也。』」言皆先王之制，不能相非，則三年之喪爲孔子改制至明。漢時未定三年喪制，故人各有自由，翟方進則爲三十六日服，王修則爲六年服，趙宣則爲二十餘年服，皆過於厚薄者也。至晉武帝定制後，乃至今二千年爲通制。四書改錯：此似難免訶厲者，然亦不應裸罵至此，（按朱子語類：「聖人不輕許人以仁，亦未嘗絶人以不仁。今言予之不仁，乃予之良心死了也。」）裸罵則聖門無色矣。況宰我此問亦有所本，間傳親喪以期爲斷，再期則加隆矣。故當時言禮，亦多有二十五月而畢喪之文，然且其說有「期年可斷，天地已變，四時已易」諸語，與宰我説正同。向使是文後起，則經夫子詬厲後，未有反襲宰我説以自取戾者。蓋親喪致哀，原無多時，閒傳所言，不爲飾喪者言也。論語經正録：馮厚齋曰：宰我之所惜者，禮樂也。夫子之所以責者，仁也。仁人心而愛之理也，孩提之童，生而無不知愛其親者，故仁之實，事親是也。禮所以節文之，樂所以樂之，豈有不仁而能行禮樂者乎？抑聞之，聖人未嘗面折人以其過，其於門人宰我、樊遲之失，皆於其既出而言之，使之有聞焉而改，其長善救失，待人接物忠厚蓋如此。四書近指：三年之喪，念父母罔極之愛，而食旨不甘，聞樂不樂，居處不安，此仁人孝子之心，正禮之所以不壞，而樂之所以不崩。宰我列言語之科，乃以此爲解，而曰期可已矣，又於食稻衣錦而安之，何至茫昧如此？愚嘗想其意，蓋目覩居喪者之不中禮也，與其食稻衣錦於期之内，竊讀禮之名，而亡禮之實，何如真實行之，即期可已矣。或有激於中，故疑而相質，未可知也。夫子爲千萬世名教之主，故始終以大義責之，使反求而自得其本心。

○子曰：「**飽食終日，無所用心，難矣哉！不有博弈者乎？爲之，猶賢乎已。**」

【考異】法言寡見篇引文「乎」作「於」。

【考證】焦循孟子正義：博，蓋即今之雙陸。弈爲圍棊。以其局同用板平承於下，則皆謂之枰。以其同行於枰，皆謂之棊。上高而鋭，如箭亦如箸。今雙陸棊俗謂之鎚，尚可考見其狀，故有箭箸之名。今雙陸枰上亦有水門，其法古今有不同。如弈，古用二百八十九道，今則用三百六十一道，亦其例也。蓋弈但行棊，博以擲采而後行棊。後人不行棊而專擲采，遂稱擲采爲博，博與弈益遠矣。黄氏後案：博，説文作「簙」，云：「簙局，戲也。六著十二棊也，古者烏曺作簙。」段注曰：「古戲，今不得其實。」韋昭博弈論注引桓譚新論曰：俗有圍棊，或言是兵法之類也。及爲之，上者張置疏遠，多得道而爲勝；中者務相絶遮要，以争便利；下者守邊趨作罫，自生於小地。蓋雖有上中下之别，無不用心爲之者。

【集解】馬曰：「爲其無所據樂善，生淫欲也。」

【集注】博，局戲也。弈，圍棊也。已，止也。李氏曰：「聖人非教人博弈也，所以甚言無所用心之不可爾。」

【餘論】焦氏筆乘：夫子言飽食終日，無所用心，難矣哉！又言羣居終日，言不及義，好行小慧，難矣哉！一置心於無用，一用其心於不善，同歸於難而已。論語稽：博弈之事，不惟使人廢時失業，而又易啓貪争之心，是豈可爲者哉？然飽食而心無所用，則淫辟之念生，而將無所不爲矣，故不如博弈者之爲害猶小也。

【發明】朱子語類：問心體本運動不息，若頃刻間無所用之，則邪辟之念便生，聖人以爲難矣哉，言其至危而難安也。曰：心若有用，則心有所主。如今讀書，心便主於讀書；寫字，心便主於寫字；若悠悠蕩蕩，未有不入於邪辟。

○子路曰：「君子尚勇乎？」子曰：「君子義以爲上，君子有勇而無義爲亂，小人有勇而無義爲盜。」

【考證】史記弟子傳：子曰：「義之爲上，君子好勇而無義則亂，小人好勇而無義則盜。」漢書地理志引孔子曰：君子有勇而亡誼則爲亂，小人有勇而亡誼則爲盜。金樓子：孔子游舍於山，使子路取水。逢虎於水，與戰，攬尾得之，內於懷中，取水還。問孔子曰：「上士殺虎如之何？」子曰：「上士殺虎持虎頭。」「中士殺虎如之何？」子曰：「中士殺虎持虎耳。」又問：「下士殺虎如之何？」子曰：「下士殺虎捉虎尾。」子路出尾棄之，復懷石盤，曰：「夫子知虎在水而使我取水，是欲殺我也。」乃欲殺夫子。問：「上士殺人如之何？」曰：「用筆端。」「中士殺人如之何？」曰：「用語言。」「下士殺人如之何？」曰：「用石盤。」子路乃棄盤而去。按：金樓子所載未知出何書，六朝時古籍多今所未見，姑録之以廣異聞。張氏甄陶曰：「此是子路初見夫子，雞冠佩劍，豪氣未除時語。家語載子路初見孔子，拔劍而舞，有古之君子以劍自衛乎之問。夫子答以古君子忠以爲質，仁以爲衛云云。與此章問答相類。」胡氏之説，蓋本於此。

【唐以前古注】皇疏引李充云：既稱君子，又謂職爲亂階也。若遇君親失道，國家昏亂，其於赴患致命而不知居止顧義者，亦畏陷乎爲亂，而受不義之責也。

【集注】尚，上之也。君子爲亂，小人爲盜，皆以位而言者也。尹氏曰：「義以爲尚，則其勇也大矣。子路好勇，故夫子以此救其失也。」胡氏曰：「疑此子路初見孔子時問答也。」

○子貢曰：「君子亦有惡乎？」子曰：「有惡：惡稱人之惡者，惡居下流而訕上者，惡勇而無禮者，惡果敢而窒者。」

【考異】漢石經作「君子有惡乎子曰有惡」，「居下流」，無流字。 皇本「子貢」下有問字。 論語古訓：四輩經、比邱尼經音義引無流字。鹽鐵論：「大夫曰：『文學居下而訕上。』」漢書朱雲傳云：「小臣居下訕上。」是漢時所據論語並無流字。義疏云：「惡爲人臣下而毁謗其君上者。」亦無流字。今所傳皇本有流字，蓋依通行本增入也。惠徵君曰：「當因子張篇『惡居下流』，涉彼而誤。」 論語後録：有流字者，俗本也，無義。少儀曰：「爲人臣下者，有諫而無訕，有亡而無疾。」臣下不得目爲下流。 釋文：魯讀窒爲室，今從古。 九經古義：案韓勑修孔廟後碑亦以「窒」爲「室」。漢書功臣表有清簡侯室中同，史記作「室中」，徐廣曰：「室，一作『窒』。」知室與窒通。

按：皇疏：「憎惡爲人臣下而毁謗其君上。」邢疏：「謂人居下位而謗毁在上。」據此，則皇、邢二本亦無流字。惠氏棟謂漢以前皆無流字是也。馮氏登府異文考證云：「白六帖兩引俱無流字。」是唐人所見本尚無流字，其誤當在晚唐以後。

【集解】包曰：「好稱説人之惡，所以爲惡也。」孔曰：「訕，毁也。」馬曰：「窒，窒塞也。」

【集注】訕，謗毁也。窒，不通也。稱人惡則無仁厚之心，下訕上則無忠敬之心，勇無禮則爲亂，果而窒則妄作，故夫子惡之。

曰：「賜也亦有惡乎？」「惡徼以爲知者，惡不孫以爲勇者，惡訐以爲直者。」

【考異】皇本「乎」作「也」，謂此句亦子貢語。文選西征賦注引論語子貢曰：「賜也亦有惡乎？」與義疏合。七經考文：古本「徼」作「檄」，「知」作「智」，「孫」作「遜」，下章「不孫」同。中論覈辨篇引孔子曰：「小人毁訾以爲辨，絞急以爲智，不遜以爲勇，斯乃聖人所惡。」以此爲孔子語。蘇東坡文集上韓太尉書：孔子曰：「惡居下流而訕上，惡訐以爲直。」誤以此連屬上文。

按：據此，知北宋本已有流字。

阮元校勘記：敫聲、交聲古音同部，故得通借。劉氏正義：左成十四年傳引詩「彼交匪傲」，漢書五行志引左傳「彼交」作「匪徼」，亦交、敫二聲旁通之證。絞急者，謂於事急迫，自炫其能以爲知也。中論此文可補鄭義。馮氏登府異文考證：「禮記隱義云：『齊以相絞訐爲掉磬。』論語言『絞以爲知』，又云『訐以爲直』，絞、訐連文，正齊、魯之方言。鄭氏北海人，其注三禮多齊言，故於齊、古、魯參校之時，不從古而從魯也。」案鄭作絞，不知何論，必如隱義之説，亦是齊論，而馮君以爲從魯，殊屬臆測。

【集解】孔曰：「徼，鈔也。鈔人之意以爲己有。」包曰：「訐，謂攻發人之陰私。」

【唐以前古注】皇疏：子貢聞孔子説有惡已竟，故云賜亦有所憎惡也，故江熙曰：「己亦有所賤惡也。」此子貢説己所憎惡之事也。徼，抄也，言人生發謀出計，必當出己心義，乃得爲善，若抄他人之意以爲己有，則子貢所憎惡也。勇須遜從，若不遜而勇者，子貢所憎惡也。然孔子曰惡不遜爲勇者，二事又相似。但孔子所明，明體先自有勇，而後行之無禮者。子貢所言，本自無勇，故假於孔子不遜以爲勇也。訐，謂面發人之陰私也。人生爲直，當自己不犯觸他人，則乃是善。若對面發人陰私，欲成己直者，亦子貢所憎惡也。然孔子所惡者有四，子貢有三，亦示減師也。

【集注】惡徼以下，子貢之言也。徼，伺察也。訐，謂攻發人之陰私。楊氏曰：「仁者無不愛，則君子疑若無惡矣。子貢之有是心也，故問焉以質其是非。」侯氏曰：「聖賢之所惡如此，所謂唯仁者能惡人也。」

【餘論】黄氏後案：集注徼訓伺察者，漢書以巡察爲行徼，義相合也。訐者，發人細失，誣人陰過也。唐太宗以上書者多訐人細事，立禁以讒人罪之，此惡發人細失者也。宋蔣之奇誣奏歐陽永叔陰事，當時惡之者，以陰事無可徵據而誣之也。

○子曰：「唯女子與小人爲難養也，近之則不孫，遠之則怨。」

【考異】皇本作「遠之則有怨」。後漢書楊震傳：疏曰：「夫女子小人，近之喜，遠之怨，實爲難養。」注引論語文，孫字作「遜」。又爰延傳引此文「唯」作「惟」，「養」下無也字，「孫」作「遜」。魏志黄初三年令亦作「遜」。漢石經作「孫」。

【考證】左僖二十四年傳：「女德無極，婦怨無終。」杜注：「婦女之志，近之則不知止足，遠之則忿怨無已。」

【唐以前古注】皇疏：君子之人，人愈近愈敬；而女子小人，近之則其誠狎而爲不遜從也。君子之交如水，亦相忘江湖；而女子小人，若遠之則生怨恨，言人不接己也。

【集注】此小人，亦謂僕隸下人也。君子之於臣妾，莊以涖之，慈以蓄之，則無二者之患矣。

【餘論】四書疑思録：人多加意於大人君子，而忽於女子小人，不知此兩人尤是難養者，可見學問無微可忽。四書詮義：此言修身齊家者不可有一事之可輕，一物之可慢，毋謂僕妾微賤，可以惟我所使，而忽以處之也。安上治民，莫善於禮，而禮必本於身，以惠愛之心，行天澤之禮，亂本弭矣，所謂莊以涖之，慈以畜之也。君無禮讓則一國亂，身無禮則一家亂，女戎宦者之禍天下，僕妾之禍一家，皆恩不素孚，分不素定之故也。夫子言之，其爲天下後世慮者至深且遠也。

○子曰：「年四十而見惡焉，其終也已。」

【考異】漢石經作「年卌見惡焉」，卌蓋「四十」兩字之併，讀先立切，而字無。論語古訓：廣韻引説文云：「卌，數名。」今説文十部無此字，惟卅字下云：「卅，數之積也。」與庶同意。蓋本有而今脱之耳。釋文引鄭注孝經云：「卌彊而仕。」漢孔龢碑云：「選年卌以上。」孔彪碑云：「年卌九。」雍勸闕碑云：「年卌五。」皆以四十作卌也。

【集解】鄭曰：「年在不惑，而爲人所惡，終無善行也。」

【集注】四十成德之時，見惡於人，則止於此而已，勉人及時遷善改過也。蘇氏曰：「此亦有爲而言，不知其爲誰也。」

【别解】羣經平議：此章之旨，自來失之。子罕篇曰「四十五十而無聞焉」，蓋泛論他人，不能爲一概之詞，故曰四十五十，言或四十，或五十，亦屬辭之常也。此文云年四十，則爲據實之言，非泛論矣。竊謂此章乃夫子自歎也。説文言部：「詆，相毁也。」古每叚惡爲之。漢書樊噲傳「人有惡噲黨於吕氏」，師古注曰：「惡，謂毁譖言其罪惡也。」張禹傳「數毁惡之」，注曰：「惡，謂言其過惡。」文選鄒陽獄中上書曰「蘇秦相燕，人惡之於燕王」，李善注曰：「惡，謂讒短也。」並是叚惡爲詆。據史記孔子世家，孔子年三十五適齊，爲高昭子家臣，以通乎景公。公欲封以尼谿之田，晏嬰不可。孔子斯言，殆因此而發。是時孔子之年固不可考。歷聘紀年謂留齊七年，則尼谿之沮或適值四十矣。其終也已，猶云吾已矣夫，終與已其義同。蓋孔子先是在魯，不過爲委吏，爲乘田，未得一行其道，及是景公欲用之，是亦行道之兆也，乃爲晏嬰所讒毁而止，道之不行，於此徵之矣，故發此歎耳。陽貨一篇終以孔子此言，正見羣小專恣，聖道不行，非無意也。其下微子篇所記，皆仁人失所及巖野隱淪之士，亦由此語發其端矣。

按：集解、集注於此章皆作對人言，不知所指，俞氏改爲對己言，説雖創而實有依據，蓋即「甚矣吾衰也」之意，較舊説爲勝。

【發明】反身録：吴康齋讀論語至「年四十而見惡焉，其終也已」，不覺潸然太息曰：「與弼今年四十二矣，其見惡於人者何限。而今而後，敢不勉力，少見惡於人斯可矣。」夫康齋年未弱冠，即砥德礪行至是，蓋行成德尊，猶自刻責如此，況余因循虚度，行履多錯，宜見惡於人者何可勝言。人即不盡見惡，時時反之於心，未嘗不自慚自恨自惡，於志其所以痛自刻責者，尤當如何耶？

論語集釋卷三十六

微子上

○微子去之，箕子爲之奴，比干諫而死。孔子曰：「殷有三仁焉。」

【考異】史記宋世家贊：「孔子稱：『微子去之，箕子爲之奴，比干諫而死，殷有三仁焉。』」通此節爲孔子語。　鶡冠子備知篇陸佃注引「微子去之，箕子爲之奴」，題孔子曰字。　四書通：史記周本紀、宋世家所紀此事先後皆不同，惟殷紀以爲微子先去，比干乃諫而死，然後箕子佯狂爲奴者近是，然與夫子之言先後又不同。史所書者事之實，此所記者，以事之難易爲先後。　後漢書劉陶傳注引論語曰：「殷有三仁焉，微子去之，箕子爲之奴，比干諫而死。」以此語處前節上。　梁書王亮等傳論亦曰：孔子稱殷有三仁，微子去之，箕子爲之奴，比干諫而死。　太平御覽人事部述論語，亦以「殷有三仁焉」處微子三句上。　韓李筆解本「殷」作「商」。　張存紳雅俗稽言：或謂仁即「井有仁焉」之仁，當作「人」，夫子言殷有三人如此。

【考證】古史：微子以兄之嫌，箕子以立微子之怨，其勢必不可復諫，雖諫必不用。微子欲全其先祀，故去之。箕子去無益於殷，而不忍棄其宗國，故囚。比干，宗室大臣而無嫌者也，若不以死諫，是苟免矣。此三子之志，而孔子所以皆稱其仁也。楚辭九章「比干菹醢」，王逸注：比干，紂之諸父也。紂惑妲己，作糟丘酒池，長夜之飲，斷斮朝涉，刳剔孕婦。比干正諫。紂怒曰：「吾聞聖人心有七孔。」於是乃殺比干，剖其心而觀之，故言菹醢也。四書釋地：今潞安府潞城縣東北一十五里有微子城，遼州榆社縣東南三十里有古箕城，皆其所封地，疑近是。論語後録：呂氏春秋：「紂之同母三人，其長曰微子啓，其次曰仲衍，其次曰受德。受德乃紂也，甚少矣。紂母之生微子啓與仲衍也，尚爲妾，已而爲妻，而生紂。紂之父母欲置微子啓以爲太子，太史據法而争之曰：『有妻之子，不可置妾之子。』紂故爲後。」案尚書稱微子爲殷王元子，是紂之長兄。又父師曰：「我舊云刻子，王子弗出，我乃顛隮。」是即太史争紂時之事矣。周禮司厲「其奴，男子入於罪隸」，鄭司農曰：「今之奴婢，古之罪人也。」疑胥餘以罪言之，非名也。詩「淪胥以鋪」，淪胥即熏胥，熏以爲閽，胥者，胥靡之胥，餘猶言刑餘也。呂氏春秋曰：「傅説，高宗之胥靡。」漢書楚元王傳：「申公白生諫不聽，胥靡之。」是古有此刑矣。經義知新録亦云：莊子大宗師云：「若狐不偕、務光、伯夷、叔齊、箕子胥餘、紀它、申徒狄，是役人之役，適人之適，而不自適其適者也。」然則胥餘非箕子之名也。經傳考證：此章止敘比干之諫，一似微、箕兩賢初無一言之悟主者，不知非也。微、箕之諫，已貫於比干之諫之中，特文勢蟬聯而下，使人不覺耳。宋世家曰：「紂既立不明，淫亂於政。微子數諫，紂不聽。及祖伊以西伯昌之修德滅阢，懼禍至，以告紂。紂曰：『我生不有命在天乎？是何能爲？』于是微子度紂不可諫，欲死之。及去，未能自決，乃問于太師少師。于是太師少師乃勸微子去，遂行。」又曰：「紂爲淫泆，箕子諫不聽。人或曰：『可以去矣。』箕子曰：『人臣諫不聽而去，是彰君之惡而自説于民，吾不忍爲也。』乃被髮佯狂而爲奴。」又曰：「王子比干見箕子諫不聽而爲奴，則曰：『君有過而不以死爭，則百姓何辜？』乃直言諫紂。」由此觀之，微、箕非不諫也，特比干被禍尤烈耳。　四書翼注：呂氏春秋載帝乙之妻生微子啓及仲衍，尚爲妾，及立爲后始生紂。帝乙欲立啓，太史爭之曰：「有妻之子，不可以立妾之子。」書微子篇父師曰「王子我舊云刻子」，孔注：「箕子以啓賢，請於帝乙，欲立之。」是微子於紂，地相迫，有舊嫌，於義不宜諫，去以存宗祀，乃正理也。箕子、比干同姓之卿，與國同休戚，於義應諫，諫而不聽，或被囚，或見殺，臣之於君義也，無所逃於天地之間。　又曰：左傳、史記皆言微子面縛見武王，此亦妄也。書明言吾家耄遜於荒，是遯於荒野，未嘗見武王也。武庚既誅，武王乃求微子，封之宋。左傳所載，乃許男入楚用此禮，逢伯引武庚之事移之微子，以媚楚子。司馬遷則因左傳之誤，又爲已甚之詞。既面縛矣，是兩手向後矣，何以又能左手把茅，右手牽羊？故蘇子由謂司馬不學而輕信也。聊城傅以漸云：書不稱宋公之命而稱微子之命，從舊爵，則成王之不屈微子可知。　劉氏正義：微、箕皆殷時封國。孔氏書疏引鄭玄説，以爲「俱在圻内」也。杜預春秋釋例：「僖六年，微。東平壽張縣西北有微鄉微子冢。」水經濟水注：「濟水又北逕微鄉東。」春秋莊公二十八年經書：「冬，築郿。」京相璠曰：「公羊傳謂之微。東平壽張縣西北三十里有故微鄉，魯邑也。」杜預曰：

「有微子家，西北去朝歌，尚在圻内。」寰宇記云：「博州聊城縣有微子城。」博州今東昌府治，聊城爲附郭首邑，與壽張毗連，故兩邑皆言有微地，實則壽張是也。閻氏若璩釋地謂今潞安府潞城縣東北十五里有微子城，此據明一統志，不足信也。左僖三十三年經「晉人敗狄于箕」，注：「太原陽邑縣南有箕城。」閻氏釋地謂在今山西遼州榆社縣東南三十里，而彙纂謂在太谷縣東南三十五里。是榆社縣西亦一邑兩載，皆在圻内，但未知孰是。又左傳：「秦入我河曲，焚我箕部。」江氏永春秋地理考實謂今山西隰州蒲縣東北有箕城，當即其地，然去朝歌甚遠，必非箕子所封邑也。比干未有封國，孟子稱「王子比干」，疑比干即其名或字也。路史謂唐之比陽有比水，即比干國。其説不知何本。考比陽於漢地志屬南陽郡，非在圻内，路史誤也。白虎通爵篇：「子者，孳也，孳孳無已也。」殷爵三等，謂公侯伯也。此得有子者，鄭君王制注「異畿内謂之子」是也。微子名啓。箕子名無考。莊子大宗師「若狐不偕、務光、伯夷、叔齊、箕子胥餘、紀他、申徒狄」，司馬彪注以胥餘爲箕子名。尸子亦云：「箕子胥餘漆身爲厲，被髮佯狂。」「胥餘」並承「箕子」之下，則彪説亦可信也。左定九年傳：「陽虎曰：『微子啓，帝乙之元子也。』」吕氏春秋仲冬紀：「紂之母生微子啓與仲衍，其時猶尚爲妾。已而爲妻而生紂。」史記殷本紀：「帝乙長子曰微子啓。啓母賤，不得嗣。少子辛，辛母正后，辛爲嗣。帝乙崩，子辛立，是爲帝辛，天下謂之紂。」宋世家：「微子開者，殷帝乙之首子，而紂之庶兄也。」庶兄者，謂微子生時，其母未爲后。則微子是帝乙庶子，即是紂之庶兄。此馬注意亦然也。孟子告子篇以紂爲兄之子，且以爲君，而有微子啓、王子比干。又以微、比皆紂諸父。説比干者無異辭，而微子爲諸父則止孟子一言。翟氏灝考異引陸象山説從孟子，則以箕子稱微子曰王子，與比干稱謂同，或其行輩亦同。姚氏鼐經説：「牧誓言『播棄王父母弟不迪』，苟有庶兄，播棄不迪，其罪不甚于王父母弟乎？而武王乃不言之乎？吾是以知惟孟子之言信也。」宋世家又云：「箕子者，紂親戚也。」不言爲何行輩。服虔、杜預以爲紂庶兄，而王肅以爲紂諸父，與馬此注同。高誘注淮南主術爲紂庶兄，而注吕氏春秋必己、離謂、過理等篇皆爲紂諸父。傳聞各異，未知孰是。殷本紀云：「紂愈淫亂不止，微子數諫不聽，乃與太師、少師謀遂去。比干曰：『爲人臣者不得不以死爭。』迺强諫紂。紂怒曰：『吾聞聖人心有七竅。』剖比干，觀其心。箕子懼，乃佯狂爲奴，紂又囚之。」此紀先敍微子，次比干、箕子，馬此注本之，遂以微子爲早去也。宋世家云：「箕子諫不聽，乃被髮佯狂而爲奴。王子比干見箕子諫不聽而爲奴，乃直言諫紂。紂怒，乃遂殺王子比干。於是太師、少師乃勸微子去，遂行。」則又先箕子，次比干，次微子，與殷紀敍述不同。韓詩外傳：「紂作炮烙之刑。王子比干曰：『主暴不諫，非忠也。畏死不言，非勇也。見過即諫，不用即死，忠之至也。』遂諫，三日不去。紂囚殺之。」又云：「比干諫而死。箕子曰：『知不用而言，愚也。殺身以彰君之惡，不忠也。』遂被髮佯狂而去。」此傳先比干，次箕子，與殷紀同，與宋世家異，而不言微子去之在何時。竊以微子事當從宋世家，以宋人所載必得實也。　孟子雜記：王子干封於比，故曰比干。　論語稽：比干墓在河内汲縣，或耕地得銅盤有銘，其文曰：右林左泉，前岡後道，萬世之靈，兹焉是寶。後魏孝文帝有弔比干墓文，今傳於世。

按：微子，史記、家語以爲與紂異母，吕氏春秋及鄭玄曰紂同母三人，長微子啓，次仲衍，次受。又微國，釋地以爲今山西潞安府。然廣輿記山東東昌府府城東北有微子城，云商封微子於此。皆未知孰是。顧寧人日知録云：「微子之于周，但受國而不受爵，故終身稱微子，不稱宋公。」則又不然。以例明之，康叔初封康，畿内國也。及成王封康叔於衛，則衛侯矣。然而尚書、春秋傳皆稱康誥，不稱衛誥，叔亦終其身稱康叔，不稱衛侯，豈康叔亦受國不受爵耶？子非爵，乃男子之美稱，如春秋稱劉子、單子是也。殷爵三等，公侯伯也。鄭王制注「畿内謂之子」，春秋書季友爲季子，左氏稱魏舒爲魏子，亦此例。

【集解】馬曰：「微、箕，二國名。子，爵也。微子，紂之庶兄。箕子、比干，紂之諸父也。微子見紂無道，早去之。箕子佯狂爲奴。比干以諫而見殺也。」何曰：「仁者愛人。三人行異而同稱仁，以其俱在安亂寧民。」

【唐以前古注】詩柏舟正義引鄭注：箕子、比干不忍去，皆是同姓之臣，有親屬之恩，君雖無道，不忍去之也。然君臣義合，道終不行，雖同姓有去之理，故微子去之，與箕子、比干同稱三仁。

皇疏：微子者名啓，是殷王帝乙之元子，紂之庶兄也。殷紂暴虐，殘酷百姓，日月滋甚，不從諫争。微子觀國必亡，社稷顛殞，己身是元長，宜存係嗣，故先去殷投周，早爲宗廟之計，故云去之。箕子者，紂之諸父也，時爲父師，是三公之職，屢諫不從，知國必殞，己身非長，不能輒去，職任寄重，又不可死，故佯狂而受囚爲奴，故云爲之奴也。鄭注尚書曰：「父師者，三公也。時箕子爲之奴。」比干亦紂之諸父也，時爲少師，少師是三孤之職也，進非長適，無存宗之去；退非台輔，不俟佯狂之留，且生難死易，故正言極諫，以至剖心而死，故云諫而死也。鄭注尚書云：「少師者，大師之佐，孤卿也。時比干爲之死也。」孔子評微子、箕子、比干，其迹雖異而同爲仁，故云有三仁焉。所以然者，仁以憂世忘己身爲用，而此三人事迹雖異，俱是爲憂世民也。然若易地而處，則三人皆互能耳，但若不有去者，則誰保宗祀耶？不有佯狂者，則誰爲親寄耶？不有死者，則誰爲亮臣節耶？各盡其所宜，俱爲臣法，於教有益，故稱仁也。筆解：韓曰：「殺身成仁，比干以之，微、箕二子校之劣焉。仲尼俱稱仁，別有奥旨，先儒莫之釋也。」李曰：「聖人先言微子，以其先去之也。後言比干，以其諫之晚矣。中言箕子，則仁兼先後，得聖人中焉。」韓曰：「箕子明夷，與文王同乎易象，尚書洪範見武王伸其師禮，然則箕子非止商之仁也，蓋萬世之仁乎？」

【集注】微、箕，二國名。子，爵也。微子，紂庶兄。箕子、比干，紂諸父。微子見紂無道，去之以存宗祀。箕子、比干皆諫，紂殺比干，囚箕子以爲奴，箕子因佯狂而受辱。三人之行不同，而同出於至誠惻怛之意，故不咈乎愛之理，而有以全其心之德也。楊氏曰：「此三人者，各得其本心，故同謂之仁。」

【餘論】論語意原：微子入爲卿士，數諫不聽，遂舍卿士之位，去而之國也。論語補疏：孔子以管仲爲仁，不取召忽之死，以爲匹夫匹婦之諒，自經於溝瀆而人莫之知。又云有殺身以成仁，死而成仁，則死爲仁；死而不足以成仁，則不必以死爲仁。仁不在死，亦不在不死，總全經而互證之可見也。三人之仁，非指去、奴、死爲仁也。商紂時天下不安甚矣，而微、箕、比干皆能憂亂安民，故孔子歎之，謂商之末有憂亂安民者三人，而紂莫能用，而令其去，令其奴，令其死也。不能憂亂安民而徒能死，石之紛如、徒人費，其人忠於所事則然，不可謂之殺身成仁。不能一匡天下，而藉口於管仲之不死，則又不如召忽，不如石之紛如、徒人費矣。四書蒙引：微子之去在先，據書可見。箕子之囚，比干之死，則不可知其先後。以事理度之，箕子之囚在先，彼時紂怒未甚，諫者猶只囚之。迨後比干諫，紂之忿疾已甚，遂殺之。至殺比干時，武王之兵所以隨至也。故泰誓聲其罪曰「剥喪元良，賊虐諫輔」是也。論語此三句非事之難易可見。其去留生死先後之期，亦只此爲據矣。朱子或問從殷紀，不可用。論語注義問答通釋：此篇多記仁賢之出處，列於論語將終之篇，蓋亦歎夫子之道不行，以明其出處之義也。其次第先後亦有可言者，君子之用於世，其或去，或不去，莫不有義焉，三仁、柳下惠是也。孔子於齊、魯知其不可仕而遂行者，義也；知其不可仕也，而猶往來屑屑以救斯世，接輿、沮、溺、荷蓧丈人未免有疑焉者，亦義也。列逸民之目而斷之以無可無不可，所以見夫子出處之義也。至於樂工相率而去之，則又以明夫決不可以有爲也。稱周公之言以見古之親親而尊賢，敬故而器使，一出於仁厚之意，則安有望望而去之者哉？此周之人才所以盛，而舉一姓八士以終之，所以傷今思古，而歎夫子之道窮也。　黄氏後案：微子去之，皇疏以爲去殷歸周，未足據。蔡氏書傳言適周在克殷之後，此時特去位而逃於外，其説爲長。或謂去王朝而之國，則國在畿内，不得言去也。案此篇記敍隱遯之事，而先之以此見殷之亡由於不用賢也。微子諫不用而去，繼諫者奴，甚則死，紂惡日稔，殷遂亡。稱之曰殷有三仁，見殷非無賢也。三仁，固欲匡君救民者也。韓詩外傳十曰：「昔殷王紂殘賊百姓，絶逆天道，然所以不亡者，以其有箕子、比干之故。微子去之，箕子執囚爲奴，比干諫而死，然後周加兵而誅絶之。」　經正録：或問據史記殷紀，以爲箕子之奴在比干諫死之後。饒雙峰、蔡虚齋以爲當從論語。近朱氏彬據宋世家敍，三仁去與奴與死之先後，與論語合矣，然殷紀、宋世家既先言微子之去，而宋世家於紂殺比干後又曰：「微子曰父子有骨肉，而臣主以義屬，故父有過，子三諫，不聽則隨而號之；人臣三諫不聽，則其義可以去矣。於是太師少師乃勸微子去，遂行。」是史遷猶未能塙指其先後，牴牾如此，後之人豈可臆説耶？　反身録：啓雖封有爵土，而身常在朝，同箕子、比干諸人輔政，至是見紂惡日甚，不可以輔，乃去紂而還其所封之國，轉遯於野，潛跡滅蹤，非去紂而入周也。若去紂而入周，又何以爲微子？昭烈之圍成都也，許靖謀踰城出降，昭烈由是鄙其爲人。使微子而亦然，豈不見鄙於武王乎？至左傳引微子銜璧迎降之言，斯蓋後世臣人者借口，賢如微子，必不其然。武王尚式商容之閭，微子之賢，在所素悉，夫何致其恇震以至於此，亦必不然。然則微子之在彼時，果何以自處？而武王之於微子，亦果何以爲處也？曰天命既改，微子不容不順天俟命。武王奉天伐暴，誅止一夫，其餘子姓之有爵土者俱仍其封，不失舊物，況微子乎？既而崇德象賢，改封於宋，進爵爲公，俾修其禮物，作賓王家，斯微子之所以自處，而武王之所以處微子也。夫豈同後世牽羊銜璧，解縛焚櫬者之所爲也？

【發明】反身録：箕子囚奴，比干剖心，忠節凜然，天地爲昭。微子之去，迹同後世全身遠禍者所爲，而夫子並許其仁者，原其心也。以其心乎國，非私乎身，宗祀爲重，迹爲輕也。蓋微子本帝乙之元子，紂之親兄，與箕子、比干不同，有可去之義。故箕子詔王子出迪，不使紂有殺兄之名，而元子在外，宗祀可延，所謂自靖人自獻於先王，而即其心之所安，是以同謂之仁。後世若德非微子，分爲臣僕，主昏不能極諫，國亡不能御節，跳身遠去，俛首異姓，斯乃名教之罪人，不仁之大者。公論自在人心，口誅筆伐，播諸青史，一時輕去，千載難逃，夫何原？問：後世德非微子，固不可以俛首異姓。若德如微子，便可借口宗祀，俛首異姓乎？曰：亦顧其所遇何如耳。苟遇非武王，只當如北地王劉諶之死社稷爲正。蓋時有不同，古今異勢故也。否則不惟不能存宗祀，反有以辱宗祀矣。

○柳下惠爲士師，三黜。人曰：「子未可以去乎？」曰：「直道而事人，焉往而不三黜？枉道而事人，何必去父母之邦？」

【考異】孟子疏引此章文，首冠「孔子云」三字。新序雜事篇：「昔柳下季爲理於魯，三絀而不去。」黜字作「絀」，下「焉往不三絀」倣此。「可以去乎」，作「可以去矣」。後漢書崔駰傳注引論語作「可以去矣」。漢石經「邦」諱作「國」。風俗通義十反樊紹曰：柳下惠不去父母之國。

按：集注胡氏曰：「此必有孔子斷之之言，而亡之矣。」風俗通十反曰：「柳下惠三黜不去，孔子謂之不恭。」所亡斷之之言，或此是歟？（見四書考異）

【考證】論語後録：荀子曰：「展禽三絀。」絀即黜字。戰國策：燕王喜謝樂毅書曰：「柳下惠吏於魯，三黜而不去。或謂之曰：『可以去。』柳下惠曰：『苟與人異，惡往而不黜乎？猶且黜乎，寧於故國爾。』」列女傳：柳下惠處魯，三黜不去。妻曰：「無乃瀆乎？君子有二恥，國有道而賤，恥也；國無道而貴，恥也。今當亂世，三黜不去，亦近恥也。」惠曰：「油油之民將陷於害，吾能已乎？且彼爲彼，我爲我，彼雖裸裎，安能汙我？」油油然與之處仁於下位。既死，門人將誄之。妻曰：「誄夫子之德耶？二三子不知，妾知之也。」乃誄之，而謚爲惠。

勸學録（論語稽引）：岑鼎之徵，魯君欲以贋，惠必以真，魯君於是乎黜之。爰居之止，臧孫以爲吉，惠以爲災，文仲於是乎黜之。僖公之躋夏父，弗忌以爲明順，惠以爲不祥，弗忌於是乎黜之。是之謂三黜也。

【集解】孔曰：「士師，典獄之官。焉往而不三黜者，苟直道以事人，所至之國，俱當復三黜。」

【唐以前古注】皇疏引李充云：舉世喪亂，不容正直，以國觀國，何往不黜也？又引孫綽云：言以不枉道而求留也。若道而可枉，雖九生不足以易一死，柳下惠之無此心，明矣。故每仕必直，直必不用，所以三黜也。

【集注】士師，獄官。黜，退也。柳下惠三黜不去，而其辭氣雍容，如此可謂和矣。然其不能枉道之意，則有確乎其不可拔者，是則所謂必以其道，而不自失焉者也。胡氏曰：「此必有孔子斷之之言而亡之矣。」

【餘論】論語集説引劉東溪曰：柳下惠，以和名於世者也，至爲士師，三黜而不變其道，曰：「直道而事人，焉往而不三黜？」使之少貶，豈有是哉！孟子曰：「柳下惠不以三公易其介。」介，節守也。三公尚不能易，而況士師乎？然遺佚而不怨，阨窮而不憫，降志辱身而不以爲屈，彼顧自謂有直以行乎其間，是以不屑去也。此木軒四書説：集注胡氏謂此必有孔子斷之之辭而亡之。案本篇柳下惠降志辱身，言中倫，行中慮，其斯而已矣。三黜不去，不謂之降辱乎？不肯枉道，老於父母之國，所謂中倫中慮者也。孔子斷之之辭，何以加於此乎？四書詮義：此篇所紀，往古實行及當時隱逸之人，皆當以夫子對看。孔子行二章，見孔子可去而去，不苟合，而非遯世；而楚狂三章，又見孔子惓惓救世之志，不能一日忘，仁至義盡，而必非徇人枉己，此孔子之無可無不可也。三仁無間，亦是所處之時位當然。若柳下惠，則視一世皆枉道；楚狂沮、溺、丈人輩，又視斯世之人爲若浼其趣，皆異於聖人，而各有所偏主矣。太師摯諸人實挹孔子流風，而周公之訓，八士之盛，又夫子所有志焉，而未之逮見者也。此章以本章玩之，則惠之和而介可見。以下二章參之，則孔子之時中，而惠之不恭，亦可見矣。孟子每以孔子與伯夷、伊尹、柳下惠並言，而要歸願學孔子，皆此篇之意也。

〇齊景公待孔子曰：「若季氏，則吾不能；以季、孟之間待之。」曰：「吾老矣，不能用也。」孔子行。

【考證】史記世家：景公問政。孔子曰：「君君，臣臣，父父，子子。」他日又問。曰：「政在節財。」公説，欲以尼谿田封孔子。晏嬰進曰：「夫儒者，滑稽而不可軌法，倨傲自順，不可以爲下，崇喪遂哀，破産厚葬，不可以爲俗。今孔子盛容飾，繁登降之禮，累世不能殫其學，當年不能究其禮。君欲用之以移齊俗，非所以先細民也。」異日，景公止孔子曰：「奉子以季氏，吾不能；以季、孟之間待之。」齊大夫欲害孔子，孔子聞之。景公曰：「吾老矣，弗能用也。」孔子遂行，反乎魯。

按：孔子年譜，時昭公二十六年，孔子三十七歲，景公三十二年也。

經史問答：春秋之世，三卿次第無常，故如季文子爲上卿，而孟獻子受三命，則同爲上卿。及文子卒，武子列於獻子之下，叔孫昭子受三命，則亦以上卿先於季平子，是以命數論也。如王命同則司徒爲上，而司空班在第三，是以官論也。其當國執政，則又不盡然，如齊有命卿國、高，管仲乃下卿而相，是以賢也。叔孫昭子雖三命，而終不能抑季氏，是以權也。故齊景所云季、孟之間，非以三卿之序，言三桓之大宗在季氏，而友有再定閔、僖之功，行父又歷相宣、成，故最强。孟氏於三桓本庶長，而慶父、叔牙皆負罪，故孟、叔二氏，其禮之遜於季者不一而足。及敖之與兹，則兹無過，而敖以荒淫，幾斬其世，若非穀與難二賢子，孟氏幾不可支，故是時孟氏遜於叔氏。及獻子以大賢振起，遂與文子共當國而僑如爲亂，叔氏之勢始替。自是以後，孟氏之權亞於季，而駕於叔，蓋其始本以重德，及其後遂成世卿甲乙一定之序。故劉康公曰：「叔孫之位不若季、孟。」而僑如亦自曰：「魯之有季、孟，猶晉之有欒、范。」試觀四分公室，舍中軍則季氏將左師，孟氏將右師，而叔孫氏自爲軍，是三桓之勢季一孟二，不可墨守下卿之説，而輕之也。是則季、孟之間之説也。　四書典故辨正：季、孟之間者，季氏下，孟之上，即謂以待叔氏之禮待之，亦無不可。　四書釋地續：孔子在齊止一次，以昭公二十五年甲申，魯亂，遂適齊，至丙戌復反魯。考爾時爲景公之三十三年，距其薨於辛亥尚前二十五年，奈何輒自謂老？蓋景公母叔孫宣伯之女。宣伯在齊爲成十六年丙戌，齊靈公納其女，嬖，生景公。以景公生於成十七八年計，即位改元，已二十七八歲，加以三十三年，遂歎老嗟衰，時蓋六十歲。當補集注一句曰：景公自言吾老，時蓋年近六十云。　黄氏後案：待孔子之待，依史記世家作「止」。止對行言，謂留之也。爾雅：「止，待也。」廣雅：「止，待逗也。」穆天子傳「乃命邢侯待攻玉者」，注：「待，留之也。」魯語「其誰云待之」，説苑正諫作「其誰能止之」。古待、止音同，相通用。

【集解】孔曰：「魯三卿，季氏爲上卿，最貴。孟氏爲下卿，不用事。言待之以二者之間。」何曰：「以聖道難成，故云：『吾老，不能用。』」

【唐以前古注】皇疏引江熙云：麟不能爲豺步，鳳不能爲隼擊。夫子所陳，必也正道，景公不能用，故託吾老。可合則往，於離則去，聖人無常者也。筆解：韓曰：「上段孔子行是去齊來魯也。下段孔子行是去魯之衞也。孔子惡季氏，患其强不能制，故出行他國。」李曰：「按史記孔子世家，子在衞，使子路伐三桓城，不克。此是仲尼既不克三桓，乃自衞反魯，遂作春秋。春秋本根不止傷周衰而已，抑亦憤齊將爲陳氏，魯將爲季氏云。」

按：筆解此注，應在齊人歸女樂章後，誤列於此。

【集注】魯三卿，季氏最貴，孟氏爲下卿，孔子去之，事見世家。然此言必非面語孔子，蓋自以告其臣，而孔子聞之爾。程子曰：「季氏强臣，君待之之禮極隆，然非所以待孔子也。以季、孟之間待之，則禮亦至矣。然復曰『吾老矣，不能用也』，故孔子去之。蓋不繫待之輕重，特以不用而去爾。」

【餘論】劉氏正義：景公雖欲待孔子，而終不果行，後又託於吾老而不能用，孔子所以去齊而反魯也。待孔子與吾老之言非在一時，故論語用兩曰字別之。

○齊人歸女樂，季桓子受之，三日不朝，孔子行。

【考異】釋文：歸如字，鄭作「饋」，其貴反。漢書禮樂志「齊人饋魯而孔子行」，師古注引論語曰：「齊人饋女樂。」後漢書蔡邕傳「齊人歸樂，孔子斯征」，章懷注引論語曰：「齊人饋女樂。」文選鄒陽上書注亦引論語「齊人饋女樂」。

【考證】史記世家：孔子行攝相事，齊人聞而懼曰：「孔子爲政必霸。霸則吾地近焉，我之爲先并矣。盍致地焉？」犁鉏曰：「請先嘗沮之。沮之而不可，則致地，庸遲乎？」於是選齊國中女子好者八十人，皆衣文衣而舞康樂，文馬三十駟，遺魯君。陳女樂文馬於魯城南高門外。季桓子微服往觀再三，將受，乃語魯君爲周道游，往觀終日，怠於政事。子路曰：「夫子可以行矣。」孔子曰：「魯今且郊，如致膰乎大夫，則吾猶可以止。」桓子卒受齊女樂，三日不聽政，郊又不致膰俎於大夫，孔子遂行。　家語子路初見篇略同。　韓非子内儲説：仲尼爲政於魯，齊景公患之。黎且謂景公曰：「君何不迎之重禄高位。遺哀公女樂以驕榮其志，哀公新樂之，必怠於政，仲尼必諫，諫必輕絶於魯。」景公曰善，乃令黎且以女樂六遺哀公。哀公樂之，果怠於政。仲尼諫不聽，去而之楚。　翟氏考異：孔子爲政於魯，在定公時，韓非以爲哀公，誤也。其云諫之不聽乃去，則於聖人去父母國之道獨爲周緻。當歸女樂時，孔子必嘗極諫。觀齊人之不敢直陳魯庭，桓子之不敢公行魯國，可以意會其故。論語、孟子俱不專於紀事，各見一邊，理無嫌也。史記不兼取韓非語，便成闕失。　鄉黨圖考：按世家歸女樂、去魯、適衛皆敘於定公十四年，非也。定十三年夏，有築蛇淵囿，大蒐比蒲，皆非時勞民之事。使夫子在位而聽其行之，則何以爲夫子？考十二諸侯年表及衛世家，皆於靈公三十八年書「孔子來，禄之如魯。」衛靈公三十八當魯定十三，蓋女樂事在十二、十三冬春之間，去魯實在十三年春。魯郊常在春，故經不書。當以衛世家爲正。　拜經日記：孔子世家，定公十二年夏，孔子言於定公曰：「臣無藏甲，大夫毋百雉之城。」使仲由爲季氏宰，將墮三都。至十二月，公圍成弗克。此專敘墮三都本末。又曰，定公十二年，孔子年五十四，由大司寇攝行相事，與聞國政。齊人聞而懼，陳女樂文馬於魯城南高門外。桓子卒受女樂，郊又不致膰俎於大夫，孔子遂行。至桓子喟然歎曰：「夫子罪我以羣婢故也。」夫此專敍孔子去魯本末。復提定公年者，以文繁事多，故再言以明之。魯世家括其要曰：「十二年，使仲由毁三桓城，收其甲兵。孟氏不肯墮城，伐之，不克而止。」此一事也。又曰：「季桓子受齊女樂，孔子去。」此又一事也。淺人改孔子世家定公十二年孔子年五十四爲定公十四年孔子年五十六，由不諳復提文法耳，當據年表及魯世家正之。臨海洪震煊云：「孔子於郊後去魯，不脱冕而行。魯郊以孟春，是孔子去魯在定十三年春，以爲定十二冬者誤也。」案禮記明堂位：「魯君孟春乘大路，載弧韣，旂十有二旒，日月之章，祀帝於郊。」注云：「孟春，建子之月。」又雜記：「正月日至可以有事於上帝。」注云：魯以周公之故，得以正月日至之後郊天，是魯郊在周正首月，實夏正之十一月也。孔子於魯定十二年冬十一月郊後去魯，至十二月公圍成弗克，孔子已去魯矣。初叔孫氏先墮郈，季氏將墮費，公山不狃、叔孫輒率費人襲魯，公與三子入於季氏之宫，登武子之臺，費人攻之，弗克，入及公側。孔子命申句須、樂頎下伐之，費人北，國人追之，敗諸姑蔑，二子奔齊，遂墮費。此見聖人之臨事而懼，好謀而成。使十一月不去魯，則十二月圍成有不克乎？明茅氏坤未審史公文律，乃曰孔子欲墮三都，墮郈與費矣，而成卒不能墮，以勢之無可奈何也。是未知孔子去魯在十一月，公圍成弗克在十二月也。

劉氏正義：孟子言孔子於季桓子有見行可之仕，世家亦言行乎季孫，三月不違，其任孔子甚專。至將死，命康子必反孔子，此不得謂不知孔子矣。乃受齊女樂，甘墮齊人術中，而迫孔子以不得不行，此當別有隱情，或即惑於公伯繚之愬，以夫子爲强公弱私，不利於己，故孔子於女樂之受，雖諫亦不聽也。世家言孔子去魯適衛，而韓非及檀弓皆言適楚，亦傳聞各異。

【集解】孔曰：「桓子，季孫斯也。使定公受齊之女樂，君臣相與觀之，廢朝禮三日。」

【唐以前古注】皇疏引江熙云：夫子色斯舉矣，無禮之朝，安可以處乎？

【集注】季桓子，魯大夫，名斯。案史記定公十四年，孔子爲魯司寇，攝行相事。齊人懼，歸女樂以沮之。尹氏曰：「受女樂而怠於政事如此，其簡賢棄禮，不足與有爲可知矣。夫子所以行也，所謂見幾而作，不俟終日者與？」范氏曰：「此篇記仁賢之出處，而折衷以聖人之行，所以明中庸之道也。」

【餘論】論語集注考證：孔子生長於魯，至是五十餘年，天下之士多從之者，魯之君臣豈有不知其賢，而未嘗能用孔子也。定公之十年，一旦起而用之，論語、左氏皆不言其故，獨孟子稱孔子於季桓子見行可之仕，而此篇謂季桓子受女樂不朝，孔子行，是孔子此時之行藏繫季桓子之用舍也。何哉？魯自三家四分公室，而季氏取其二。季氏專魯，而魯公無民久矣。使魯之君而欲用孔子，豈能遽奪季氏之權以畀孔子？季氏亦豈肯遜己之權以與孔子哉？自定公之五年季平子卒，其家臣陽虎始用事，乃執桓子囚之，辱之於晉，陷之於齊師，且盟且詛。八年，又將享桓子而殺之，僅而獲免。當是時，非惟魯國不可爲，而季氏亦自不可支矣。桓子於此，亦謀所以爲止亂興衰之計，故舉孔子於公而試用之。已而政聲四達，却齊而歸地，於是攝行相事，墮三都。夫三都者，三家之彊邑也，當是時，公山弗擾在費，而郈侯犯之，亂未久也。三家之有三都，本非公室之便，而三都之爲三都，至是亦非三家之便矣。故仲孫氏始墮郈，繼而季桓子墮費，已而孟孫氏不肯墮成，圍之，弗克。其不肯墮成也，公斂處父之言曰：「無成，是無孟氏也。」然則無費是亦無季氏也，而墮之，當是時，桓子之心未敢自計其私也。夫三都已墮其二，則成之不墮固亦未害，夫子久之必有處矣。既而魯國方治，而齊人乃歸女樂以沮之。夫使孔子上下之交方固，桓子之志未移，則一女樂豈足以間之？齊人素善謀功利者，歸女樂而謂足以間魯之用孔子，豈不幾於兒戲乎？是殆必得其間矣。季氏，權臣也。桓子舍己之權以聽孔子，而墮其名都以强公室。其中豈無介介者？顧以衰敗之餘，藉以振起，今紀綱既定，外侮既却，魯既治矣，桓子豈甘終於自絀者？縱桓子甘之，季氏私人必有以爲不利者，故其信任之意必已漸衰，特未敢驟舍孔子，而孔子顧亦無隙可行爾。故齊人歸女樂以促之，夫齊何懼於我而歸女樂？於事可疑，於禮非正，有國者固不可陷此，爲鄰國所覘也。使桓子而猶爲夫子之聽，豈其受此？受之已非矣，而又君臣荒淫其中，三日不朝，故孔子去之。然考之孟子與史記，蓋爲膰肉不至而行也。而此篇則謂爲女樂，蓋孔子之行決於此，而特發於膰肉耳。孟子曰：「孔子爲魯司寇，不用。從而祭，膰肉不至，不税冕而行。」夫謂之不用，則不用固久矣，受女樂其事一也。夫郊之必致膰於大夫，彝禮也，孔子何此之待哉？待遇之衰必有日矣。夫使其致膰，猶彝禮也，而不致是顯然疏却之也，於是而行，復何俟哉？此夫子之出處本末事情也。

○楚狂接輿歌而過孔子曰：「鳳兮鳳兮！何德之衰？往者不可諫，來者猶可追。已而，已而！今之從政者殆而。」

【考異】論語集注考證：輿，莊子一本又作「與」，同音餘。七經考文：古本「歌而過孔子」下有「之門」二字，足利本同。翟氏考異：高士傳：「楚狂姓陸名通。」則接輿非其名，乃接孔子乘輿耳。後文孔子下，不云下輿，以輿已先見此也。既言接輿，何得再言遊門？莊周趁一時之筆，而鄭康成遂訓後下字爲下堂出門，蒙未敢以爲信也。漢石經作「何而德之衰也？往者不可諫也，來者猶可追也。」廣川書跋：漢石經作「何得之衰」，與洪氏隸釋傳文異。史記世家：皇本「衰」下、「諫」下、「追」下並有也字。唐石經「何德之衰也」，有也字。往者不可諫兮，來者猶可追也。釋文：魯讀期斯已矣，今之從政者殆。今從古。翟氏考異：魯讀期斯已矣者，疑屬上篇問喪章期而已矣。如陸云，則魯論已嘗有錯簡矣。鄭注不傳，難以遽斷。潘氏集箋：魯蓋讀已爲「期斯已矣」之已，釋文當有脱字，非讀此句爲「期斯已矣」，翟説非也。

【考證】楚辭九章「接輿髡首兮」，王逸注：「接輿，楚狂接輿也。髡，剔也。首，頭也。自刑身體，避世不仕也。」法言淵騫篇：狂接輿之被其髮也。高士傳：接輿姓陸名通，字接輿，楚人也。好養性，躬耕以爲食。楚昭王時，通見楚政無常，乃佯狂不仕，故時人謂之楚狂。莊子人間世：孔子適楚。楚狂接輿遊其門，歌曰：「鳳兮鳳兮！何德之衰也？來世不可待，往世不可追也。天下有道，聖人成焉。天下無道，聖人生焉。方今之世，僅免刑焉。福輕乎羽，莫之知載。禍重乎地，莫之知避。已乎已乎！臨人以德。殆乎殆乎！畫地而趨。迷陽迷陽，無傷吾行。吾行却曲，無傷吾足。山木自寇也，膏火自煎也。桂可食，故伐之。漆可用，故割之。人皆知有用之用，而莫知無用之用也。」劉氏正義：接輿，楚人，故稱楚狂。莊子逍遥遊：「肩吾問於連叔曰：『吾聞言於接輿。』」應帝王篇：「肩吾見狂接輿。狂接輿曰云云。」又「接輿曰云云」。此外若荀子堯問、秦策、楚辭、史記多稱接輿，故馮氏景解舂集謂接是姓，輿是名。引齊稷下辨士接子作證。皇甫謐高士傳：「陸通字接輿。」妄撰姓名，殊不足據。韓詩外傳稱「楚狂接輿躬耕以食，楚王使使者齎金百鎰，願請治河南。接輿笑而不應，乃與其妻偕隱。變易姓字，莫知所之。」觀此，則接輿乃其未隱時所傳之姓字。後人因孔子下解爲下車，遂謂楚狂與夫子之輿相接而歌，誤也。秦策：「范雎曰：『箕子、接輿，漆身而爲厲，被髮而陽狂，無益於殷、楚。』」史記鄒陽傳：「上書曰：『箕子佯狂，接輿避世。』」楚辭涉江云：「接輿髡首。」髡首如仲雍之斷髮。漆身髡首，皆佯狂之行，故此注言接輿佯狂也。

按：劉説是也。曹氏之升曰：「論語所記隱士皆以其事名之，門者謂之晨門，杖者謂之丈人，津者謂之沮、溺，接孔子之輿者則謂之接輿，非名亦非字也。」孟子萬章問不見諸侯何義章正義曰：「楚狂接輿是楚人，姓陸名通，字接輿也。」蓋本於高士傳。馮景引齊稷下辯士接子爲接氏之證。後人泥於下文「孔子下」之文，以爲即下車，遂以接輿爲接孔子之輿，非也。考莊子人間世，孔子適楚，楚狂接輿游其門，則非接孔子之輿矣，當以接氏輿名爲是。

黄氏後案：楚狂歌詞尊敬聖人，復爲聖人防患，歎惜時事，情詞悲切，先儒謂楚狂非常人，良是。歌語衰追爲韻，衰，古音以齋縗之讀爲正。已殆爲韻，已，古音讀與采切，詩蒹葭、節南山與采殆韻。三而字亦韻。

【集解】孔曰：「接輿，楚人。佯狂而來歌，欲以感切孔子，比孔子於鳳鳥，鳳鳥待聖君乃見。非孔子周行求合，故曰衰。已往所行不可復諫止，自今以來可追自止，辟亂隱居。已而已而者，言世亂已甚，不可復治也。再言之者，傷之深也。」

【唐以前古注】皇疏：接輿，楚人也，姓陸名通，字接輿。昭王時政令無常，乃被髮佯狂不仕，時人謂之爲楚狂也。時孔子適楚，而接輿行歌從孔子邊過，欲感切孔子也。此接輿歌曲也，知孔子有聖德，故以比鳳，但鳳鳥待聖君乃見，今孔子周行屢不合，所以是鳳德之衰也。言屢適不合，是示已往事不復可諫，是既往不咎也。來者，謂未至之事也。未至之事猶可追止，而使莫復周流天下也。已而者，言今世亂已甚也。殆而者，言今從政者皆危殆，不可復救治之者也。

【集注】接輿，楚人，佯狂辟世。夫子時將適楚，故接輿歌而過其車前也。鳳有道則見，無道則隱，接輿以比孔子，而譏其不能隱爲德衰也。來者可追，言及今尚可隱去。已，去也。而，語助詞。殆，危也。接輿蓋知尊孔子而趣不同者也。

【别解】戴望論語注：往者不可諫，來者猶可追。往，往世也。諫猶正也。來，來世也。言待來世之治，猶可追乎？明不可追。莊子述此歌曰：「往世不可追，來世不可待。」又曰：殆，疑也。昭王欲以書社地封孔子，令尹子西沮之。故言今之從政者見疑也。劉氏正義：案戴説是也。孔子世家載子西説云：「且楚之祖封於周，號爲子男五十里。今孔丘述三王之法，明周、召之業。王若用之，則楚安得世世堂堂方數千里乎？夫文王在豐，武王在鎬，百里之君，卒王天下。今孔丘得據土壤，賢弟子爲佐，非楚之福也。」是子西以夫子得志不利於楚，故疑之也。莊子云：「殆乎殆乎！畫地而趨。」畫地即指封書社之事，明以此見殆，則殆訓疑至確也。春在堂隨筆：余因子高解往者不可諫，而悟來者猶可追之義。周官追師注：「追，猶治也。」猶可追，言猶可治也。夫子删詩、書，定禮、樂，贊周易，修春秋，爲後世法，皆所以治來世也。公羊子曰：「制春秋之義，以俟後聖，以君子之爲亦有樂乎此也。」深得孔子之意，而皆自楚狂一言發之，楚狂之功大矣。

【餘論】匏瓜録：晨門、荷蕢、沮、溺、丈人，皆無意於遇孔子而遇之者也。楚狂則有意於遇孔子而遇之者也。狂，楚人也。楚之有道無道，可仕不可仕，見之審矣。聞孔子將之楚，故歌以迎之；思孔子之不必適楚，故歌以止之。車前矢音，敬愛兼至，勸戒互陳，若惟恐孔子罹於從政之殆者，卒之受困於陳、蔡，見沮於子西。吾道之窮，楚狂若先料之，有心哉狂也。四書詮義：以下數章，皆見聖人之不忍於避世也。接輿諸人高蹈之風致自不可及，其譏孔子處，亦非謂孔子果趨慕榮禄，同於俗情；但世不可爲，而勞勞車馬，深爲孔子惜耳。顧天下無不可爲之時，而隱士必以爲不可爲，則聖人之見達，而隱士之見膠。天下有不忍絶之情，而隱士必果於忘世，則聖人之情仁，而隱士之情忍。天下有不可逃之義，而隱士祇潔其一身，則聖人之德溥，而隱士之德孤。故隱士每冷譏孔子，而孔子亦惓惓於隱士，欲與之語，以廣其志，此聖人之至教也。

孔子下，欲與之言。趨而辟之，不得與之言。

【考異】皇本「辟」作「避」，「言」下有也字。

【考證】論語古訓：按此當與荷蕢過孔門同，故鄭云下堂出門也。莊子人間世云：「孔子適楚，楚狂接輿遊其門曰：『鳳兮鳳兮！何德之衰也？』」足爲下堂出門之明證。包云下車，誤矣。

潘氏集箋：包以爲下車者，蓋以接輿爲接孔子之輿，不著姓名。論語竢質謂其不欲人知，而以皇甫謐造設姓名爲妄。四書考異反據謐所云姓陸名通，以證接輿之非姓名，謬矣。鄭以下爲下堂出門者，莊子人間世云：「孔子適楚，楚狂接輿遊其門曰鳳兮鳳兮云云。」蓋謂如荷蕢過孔氏之門，故以孔子爲下堂出門也。論語偶記據秦策「箕子、接輿，漆身而爲厲，披髮而爲狂。」宋翔鳳又據尸子「楚狂接輿，耕於方城。」證其爲姓名，而非接孔子之輿是也。維城案下車之説，魯論説也。下堂出門之説，古論説也。劉氏正義：注以下爲下車，則前云「歌而過」，當謂過夫子車前也。鄭注云：「下堂出門也。」與包異者，鄭以莊子言「孔子適楚，楚狂接輿遊其門」，是夫子在門内，非在車上，故以下爲下堂也。前篇「下而飲」、「拜下」皆不言堂，與此同。高士傳前用莊子「遊其門」之文，及此復從包氏以爲下車，不免自相矛盾。

【集解】包曰：「下，下車也。」

【唐以前古注】釋文引鄭注：下，下堂出門也。皇疏引江熙云：言下車，明在道聞其言也。若接輿與夫子對共情言，則非狂也。達其懷於議者修其狂迹，故疾行而去也。

【集注】孔子下車，蓋欲告之以出處之意。接輿自以爲是，故不欲聞而辟之也。

【餘論】黄氏後案：或疑狷介之士與言何益？曰天下大事，惟恬淡者能任之，人有不爲也而後可以有爲，此夫子所不忍絶之也。韓詩外傳五曰：「朝廷之士爲禄，故入而不出。山林之士爲名，故往而不返。」爲名者避污名，勵清操也，其品足嘉矣。韓傳又曰：「入而不能出，往而不能返，通移有常，聖也。」然則聖狂之異，亦可知矣。

○長沮、桀溺耦而耕，孔子過之，使子路問津焉。

【考異】漢婁壽碑：「桀且、溺之耦耕。」隸辨曰：「此非同音而借。」或漢時傳論語有不同也。　史記世家：長沮、桀溺耦而耕，孔子以爲隱者，使子路問津焉。　梁書處士傳序：孔子稱長沮、桀溺隱者也。　文選逸民傳論注引文無之字。　翟氏考異：夫子但稱丈人爲隱者，於沮、溺未稱，梁書所云，蓋承史記文誤合爲一。水經注言方城西有黄城山，是長沮、桀溺耦耕之所。有東流水，乃子路問津處。據尸子，則云「楚狂接輿耕于方城」，接輿、沮溺二事亦將合爲一矣，記載中此類頗多。

長沮、桀溺各皆從水，子路問津，一時何從識其姓名？此蓋以物色名之，如荷蕢、晨門、荷蓧丈人之類。蓋二人耦耕於田，其一人長而沮洳，一人桀然高大而塗足，因以名之也。

【考證】集注考證：水經注：潕水方城西有黄城山，即沮、溺耦耕之所。下有東流水，子路問津處。　史記正義引聖賢冢墓記：南陽葉邑方城西有黄城山，即長沮、桀溺耦耕所。有東流水，則子路問津處也。括地志云：「黄城山俗名菜山，在許州葉縣西南二十五里。」　四書通引吴氏曰：接輿書楚，故沮、溺、丈人不復書，蓋皆楚人。　馮氏椅曰：沮，沮洳也。溺，淖溺也。長謂久，桀謂健。觀二子命名之義，其志於辟世久矣。　論語後録：耦耕即合人耦也。周官里宰：「以歲時合耦于耡，以治稼穡，趨其耕。」古者有牛耦，有人耦。耦耕者，人耦也。山海經云：「后稷之孫叔均始作牛耕。」然則謂漢搜粟都尉趙過教民爲之者，非矣。依月令，耦耕在季冬時。　四書辨證：周官里宰鄭注：「歲時合人耦，則牛耦可知。」賈曰：「周時未有牛耕，至漢時搜粟都尉趙過始教牛耕。今鄭云然者，或周末兼有牛耕，至趙過專用牛耕。」又趙策：「秦以牛田水通糧。」吴師道曰：「或以爲漢始用牛耕，而字書犁從牛，冉耕字伯牛，司馬牛名犁，不可謂牛耕非古。」愚謂更有可徵者，晉語竇犨謂趙簡子曰：「夫范氏、中行氏，今其子將更於野，宗廟之犧爲畎畝之勤。」又尸子：「或勸夷逸仕。逸曰：『吾譬則牛，寧服軛以耕於野，豈忍被繡入廟爲牲乎？』」且山海經有云：「后稷之孫叔均始作牛耕。」則牛耕之來遠矣。後儒據詩、書，謂牛只備服賈服箱之用，禮稱八蜡迎貓祭虎，謂其有功於田也；而不及牛，則牛無功於田可知。其所執亦偏矣。疏曰：「謂二人並頭發也。二耜爲耦者，二人各一耜，若長沮、桀溺耦而耕，此兩人共發，一尺之地，未必並頭發。知者，孔子使子路問長沮，沮不對，又問桀溺。若並頭共發，不應别問桀溺，明前後不並可知。」按鄭以二人並頭耕爲耦，賈以前後遞耕爲耦，饒雙峯言二耜同隊而耕謂之耦，正賈説也。問津處，寰宇記凡六見：一長垣縣之蒲邑，一閿鄉縣之蒲城，一河東城之蒲津關，一梁縣之黄成山，一葉縣之黄城山，一北陽縣之苦菜山。而在梁在葉及北陽者，實一山也。故欒史於黄成山云：「一名苦菜山。」於北陽之苦菜山云：「即黄成山。」且曰：「自葉至北陽，南北相毗，連亘百里，亦曰長城山，即長沮、桀溺耦耕處。下有東流水，即子路問津之所。」於葉縣黄成山引聖賢冢墓記亦云然。由是觀之，問津處雖六見，而於黄城山論之獨詳，蓋以在是矣。今考孔子世家，係問津於去葉反蔡時，則津在黄城山下明甚。劉氏正義：近時山東通志又謂：「魚臺縣桀溺里在縣北三十里，相傳爲子路問津處。其地乃濟水經流之地，有問津亭碑，載夫子適陳、蔡。有渡，有橋，有菴，俱以問津名。」考魚臺爲魯棠邑，夫子時非去魯，何緣於此問渡？地里書多難徵信若此。世家云：「孔子以隱者，使子路問津焉。」論衡知實篇謂「孔子使子路問津，欲觀隱者之操」，此或古論家説。然求意太深，反失事實。

【集解】鄭曰：「長沮、桀溺，隱者也。耜廣五寸，二耜爲耦。津，濟渡處。」

【集注】二人隱者。耦，並耕也。時孔子自楚反乎蔡。津，濟渡處。

長沮曰：「夫執輿者爲誰？」子路曰：「爲孔丘。」曰：「是魯孔丘與？」曰：「是也。」曰：「是知津矣。」

【考異】漢石經「輿」作「車」，「誰」下有子字，「曰是」下無也字、曰字。　皇本「誰」下有乎字，「曰是」上有對字。　高麗本同。　史記世家「夫」作「彼」。

【集解】馬曰：「言數周流，自知津處。」

【集注】執輿，執轡在車也。蓋本子路御而執轡，今下問津，故夫子代之也。知津，言數周流，自知津處。

問於桀溺。桀溺曰：「子爲誰？」曰：「爲仲由。」曰：「是魯孔丘之徒與？」對曰：「然。」曰：「滔滔者天下皆是也，而誰以易之？且而與其從辟人之士也，豈若從辟世之士哉？」耰而不輟。

【考異】釋文：「孔子之徒與」，一本作「子是」。「滔滔」，鄭本作「悠悠」。　史記世家「是」作「子」，「滔滔」亦作「悠悠」。　翟氏考異：史記世家注引孔安國曰：「悠悠者，周流之貌也。」文選晉紀總論注亦引孔氏論語注曰：「悠悠，周流之貌。」今集解本所用孔注已改隨正文作「滔滔」。　讀書叢録：魯讀作「慆慆」，古論作「悠悠」。文選幽通賦：「溺招路以從己兮，謂孔氏猶未可。安慆慆而不萉兮，卒隕身乎世禍。」曹大家注：「慆慆，亂貌。」漢書敘傳小顏注引論語「慆慆者天下皆是也。」釋文：「鄭本作悠悠。」史記世家同。鄭從古文。文選養生論「夫悠悠者既以未效不求」，李善注引論語爲證。字當作「悠悠」，今本作「滔滔」者，是後人改。鄱陽胡克家文選考異曰：滔滔，袁本作「悠悠」。陳云：「陸氏釋文：『滔滔，鄭本作悠悠。』注自據鄭康成本，與他本不同。」是也。　論語古訓：鄭本作「悠悠」者，孔子世家云：「悠悠者天下皆是也。」晉紀總序云：「悠悠風塵。」注並引孔安國曰：「悠悠者，周流之貌也。」後漢朱穆傳云：「悠悠者，皆見其可稱乎。」亦本此，知鄭與古論同也。今本皆作「滔滔」，豈何晏從魯論妄改經注？　漢石經作「櫌不輟」，無而字。「辟」作「避」。　皇本、高麗本亦作「避」。　史記引「且而」句無而字、也字。　說文解字引論語「櫌而不輟」。　五經文字：櫌音憂，見論語，今經典及釋文皆作「耰」。　類篇耒部耰字下引論語「耰而不輟」，木部櫌字下又引論語「櫌而不輟」。

【考證】羣經補義：耰，摩田也，又曰覆種。或疑播種之後不可摩，摩則種不固，然沮、溺耦耕時即耰。國語云「深耕而疾耰之」，是耰在播種之後。問諸北方農人曰：播種之後，以土覆是，摩而平之，使種入土，鳥不能啄也。　羣經識小：耰有二義。孟子「播種而耰之」，說文徐注謂耰爲摩田器，布種後此器摩之，使土開發處復合覆種者是也。此處之耰，即齊語「深耕而疾耰之，以待時雨」，韋注云：「耰，摩平也。時雨至當種之也。」莊子則陽篇「深其耕而熟耰之」，注：「耰，耡也。」史記龜筴傳：「耕之耰之，耡之耨之。」其事皆與耕相連，在布種之前。　論語後録：說文：「櫌，摩田器。」服虔說鋤枋，徐廣說田器，高誘說椓塊椎，三輔謂之儓，所以覆種。是又不止二義矣。劉氏正義：案鹽鐵論大論篇言「孔子云『悠悠者皆是』」，皆同鄭本，當是古論。集解從魯論作「滔滔」也。又漢書班固敍傳：「固作幽通賦曰：『溺招路以從己兮，謂孔氏猶未可。安慆慆而不萉兮，卒隕身乎世禍。』」鄧展曰：「慆慆者，亂貌也。萉，避也。」師古曰：「論語稱桀溺曰：『滔滔者天下皆是也。』」此引論語作「慆」，亦由所見本異。舀聲古音在蕭幽部，故與悠通。盧氏文弨釋文考證：「史記世家集解引此注『滔滔』作『悠悠』，又文選四十九干令升晉紀總論『悠悠風塵』，注所引孔注亦同。是古論作『悠悠』，鄭、孔皆同。何晏依魯論作『滔滔』，采孔注而改之，妄甚。」今案悠悠訓周流，疑與詩「淇水滺滺」同，即「滺」之或體。水回旋周流，皆是此水，喻當世之亂同也。注云「治亂同」者，連言耳。空舍此適彼，言彼此皆同，不必以此易彼也。說似可通，但與下句「丘不與易」義不協。

【集解】孔曰：「滔滔者，周流之貌。言當今天下治亂同，空舍此適彼，故曰『誰以易之』也。」何曰：「士有避人之法，有避世之法。長沮、桀溺謂孔子爲士，從避人之法；己之爲士，則從避世之法。」鄭曰：「耰，覆種也。輟，止也。覆種不止，不以津告。」

【集注】滔滔，流而不反之意。以，猶與也。言天下皆亂，將誰與變易之。而，汝也。辟人，謂孔子。辟世，桀溺自謂。耰，覆種也。亦不告以津處。

【餘論】黃氏後案：而訓汝者，而爾疊韻，而汝雙聲也。經兩言從，是招子路從之，何解非也。耰，漢石經作「櫌」，說文引此亦作「櫌」，云摩田器。許以物言，鄭君云覆種，以人用物言。皇疏言植穀之法，先散後覆而用以耰也。徐氏説文繫傳「布種後以器摩之，使土開發處復合以覆之」是也。齊語：「深耕而疾耰之以待時雨。」韋曰：「耰，摩平也。」齊民要術曰：「古曰耰，今曰勞。耕荒畢，以鐵齒鍋錘再徧杷之，漫擲黍穄，勞亦再徧。」義亦同。

子路行以告。夫子憮然曰：「鳥獸不可與同羣，吾非斯人之徒與而誰與？天下有道，丘不與易也。」

【考異】漢石經無行字、無夫字。史記亦無行字。皇本、高麗本「羣」下有也字。足利本「誰與」下有之字。三國志管輅傳注引輅別傳：孔子曰：「吾不與鳥獸同羣。」管寧傳引仲尼言，「誰與」下有哉字。七經考文：一本「誰與」下有之字。史記世家述此章文，獨無「吾非斯人之徒與而誰與」一句。

【音讀】羣經平議：兩與字並語詞，猶云吾非斯人之徒邪而誰邪，其語意自有與斯人相親之意。然讀兩與字爲相與之與，則於文義未得矣。釋文曰：徒與誰與並如字，又並音餘。當以音餘爲長。

【考證】劉氏正義：三蒼云：「憮然，失意貌也。」孟子滕文公上「夷子憮然」，趙注：「憮然者，猶悵然也。」焦氏循正義：「説文：『憮，一曰不動。』爾雅釋言云：『憮，撫也。』廣雅釋詁既訓撫爲安，又訓撫爲定，安定皆不動之義。蓋夫子聞子路述沮、溺之言，寂然不動，久而乃有鳥獸不可同羣之言。此夷之聞徐辟述孟子之言，寂然不動，久而乃有命之之言。」案焦説與三蒼義合。蓋人失意，每致寂然不動，如有所失然也。沮、溺不達己意而妄非己，故夫子有此容。

【集解】孔曰：「隱居於山林，是與鳥獸同羣也。吾自當與此天下人同羣，安能去人從鳥獸居乎？」何曰：「憮然，謂其不達己意而便非己也。不與易者，言凡天下有道者，某皆不與易也，己大而人小故也。」

【唐以前古注】皇疏引江熙云：易稱「天下同歸而殊塗，一致而百慮」。君子之道，或出或處，或默或語，所以爲歸致，期於内順生徒，外惙教旨也。惟此而已乎。凡教，或即我以導物，或報彼以明節，以救急疾於當年，而發逸操於沮、溺，排彼抗言於子路，知非問津之求也。於時風政日昏，彼此無以相易，良所以猶然，斯可已矣。彼故不屑去就，不輟其業，不酬栖栖之問，所以遂節於世，而有惙於聖教者存矣。道喪於兹，感以事反，是以夫子憮然曰：「鳥獸不可以同羣也。」明夫理有大倫，吾所不獲已也。若欲潔其身，韜其蹤，同羣鳥獸，不可與斯民，則所以居大倫者廢矣，此即我以致言，不可以乘彼者也。丘不與易，蓋物之有道，故大湯、武亦稱夷、齊，美管仲而無譏邵忽。今彼有其道，我有其道，不執我以求彼，不係彼以易我，夫可滯哉！又引沈居士云：世亂，賢者宜隱而全身，聖人宜出以宏物，故自明我道以救大倫。彼之絶迹隱世，實由世亂；我之蒙塵栖遑，亦以道喪，此即彼與我同患世也。彼實中賢，無道宜隱，不達教者也。我則至德，宜理人倫，不得已者也。我既不失，彼亦無違，無非可相非。且沮、溺是規子路，亦不規夫子。謂子路宜從己，不言仲尼也。自我道不可復與鳥獸同羣，宜與人徒，本非言彼也。彼居林野，居然不得不羣鳥獸，羣鳥獸，避世外，以爲高行，初不爲鄙也。但我自得耳，以體大居正，宜宏世也。下云「天下有道，丘不與易也」，言天下人自各有道，我不以我道易彼，亦不使彼道易我，自各處其宜也。如江熙所云「大湯、武而亦賢夷、齊，美管仲亦不譏邵忽」也。

【集注】憮然，猶悵然，惜其不喻己意也。言所當與同羣者，斯人而已，豈可絶人逃世以爲潔哉。天下若已平治，則我無用變易之；正爲天下無道，故欲以道易之耳。程子曰：「聖人不敢有忘天下之心，故其言如此也。」張子曰：「聖人之仁，不以無道必天下而棄之也。」

論語集釋卷三十七

微子下

○子路從而後，遇丈人，以杖荷蓧。子路問曰：「子見夫子乎？」丈人曰：「四體不勤，五穀不分，孰爲夫子？」植其杖而芸。

【考異】釋文：「蓧」，本又作「條」，又作「莜」。說文解字引論語「以杖荷莜」。玉篇引論語亦作「莜」。皇本「蓧」作「篠」。經解鈎沉引包氏章句作「篠」。漢石經作「置其杖而耘」。釋文曰：「植音值，又市力反。芸多作耘字。」文選陶淵明歸去來辭、應休璉與從弟書二注皆引論語作「耘」。

【考證】論語竢質：蓋田中除草之器，耘者所需也。吴氏遺著：古作「莜」本字，今作「蓧」俗字，而匚部又有⿷匚攸，訓田器，蓋「莜」之別出字。吾亦廬稿：王氏農桑圖曰：「蓧字從草從條，取其象也，即今盛穀種器，與簣同類。可杖荷者，以其差小耳。」論語古訓：說文云：「莜，艸田器。从艸，條省聲。論語曰：以杖荷莜。」是莜爲正字，釋文又作「莜」者是也。作「條」者假用也。今作「蓧」，俗或作省也。皇本作「篠」，集解包曰：「篠，竹器。」義疏以杖擔一器籮簏之屬，竟誤以經文从竹。邢本經文雖作蓧，而注竹器則承其誤。惟史記集解引作艸器，與說文合，今據正之。丁教授曰：「說文云：『癹，以足蹋夷艸。从癶，从殳。春秋傳曰：癹夷蘊崇之。』今南昌人耘田用一具形如提梁，旁加索納於足下，手持一杖，以足蹋艸入泥中，名曰脚蹋，是可爲論語以杖荷莜，植杖而耘，及說文莜字、癹字之證。」丁得諸目驗云。 九經古義：詩商頌「置我鞉鼓」，箋云：「置讀曰植。」正義云：「金縢云：『植璧秉圭。』鄭注云：『植，古置字。』然則古者置、植字同。」說文曰：「植，或作『𣝕』，从置。」 羣經補義：植杖而芸，似是植杖於他處。然今人芸田必以足扶杖，乃能用足，則植杖猶云柱杖也。 羣經義證：呂氏春秋異用篇有置杖之文，是植、置爲一字也。 四書典故辨正：按洪适隸釋載蔡邕石經殘碑「植」作「置」，蓋植置字同。是以商頌「置我鼗鼓」，鄭箋云：「置讀爲植。」書金縢「植璧秉圭」，鄭注云：「植，古置字。」孔傳亦云：「植，置也。」此孔注訓植爲倚，朱注訓立之，蓋從杖字生解，非古義矣。 讀書叢録：芸即耘字之省。 潘氏集箋：孟子盡心篇：「人病舍其田而芸人之田。」亦作「芸」，不作「耘」。然說文云：「芸，草也。」則芸當爲耘字之省借。 劉氏正義：淮南修務訓注：「丈人，長老之稱。」與此注合。至道應訓注以爲老而杖於人，故稱杖人。此說不免附會。易師「丈人吉」，鄭注：「丈人之言長，能以法度長於人。」彼稱丈人爲位尊者，與此荷蓧丈人爲齒尊異也。 四書稗疏：五穀不分，集注謂猶言不辨菽麥。按不辨菽麥以譏童昏之尤者，五穀之形狀各殊，豈待勤四體以耕者而後辨哉？分者，細別其種也。均此一穀而種自不等，宜遲宜早，宜燥宜濕，宜肥宜瘠，各有材性，農人必詳審而謹記之。不爾，則早遲同畝，刈穫難施，燥種入濕，其稼不實；濕種入燥，小旱即槁；肥種入瘠，結實無幾；瘠種入肥，葉豐穗萎，故非老農不能區別以因土宜也。但云不辨菽麥，正復爲丈人嗤耳。

【集解】包曰：「丈人，老人也。蓧，竹器。丈人云：『不勤勞四體，不分植五穀，誰爲夫子而索之邪？』」孔曰：「植，倚也。除艸曰芸。」

【唐以前古注】釋文引鄭注：分猶理。皇疏：孔子與子路同行，孔子先發，子路在後隨之，未得相及，故云從而後也。遇者，不期而會之也。丈人者，長宿之稱也。荷，擔揭也。篠，竹器名。子路在孔子後，未及孔子，而與此丈人相遇，見此丈人以杖擔一器籮篭之屬，故云以杖荷篠也。子路既見在後，故借問丈人見夫子不乎。四體，手足也。勤，勤勞也。五穀，黍稷之屬也。分，播種也。孰，誰也。子路既借問，丈人故答子路也。言當今亂世，汝不勤勞四體，以播五穀，而周流遠走，問誰爲汝之夫子，而問我索之乎？植，豎也。芸，除草也。丈人答子路竟，至草田而豎其所荷篠之杖，當挂篠於杖頭而植豎之，竟而芸除田中穢草也。一通云：杖以爲力，以一手芸草，故云植其杖而芸也。又引袁氏云：其人已委曲識孔子，故譏之。四體不勤，不能如禹、稷躬殖五穀，誰爲夫子而索耶？

【集注】丈人亦隱者。蓧，竹器。分，辨也。五穀不分，猶言不辨菽麥爾，責其不事農業而從師遠遊也。植，立之也。芸，去草也。

【別解】經傳考證：宋呂本中紫薇雜説（今未見此書，此條見四庫全書提要引）曰：「二語丈人自謂。」其説得之。言由四體不勤，則五穀不分，田間野老不能舍己之業，而具知道塗往來之人也。

論語發微：王制「百畝之分」，鄭注：「分或爲糞。」音義：「分，扶問反。糞，方運反。」此五穀不分當讀如草人糞種之糞，必先糞種而後五穀可治，故丈人以四體不勤則五穀不分，植杖而芸即勤四體分五穀之事。包注云云，亦以四體不勤五穀不分爲自述其不遑暇逸之意，故不能知孰爲夫子。以答子路，非以責子路也。

羣經平議：分當讀爲糞，聲近而誤也。禮記王制篇「百畝之分」，鄭注曰：「分或爲糞。」孟子萬章篇作「百畝之糞」，是其證也。兩不字並語詞。不勤，勤也。不分，分也。爾雅釋丘曰：「夷上洒下不漘。」郭注曰：「不，發聲。」釋魚曰：「龜左倪不類，右倪不若。」邢疏曰：「不，發聲也。」古人多以不爲發聲之詞。詩車攻篇：「徒御不驚，大庖不盈。」毛傳曰：「不驚，驚也。不盈，盈也。」桑扈篇：「不戢不難，受福不那。」傳曰：「不戢，戢也。不難，難也。那，多也。不多，多也。」此類不可勝數。丈人蓋自言惟四體是勤五穀是糞而已，焉知爾所謂夫子。若謂以不勤不分責子路，則不情矣。此二句乃韵語，或丈人引古諺歟？

因樹屋書影：丈人遇子路問夫子，丈人乃自道曰：四體不勤，五穀不分，焉知夫子之所適耶？蓋丈人高隱之士，必不與子路邂逅即直斥之，如朱子之注也。陶淵明作丈人贊曰：「四體不勤，五穀不分，超超丈人，日夕在耘。」可證非責子路語。

【餘論】黄氏後案：月令春食麥，夏食菽，秋食麻，冬食黍，中央食稷。此五行家以性分之，而爲五時之宜食也。周禮疾醫注同此也。職方「豫州宜五種」注，易麻以稻，月令「出五種」注、孟子「五穀」注、史記「藝五種」，皆用此説。此農家以種之多者，舉之而言五種也。麻種可食者一，而稻種多也。稻者，黏穀也。七月詩「十月穫稻，爲此春酒」，月令秫、稻並言，内則、雜記皆言稻醴，是㜸以黏者名稻，通言之則秫亦稱稻也。稷，今之高粱也，以其高大似蘆，謂之蘆稷。南人承北音，呼稷爲穄，又謂之蘆穄。月令「首種不入」，注云：「首種爲稷。」今以北方諸穀播種先後考之，高粱最先。説文：「稷，齋也。」稷爲穀長而得粢名，以其首種故也。黍者，粱米之一種也，粱則今之小米也。説文：「黍，禾屬而黏者也。」粱爲禾米，即今小米，黍乃其屬。禾穗下垂如椎而粒聚，黍穗略如稻而舒散也。麻，枲實也，非油麻也。此本程氏九穀考、段氏説文注。

子路拱而立。

【集解】未知所以答。

【唐以前古注】皇疏：拱，沓手也。子路未知所以答，故沓手而倚立，以觀丈人之芸也。

【集注】知其隱者，敬之也。

【餘論】國故談苑：今人以垂手爲敬，而古人則尚拱手，不尚垂手。曲禮：「遭先生於道，趨而進，正立拱手。」檀弓：「孔子與門人立，拱而尚右。」玉藻：「臣侍於君垂拱。」武成：「垂拱而天下治。」是君臣之間尚循拱手之禮。此俗自三代迄宋未之有改，北夢瑣言：「王文公凝每就寢息，必叉手卧，慮夢寢中見先靈也。」野獲篇：「今胥吏之承官長，輿臺之待主人，每見必韝袖垂手以示敬畏。此中外南北通例，而古人不然。如宋岳鄂王初入獄，垂手於庭，立亦倚斜。爲隸人呵之曰：『岳某叉手正立。』悚然聽命。是知古人以叉手爲敬，至今畫家繪僕從皆然，則垂手者倨也。」是宋不以垂手爲敬矣。唐、宋之所謂叉手，即古之拱手也。明已不尚拱手，蓋胡元入主中國，古俗之變易者多矣，此特其一耳。

止子路宿，殺雞爲黍而食之，見其二子焉。明日，子路行以告。子曰：「隱者也。」使子路反見之，至，則行矣。

【考異】風俗通義愆禮：「長沮、丈人，避世之士，猶止子路，爲雞黍，見其子焉。」牽言長沮。

【考證】論語補疏：皇甫謐高士傳引論語至「至則行矣」而止，蓋謂子路復至，而丈人已先避去，如後世蘇雲卿、吕徽之之流。若然，則子路之言，向誰發之耶？觀其稱長幼之節不可廢，爲向二子説無疑。前云見其二子，正爲子路此言張本，然則丈人亦偶出不在耳。陳天祥四書辨疑云：「丈人既欲自滅其跡，則不當止子路宿於其家，而又見其二子也。」又云：「子路乃路行過客，既已辭去，安能知其必復來也？」斯言得之。

【集解】孔曰：「子路反至其家，丈人出行不在也。」

【唐以前古注】皇疏：子路住倚當久，已至日暮，故丈人留止子路，使停在就己宿也。子路停宿，故丈人家殺雞爲臛，作黍飯而食子路也。丈人知子路是賢，故又以丈人二兒見於子路也。至明日之旦，子路得行逐孔子也。行及孔子，而具以昨日丈人所言及雞黍見子之事告孔子道之也。

孔子聞子路告丈人之事，故云此丈人是隱處之士也。孔子既曰丈人是隱者，而又使子路反還丈人家，須與丈人相見，以己事説之也。其事在下文。子路反至丈人家，而丈人已復出行，不在也。

【集注】孔子使子路反見之，蓋欲告之以君臣之義，而丈人意子路必將復來，故先去之以滅其迹，亦接輿之意也。

【餘論】四書辨疑：子路乃路行過客，既已辭去，安能知其必復來也？丈人既欲自滅其迹，則不當止子路宿於其家，而又見其二子也。彼之出行果因何事不可得知，未須如此億度也。

子路曰："不仕無義。長幼之節，不可廢也；君臣之義，如之何其廢之？欲潔其身，而亂大倫。君子之仕也，行其義也。道之不行，已知之矣。"

【考異】四書辨疑：夫子使子路去時略無一言，至其迴來纔爲此説，義有未安。況古今天下印本寫本皆未嘗見有添此一字者，惟此福州一寫本有之，其説義又不通，不宜收録，删之以斷後人之疑可也。　蘇濂石渠意見補缺："路"下有"反子"二字爲是。不然，子路不見隱者而回，向何人述夫子之意而言之如此？　陔餘叢考：吴青壇謂"見其二子焉"句。當在"至則行矣"之後，蓋子路再到時不見丈人，但見其二子，故以不仕無義之語告之。不然，既無人矣，與誰言哉？　翟氏考異：或以子路述向何人之説，謂上文"見其二子焉"當在"行矣"之下，而誤脱在前，斯笨伯之談也。既已有二子遥伏於前，此自可以意會，古人行文之妙正在此移易緊接，只調排得一過文好，却將長幼之節要義失其根由。　四書纂疏：子路所言，雖未可即以爲夫子之語，然使之反見，則必授以見之之意矣。　而陳明卿謂並其詞而屬之，似太泥。　漢石經作「君臣之禮如之何其廢之也」，「潔」作「絜」。　皇本、高麗本作「如之何其可廢也」，「行」下有也字。

後漢書申屠蟠傳注引作「如之何其可廢也」。

【集解】鄭曰：「留言以語丈人之二子也。」孔曰：「言女知父子相養不可廢，反可廢君臣之義耶？」包曰：「倫，道理也。　言君子之仕，所以行君臣之義，不必自己道得行。　孔子道不見用，自已知之。」

【唐以前古注】皇疏：丈人既不在，而子路留此語以與丈人之二子，令其父還述之也。　此以下之言悉是孔子使子路語丈人之言也。　言人不生則已，既生便有在三之義，父母之恩，君臣之義。人若仕則職於義，故云不仕無義也。　既有長幼之恩，又有君臣之義，汝知見汝二子，是識長幼之節不可廢缺，而如何廢於君臣之義而不仕乎？　大倫，謂君臣之道理也。　又言汝不仕濁世，乃是欲自清潔汝身耳，如爲亂君臣之大倫何也？　又言君子所以仕者，非貪榮禄富貴，政是欲行大義故也。　爲行義故仕耳，濁世不用我道，而我亦反自知之也。

【集注】子路述夫子之意如此。　蓋丈人之接子路甚倨，而子路益恭，丈人因見其二子焉，則於長幼之節，固知其不可廢矣，故因其所明以曉之倫序也。　人之大倫有五：父子有親，君臣有義，夫婦有别，長幼有序，朋友有信，是也。　仕所以行君臣之義，故雖知道之不行而不可廢。　然謂之義，則事之可否，身之去就，亦自有不可苟者。是以雖不潔身以亂倫，亦非忘義以徇禄也。福州有國初時寫本，「路」下有「反子」二字，以此爲子路反而夫子言之也，未知是否。

【餘論】路史餘論：丈人以一敬而動其心，則非絶無人情者。此子路所以前告夫子，而夫子遽使反見，蓋亦見其所謂人情者俱在，而未嘗蔑，故使還告以長幼之節云云。而儒眠曾不之知，乃更章分而絶之，使聖人之意泯而不見，悲哉！論語注義問答通釋：列接輿以下三章於孔子行之後，以明夫子雖不合而去，然亦未嘗恝然忘世，所以爲聖人之出處也。然即此三章讀之，見此四子者，律以聖人之中道，則誠不爲無病，然味其言，觀其容止，以想見其爲人，其清風高節，猶使人起敬起慕。彼於聖人，猶有所不滿於心如此，則其視世之貪利禄而不知止者，不啻若犬彘耳，是豈非當世之賢而特立者歟？以子路之行行，而拱立丈人之側若子弟然，豈非其真可敬故歟？嘗謂若四人者，惟夫子然後可以議其不合於中道。未至於夫子者，未可以妄議也。貪禄嗜利之徒，求以自便其私，亦借四子而詆之，欲以見其不可不仕，多見其不知量也。反身録：沮、溺之耕，丈人之耘，棲遲農畝，肆志烟霞，較之萬物一體念切救世者固偏，較之覃懷名利奔走世路者則高。一則鳳翔千仞，一則蛾逐夜燈，孰是孰非，孰得孰失，當必有辨之者。聖人無不可爲之時，不論有道無道，直以綱常名教爲己任，撥亂返治爲己責。若自己德非聖人，才不足以撥亂返治，只宜遵聖人家法，有道則見以行義，無道則隱以守身，寧跡同沮、溺、丈人之偏，慎無蹈昧於知止之轍。黄氏後案：道，謂先王禮樂政教，設爲萬世常行之道者也。已知其不行者，世不見用，運已否也。知道不行而行其義者，君臣之義本天性中之所自，具盡其性以事天，不敢遽諉爲天運之窮也。聖人事天如事親，知道不行而周流列國，正如孝子不得乎親而求親之底豫，果求之而仍不能底豫，乃限於數之無如何，而求其底豫之心未嘗已也。若丈人者，親不能底豫而聽之者也，故夫子曰「亂倫」，孟子曰：「義之於君臣，命也。有性焉，君子不謂命。」與此章意相合。後儒於此章道義之説，或膠葛，或矛盾，多不可從。

○逸民：伯夷、叔齊、虞仲、夷逸、朱張、柳下惠、少連。

【考證】金史隱逸傳序引此節文獨無「虞仲」二字。困學紀聞：逸民各論其行而不及朱張，或曰其行與孔子同，故不復論也。釋文引王弼注：「朱張字子弓，荀卿以比孔子。」集注考證：虞仲隱逸於夷，故列虞仲夷逸，連上文以四字爲句。朱張恐即周章。論語詳解：權以通變，故爲夷逸，行與夷、齊侔也。漢書地理志注云「夷逸竄於蠻夷而遁逃」，即言虞仲也。朱當作譸，書云「譸張爲幻」，即陽狂也。曰逸民，曰夷逸，曰朱張，三者品其目也。夷、齊、仲、惠、連，五者舉其人也。日知録：據史記，吴太伯卒，弟仲雍立，是爲吴仲。而虞仲者，仲雍之曾孫吴周章弟也。殷時諸侯有虞國，武王時國滅，而封周章之弟於其故墟，乃有虞仲之名耳。論語逸民虞仲、夷逸，左傳太伯、虞仲，太王之昭也，即謂仲雍爲虞仲，是祖孫同號，且仲雍君吴，不當言虞。古虞、吴二字多通用，竊疑二書所稱虞仲並是吴仲之誤。又考吴越春秋，太伯曰：「其當有封者，吴仲也。」則仲雍之稱吴仲，固有徵矣。論語稽求篇：舊注不明注爲何人，集注以爲即仲雍，與泰伯同竄荆蠻者。據史記，太伯、仲雍皆太王之子、王季之兄也。以避季歷，故同奔荆蠻，太伯自立爲吴太伯。而太伯無子，仲雍繼立，即爲吴仲雍，三傳至周章。是時武王克殷，求太伯、仲雍之後，得周章兄弟，而周章已君吴，因而封之，乃又封周章之弟虞仲于虞。而漢書志亦云武王克殷後，因封周章弟中于河北之虞，則虞仲初本名仲，而以其封虞，始名虞仲，蓋周章之弟、仲雍之曾孫也。左傳哀七年，子服景伯稱泰伯端委以治周禮，仲雍嗣之。但稱仲雍，並不稱虞仲。惟僖五年，宫之奇曰：「太伯、虞仲，太王之昭也。」此追原虞仲封國所始，以爲此虞之封國，實惟太王之昭故也。其所指虞仲即仲雍之孫，不指仲雍，然而亦曰太王之昭者，此猶魯公封于魯，周公未嘗封魯也。而左傳曰：「魯、衞、毛、聃，文之昭也。」正同魯公始封魯而可曰文昭，則虞仲始封虞而可曰太王之昭，此以封國言，不以人言。故傳之上文明云周公監二代之不咸，大封同姓以翼我周室，而遂曰魯、衞、毛、聃云云。若周指周公，豈周公又封周公乎？此極明白者。自班孟堅誤解太王之昭一語，遂於地理志太伯、仲雍之荆蠻下引論語泰伯至德，及虞仲夷逸，以爲虞仲即仲雍，而後之作系譜者，注左傳者，直注曰仲雍一名虞仲，則豈有繼君勾吴，自有國號稱吴仲雍者而反名虞仲？則豈有未封虞之前豫知後之必封虞，或不知封虞而暗合之，名之曰虞仲也？若曰虞仲不隱居，則焉知未克商以前，武王未物色時，仲且流落荆吴作隱居逸民者，而以臆斷之，謬矣。要之左傳、史記去古未遠，至班史稍後矣。且班氏此志明屬偶錯，觀其作古今人表明載兩人，武王未克商前有中雍，即仲雍；既克商後有虞中，即虞仲。兩人兩名，前後歷歷，乃以偶不簡點之故，自至矛盾，而後之沿誤者竟相仍而不之察，其謂之何！　羣經識小：以虞仲爲仲雍，自班志始然。泰伯、虞仲之讓，與夷、齊同。夷、齊並列，不當獨遺泰伯。仲雍在夷、齊前百餘年，不當顛倒次序。仲雍爲吴之君，不當稱之爲民，亦不得爲逸。既君吴國，不得謂之隱居獨善。斷髮文身，不過順其土俗，亦無放言自廢之事。疑別有一虞仲而今不可考，如夷逸、朱張之比耳。　羣經平議：虞仲不詳何人，舊説以爲仲雍非也。仲雍在伯夷、叔齊前百餘年，豈當反列其後？且仲雍既君吴，子孫世有吴國，豈得目之爲民？竊疑虞仲乃春秋時虞公之弟。桓十年左傳「虞叔有玉」，杜注以爲虞公之弟虞仲，亦其類耳。當時國君之弟，每以伯仲繫國稱之，若桓十七年蔡季，莊二年紀季皆是也。虞仲次伯夷、叔齊之後，殆亦讓國之賢公子乎？書傳無徵，宜從蓋闕。顧氏炎武欲改虞仲爲吴仲，恐反失之矣。

黄氏後案：逸民之逸，集解以節行超逸言，是讀逸爲軼，不如從朱子注。説文：「佚，佚民也。」是許氏所見本正作「佚」。漢石經下節「夷逸」作「佚」，見隸釋，知此節必作「佚」。孟子「遺佚不怨」之佚爲此正字，而勞逸字爲假借也。虞仲，注謂即仲雍者，據左氏僖公五年傳云：「太伯、虞仲，太王之昭。」漢書地理志同。史記泰伯世家云：「武王克殷，求太伯、仲雍之後，得周章。周章已君吴，因而封之，乃封周章弟虞仲於周之北故夏墟，是爲虞仲。」後儒或據史記者，以次在夷、齊後也。梁曜北云：泰伯之弟爲吴仲，周章之弟爲虞仲，二人皆已爲君，不得在逸民列。虞仲乃逸民之不可考者也。夷逸、朱張，注謂不見經傳，以二人不見事實也。據釋文，鄭作

「侏張」，侏，陟留反。郝仲輿云：朱張，猶書之譸張，即陽狂也。校勘記以書譸張本或作「侜張」，或作「侏張」，朱、周一聲之轉。鄭注「作者七人」，不數夷逸、朱張，知不以爲人名也。潘氏集箋：尸子謂夷詭諸之裔，或勸其仕，曰：「吾譬則牛，寧服軛以耕於野，不忍被繡入廟而爲犧。」漢書人表有朱張而無夷逸，故地理志引謂虞仲夷逸云云，師古注即就仲雍之逃荆言之，云言竄於蠻夷而遁逸也。朱張，惟王弼云：「字子弓，荀卿以比孔子。」而荀卿書言子弓，亦未必其爲朱張之字，其言無所依據。鄭作「侏張」者，宋翔鳳云：文選劉越石答盧諶書「自頃輈張」，注曰：「輈張，驚懼之貌也。」楊雄國三老箴云：「負乘覆餗，姦宄侏張。」輈與侏古字通，此鄭本爲侏張，知非人姓名矣。故鄭「作者七人」注獨不舉夷逸、朱張。郝氏敬曰：朱張，朱當作譸，書「譸張爲幻」，即陽狂也。曰逸民，曰夷逸，曰朱張，三者品其目。夷、齊、仲、惠、連，五者舉其人也。此説當得鄭義。拜經日記云：爾雅釋訓：「侜張，誑也。」郭注云：「書曰無或侜張爲幻。」侜、輈、譸同字，侏則聲近假借也。皇疏「作者七人」下引鄭注：「伯夷、叔齊、虞仲，避世者。柳下惠、少連，辟色者。」不及夷逸、朱張。蓋逸民二人：伯夷、叔齊也。夷逸一人：虞仲也。侜張陽狂者二人：柳下惠、少連也。故聖人先論伯夷、叔齊，次論柳下惠、少連，後云謂虞仲夷逸，隱居放言。夷、齊讓國，隱逸首陽，謂之逸民。虞仲竄逸蠻夷，故曰夷逸。不舉泰伯者，三讓天下，至德不可以逸論也。侜張爲陽狂，當如郝氏説。爾雅：「侜張，誑也。」誑可讀爲狂，猶楚狂接輿也。作者二人，注以荷蕢、楚狂皆辟言者。若從衆家，以夷逸、朱張爲人姓名，則聖人發論，何但舉伯夷、叔齊、虞仲、柳下惠、少連五人乎？由此言之，包氏以逸民爲七人，當是今文家説。鄭君以爲五人，當是古文家説。人表不列夷逸而列朱張，則不合於古今文者也。少連，禮記雜記云：「孔子曰：少連、大連善居喪，三日不怠，三月不解，期悲哀，三年憂，東夷之子也。」善居喪，兼稱大連，而逸民但列少連，少連當必有勝於大連者，但經傳散逸，無從考見耳。汪琬堯峰文鈔：周有兩虞仲：一爲泰伯弟仲雍，吴人，見左傳。一爲仲雍曾孫、周章弟虞仲，見史記。當爲河東大陽人。論語所稱逸民，果仲雍乎？抑周章弟乎？自漢孔安國至魏王肅、何晏諸家，俱不注虞仲何人，近世始以仲雍實之，此可疑者也。太伯、仲雍之逃周，猶夷、齊之以孤竹讓也。孔子嘗推太伯至德矣，及其詮次逸民，則登夷、齊於首，而太伯獨不得援引此例，與仲雍並列，其義安在？以時代考之，仲雍前夷、齊且百年，論語序事之體，亦不當先夷、齊而後仲雍，此又可疑者也。仲雍雖斷髮文身，以順荆蠻之俗，固儼然繼世有土之君，孔子逸之可也，從而民之可乎？春秋杞成公用夷禮，則降其伯爵書子；楚人猾夏當伐蔡之始，則黜其國號書荆，皆示貶也。然則孔子之民仲雍者，律以春秋之義，豈其爲貶辭乎？此又可疑者也。四書典故辨正：孔子明言我則異於是，謂與逸民異也，安得朱張乃同？且以子弓爲朱張之字，亦未可信。楊倞荀子注云：「子弓蓋仲弓。」如季路又稱子路也。荀卿之學實出於子弓之門人，故尊其師之所自出，與聖人同耳。輔嗣之説，直無稽耳。四書辨證：薛氏曰：（駁異引）「夷氏，逸名，夷詭諸之裔也。族人夷仲年爲齊大夫，夷射姑爲邾大夫，獨逸隱居不仕。」此説更非也。何也？

詭諸周大夫，采於夷（莊十六年），夷仲年，齊僖公之母弟（莊八），夷射姑（定三）後於此遠矣，安得妄牽也乎？ 尸子：「或勸夷逸仕。逸曰：吾譬則牛，寧服軛以耕於野，豈忍被繡入廟爲犧。」則夷逸非即虞仲益信。　劉氏正義：朱張，見漢書古今人表。論語釋文云：「朱張並如字。」衆家亦爲人姓名。王弼注：「朱張字子弓，荀卿以比孔子。」案荀子非相篇、非十二子篇、儒效篇以仲尼、子弓並言，楊倞注以子弓爲仲弓，則是夫子弟子，豈得厠於古賢之列，而曰我異於是？且子弓之即爲朱張，亦別無一據，則王説未可信也。竊以朱張行事當夫子時已失傳，故下文論列諸賢，不及朱張，而但存其姓名於逸民之列，蓋其慎也。鄭「作者七人」注獨不舉夷逸、朱張。郝氏敬曰：「朱張，朱當作譸。書『譸張爲幻』，即陽狂也。曰逸民，曰夷逸，曰朱張，三者品其目；夷、齊、仲、惠、連，五者舉其人也。」此説當得鄭義。臧氏庸拜經日記略同。今案鄭義不著，或如宋臧所測。然夷逸明見尸子，柳下豈爲陽狂？於義求之，似爲非也。漢地志説仲雍之事，引謂「虞仲、夷逸」，本此文連言。師古以爲竄於蠻夷而遁逸，其義或與鄭同，要未必得班本旨也。

按：拜經日記云：「皇疏『作者七人』下引鄭注：『伯夷、叔齊、虞仲，辟世者。柳下惠、少連，辟色者。』不及夷逸、朱張。蓋逸民二人：伯夷、叔齊也。夷逸一人：虞仲也。侜張陽狂者二人：柳下惠、少連也。」然如此「夷逸」二字應在虞仲之上，且少連亦係隱居東夷，何以不列入夷逸？尸子以夷逸爲夷詭諸之裔，或勸其仕，曰：「吾譬則牛，寧服軶以耕於野，不忍被繡入廟而爲犧。」是確有夷逸其人，不得以爲非人名也。且以朱張爲譸張，或作侏張，義雖可通，究係曲解。其故總因下文漏缺朱張一人，種種曲説由此而生。包氏以逸民爲七人，今文家説也。鄭君以爲五人，古文家説也。人表不列夷逸而列朱張，凡爲六人，與今古文皆不合。余謂此必下文有漏落或顛倒之處，故無論何家之説均不可通也。

【集解】逸民者，節行超逸也。包曰：「此七人皆逸民之賢者。」

【唐以前古注】皇疏：逸民者，謂民中節行超逸不拘於世者也。其人在下，伯夷一人也，叔齊二人也，虞仲三人也，夷逸四人也，朱張五人也，柳下惠六人也，少連七人也。

【集注】逸，遺。逸民者，無位之稱。虞仲即仲雍，與泰伯同竄荆蠻者。夷逸、朱張不見經傳。少連，東夷人。

【餘論】論語補疏：説文作「佚」，佚與逸通。莊子田子方篇：「顔淵問於仲尼曰：『夫子步亦步，夫子趨亦趨，夫子馳亦馳，夫子奔逸絶塵，而回瞠若乎後矣。』」後漢書逸民傳序云：「蓋録其絶塵不反。」則以逸民爲民之奔逸絶塵，所謂超逸也。三國志云：「猶未及髯之絶倫逸羣也。」逸羣猶奔逸絶塵。

論語稽：周國价曰：朱注謂虞仲即仲雍，其可疑有六。蓋六人皆周時人，於商獨舉一仲雍，似乎不類，一也。仲雍在夷、齊之前百餘年，而序之夷、齊下，二也。雍之時在祖甲之世，祖甲殷之賢王，雍父太王亦聖人，正可以有爲之時，何以爲世所逸？三也。雍終爲吴君，不爲民，四也。夷、齊並稱，而稱仲雍不稱太伯，五也。商之逸民多矣，獨舉仲雍，六也。似當就周時言之，以周章之弟爲是。

子曰：「不降其志，不辱其身，伯夷、叔齊與！」謂：「柳下惠、少連，降志辱身矣，言中倫，行中慮，其斯而已矣。」謂：「虞仲、夷逸，隱居放言，身中清，廢中權。

【考異】皇本「身」下有者字。　後漢書黄瓊傳注引孔子曰：「伯夷、叔齊不降其志，不辱其身。」前後易置。　古史伯夷傳、孔子傳引文「降志」下皆有而字。　漢石經作「其斯以乎」。「逸」作「佚」，上文「夷逸」闕。　史記孔子世家「身」作「行」。　釋文：「廢」，鄭作「發」。

【考證】困學紀聞：虞仲、夷逸隱居放言，包氏注：「放，置也，不復言世務。」介之推曰：「言身之文也，身將隱，焉用文之？」中庸曰：「其默足以容。」古注亦有味。　經傳考證：身作行是也。中即訓身，鄭君注檀弓，韋昭注楚語，皆曰中身也。上言夷、齊不降志辱身，惠、連降志辱身，此言隱居，似與不降不辱者同科，放言又與中倫中慮者相反，故行則潔清，廢乃通變也。行與廢對，論語「道之將行也與，道之將廢也與」，孟子「行或使之，止或尼之」皆是。　拜經日記謂古論假借爲「廢」，魯論本字作「發」。馬讀誤，當從鄭，謂發動中權，始與虞仲事合。　皇疏引江熙曰：「超然出於塵埃之表，身中清也。晦明以遠害，發動中權也。」亦用鄭本。　吴氏遺著：發中權，蓋指亡如荆蠻説。子稱太伯曰讓，有國而不居之辭也。虞仲亦能以國讓，而本非有國，謂之爲讓，則乖於義，子故云發中權。廢、發古通。　莊子列禦寇篇「曾不發藥乎」，釋文云：「司馬本作廢。」馬季長以爲遭亂廢棄，毋乃望文生訓乎？　趙佑温故録：包注：「放，置也。不復言世務。」此解宜存，蓋即所謂「身將隱，焉用文之」也，所謂「其默足以容」。

【集解】鄭曰：「言其直己之心，不入庸君之朝。」孔曰：「但能言應倫理，行應思慮，如此而已。」包曰：「放，置也。不復言世務。」馬曰：「清，純潔也。遭世亂，自廢棄以免患，合於權也。」

【唐以前古注】皇疏：逸民雖同而其行事有異，故孔子評之也。夷、齊隱居餓死，是不降志也；不仕亂朝，是不辱身也，是心迹俱超逸也。此二人心逸而迹不逸也，並仕魯朝，而柳下惠三黜，則是降志辱身也。雖降志辱身，而言行必中於倫慮，故云其斯而已矣。放，置也。隱居幽處，廢置世務，世務不須及言之者也。身不仕亂朝，是中清潔也。廢事免於世患，是合於權智也。又引張憑云：彼被祿仕者乎？其處朝也，唯言不廢大倫，行不犯色，思慮而已，豈以世務暫嬰其心哉？所以爲逸民也。又引江熙云：超然出於埃塵之表，身中清也。晦明以遠害，發動中權也。

【集注】柳下惠事見上。倫，義理之次弟也。慮，思慮也。中慮，言有意義合人心。少連事不可考，然記稱其善居喪，三日不怠，三月不解，期悲哀，三年憂，則行之中慮亦可見矣。仲雍居吴，斷髮文身，裸以爲飾，隱居獨善，合乎道之清；放言自廢，合乎道之權。

我則異於是，無可無不可。」

【考證】後漢書黄瓊傳李固引傳曰：「不夷不惠，可否之間。」注引此文爲證。翟氏考異：法言淵騫篇：「或問李仲元是夷、惠之徒歟？曰：不夷不惠，可否之間也。」李固所引當爲法言文，然法言未應稱傳。鄭注云云，自與引文脗合。

【集解】馬曰：「亦不必進，亦不必退，惟義所在也。」

【唐以前古注】後漢黄瓊傳注引鄭注：不爲夷、齊之清，不爲惠、連之屈，故曰異於是也。皇疏引江熙云：夫迹有相明，教有相資，若數子者，事既不同，而我亦有以異矣。然聖賢致訓，相爲内外，彼協契於往載，我拯溺於此世，不以我異而抑物，不以彼異而通滯，此吾所謂無可無不可者耳，豈以此自目己之所以異哉？我迹之異，蓋著於當時。彼數子者，亦不宜各滯於所執矣。故舉其往行而存其會通，將以導夫方類所挹抑乎？又引王弼云：朱張字子弓，荀卿以比孔子。今序六人而闕朱張者，明取舍與己合也。

【集注】孟子曰：「孔子可以仕則仕，可以止則止，可以久則久，可以速則速。」所謂無可無不可也。　謝氏曰：「七人隱遯不污則同，其立心造行則異。伯夷、叔齊天子不得臣，諸侯不得友，蓋已遯世離羣矣，下聖人一等，此其最高與？柳下惠、少連雖降志而不枉己，雖辱身而不求合，其心有不屑也，故言能中倫，行能中慮。虞仲、夷逸，隱居放言，則言不合先王之法者多矣。然清而不污也，權而適宜也，與方外之士害義傷教而亂大倫者殊科，是以均謂之逸民。」尹氏曰：「七人各守其一節，而孔子則無可無不可，此所以常適其可，而異於逸民之徒也。揚雄曰：『觀乎聖人，則見賢人。』是以孟子論夷、惠，亦必以孔子斷之。」

【餘論】鄭虎文吞松閣集：若論出處之道，子與逸民原不得異。逸民不忘世原與孔子同，特本領則大異，使出而得行其道，則如孟子所謂皆能以朝諸侯有天下者不異也。使不出，則逸而民之已耳。蓋逸民可治一世，不可治萬世。若孔子遇，則堯、舜、文、武且復出矣；不出，則即以堯、舜、文、武治萬世。是出亦可，處亦可，所謂無可無不可者，當作如此解。則故未嘗逸，未嘗民也，直堯、舜、文、武萬世矣。故文王既没，文不在兹乎，此孔子以道統自任也，其辭顯。此章孔子以治統自任也，其辭隱。

【發明】困學紀聞：沮、溺、荷蓧之行，雖未能合乎中，陳仲子之操，雖未能充其類，然唯孔、孟可以議之。斯人清風遠韻，如鸞鵠之高翔，玉雪之不汙，視世俗徇利亡恥饕榮苟得者，猶腐鼠糞壤也。小人無忌憚，自以爲中庸，而逸民清士乃在譏評之列，學者其審諸。

○**大師摯適齊，亞飯干適楚，三飯繚適蔡，四飯缺適秦，鼓方叔入於河，播鼗武入於漢，少師陽、擊磬襄入於海。**

【考異】皇本「入于河」、「入于海」，「於」並作「于」，漢石經同。釋文：「鼗」爲「鞉」。漢書古今人表亦作「鞉」。翟氏考異：鼗、鞉、鞀字别義同。書「下管鼗鼓」作「鼗」，詩「置我鞉鼓」作「鞉」，月令「命樂師修鞀鞞鼓」，淮南子「武王有戒慎之鞀」，並作「鞀」，據諸訓文祇是一。天文本論語校勘記：古本、唐本、津藩本、正平本作「播鞀武」。

【考證】家語：孔子學琴於師襄子。襄子曰：「吾雖以擊磬爲官，然能於琴，今子於琴可益矣。」孔子曰：「某未得其人也。」有間，又曰：「可益矣。」子曰：「某未得其志也。」有間，又請益。子曰：「某未得其爲人也。」有間，孔子曰：「某得其數矣。近黠而黑，質而長，暱如望洋，奄有四方，非文王其孰能爲之？」　困學紀聞：師摯之始，鄭康成謂魯太師之名。太史摯適齊，孔安國以爲魯哀公時人，康成以爲周平王時人。班固禮樂志謂殷紂作淫聲，樂官師瞽抱其器而犇散，或適諸侯，或入河海。古今人表列太師摯以下八人於紂時。吴斗南云：「按商本紀紂時抱樂器而犇者，太師疵、少師彊也。」人表亦列此二人於師摯八人之後，誤合兩事爲一。石林云：「司馬遷論周厲王事曰：師摯見之矣。則師摯厲王時人也。」諸説不同，横渠從孔安國注。

論語集説：魯君荒於女樂，故樂官散去。　四書釋地：孔子在衛，年五十九，時學鼓琴師襄子，事見史記世家，與論語曰襄者自别一人。且論語之襄乃魯伶官，日以擊磬爲職守，當未入海前，豈容抽身以至於衛，俾孔子從之學乎？　四書典故辨正：太師摯等，孔注以爲魯哀公時人，漢書以爲殷紂時人，鄭康成於「師摯之始」，謂是魯太師名；於「太師摯適齊」，則以爲周平王時人。葉石林云：「司馬遷論周厲王事曰：師摯見之矣。則又以師摯爲厲王時人。」諸説不同，當以孔注爲正。　四書翼注：此必女樂既入，奸聲亂色，雜然並進，以古樂爲無所用，樂官失其職，因率屬而去。　余有丁云：「歷聘記載夫子年二十九適衛，從師襄學琴。後孔子用魯，舉爲樂官。夫子以女樂去，魯師襄入於海。」　白虎通禮樂篇曰：王者所以日四食者何？明有四方之物，食四時之功也。四方不平，四時不順，有徹膳之法焉，所以明至尊，著法戒也。王者平居中央，制御四方，平旦食少陽之始也，晝食太陽之始也，餔食少陰之始也，暮食太陰之始也。

論語曰：「亞飯干適楚，三飯繚適蔡，四飯缺適秦。」諸侯三飯，卿大夫再飯，尊卑之差也。羣經識小：不言初飯者，魯，侯國，不得比於天子之制與？或有其人而此時未去與？其以屬魯者，以大師摯即師摯，擊磬或即師襄，皆魯之樂官，與夫子同時故耳。樸學齋札記：大師兼堂上堂下三樂者，亞飯、三飯、四飯以樂侑食，奏於堂上，鼓鼗以倡，笙管奏於堂下，貳大師者少師，與堂上堂下之歌笙相應者鐘磬，立言之序不苟如此。又曰：論語記亞飯至四飯，則諸侯亦有初飯，特不侑食，故無其官。案周禮大司樂：「王大食三侑，皆令奏鐘鼓。」則天子日四食，而侑日食之樂惟三，知平旦食亦無樂也。趙佑溫故録：書四飯正見魯僭處。不言一飯者，或曰蓋太師掌之，抑或時偶缺員，或留不去。劉氏正義：此班氏所説殷制，當爲論語舊義。周官膳夫云：「王齊日三舉。」則天子亦三飯。又鄭注鄉黨云：「不時，非朝夕日中時。」此通説大夫士之禮，則周制自天子至士皆三飯，與殷異也。又禮器云：「禮有以少爲貴者，天子一食，諸侯再，大夫士三。」注云：「謂告飽也。」既告飽，則侑之乃更食，凡三侑。儀禮特牲是士禮，有九飯。少牢是大夫禮，有十一飯。故鄭注以諸侯十三飯，天子十五飯，皆因侑更食之數，與論語亞飯、三飯、四飯之義不同。而近之儒者若黄氏式三後案、淩氏曙典故覈皆援之以釋論語，謂初飯不侑，始侑爲亞飯，再侑爲三飯，三侑爲四飯。案亞飯諸義，白虎通言之最晰。舍可據之明文而别爲新義，未爲得理。且三侑不過須臾之頃，何得更人更爲樂也？

按：論語後録、羣經義證、論語釋故並從漢志、白虎通説，惟論語後案、論語古注集箋則兼採儀禮，未知孰是。河、漢、海當以水濱言之，不必河内、漢中之地，與海之島也。閻若璩曰：「古注河爲河内，非也。古所謂河内者，在冀州三面距河之内，非若漢郡之但以懷、汲爲河内。史記正義曰：『古帝王之都在河東河北，故呼河北爲河内，河南爲河外。』豈此鼓方叔當日去魯，真入冀州河之北乎？抑不過居於河之濱，即云入耳。」此解入河非河内最通而確。然則漢與海亦只是漢海之濱，不必言漢中海島也。論語述要云：「太師摯以下八人去魯，不知何時。論語所記有在夫子卒後者，或夫子正樂，伶官多賢；及卒，魯事益非，諸伶有悽然不忍居者，因以散之四方。記者記此，蓋不勝今昔悲感，記八人，追思夫子也。」

【集解】孔曰：「亞，次也。次飯，樂師也。摯、干皆名。」包曰：「三飯、四飯，樂章名。各異師。繚、缺皆名也。鼓，擊鼓者。方叔，名。入，謂居其河内。」孔曰：「播，摇也。武，名也。魯哀公時，禮壞樂崩，樂人皆去。陽、襄皆名也。」

【唐以前古注】漢書古今人表注引鄭注：自師摯以下八人，皆平王時人。天官膳夫疏引鄭注：亞飯、三飯、四飯，皆舉食之樂。

【集注】大師，魯樂官之長，摯其名也。亞飯以下，以樂侑食之官，干、繚、缺皆名也。鼓，擊鼓者，方叔，名。河，河内。播，摇也。鼗，小鼓兩旁有耳，持其柄而摇之，則旁耳還自擊。武，名也。漢，漢中。少師，樂官之佐，陽、襄二人名，襄即孔子所從學琴者。海，海島也。此記賢人之隱遯以附前章，然未必夫子之言也。末章倣此。張子曰：「周衰樂廢，夫子自衛反魯，一嘗治之，其後伶人賤工識樂之正。及魯益衰，三桓僭妄，自太師以下皆知散之四方，逾河蹈海以去亂。聖人俄頃之助，功化如此。如有用我，期月而可，豈虚語哉？」

【别解】漢書禮樂志：「殷紂作淫聲，樂官師瞽抱其器而犇散，或適諸侯，或入河海。」師古注曰：「論語太師摯適齊云云，此志所云及古今人表所叙皆謂是也。云諸侯者，追繫其地，非謂當時已有此國名，而説論語者乃以爲魯哀時禮壞樂崩，樂人皆去，斯未允也。」又董仲舒傳對策曰：「至於殷紂，逆天暴物，殺戮賢知，殘賊百姓。伯夷、太公皆當世賢者，隱處而不爲臣。守職之人皆奔走逃亡，入於河海。」師古注：「謂若鼓方叔、播鼗武、少師陽之屬也。」論語稽求篇：太師摯諸樂官是殷紂時人，舊引漢書禮樂志云云。但志文此段實本尚書太誓文。史記「乃作太誓，告于衆庶」，即載此文。而漢志亦云此書序之言，則此明係尚書與書序之可據者，故董仲舒對策亦云：「紂逆天暴物，殺戮賢知，守職之人皆奔走逃亡，入于河海。」而古今人表則以摯、干、繚、缺等八人列於伯夷、叔齊之下，文王之上，則明是殷紂時人。而世多不解，衹以適齊適蔡皆周時國名，或用致疑。殊不知尚書書序衹言諸侯，原不指定何地，而作魯論者始以今地實詮之，師古所云追繫其地是也。況齊、蔡諸地本是舊名，在商時已有之，周但因其地而封國焉耳。故周成王封熊繹于楚蠻，孝王封非子爲附庸，而邑之秦，皆先名其地而後封之者。況蔡爲包犧蓍蔡之地，因以名蔡。國語「文王諏於蔡原」，注：「蔡公，殷臣。」而樂記曰：「温良而能斷者宜歌齊。」又曰：「齊者，三代之遺聲也。」則齊在夏、殷已先有之。又況太公封齊，有旅人謂

「齊地營丘，難得易失」，太公遂急行，而于是果有萊侯之爭。則强齊之名，著在周前。又況河亦古地，夏書有「因民弗忍距于河」，國語有「武丁自河徂亳」語。太師摯，摯字是疵字。其又云「師摯之始，關雎之亂」，此師摯又是一人。雖關雎爲周南之詩，正在紂與文王之時，然此是魯人，與人表所記不同。考周本紀「太師疵、少師强抱其樂器而犇周」，疵與彊即摯與陽，兩音相近之名。雖書微子篇亦有太師少師，是公孤名，太師箕子、少師比干。然此上文已有殺王子比干，因箕子語，則接云太師少師是樂官，非箕、比也。觀殷本紀亦云剖比干，囚箕子，殷之太師少師乃持其樂器奔周是也。周禮春官大司樂「王大食，三宥」，謂樂三奏也。大食，朔望食也。又白虎通云：「王者平旦食，晝食，晡食，暮食，凡四飯。諸侯三飯。大夫再飯。」此雖是周制，然王者等殺或不相遠。此有四飯，非諸侯可知。段玉裁尚書撰異：尚書微子篇父師少師，史記作太師少師。宋世家於比干死之後云「太師少師乃勸微子去」，則少師非比干，太師非箕子甚明。殷本紀亦云：「微子與太師少師謀去，而比干剖心，箕子爲奴，殷之太師少師乃持其祭樂器奔周。」周本紀又云云，是則太師少師爲殷之樂官，即太師摯、少師陽也。摯則疵，陽即彊，音皆相近。惟傳聞異辭，則載所如不一而其事則一，此今文尚書説也。劉氏正義：今案毛、段説是也。上章逸民有夷、齊爲殷末周初，下章八士亦周初人，則此章太師摯等自爲殷末人。竊以太師適齊、少師入海皆在奔周之前。伯夷、太公避紂居海濱，後皆適周，而太公仕爲太師，亦其類也。鄭此注以爲周平王時人，顔師古古今人表注即不取之。案史記十二諸侯年表：「太史公讀春秋曆譜牒至周厲王，曰：『師摯見之矣。』」鄭或據此文以爲目及見之，則在厲王後，歷宣、幽而當平王矣。不知年表所言師摯即太伯篇之師摯，當是魯之樂官，與此太師摯爲殷人異也。且師摯與夫子同時，以爲平王時，亦非。過庭録：大師摯適齊以下疑是記殷、周間事，而論語述之。凡論語引經，皆作于也。

按：太師摯等八人，有謂爲周平王時人者，鄭康成注本之，漢書古今人表是也。有謂八人爲周厲王時人者，葉石林據司馬遷論周厲王事，曰「師摯見之矣」是也。有謂殷紂時人者，顔師古是也。以此説爲最有力。論語後録、羣經義證、論語釋故並主是説，不止毛氏一人也。義證、釋故以所説爲殷制。余考漢書，言奔散，言或適諸侯，或入河海，未舉樂官之名也，亦未言適齊、楚、秦、蔡也。漢書文雖本太誓，然乃多引太誓之文，非太誓之原文即此文也。今太誓無此文，則尤不足據矣。謂齊、楚、秦、蔡是舊名，既無確證。謂魯論以今地詮之，尤屬武斷。疵、彊與摯、陽音近而字異，豈必疵即摯，彊即陽乎？且疵、彊奔周，何嘗言適齊入海乎？毛説不足據也。以家語師襄以擊磬爲官而能琴言之，則襄與孔子同時。以夫子正樂，而曰師摯之始洋洋盈耳言之，則摯與孔子同時。以齊、楚、秦、蔡言之，則皆春秋時國名，當以魯哀公時人爲斷。

【餘論】論語集説：周道衰，賢者相召爲禄仕，仕於伶官者多矣。是時樂失其次，夫子自衛反魯，嘗一正之。魯政益微，三家僭妄，鄭聲既熾，女樂方張，先王遺音厭棄不省矣。自太師而下皆不得其職，故相率而逃之。夫子慮樂師去而遺音絶，於是筆其所適之所於簡，使後之人知而求之，則猶或有所考也。

【發明】四書集注考證：此段初嘗疑之，及見唐史安禄山亂，使梨園弟子奏樂，雷海清輩皆毀樂器，被殺而不悔，彼俗樂尚能如此，況識先王之正樂者乎？諸子既識先王之正樂，決不肯舞八佾於季氏，歌雍於三家，爲僭侈伶人矣，故皆去之。

○周公謂魯公曰：「君子不施其親，不使大臣怨乎不以。故舊無大故，則不棄也。無求備於一人。」

【考異】舊文「施」爲「弛」。釋文曰：「弛，舊音絁，又詩紙反，又詩豉反，孔云以支反，一音勑紙反，落也。」並不及舊音。本今作「施」。漢石經施字與今本同。集解：孔安國曰：「施，易也。」程子外書正叔曰：「施，與也。不私與其親暱也。」俱讀施如字。朱子或問：問施何爲弛？曰陸氏釋文云爾，而吴氏考開元五經文字亦作「弛」，是唐本初未嘗誤也。然孔説已訓爲易，則漢本已作施，而謂如衞綰傳之施易者耳。此不可曉，然作「弛」者於義爲得。又與張敬夫論癸巳論語説曰：謝氏訓施爲施報之施，誤矣。吕與叔讀爲弛，而不引釋文，未必其考于此，蓋偶合耳。翟氏考異：周禮遂人「與其施舍」，注云：「施讀爲弛。」禮記孔子閒居引詩「弛此文德」，注：「弛作施。」施、弛兩字古多通用，然坊記言「君子弛其親之過而敬其善」，此云不弛，雖語意各殊，終嫌其文之戾也。開元五經文字弛字之下但云「式爾反，解也」，無及論語處。朱子據吴氏言之，或吴氏誤憶。金氏集注考證云：「開元本即孟蜀石經。」開元與孟蜀遥不相接，自漢石經以來，從未有作如是别稱者，金氏殆有意爲朱子護，然亦何煩護耶？集注中但舉陸本、福本爲證，而不更言開元五經文字，蓋朱子早檢覺之矣。九經古義：左傳曰「乃施邢侯」，正義云：「晉語『施邢侯氏』，孔晁云：『廢其族也。』則國語讀爲弛，訓之爲廢。家語説此事亦爲弛。王肅曰：『弛宜爲施，施行也。』服虔云：『施罪于邢侯，施猶劾也。』」棟案劾者，謂罪法之要辭。不劾其親者，所以隱其罪，親親之義也。唐石經棄字作「弃」。漢書宣六王傳述文「無」作「毋」。尚書成王命君陳曰：無求備於一夫。天文本、正平本「謂」作「語」。

按：施字有三説。孔注：「施，易也。不以他人之親易己之親。」程子外書云：「施，與也。不私與其親暱也。」又惠氏棟曰：「左傳『乃施邢侯』，服虔曰：『施罪於邢侯。施猶劾也。』劾者，罪法之要辭。不劾其親者，所以隱其罪，親親之義也。」惟韓李筆解讀作弛，集注用之。考施、弛二字古多通用，周官遂人注「施讀爲弛」可證也。此文「不施」即「不弛」叚借。鄭注坊記云：「弛，棄忘也。」以訓此文最當。

【考證】日知録：益都孫寶侗仲愚謂左傳定四年，祝佗之言魯曰：命以伯禽，衛曰：命以康誥，晉曰：命以唐誥。是則伯禽、康誥、唐誥，周書之三篇，而孔子所必録者。今獨康誥存而二書亡，爲書序者不知其篇名，而不列於百篇之内，疏漏顯然。潘氏集箋：詩魯頌閟宮篇云：

「乃命魯公，俾侯于東。」箋謂策命伯禽，則魯公者，伯禽也。周公謂魯公，當是就封時訓其子。蓋在策命之外者，故魯論特明著之。　羣經平議：陸氏釋文本施字作「弛」，然弛、施古字通用，非有異義也。孔訓施爲易，即用爾雅釋詁「弛，易也」之訓。詩云：「豈無他人，不如我同姓。」故戒使不易其親也。有國家者，往往任用外戚，疏遠宗支，豈非所謂以他人之親易己之親者乎？不施易，自不弛廢，不易之意深，不廢之意轉淺矣。其字或可從釋文作「弛」，其義仍當從孔注作易，古説未可非也。　劉氏正義：泰伯篇：「君子篤於親。」篤者，厚也。即不弛之義。禮中庸云：「仁者，人也。親親爲大。」又云：「親親則諸父昆弟不怨。」儀禮喪服傳「始封之君不臣諸父昆弟」，則諸父昆弟在始封國時當加恩也。左昭十四年傳：「乃施邢侯。」晉語「施邢侯氏」，孔晁注：「廢其族也。」此施亦當讀弛，訓廢，與鄭君棄忘之訓相近。服虔注左傳云：「施，猶劾也。」謂劾其罪也。惠氏棟九經古義援以解此文，謂不施爲隱其罪。此似讀施如字，亦待公族之道，於義得通者也。大臣，謂三卿也。不以，謂不用其言也。禮緇衣云：「子曰：『大臣不親，百姓不寧，則忠敬不足，而富貴已過也，大臣不治而邇臣比矣，故大臣不可不敬也，是民之表也。』」又云：「君毋以小謀大，則大臣不怨。」蓋既用爲大臣，當非不賢之人，而以小臣間之，則臣必以不用爲怨矣。魏志杜恕傳引「怨何不以」，以意屬文，未足深據。包氏慎言温故録以爲所見本異。武氏億羣經義證更謂「何」與「呵」通，今本作「乎」即呼嗟之義，皆未然也。故舊者，周官大宗伯「以賓射之禮親故舊朋友」，注云：「王之故舊朋友爲世子時共在學者。」王制言大學之制云：「王太子、王子、羣后之太子、卿大夫元士之適子，國之俊選皆造焉。」此文故舊，即謂魯公共學之人，苟非有大故，當存録擇用之，不得遺棄，使失所也。備者，鄭注特牲禮云：「備，盡也。」人才知各有所宜，小知者不可大受，大受者不必小知，因器而使，故無求備也。漢書東方朔傳顔師古注：「士有百行，功過相除，不可求備。」亦此義也。大傳云：「聖人南面而聽天下，所且先者五，民不與焉：一曰治親，二曰報功，三曰舉賢，四曰使能，五曰存愛。」以此五者爲先，當是聖人初政之治。周公此訓略與之同，故説者咸以此文爲伯禽就封，周公訓誡之詞，當得實也。

羣經義證：何與呵通，今本作「乎」，乎即呼嗟之義。古鐘鼎欵識呼皆省口，牧敦銘「王乎内史」，漢碑亦多作「乎」。繁陽令楊君碑「嗟乎何及」，解者不達斯義，謂乎爲語助，非矣。

按：張氏甄陶曰：「公羊傳云：『周公不之魯，欲天下之一乎周。』左傳言命以伯禽，封於少皞之墟。伯禽之命，古書無之。周公之誡，非魯論亦不傳，蓋古書之闕逸者多矣。」此章疑係伯禽之命佚文，惜無確證，闕疑可也。

【集解】孔曰：「魯公，周公之子伯禽。封於魯也。施，易也。不以他人之親易己之親。以，用也。怨不見聽用也。大故，謂惡逆之事也。」

按：劉恭冕云：「此注似以親爲父母，於義最謬。禮記檀弓正義引鄭注云：『大故爲惡逆之事。』此孔所襲。」

【唐以前古注】筆解：韓曰：「周公戒伯禽多矣，仲尼獨舉此，諷哀公不親信賢人爾。施當爲弛，言不弛慢所親近賢人，如此則大臣無所施矣。謂施爲易，非也。」李曰：「雖有周親，不如仁人。孔謂他人易己之謂，是親戚之親。吾謂作親近之親爲得。」

【集注】施，陸氏本作「弛」，福本同。魯公，周公子伯禽也。弛，遺棄也。以，用也。大臣非其人則去之，在其位則不可不用。大故，謂惡逆。李氏曰：「四者皆君子之事，忠厚之至也。」胡氏曰：「此伯禽受封之國，周公訓戒之辭，魯人傳誦，久而不忘也。其或夫子嘗與門弟子言之與？」

【餘論】四書詮義：時賢於此章，或説成彊幹弱枝，收拾人心作用，則計功謀利之私，與元聖開國典謨相去遠矣。又尊賢親親本周公遺訓，此章是矣，而史氏乃謂伯禽三年報政，尊賢親親，周公有「魯其北面事齊」之語，其不足信可知。且魯之積弱與三桓之横逆，乃後世失道使然，豈親親之故也哉？　黄氏後案：司馬君實曰：「人之材性各有所能，雖皋、夔、稷、契止能各守一官，況於衆人，安可求備？故孔門以四科論士，漢室以數路得人。」然則無求備之義亦大矣。

○周有八士：伯達、伯适、仲突、仲忽、叔夜、叔夏、季隨、季騧。

【考異】漢書古今人表作「中突中曶」。宣和博古圖：周叔液鼎銘二十三字，叔液之名不見經傳，惟語記周八士，則有叔夜焉，豈其人歟？廣韻季字下注：晉有祁邑大夫季瓜忽，宋有季隨逢。世本云：周八士，季隨、季騧之後。「騧」或作「瓜」。

【考證】困學紀聞：周有八士，包氏注云：「四乳生八子。」其説本董仲舒春秋繁露。周書武寤篇

「尹氏八士」，注云：「武王賢臣。」晉語「文王詢八虞」，賈逵云：「周八士皆在虞官。」以仲舒興周之言考之，當在文、武時。丹鉛録：蕭穎士蒙山詩：「子尚捐俗紛，季隨躡遐軌。」季隨即周八士中一人也。蒙山有季隨隱跡，事未知所出，亦奇聞也。又曰：大理董難曾見小説，周有八士，姓名八人而叶四韻，伯達、伯适一韻也，仲突、仲忽一韻也，叔夜、叔夏一韻也，季隨、季騧，隨音馱，騧音窩，一韻也。周人尚文，於命子之間亦緻密如此。趙佑温故録：達适韻也，突忽韻也，夜夏韻也，隨騧亦古韻，支隹通也。命名諧聲，正以著其雙生之符。伯仲叔季，則後之字亦因而重之耳。古人既冠字以德，至五十以次爲字。四書備考：桃園客曰：「周有八士，朱注未定其顯晦，余以爲亦隱者流耳。蓋此篇皆記聖賢流落不偶，遺世獨立之士。唐蕭穎士遊蒙山詩：『仙鸞時可聞，羽士邈難視。此焉多深邃，賢達昔所止。子尚捐俗紛，季隨躡遐軌。』季隨固隱者也。」四書逸箋：按録異傳云：「周時尹氏貴族數代不别食，食口數千。嘗遭饑，鼎鑊作糜之聲聞數里。」疑即此尹氏，與四乳八子之説可互證云。翟氏考異：八士，周文、武時人，出南宫氏。晉語：「文王之即位也，詢於八虞。」賈唐注云：「八虞，即周八士，皆爲虞官。」逸周書和寤、武寤二篇，序武王將赴牧野之文，一云「厲翼于尹氏八士」，一云「尹氏八士咸作有績」，至克殷篇，則命尹逸作筴告神，命南宫忽振財發粟，命南宫伯達遷九鼎三巫，明八士即南宫氏兄弟，而隨武王伐紂者也。漢書人表列伯達以下八人於周初，似自允當。鄭康成謂成王時，劉向、馬融謂宣王時，不知其别何依據。又白虎通姓名篇云：「論語周有八士積於叔何？

蓋以兩兩俱生故也。不積於伯季，明其無二也。」此伯仲叔季俱兩兩相並，而班氏言之如此，當時別典所記，豈有與論語絶殊者耶？公羊傳注言文家字積於叔，質家字積於仲。疏舉太姒十子，伯邑考外皆稱叔，惟末有聃季而已，爲字積於叔之證。班氏或兼論及彼，而其文有譌脱耶？釋蒙啓滯，猶望於後之達者。

四書摭餘說：古無書伯仲叔季而猶呼其名者，則達、适、突、忽、夜、夏、隨、騧皆字也。士冠禮曰：「伯某甫仲叔季，唯其所當。」檀弓曰：「幼名、冠字，五十以伯仲，周道也。」葉夢得曰：「子生三月，父名之。至冠，字而不名，所以尊名也。五十爲大夫，有位於朝，但曰伯仲而不字，所以尊字也。」士冠禮既冠而字，伯仲皆在上，所以爲字者在下，如伯牛、仲弓、叔肸、季友之類是也。至五十爲大夫，但言伯仲而冠之以字，伯仲皆在下，如召伯、南仲、榮叔、南季之類是也。孔子諸弟子稱字未有以伯仲在下者，蓋皆不爲大夫也。然則八士書伯仲叔季則在二十爲字之時可知，書伯仲叔季而下稱其字，則俱未五十爲大夫又可知，故曰八士，士也。

潘氏集箋：春秋繁露郊祭篇：「四産而得八男，皆君子俊雄也，此天之所以興周國也。」爲包注所本。逸周書和寤解曰：「王乃厲翼于尹氏八士，惟固允讓。」又武寤解尹氏八士太師三公，則八士，尹氏也。克殷解：「命南宫忽振鹿臺之財、巨橋之粟，命南宫伯達、史佚遷九鼎三巫。」則八士又若南宫氏也。據此八士當爲武王時人。又晉語：「文王之即位也，詢於八虞。」賈唐注：「八虞即周八士，皆爲虞官。」周書君奭篇：「文王之臣有若南宫括。」此八士中有伯适，括字通，疑即一人。第括爲文王四友之一，又爲武王亂臣十人之一，不得稱之爲士，當別是一人。經學卮言、論語竢質據以上諸書斷爲文、武時人。四書考異據逸周書、晉語以爲文、武時人，論語後録亦據此而以爲文王時人，不及三家之確。漢書古今人表列八士於周初，最爲允當。劉向、馬融謂宣王時，鄭君謂成王時，當時或别有依據也。其曰尹氏而又曰南宮者，經學卮言、論語後録並謂古者命士以上父子皆異宮，八士蓋尹氏而居南宮者，近是。羣經補義、四書考異、論語竢質並以爲南宮氏，恐非。白虎通姓名篇云：「質家所以積於仲何？質者親親，故積於仲。文家尊尊，故積於叔。即如是，論語曰周有八士云云，不積於叔何？蓋以兩兩俱生故也。不積於伯季，明其無二也。」考異謂此伯仲叔季兩兩相並，而班氏言之如此，豈當時别典所記，有與論語絶殊者邪？不知不積於伯季二語，乃申明質家積仲、文家積叔之故，不指孿生者言，故曰明其無二。若八士之積於伯仲叔季，固已以兩兩俱生句申言之，考異説非也。經學卮言謂獨尹氏兄弟八人均布字之爲禮之變而記之，是矣。仲突、仲忽，人表作仲突、仲曶。後録云：「鄭厲公、昭公亦名突、忽。説文解字曰：『突，不順。忽，出也。从到子。易曰：突如其來如。』𠫓即突字。以忽訓突，是突、忽同義，於此見古人命名之義。」叔夜，宣和博古圖：「周叔液鼎銘二十三字，叔夜之名不見經傳，惟論語記周八士則有叔夜焉，豈其人歟？」論語古義據書大傳「脂夜之妖」，鄭注：「夜讀爲液。」是古液字作夜，然以夜爲液，非以液爲夜也。薛氏鐘鼎欵識載叔夜鼎銘云：「叔夜鑄其𩰫鼎以征以行，用𩰫用鬻，蕲眉壽無彊。」定爲周八士叔夜之器，較博古圖爲可據矣。季隨、季騧，廣韻季字下云：「晉有祁邑大夫季瓜忽，宋有季隨逢。」世本云：

「周八士季隨、季騧之後。」「騧」或作「瓜」。吴氏遺著云：「八士名皆韻。隨，古讀食遮切，與騧韻。」維城案八士命名皆以類從，達、适其部同也，突、忽其義同也，夜、夏其爲時同也，惟隨與騧爲不類。説文：「遀，从也。騧，黄馬黑喙。」其義各殊。或疑隨當讀爲豴，爾雅釋獸「豕子猪豴豶」，郭璞注：「俗呼小豶猪爲豴子。」猶漢司馬相如之初名犬子，與騧皆取於物爲類也。然易大畜六五「豶豕之牙」，虞注云：「劇豕稱豶。」釋文引劉氏云：「豕去勢曰豶。」晉師服云：名以制義，古人豈以奄割之豕名其子哉？必不然矣。今案易繫辭傳云：「服牛乘馬，引重致遠，以利天下，蓋取諸隨。」是隨本有乘馬之義。季隨當爲隨卦之隨，故季隨之弟即以馬名之，騧名之也。或謂伏羲氏祇畫八卦，文王始演爲六十四，賈唐以八士爲文王時人，則未有隨卦，將何以解之？曰周官大卜掌三易之法，一曰連山，二曰歸藏，三曰周易，其經卦皆八，其别皆六十有四。淮南要略訓云：「八卦可以識吉凶，知禍福矣。然而伏羲爲之六十四變。」則爲重之者伏羲，鄭君以爲神農，孫盛以爲夏禹，總之夏時已有六十四卦，大卜之文可據。況繫辭言取諸，則必先有其象，而後可言取，故九家易以類萬物之情，注云：「以此知庖犧重爲六十四卦。」是八士以前實先有隨卦，季隨、季騧之取義於此可確然無疑也已。

寒支集：或曰：成王幼，伯達教設俎豆，叔夏、季隨陳衣于庭，成王立而賜達服章，七弟與焉者是也。然則其非氏南宫也，胡爲其相舛也？或曰：括嘗從成王郊社，叔夜同討蔡有功，仲突嘗事康王，仲忽嘗與顧命，季騧從戎淮夷者是也。雖然無稽也，果如所云，則宰卿大夫師保將帥之任，而魯論胡云八士也？

按：尹氏在周初本爲大族，八士名見周書者，已有伯達、伯适、南宫忽三人，其爲尹氏子無疑。曰南宫者，古人命士以上父子異宫，又可以所居爲氏，故稱南宫也。南宫伯适即書之南宫适，漢書人表列之周初，自是不誣。惟明李世熊制義所引故實於諸書俱不經見，不知所據何籍，姑録之以廣異聞。

【集解】包曰：「周時四乳生八子，皆爲顯士，故記之耳。」

【唐以前古注】詩思齊正義引鄭注：周公相成王時所生。釋文：周有八士，鄭云成王時，劉向、馬融皆以爲宣王時。

按：盧氏文弨釋文考證云：「聖賢羣輔録云：周八士見論語，賈逵以爲文王時。晉語説文王即位，詢于八虞。賈唐云：八虞，周八士，皆在虞官。漢書古今人表載周八士在中上，列成叔武、霍叔處之前，二人皆文王子，則班固亦以爲文王時。」據此，則馬、鄭本有此章注義，集解不採之，蓋其慎也，誰謂集解可輕議哉？

皇疏：舊云周世有一母身四乳，而生於此八子，八子並賢，故記録之也。侃按師説曰：非謂一人四乳，乳猶俱生也。有一母四過生，生輒雙，二子四生，故八子也。何以知其然？就其名兩兩相隨，似是雙生者也。

【集注】或曰成王時人，或曰宣王時人，蓋一母四乳而生八子也，然不可考矣。張子曰：「記善人之多也。」　愚按此篇孔子於三仁、逸民、師摯、八士既皆稱贊而品列之，於接輿、沮、溺、丈人又每有惓惓接引之意，皆衰世之志也，其所感者深矣。在陳之歎蓋亦如此。三仁則無間然矣，其餘數君子者亦皆一世之高士，若使得聞聖人之道，以裁其所過，而勉其所不及，則其所立，豈止此而已哉？

【餘論】四書訓義：人才之盛，作人者之休養之也。仁以育之，而人嚮乎仁，無果於忘世者焉。義以處之，而人喻於義，無傲上孤立者焉。此人之感於上而起也，而人之所助，天必佑之，和氣充而善氣集，故以先王先公之澤生其時者異焉。周之作人盛矣，於是賢者之生不可勝紀。尤異者八士而集於一家，一家而八士產於一母，一母而八子四乳而生，而八子者又皆周多士之選也。嗚呼！豈非天哉！而天不虛佑，則先王先公親親尊賢恤故掄才之德，實有以燕皇天而昌其後。乃當其盛，天不可期而期，其生也不爽。及其衰，則聚數姓之子講治法於一堂，而且散而之四方，何怪乎田野之多賢，而聖人之道終不行於齊、魯哉！道之不行，已知之矣，而聖人之棲棲不舍，以盡至仁，明大義，則不見知於人而不尤人，不見佑於天而不怨天，斯其爲不可及歟？記者雜著之篇，其意誠深。論語稽：論語一書，記孔子與弟子之言行，以垂教於萬世者也。此篇雜載柳下惠、周公之言，師摯諸人及八士之事，蓋其言語事實皆魯人素所稱述，故類記也。

論語集釋卷三十八

子張

○子張曰："士見危致命，見得思義，祭思敬，喪思哀，其可已矣。"

【考異】後漢書獨行傳注引論語：君子見危授命，見得思義。文選殷仲文解尚書表注引論語：子張問士。子曰："見危授命，見得思義。"

【考證】曾子制言篇："生以辱，不如死以榮。"盧辯注云："見危致命，死之榮也。"

【集解】孔曰："致命，不愛其身。"

【唐以前古注】皇疏：就此篇凡有二十四章，大分爲五段，總明弟子禀仰記言行皆可軌則，第一先述子張語，第二子夏語，第三子游語，第四曾參語，第五子貢語，此是第一子張語，自有二章也。此一篇皆是弟子語，無孔子語也。又引江熙云：但言若是自可也。

【集注】致命，謂委致其命，猶言授命也。四者立身之大節，一有不至，則餘無足觀，故言士能如此，則庶乎其可矣。

【餘論】梁氏旁證：馮氏椅曰：始子張、子夏而終子貢，三子之言爲多，疑其門人所輯。而曾子稱子，則成於其門人者也。　真德秀四書集編：義敬哀皆言思，而致命獨不言思者，蓋生死之際，惟義是徇，有不待思而決也。　四書約旨：危邦不入，亂邦不居，非其君不仕，許多審慎都在前面。若既仕之，則見危時只有致命，並無思法耳。　黄氏後案：吕伯恭曰：可者，僅足之辭，言能盡行此數事，庶可爲士，非曰可以止也。

○子張曰：「執德不弘，信道不篤，焉能爲有？焉能爲亡？」

【音讀】釋文：亡如字。　集注：亡讀作無。

按：皇疏：「世無此人不足爲輕，有此人不足爲重。」邢疏：「雖存於世，何能爲有而重；雖没於世，何能爲無而輕。」是皆讀亡爲無也，故集注因之。

【集解】孔曰：「言無所輕重。」

【唐以前古注】皇疏引江熙云：有德不能宏大，信道不務厚至，雖有其懷，道德蔑然，不能爲損益也。

【集注】有所得而守之太狹則德孤，有所聞而信之不篤則道廢。焉能爲有無，猶言不足爲輕重。

【餘論】劉氏正義：當時容有安於小成，惑於異端，故子張譏之。

【發明】反身録：執德是持，守堅定宏，則擴所未擴。信道是心，孚意契篤，則始終如一。既宏且篤，方足以任重致遠，做天地間大補益之事，爲天地間有關繫之人。若不宏不毅，則至道不凝，碌碌一生，無補於世。世有此人，如九牛增一毛，不見其益。世無此人，如九牛去一毛，不見其損。何足爲輕重乎？每讀論語至「焉能爲有？焉能爲亡」，中心不勝懼悚，不勝悵恨，慚平生見道未明，德業未就，恨平生凡庸罔似，於世無補，虛度待死，與草木何異？猛然一醒，痛自振奮，少自别於草木，庶不負此一生。

○子夏之門人問交於子張。子張曰：「子夏云何？」對曰：「子夏曰：『可者與之，其不可者拒之。』」子張曰：「異乎吾所聞。君子尊賢而容衆，嘉善而矜不能。我之大賢與，於人何所不容？我之不賢與，人將拒我，如之何其拒人也？」

【考異】舊文「拒」爲「距」。釋文：距，本今作「拒」，下「人將距我，如之何其距人也」同。漢石經爲「距」。又「可者」下「者距」上凡闕四字，今此間有五字，疑漢本無其字。皇本「拒」皆爲「距」。七經考文補遺：古本「聞」下有也字，「我之大賢」、「我之不賢」，古本並無之字。天文本論語校勘記、考文補遺引古本、津藩本、正平本「聞」下有也字。

【考證】蔡邕正交論：子夏之門人問交於子張，而二子各有所聞乎夫子。然則其以交誨也，商也寬，故告之以距人；師也褊，故告之以容衆。各從其行而矯之，若夫仲尼之正道，則汎愛衆而親仁。故非善不喜，非仁不親，交游以方，會友以仁，可無貶也。四書經注集證：史記仲尼弟子傳：「孔子既没，子夏居西河教授，爲魏文侯師。」呂氏春秋：「段干木學於子夏。」漢書藝文志「李克七篇」，注云：「子夏弟子。」楊士勛穀梁傳疏：「公羊子高，齊人。穀梁子名淑，字元始，魯人，一名赤，皆受經於子夏。」經典序録：「子夏嘗授詩於曾申，或云魯申。」陸璣詩草木疏：「子夏傳魯人申公。」索隱别録稱墨子書有文子，是子夏弟子問於墨子。又曝書亭集：「應劭曰：『子弓是子夏門人。』又徐整曰：『子夏授詩於高行子。』王應麟曰：『高行子即詩序及孟子所謂高子也。』未知是否。」　潘氏集箋：子夏門人，史記儒林傳云：「子夏居西河，子貢終於齊，如田子方、段干木、吴起、禽滑釐之屬，皆受業於子夏之倫，爲王者師。」又漢書藝文志云：「詩有毛公之學，自謂子夏所傳。」經典釋文序録引徐整云：「子夏授高行子。」一云子夏傳曾申。春秋有公羊名高，齊人，子夏弟子，受經于子夏。穀梁名赤，魯人，七録云：「名淑字元始。」風俗通云：「子夏門人。」又史記仲尼弟子傳：「子夏居西河教授，爲魏文侯師。」則文侯斯亦其門人也。

又曰：韓詩外傳子貢謂堂衣若曰：「君子尊賢而容衆，嘉善而矜不能。」正與子張所聞同，疑其同聞於夫子也。　翟氏考異：近人謂尊賢二語深合夫子愛衆親仁之旨，此必子張述平日所聞於夫子者，下五句方是重申己意。據蔡中郎正交論云：「子夏門人問交於子張，而二子各有聞乎夫子。」則漢人已作是説矣，説之不虚，可即二語爲子貢所同聞證焉。　劉氏正義：蔡邕此言，以二子所聞各得一偏，其正道則汎愛衆，即汎交，親仁即友交，義與包、鄭相發矣。世儒多徇子張之言，以子夏爲失。案吕氏春秋觀世篇：「周公旦曰：『不如吾者，吾不與處，累我者也。與我齊者，吾不與處，無益我者也。惟賢者必與賢於己者處。』」又上篇子曰：「毋友不如己者。」並子夏所聞論交之義。大戴禮衛將軍文子篇，孔子曰：「詩云『式夷式已，無小人殆』，而商也，其可謂不險也。」盧辯注：「言其鄰於德也。」子夏之行抑由所聞而然，固無失矣。

【集解】孔曰：「問交，問與人交接之道。」包曰：「友交當如子夏，汎交當如子張。」

【唐以前古注】皇疏引鄭玄云：子夏所云，倫黨之交也。子張所云，尊卑之交也。又引王肅云：子夏所云敵體交，子張所云覆蓋交也。又引欒肇云：聖人體備，賢者或偏，以偏師備，學不能同也，故準其所資而立業焉，猶易云「仁者見其仁，智者見其智」。寬則得衆而遇濫，偏則寡合而身孤，明各出二子之偏性，亦未能兼宏夫子度也。

【集注】子夏之言迫狹，子張譏之是也。但其所言亦有過高之弊，蓋大賢雖無所不容，然大故亦所當絶；不賢固不可以拒人，然損友亦所當遠，學者不可不察。

【餘論】論語或問：或問古注以二子論交有汎交擇交之異，程子乃以爲有初學成德之不同，二説孰是？曰：人之交際固有親疏厚薄之不同，然未有容之於始，而拒之於終者。包氏之説然不求諸己，而遽以拒人爲心，則非急己緩人之道。成德固當如子張之説，然於是非善惡之間一無所擇，則又非所謂仁者能好惡之心矣。以此觀之，則程子之説亦若有未安者焉。曰然則奈何？曰折以聖人之中道，則初學大略當如子夏之言，然於不可者亦疏之而已，拒之則害乎交際之道。成德大略當如子張之説，然於其有大故者亦不得而不絶也。以是處之，其庶幾乎。四書改錯：此記者之意，本偏存子張之説以垂訓者。夏是客，張是主，與棘子成章意同。今且概舉而非之，既已失主客意矣。且兩賢所言俱各有本，子夏所本即夫子「無友不如己」語，特其所異在拒字耳，故曰異乎所聞。若子張，則正以所聞闢拒字者，其反復兩拒字與矜容對照，此有何弊，而又以高遠貶之？張南士嘗曰：「嘉善而矜不能，係夫子語。」則尊賢而容衆，未必非夫子所已言者。何則？「所聞」二字可驗也。若然，則過高之弊不既侮聖言矣乎？章大來曰：「據集注，貶子張者亦首鼠語。」大凡立言有要，子張之要以賢不賢爲斷，未有賢而不擇友者，亦未有不賢而反可招損友者，此固不必又搓挪也。惟子夏過峻，故子張廣之。若仍然首鼠，既云尊賢而容衆，又云不可者拒之；既云如之何拒人，又云不可者拒之，則子夏之迫狹不必譏，而門人特記子張之言反多事矣。注經者不能達言者之旨，而動輒吹索，又何必爾。

按：此章自包、鄭以來皆作兩許解，惟集注則改爲兩譏，宋儒論人之刻如此，西河之詈，皆其所自取也。

四書訓義：合二子之言觀之，子夏之言拒固過於隘矣。其人雖不可，而既欲交於君子，則姑與其進，而徐視其改否以爲合離可也。然而子夏之志則正矣，可不可之涇、渭不得不分，而朋友人倫之重不容輕，且道未至者尤恐其爲損也。若子張之所聞，乃君子馭臣民、柔遠人之道，而非所論於交友。友也而可以容言，則納垢藏污而交道廢矣。其大賢與則氣味自不與匪人而相得，故在上則有刑賞之殊，在下則有邪正之辨。如其不賢也，正宜親有道而遠不肖，以防其陷溺。人或拒我自守，愈不得不嚴，日與小人爲徒，而終見擯於有道，則子夏之言拒，亦未爲過也。子張侈名譽而無實，殉物而失己，學者終當以子夏爲正。黄氏後案：子夏教門人是初學之法，子張言君子大賢之道。子張云異乎吾所聞，欲補子夏之所未備以廣其教也。不可者與衆不能迥異，二説亦自可貫矣。容衆之道，自古所重，易師言容蓄，臨言容保。荀子曰：「君子賢能容罷，知能容愚，博能容淺，粹能容雜。」四書近指：易曰：「麗澤兑，君子以朋友講習。」可見交非止交際交接往來之常，切磋琢磨，道義生死，惟交是視，豈可不慎？子夏所云，正合聖人論交定交之旨。子張所聞云云，特厚德載物之意，非所以訓門人小子也。使子夏、子張之言折衷於孔子，吾知必不愈子張，絀子夏也。

【發明】傳習録：子夏是言小子之交，子張是言成人之交，若善用之，亦俱是。論語稽：子夏門人古載記略可考見，其問於子張，蓋亦旁證參考之意。聖人體無不備，賢者質有所偏，以偏師備，則各取其性之所近者，尊所聞而立業焉。子夏不及，故以與拒爲主。子張過中，故以尊嘉矜容爲主。然深味其語意，可者與，不可者拒，所以正濫交之失，而非胞與之量也。尊賢容衆，嘉善矜不能，所以立下交之準，而非同門同志之誼也。若述夫子之教弟子者，曰汎愛衆而親仁，則無一偏之弊矣。四書恒解：子夏所言雖稍失之狹，然切於立己。子張之言尊賢二句，義理曲盡，固己即我之大賢五句反覆明拒字之非，所以教門人自勉爲大賢，不可徒見人之惡而棄之，亦忠厚之道。即如管寧割席於華歆，阮籍辭昏於司馬，是不可拒之之得宜者，不必其在後人小子也。若郭汾陽之見魚朝恩，陳仲弓之弔中常侍，一則保全自己身家，一則保全天下賢士，是何所不容之得宜者也。至於夫子見陽貨、南子，孟子不見諸侯，不與右師言，因時處中，又不待言。門人有見於道理之精，知二子之言皆有可取，必兼之而其義始盡，故特兩記之，後儒轉遜其識解矣。陳寔弔於張讓，前人斥其守道不篤，此言非也。君子之於小人，不幸同朝共事，關係君民大事，必當面折廷爭，雖死不辭；若非國計民生所重，尋常交接往來，無害於義，何必爲已甚之行，激其怒而害及同類。漢、宋黨錮之禍，皆諸君子過於矯之，故犯凶人之怒而鳴高。不知太甚之行，激爲大禍，毒流搢紳，而社稷亦隨之而亡。何不聞孔子之見陽貨哉？故陳寔之事，不可疵也。紹興中，徐子雲省試第一，秦檜欲以女妻之。及廷對，子雲乃佯狂不答一字，遂置甲末，此拒不可之妙也。班超使西域，李邑上書毁其擁妻抱子，安樂外國，無内顧憂。超聞而歎曰：「身非曾參而有三至之讒。」遂去其妻。帝知超忠，切責邑，令受超節度。超遣邑還京師。徐幹謂超曰：「邑前毁君，今何不留之？」超曰：「是何言之陋也！以邑毁超，故今遣之。内省不疚，何恤人言？快意留之，非忠臣也。」此何所不容之妙也。

按：二子論交之説，均出於夫子，不宜有所軒輊，各因其性之所近而師之可也。大抵狷介者宜於子夏，高明者宜於子張，其言均百世之師也。

○子夏曰：「雖小道，必有可觀者焉；致遠恐泥，是以君子不爲也。」

【考異】考文補遺：古本「爲」作「學」。漢書藝文志引文「不」作「弗」。

【考證】漢書宣元六王傳：東平王宇上疏求諸子及太史公書。上以問大將軍王鳳，對曰：「諸子書或反經術，非聖人；或明鬼神，信物怪。太史公書有戰國縱横權譎之謀，不可予。不許之辭宜曰：『五經聖人所制，萬事靡不畢載。夫小辯破義，小道不通，致遠恐泥，皆不足以留意。』」藝文志：小説家者流，蓋出於稗官。街談巷語、道聽塗説者之所造也。孔子曰：「雖小道，必有可觀者焉。致遠恐泥，是以君子弗爲也。」然亦弗滅也。閭里小知者之所及，亦使綴而不忘。如或一言可采，此亦芻蕘狂夫之議也。後漢書蔡邕傳：上封事曰：「夫書畫辭賦，才之小者。匡國理政，未有其能。昔孝宣會諸儒於石渠，章帝集學士於白虎，通經釋義，其事優大。文、武之道，所宜從之。若乃小能小善，雖有可觀，孔子以爲致遠則泥。君子故當志其大者。」淮南子繆稱訓曰：鵲巢知風之所起，獺穴知水之高下，暉目知晏，陰諧知雨，爲是謂人智不如鳥獸，則不然。故通於一伎，察於一辭，可與曲説，未可與廣應也。反身録：小道，集注謂農圃醫卜之屬，似未盡然。夫農圃所以資生，醫以寄生死，卜以決嫌疑定猶豫，未可目爲小道，亦且不可言觀。在當時不知果何所指，在今日詩文字畫皆是也。爲之而工，觀者心悦神怡，躍然擊節，其實内無補於身心，外無補於世道，致遠恐泥，是以知道君子不爲也。然則詩文可全不爲乎？曰豈可全不爲。顧爲須先爲大道，大道誠深造，根深末自茂，即不茂亦不害其爲大也。伊、傅、周、召，何嘗藉詩文致遠耶？問大道。曰：内足以明心盡性，外足以經綸參贊，有體有用，方是大道，方是致遠。其餘種種技藝，縱精工可觀，皆不足以致遠，皆小道也，皆不足爲。爲小則妨大，所關非細故，爲不可不慎也。

【集解】小道，謂異端也。包曰：「泥，難不通也。」

【唐以前古注】後漢蔡邕傳注引鄭注：小道，如今諸子書也。皇疏引江熙云：聖人所以訓世軌物者，遠有體趣，故又文質可改，而處無反也。至夫百家競説，非無其理，然家人之規模，不及於經國；慮止於爲身，無貽厥孫謀，是以君子舍彼取此也。

【集注】小道如農圃醫卜之屬。泥，不通也。楊氏曰：「百家衆技猶耳目口鼻，皆有所用而不能相通，非無可觀也，致遠則泥矣，故君子不爲也。」

【餘論】四書辨疑：君子不爲也之一語，此甚有疾惡小道之意，必是有害聖人正道，故正人君子絶之而不爲也。農圃醫卜，皆古今天下之所常用，不可無者，君子未嘗疾惡也。況農又人人賴以爲生，其尤不容惡之也。注文爲見夫子嘗鄙樊遲學稼之問，故以農圃爲小道，此正未嘗以意逆志也。蓋樊遲在夫子之門，不問其所當問，而以農圃之事問於夫子，夫子以是責之耳，非以農爲不當爲也。古人之於農也，或在下而以身自爲，或居上而率民爲之，舜耕於歷山，伊尹耕於莘野，后稷播時百穀，公劉教民耕稼，未聞君子不爲也。又農圃醫卜亦未嘗見其致遠則泥也。蓋小道者，如今之所傳諸子百家功利之説，皆其類也。取其近效，固亦有可觀者，期欲致遠，則泥而不通，雖有暫成，不久而壞，是故君子惡而不爲也。農圃醫卜不在此數。四書通引黄勉齋曰：小道安知非指楊、墨、佛、老之類邪？曰：小道，合聖人之道而小者也。異端，違聖人之道而異者也。小者猶可以施之於近，異端不可以頃刻施也。彼之無父無君，又何待致遠而後不通哉？

按：黄氏之説意在申朱注，而不知已蹈於黨同伐異之弊。其言似是而實非，當以陳氏天祥之説爲正。

四書翼注：農圃起於神農、后稷，醫起於軒轅、岐伯，卜起於伏羲，下至百工衆技，創始皆自聖賢，故曰智者創物，巧者述之，原不可輕視，故曰必有可觀。但當日爲此教蚩蚩之民以利用安身，今已利矣已安矣，士君子有修己治人之責，當爲其遠者大者，若惟細民之業，一技之長，專心畢力於其中，則致遠恐泥矣。

【發明】論語補疏：聖人一貫，則其道大。異端執一，則其道小。孟子以爲「大舜有大焉，善與人同」。能通天下之志，故大。執己不與人同，其小可知。故小道爲異端也。可觀，謂可以相觀而善，即攻乎異端也。百家九流，彼此各異。使彼觀於此而相摩焉，此觀於彼而相摩焉，則異者相易而爲同，小者旁通而爲大。惟不能相觀而善，小終於小而不相通，則不能致遠矣。泥則執也，相觀則能致遠，不相觀則泥，故欲致遠則恐其泥，是以君子不爲也，即是以君子不泥也。邢疏謂必有小理可觀覽，非其義。

○子夏曰：「日知其所亡，月無忘其所能，可謂好學也已矣。」

【考異】後漢書列女傳注引此爲孔子語，又「日」上有「君子」二字。中論治學篇引子夏曰：日習則不忘。舊唐書張玄素傳：上書曰：「日知其所不足，月無忘其所能。」太平御覽述文忘字作「亡」。

【集解】孔曰：「日知所亡，日知其所未聞。」

【唐以前古注】皇疏：此勸人學也。亡，無也。無，謂從來未經所識者也。令人日新其德，日日知所未識者，令識録之也。所能，謂已識在心者也。既自日日識所未知，又月月無忘其所能，故言識之也。能如上事，故可謂好學者也。然此即是温故而知新也，日知其所亡是知新也，月無忘所能是温故也，可謂好學，是謂爲師也。

【集注】亡，無也，謂己之所未及。

【餘論】劉宗周學案：君子之於道也，日進而無彊。其所亡者，既日有知之，則拳拳服膺而弗失之。至積月之久而終不忘，所謂學如不及，猶恐失之者矣。

【發明】反身録：道理無窮，德業亦無窮。日日返觀内省，知某道未盡，某理未明，某德未立，某業未成，誠一一知其所亡，斯不安於亡，求所以盡之明之立之成之；即已盡已明已立已成，亦必日新又新，緝熙弗懈，勉强不已；久則自然，如此方是好學。若不在道理上潛心，德業上操存，舍本逐末，區區致察於名物訓詁以爲學，縱博覽强記，日知所未知，月能所未能，謂之好古則可，謂之好學則未也。友人有以日知爲學者，每日凡有見聞，必隨手劄記，考據頗稱精詳。余嘗謂之曰：知者，無不知也，當務之爲急。堯、舜之知而不偏物，急先務也。若舍却自己身心切務，不求先知，而惟致察乎名物訓詁之末，豈所謂急切務乎？假令考盡古今名物，辨盡古今疑誤，究於自己身心有何干涉？誠欲日知，須日知乎内外本末之分，先内而後外，由本以及末，則得矣。東塾讀書記：子夏曰：「日知其所亡，月無忘其所能。」讀之似甚淺近，然二者實學問之定法也。於稽其類，則知新者知也，温故者無忘也；知及之者知也，仁能守之者無忘也；擇善者知也，固執者無忘也；深造者知也，自得之者無忘也；知斯二者知也，弗去者無忘也；平旦之氣者知也，操則存者無忘也。四書之理皆如此。楊名時論語劄記：每日所知是零星者，至匝月則徧加温理，不令遺忘。常常如此，則每月所得會聚於心，交相參伍印證，漸至融洽貫通，有心得之趣矣。

○子夏曰：「博學而篤志，切問而近思，仁在其中矣。」

【考異】後漢書章帝紀正經義詔引此爲孔子語。

【考證】黄氏後案：志、識通，記也，見後漢章帝紀引此經李注。世有以仁心待人，而施之轉受其害者，必博學以求仁術也。既學仁術矣，而必堅以記之，以俟行之也，而又慮求之廣遠也。於切近者問之思之，所謂能近取譬也。此雖未必宏拯濟之澤，而真誠惻怛之念，實已操存於一己矣，故曰仁在其中。凡言在其中者，事不必盡然而舉其能然者也。論語述要：孔注讀志爲識，志、識、記古通，篤志即厚記，亦無忘所能意。第七篇「默而識之」，集注：「識，記也。」默記之功，夫子至謂何有於我，知其爲學中一項最要功夫。朱子云：「聖賢之言，常要在目頭過，口頭轉，心頭運。」此非篤記而何？以本文順序言之，初而學，既學要記，疑則問，終乃思，而求得於已學之後，問之前，中間篤記一層正不可少。若作心志之志，則四者乃求知之序，中間何以夾此爲也？

按：鄭説是也。述而云：「多見而識之。」白虎通引作「志」。鄭注周禮保章氏云：「志，古文識。」賈疏：「古之文字少，志意之志與記識之識同。」説文無志字，徐鉉於心部補之云：「志，意也。从心，之聲。」段注謂志所以不録者，古文有志無識，小篆乃有識字。保章注：「志，古文識。識，記也。」哀公問注：「志讀爲識，識知也。」今之識字，志韻與職韻分二解，而古不分二音，則二解亦相通。古文作志，則志者，記也，知也。許心部無志者，蓋以其即古文識而識下失載也。宋儒不明訓詁，往往望文生義，此其失也。

【集解】孔曰：「博學而篤志，廣學而厚識之也。」何曰：「切問者，切問於己所學而未悟之事也。近思者，近思於己所能及之事也。若汎問所未學，遠思所未達，則於所學者不精，於所思者不解也。」

【唐以前古注】皇疏：博，廣也。篤，厚也。志，識也。言人當廣學經典而深厚識録之不忘也。切，猶急也。若有所未達之事，宜急諮問取解，故云切問也。近思者，若有所思，則宜思己所已學者，故曰近思也。能如上事，雖未是仁，而方可能爲仁，故云仁在其中矣。

【集注】四者皆學問思辨之事耳，未及乎力行而爲仁也。然從事於此，則心不外馳，而所存自熟，故曰仁在其中矣。蘇氏曰：「博學而志不篤，則大而無成；泛問遠思，則勞而無功。」

【餘論】四書集編：切問，謂以切己之事問於人也。近思，謂不馳心高遠，就其切近者而思之也。

外焉問於人，内焉思於心，皆先其切近者，則一語有一語之益，一事有一事之功，不比汎然馳鶩於外，而初無補於身心也。劉開論語補注：博學而篤志，博與篤相反而易辨者也。切問而近思，切與近相似而易混者也。程、朱之意，皆以切問爲切近在己而不泛問，如此則切即是近，謂之切問近思可矣，何必加一而字？且與上文博而又篤之語意不相刺謬乎？同一文法而解意獨别，非也。蓋所謂切問者，乃「切切偲偲」之切，謂懇到也。審問致詳，反覆就正，極其周密懇到，而不敢以率意出之，故謂之切問。爾雅釋訓云：「丁丁、嚶嚶，相切直也。」毛詩箋云：「猶以道德相切。」正亦言盡誠竭直以相正也。能如此切問，而又思不出位，不馳于高遠，則仁自在其中，以合博學篤志，而語皆一串，意亦連屬，且明確而有徵矣。

○**子夏曰：「百工居肆以成其事，君子學以致其道。」**

【考異】虞翻易注「巽爲工」，引子夏曰：「工居肆。」無百字。翟氏考異：周氏應賓云：「以成其事，白虎通成作致。檢本書，惟辟雍篇中引此，今自爲成。」

【考證】齊語：管子對桓公曰：「昔先王之處士也，使就閒燕；處工，就官府。」又曰：「令夫工，羣萃而州處，審其四時，辨其功苦，權節其用，論比協材，旦暮從事，施於四方，以飭其子弟，相語以事，相示以巧，相陳以功。少而習焉，其心安焉，不見異物而遷焉。是故其父兄之教不肅而成，其子弟之學不勞而能。夫是，故工之子恒爲工。」潘氏集箋：管子雖不言君子之學，而其言士也曰：「令夫士，羣萃而州處，閒燕則父與父言義，子與子言孝，其事君者言敬，其幼者言悌。其父兄之教不肅而成，其子弟之學不勞而能。夫是，故士之子恒爲士。」韋昭注：「士，講學道藝者。」道莫大於君臣父子，君子之致道當亦不外是矣。羣經平議：肆者，市中陳物之處。故周官有肆長。以肆爲官府造作之處，於古未聞，正義説非也。周易説卦傳「巽爲工」，李鼎祚集解引虞翻曰：「爲近利市三倍，故爲工。子夏曰：『工居肆。』」然則此肆字即市肆之肆。市中百物俱集，工居於此，則物之良苦、民之好惡無不知之，故能成其事，以譬君子學於古訓，則言之是非、事之得失無不知之，故能成其道也。邢氏誤解「肆」字，不特臆説無徵，且於喻意不見矣。

【集解】包曰：「言百工處其肆則事成，猶君子學以致其道。」

【唐以前古注】皇疏：先爲設譬。百工者，巧師也。言百者，舉全數也。居肆者，其居常所作物器之處也。言百工日日居其常業之處，則其業乃成也。致，至也。君子由學以至於道，如工居肆以成事也。　又引江熙云：亦非生巧也。居肆則是見廣，見廣則巧成。君子未能體足也，學以廣其思，思廣而道成也。

【集注】肆，謂官府造作之處。致，極也。工不居肆，則遷於異物而業不精；君子不學，則奪於外誘而志不篤。尹氏曰：「學所以致其道也。百工居肆，必務成其事。君子之於學，可不知所務哉？」愚按二説相須，其義始備。

【別解】四書通：工必居肆，則耳目之所接者在此，心思之所爲者在此，而其事即成於此，君子之居於學也亦然。趙佑温故録：學乃學校之學，對居肆，省一居耳。即國語所謂「不見異物而遷」，學記所謂「退息必有居學」。

【餘論】論語集説：致如致人致師之致。百工居肆，則朝於斯，夕於斯，其志勤矣，其習專矣，故能以成其事。君子之於道亦猶是也，念終始典於學，道其有不可致者乎？四書訓義：學者侈言道而疏於學，則無體道之實功，而其求至於道之心亦未篤也。夫學何爲也？非侈誦習之博也，非摹倣古人之迹以自表異爲君子也，以人各有其當行之道，不至焉，必求致也，而非學無以盡道之用而通其變化，抑非學無以定己之志而静其神明，則其於學也，日有作，月有省，瞬有養，息有存，以遇古人於心，而復吾性之知能也。必無不盡也，而後可集於吾心，而行焉皆得也。不然，慕道而無求道之功，何足以爲君子乎？黄氏後案：百工之成必居肆者，循高曾之規矩，日省月試，不見異而遷也。君子之於道，非讀書稽古，安能造其極哉？蘇子瞻曰：「言道者，或即所見而名之，或莫之見而意之，皆求道之過也。致者，不强求而自至也。」蘇子由曰：「自盡於學，日引月長而道自至，故曰致。」蘇説爲世之不學而好高談者戒也，朱子説爲溺於名利而不學者言也，總之皆不學也。致，謂造其極也，惟學乃造其極。

〇子夏曰：「小人之過也必文。」

【考異】皇本「必」下有則字。按七經考文云：古本「必」上有則字，則作「必則文」恐是皇本誤倒，不可通。翟氏考異：如考文古本作「則必文」也。今所見皇氏義疏亦有則字，而在必字之下，于義不可通。考文稱古本，據云與義疏同，則今義疏必屬訛倒。

文選楊惲報孫會宗書注引此爲孔子語。

【音讀】史記孔子世家：齊羣臣對景公曰：「君子有過則謝以質，小人有過則謝以文。」按：「文」字釋文無音。説文、廣韻、玉篇「文」字皆無去聲。翟氏灝曰：「此語意與論語相類，疑此文亦對質言，則可以不讀去聲也。」

【集解】孔曰：「文飾其過，不言情實。」

【唐以前古注】皇疏：君子有過是己誤行，非故爲也，故知之則改。而小人有過，是知而故爲，故愈文飾之，不肯言己非也。又引繆播云：君子過由不及，不及而失，非心之病，務在改行，故無吝也。其失之理明，然後得之理著，得失既辨，故過可復改也。小人之過生於情僞，故不能不飾，飾則彌張，乃是謂過也。

【集注】文，飾之也。小人憚於改過而不憚於自欺，故必文以重其過。

【餘論】四書紹聞編：夫過出無心，文出有意。集注曰：「重其過則見其恥。」過作非，而流於惡之意亦在其中，所以重小人飾非之罪，而深戒夫人也。

【發明】反身録：君子之過如日月之食，過也人皆見之。小人之過也必文，此其所以爲小人歟？吾人果立心欲爲君子，斷當自知非，改過始。若甘心願爲小人，則文過飾非可也。庸鄙小人不文過，文者多是聰明有才之小人。肆無忌憚之小人不文過，文者多是慕名竊義，僞作君子之小人。蓋居恒不肯檢身，及有過又怕壞名，以故多方巧飾，惟務欺人。然人卒不可欺，徒自欺耳，果何益哉！

○子夏曰：「君子有三變：望之儼然，即之也温，聽其言也厲。」

【考異】皇本「儼」作「嚴」。釋文云：「儼，本或作嚴。」論語校勘記：案古多借「嚴」爲「儼」，公羊桓二年傳注「儼然人望而畏之」，釋文亦云：「儼，本又作嚴。」

【集解】鄭曰：「厲，嚴正也。」

【唐以前古注】皇疏引袁氏云：温，和潤也。又引李充云：厲，清正之謂也。君子敬以直內，義以方外，辭正體直，而德容自然發，人謂之變耳，君子無變也。

【集注】儼然者，貌之莊。温者，色之和。厲者，辭之確。

【餘論】潘氏集箋：説文：「儼，昂頭也。」段注：「昂當作卬。卬者，望欲有所庶及也。」禮記曲禮「儼若思」，注云：「儼，矜莊貌。人之坐思，貌必儼然。」詩澤陂傳亦云矜莊貌，蓋即下篇所謂「正其衣冠，尊其瞻視，儼然人望而畏之」也。厲，禮記表記云：「君子不厲而威。」威與嚴正義近，但彼狀其色，此狀其言也。日知録據洪範正義言之，決斷若金之斬割，謂居官則告諭可以當鞭扑，行師則誓戒可以當甲兵，是之謂聽其言也厲。

○子夏曰：「君子信而後勞其民；未信，則以爲厲己也。信而後諫；未信，則以爲謗己也。」

【考異】七經考文補遺：上句「也」作「矣」。高麗本下句「也」作「矣」。蘇文忠公集上神宗書引「信而後勞其民」二句爲孔子語。楊時荆州語録引「信而後諫」二句爲孔子語。釋文：厲，鄭讀爲賴，恃賴也。後漢書李雲傳論：「未信而諫，則以爲謗己。」注引論語曰：「事君信而後諫，其君未信，則以謗己。」

【音讀】經讀考異：舊讀從民字絶句，考此宜以勞字爲斷，與下「信而後諫」相比，「其民」連下「未信」爲句。

按：後漢書李雲傳論注引論語「諫」下有「其君」二字，疑古本如此。温故録：「上言其民，下不言其君，諫非獨施於君也。」此蓋望文生義，恐不盡然，仍當讀至「其民」斷句。

【考證】論語後録：左傳昭四年滅賴。二氏作「厲」。是厲與賴通。

【集解】王曰：「厲猶病也。」

【唐以前古注】皇疏引江熙云：君子克厲德也，故民素信之，服勞役故知非私。信不素立，民動以爲病己而奉其私也。人非忠誠相與，未能諫也。然投入夜光，鮮不按劍。易曰：「貴乎在道。」明無素信，不可輕致諫也。

【集注】信，謂誠意惻怛而人信之也。厲，猶病也。事上使下，皆必誠意交孚，而後可以有爲。

【餘論】四書存疑：信而後諫，亦有雖不信而不容不諫者，箕子、比干是也。信而後勞，亦有民未信而不容不勞者，如子産爲政，民欲殺之是也。子夏特論道理必如此然後盡善耳，非爲未信皆不可使民諫上也。黄氏後案：注言誠意惻怛者，見己以信施於人，始誠意交孚也。勞與諫必俟其信者，所謂同言而信，信其所稱；同命而行，行其所服也。程伯子不容於時，自謂己學未至，誠意不能動人。程叔子曰：「告於人者，非積其誠意，不能感而入也，故聖人以蒲盧喻政，謂以誠化之也。今夫鐘，怒而擊之則武，悲而擊之則哀，誠意之感而入也。」注意如此。

○子夏曰：「大德不踰閑，小德出入可也。」

【考異】春秋繁露玉英篇引「不」作「無」。説苑尊賢篇引作「毋」。

【考證】韓詩外傳二：孔子遭程木子于郯之間，傾蓋而語終日。有間，顧子路曰：「束帛十匹以贈先生。」子路曰：「由聞之夫子，士不中道相見。」孔子曰：「大德不踰閑，小德出入可也。」晏子春秋：晏子對孔子曰：「吾聞大者不踰閑，小者出入可也。」集注剩義：據此，則子夏之言將有所昉。翟氏考異：據外傳，此本孔子言而子夏述之也。述其言而略其本事，致覺其言不能無弊也。荀子王制篇又引孔子曰：「大節是也，小節一出焉，一入焉，中君也。」亦與此意同。參觀之，尤悉其言之本末有弊。

【集解】孔曰：「閑猶法也。小德不能不踰法，故曰出入可也。」

【唐以前古注】皇疏：大德，上賢以上也。閑，猶法也。上德之人，常不踰越於法則也。小德，中賢以下也，其立德不能恒全，有時蹔至，有時不及，故曰出入也。不責其備，故曰可也。筆解：韓曰：「孔注謂大德不自踰法，非也。吾謂大德，聖人也，言學者之於聖人，不可踰過其門闞爾。小德，賢人也，尚可出入窺見其奧也。」李曰：「防閑之閑從本義，取限分内外，故有出入之踰。孔注便以閑訓法，非也。況大德之人，豈踰法耶？」

【集注】大德小德，猶言大節小節。閑，闌也。所以止物之出入。言人能先立乎其大者，則小節雖或未盡合理，亦無害也。吴氏曰：「此章之言不能無弊，學者詳之。」

【别解】論語偶記：大德小德皆有德之人，大小者，優劣之謂也。孟子曰：「小德役大德。」是其證。

按：劉恭冕云：「邢疏以大德小德指人言，方氏觀旭偶記亦同，非也。」

【餘論】四書改錯：德者，事行之别名。閑是分限，出入即踰分之謂，何處好着理字？且出入非不合理也。此書實易解曉，如行大禮者既不踰分，則儀貌小節或稍過而出，稍不足而入，總不失大禮。行大法者既不踰度，則規模細事或出而過張，或退入而近於弛，亦不礙大法。此以不合理責之，固爲不倫，且以子夏近小之病進幾遠大，亦有何弊？而動輒苛刻。亦思不矜細行，終累大德，子夏豈不知是古語，而言各有爲，必雷同附和以求無弊，恐大不然。四書訓義：觀人者有不必求備之道焉，責之於動履之微而曲謹之士進，而志義之君子且見疵焉，失之也多矣。如其於綱常名教之大信之心而施之行者，皆天理民彝當然之則，無有踰也。則一介之取與片語之從違，或入於閑之中，亦或出於閑之外，而言不足法，行不足則焉，則亦許之可矣。必欲求全焉，則飾忠飾信而大義缺然，多得之於僞士矣。此知人者取舍之辨也。

【發明】反身録：論人與自處不同，觀人當觀其大節，大節苟可取，小差在所略；自處則大德固不可踰閑，小德亦豈可出入？一有出入，便是心放，細行不謹，終累大德，爲山九仞，功虧一簣，是自棄也。

○子游曰：「子夏之門人，小子當洒掃應對進退，則可矣，抑末也。本之則無，如之何？」

【考異】漢石經「游」作「斿」。論語古義：説文：「㫃，旌旗之游。讀若偃，古人名㫃，字子游。游，旌旗之流也。從㫃，汓聲。」大宰：「九貢，八曰斿貢。」注云：「斿，讀如固游之游。」漢武班碑亦以「斿」爲「游」。釋文：洒，正作「灑」。掃，今作「埽」。皇本「埽」作「掃」。唐石經掃字作「埽」。九經古義：釋文非也。説文曰：「洒，古文以爲灑埽字。」周禮隸僕掌埽除糞洒，先鄭以爲洒當爲灑，後鄭據古文論語定爲洒。經傳中如毛詩「弗洒弗埽」、「洒埽穹窒」、「於粲洒埽」、「洒埽庭内」，晉語「供備洒埽之臣」，皆古文也。

按：吴英曰：「灑者以水揮地及牆階，令不揚塵，然後埽之，少儀所謂汎埽也。」洒乃洗滌之義，然則作洒者，乃古文假用也。

【音讀】經讀考異：近讀以「門人小子」爲句，考此子游所譏，宜以「子夏之門人」爲句（問交章亦云子夏之門人）。其門人中有幼者，如小子當洒埽應對進退則可矣，言外見子夏之門人不分長幼，悉以此爲務也。潘氏集箋：「小子」屬下讀是也，不然小子即門人，經文複出，無謂矣。

周禮隸僕注、大戴禮衛將軍文子篇注引並無「小子」字。

按：論語稽：「門人對師之稱，小子對長者之稱，細味經文語氣，宜仍以門人小子爲句。」此恐不然，小子即門人，觀曾子有疾章「吾知免夫小子」，此小子即門人也。古人無此累墜重複文法，仍以屬下讀爲是。

【考證】劉氏正義：釋文：「洒埽，上色買反，又所綺反，正作灑，經典相承作洒。下素報反，本今作埽。」盧氏文弨考證：「説文：『灑，汛也。洒，滌也。』古文以爲灑埽字，經典中如毛詩、論語及周禮隸僕、國語晉語皆作『洒埽』，是借用。」凡糞除，先以水潑地使塵不揚，而後埽之，故洒先於埽。曲禮云：「凡爲長者糞之禮，必加帚於箕上，以袂拘而退，其塵不及長者，以箕自鄉而扱之。」弟子職云：「凡拚之道，實水于槃，攘袂及肘，堂上則播灑，室中握手，執箕膺揲，厥中有帚，入户而立，其儀不貸。執帚下箕，倚于户側。凡拚之紀，必由奥始。俯仰罄折，拚毋有徹，拚前而退，聚于户内，坐板排之，以葉適己，實帚于箕。」此洒埽之事也。應，説文作「譍」，云：「以言對也。」今通作「應」。散文應、對無別，對文則應是唯諾，不必有言，與對專主答辭異也。曲禮云：「在父母之所，有命之，應唯敬對。」又云：「父召無諾，先生召無諾，唯而起。」又云：「進退周旋慎齊。」凡摳衣趨隅，與夫正立拱手、中規中矩之節，皆幼儀所當習者。子游習於禮樂，以學道爲本，而以洒埽應對進退爲禮儀之末，故譏子夏爲失教法。大戴禮曾子事父母篇：「曾子曰：『夫禮，大之由也，不與小之自也。』」又謂趨翔周旋俛仰從命爲未成於弟，亦此意。釋文云：「末，本末之末。字或作『未』，非也。」

【集解】包曰：「言子夏弟子但當對賓客修威儀禮節之事則可，然此但是人之末事耳，不可無其本，故云『本之則無，如之何』。」

【唐以前古注】皇疏：門人小子，謂子夏之弟子也。子游言子夏諸弟子不能廣學先王之道，唯可洒掃堂宇，當對賓客，進退威儀之小禮，於此乃爲則可也。抑，助語也。洒掃以下之事，抑但是末事耳，若本事，則無如之何也。本，謂先王之道也。

【集注】子游譏子夏弟子於威儀容節之間則可矣，然此小學之末耳，推其本如大學正心誠意之事，則無有。

子夏聞之，曰：「噫！言游過矣！君子之道，孰先傳焉？孰後倦焉？譬諸草木，區以別矣。君子之道，焉可誣也？有始有卒者，其惟聖人乎！」

【考異】唐文粹李翺答王載言書引文「矣」作「也」。牟子理惑論引文「別」下有之字。漢石經卒字作「卆」，惟字作「唯」。宋石經「惟」作「唯」。七經考文：古本「卒」作「終」，「惟」作「唯」。漢書董仲舒引論語「惟」亦作「唯」，乎字作「虖」。師古注曰：「論語載孔子之言。」宋史黄裳傳亦引爲孔子言。漢書薛宣傳：「君子之道，焉可憮也。」蘇林曰：「憮，同也，兼也。」晉灼曰：「憮音誣。」師古曰：「論語載子夏之言，謂行業不同，所守各異，唯聖人爲能體備之。」論語發微：漢書引「誣」爲「憮」，是魯論，馬所著爲古論也。說文：「憮，愛也。」是憮有兼愛義，故蘇林訓兼。論語補疏：説文言部云：「誣，加也。」加之義正與同兼義近。憮字，説文訓愛，毛詩巧言傳訓大，爾雅則訓傲，漢書憮字，乃誣字假借耳。誣字本義自通，馬以誣爲欺妄，則非誣字本義。

按：「焉可誣」句，漢書薛宣傳引作「憮」，憮，兼也。義亦可通。但今本作「誣」，義似較長。論語竢質則謂「憮」當作「幠」，今漢書譌作「憮」，音義皆別。捨明白易通之本文，而必穿鑿以自圓其説，此又漢學家之失也。

【音讀】困學紀聞：胡五峯謂草木生於粟粒之萌，及其長大，根莖華實，雖凌雲蔽日，據山蟠地，初具乎一萌之内，而未嘗自外增益之也。此用樂記區萌之區，當讀如勾。朱文公曰：「林少穎亦説與黃祖舜如此。」潘氏集箋：論語發微曰：「説文：區，踦區藏匿也。從品在匸中。品，衆也。」按此知區爲品類，區以別矣。謂區其品類以別之，凡言區分者，即區別也。又按樂記「草木茂區萌達」，鄭注：「屈生曰區。」則論語「區以別矣」，亦可訓爲區萌之區。區、屈聲之轉，不必改讀，謂其區萌未達之時，即有以別之，以區萌喻學者之始也。

【考證】四書稗疏：集注云：「區，類也。」馮氏則曰邱域也。按齊民要術有區種五穀法。作爲區畛，如今菜畦，數畝之内，各種雜植，長短豐嬴相形易見。此草木者，亦言穀蔬果蓏良材之在田圃者，非謂山林之雜木野卉也。馮氏之説較爲得之。如以爲草木之類各有大小高庳，則類一定而不可易，將聖人必不須下學，而小子終不可學聖乎？觀其所譬而義自見矣。羣經平議：經文兩孰字明分二事，包注并爲一談，非也。先傳對後傳者而言，性與天道，未至其時不得聞，而灑掃應對之事童而習之，是先傳者也。後倦對先倦者而言，既冠成人，而後弟子之職不復躬親矣，而鄉道而行，忘身之老，俛焉日有孳孳，死而後已，是後倦者也。孰先傳焉，孰後倦焉，猶曰有小道焉，有大道焉，故繼之曰：「譬之草木，區以別矣。」包氏所解，未得經旨。劉氏正義：君子之道，謂禮樂大道，即子游所謂本也。此當視人所能學而後傳之，故曰「孰先傳焉，孰後倦焉」。倦即「誨人不倦」之倦，言誰當爲先而傳之，誰當爲後而倦教。皆因弟子學有淺深，故教之亦異。草木區別，即淺深之喻。今子游所譏，則欲以君子之道概傳之門人，是誣之也。草木區別，喻人學有不同，故注云大道、小道，則指本末言之。本爲大道，末爲小道也。華嚴經音義上引注云：「區，別也。」疑注有脱文。凡地域謂之區，區以分別，故區即訓別。注以誣爲欺誣，言教人以所不能，則爲誣也。於義亦通。

【集解】包曰：「孰先傳焉，孰後倦焉，言先傳業者必先厭倦，故我門人先教以小事，後將教以大道也。」馬曰：「區以別，言大道與小道殊異。譬如草木，異類區別，言學當以次也。君子之道，焉可使誣言我門人但能洒掃而已也。」孔曰：「噫，心不平之聲。終始如一，惟聖人耳。」

【唐以前古注】皇疏：噫，不平之聲也。子夏聞子游鄙己門人，故爲不平之聲也。既不平之，而又云言游之説實爲過失也。既云子游之説是過，故更説我所以先教以小事之由也。君子之道，謂先王之道也。孰，誰也。言先王大道即既深且遠，而我知誰先能傳，而後能倦懈者邪？故云：「孰先傳焉？孰後倦焉？」既不知誰，故先歷試小事，然後乃教以大道也。言大道與小道殊異，譬如草木，異類區別，學者當以次，不可一往學，致生厭倦也。君子大道既深，故傳學有次，豈可發初使誣罔其儀而并學之乎？唯聖人有始有終，學能不倦，故可先學大道耳，自非聖人，則不可不先從小起也。又引張憑云：人性不同也，先習者或早懈，晚學者或後倦，當要功於歲終，不可以一限也。譬諸草木，或春花而夙落，或秋榮而早實，君子之道，亦有遲速焉。惟聖人始終如一，可謂永無先後之異也。又引熊埋云：凡童蒙初學，固宜聞漸日進，階麤入妙，故先且啓之以小事，後將教之以大道也。

【集注】倦，如誨人不倦之倦。區，猶類也。言君子之道，非以其末爲先而傳之，非以其本爲後而倦教。但學者所至，自有淺深，如草木之有大小，其類固有別矣。若不量其淺深，不問其生熟，而概以高且遠者强而語之，則是誣之而已，君子之道豈可如此？若夫始終本末一以貫之，則惟聖人爲然，豈可責之門人小子乎？程子曰：「君子教人有序，先傳以小者近者，而後教以大者遠者。非先傳以近小，而後不教以遠大也。」又曰：「洒埽應對便是形而上者，理無大小故也，故君子只在謹獨。」又曰：「聖人之道更無精粗，從洒埽應對只看所以然如何。」又曰：「凡物有本末，不可分本末爲兩段事。洒埽應對是其然，必有所以然。」又曰：「自洒埽應對上便可到聖人事。」愚按程子第一條說此章文意最爲詳盡，其後四條皆以明精粗本末。其分雖殊，而理則一。學者當循序而漸進，不可厭末而求本，蓋與第一條之意實相表裏，非謂末即是本，但學其末而本便在此也。

【別解】論語稽求篇：倦即古「券」字。傳與券，即古印契傳信之物。蓋傳者，傳也。舊以兩行書繒帛，分持其一，凡出入關者必合之乃得過，因謂之傳。而其後或用棨刻木爲合符，史稱傳信爲符信是也。券者，契也。以木牘爲要約之書，用刀剖之，屈曲犬牙，分持其一以爲信。韓子所謂「宋人得遺契而數其齒」是也。是傳與券皆彼此授受傳信之物，一如教者之與學人兩相印契，故借其名曰傳曰券，券即傳也。説文徐注曰：「今用傳字，無復作券。」可驗也。倦即卷也。周禮考工記「輔人左不券」，後鄭注謂券字即今倦字可驗也。先傳後券兩俱借義，虛實相當，了無掎蹠。傳有二音，或謂師傳之傳當作平聲，郵傳之傳當作去聲者，非也。夫師傳者，或以前而授之後，或以此而禪之彼，正如驛傳關傳然，所謂傳遞，亦所謂傳導也。師傳、老傳、傳室、傳國與乘傳、馳傳皆一傳字，有何異音？論語述要：「孰先」四句應作一氣讀。觀上下文氣，倦字當是教字意，言孰當先傳，孰當後教，一視學者之質所宜受，如草木之有區別培植者，不可一概施。如此，則意義自直捷順暢。因本文不知何以誤作倦字，注者要就倦怠之義以解之，遂不得不多方委曲而爲之辭。毛氏奇齡云倦古券字，不知然否，然亦可見此字古固不僅作倦怠解也。

按：毛説失之鑿，可備一説。傳字與倦字正相反，倦者，倦於傳也。何者宜先，何者可倦而後，義自通。

【餘論】讀四書叢説：讀此章者頗易失旨，但見「言游過矣」四字，便謂子游之言全非。蓋子游但言門人雖知灑埽之末，不即舉大學之本以教之；子夏則言教之當有序。子游未嘗譏子夏教灑埽之非，而子夏亦未嘗言不教以大學也。集注以威儀容節與正心誠意對言，則末專就事說，本專就心說。蓋大學行之之目有八，而誠意正心爲本。誠意正心固非小子所可進，此即是先就事上令知其所當然而爲之，未能使之知其所以然也，此古人之學所以實，而先後次序自不可踰。

蘇子由古史：子夏教人，使之自盡於學，日引月長而道自至，故曰：「百工居肆以成其事，君子學以致其道。」譬如農夫之殖草木，既爲之區，溉種而時耨之，風雨既至，小大甘苦，莫不咸得其性，而農夫無所用巧也。孔子曰：「君子上達，小人下達。」達之有上下，出乎其人，而非教者之力。今之教者，非性命道德不出於口，教者未必知，而學者未必信，此子夏所謂誣也。

朱澤澐止泉集：子夏始卒之言，原以始有本末，卒有本末。朱子始卒之解，亦以始有本末，卒有本末。如近小遠大之謂，非謂始是末，卒是本也。自此旨不明，講家多以始末卒本、先末後本爲朱子教不躐等之說，不知朱子原無此說。朱子云：「灑埽應對亦是此道理，若要精義入神，須是從此中理會將去。」蓋言灑埽應對須謹獨，精義入神亦在謹獨，發明程子理無大小，祇在謹獨之旨最盡，斷不可以先末後本疑朱子也。四書詮義：子夏之答，祇言我非不教以本，但學者所至未可以語大本，由末及本，次序當然，不得以無本見譏耳。程注曰：「君子教人有序，先傳以近小，而後教以遠大，非先傳以近小，而後不教以遠大也。」朱子云：「此條說本章意最爲詳盡。」可見程注惟此條正解本章，其餘四條皆於言外推明一貫之理。子游長於禮樂，豈竟不知灑掃應對進退中原寓精義入神之理者？但恐子夏泥器藝而遺道德，故云然耳。

○子夏曰：「仕而優則學，學而優則仕。」

【考異】玉篇引此，學句在仕句前。

【考證】説文：「仕，學也。」段注：「訓仕爲入官，此今義也。古義宦訓仕，仕訓學。以仕學分出處起於論語（下引此章），公冶長篇『子使漆雕開仕』也。」

【集解】馬曰：「仕優則學，行有餘力，則可以學文也。」

【唐以前古注】皇疏：優，謂行有餘力也。若仕官治官，官法而已。力有優餘，則更可研學先王典訓也。學既無當於立官，立官不得不治，故學業優足則必進仕也。子夏語十一章訖此也。

【集注】優，有餘力也。仕與學理同而事異，故當其事者，必先有以盡其事，而後可以及其餘。然仕而學，則所以資其仕者益深；學而仕，則所以驗其學者益廣。

【餘論】朱子文集：程允夫問：「子夏之言似爲時而發，雖反覆相因，而各有所指，或以仕而有餘則又學，學而有餘則當仕，如此，則其序當云學而優則仕，仕而優則學。今反之，則知非相因之辭也。不知此説是否？」答曰：「舊亦疑兩句次序顛倒，今云各有所指，甚佳。」論語或問：仕優則學，爲已仕者言也。蓋時必有仕而不學如原伯魯者，故有是言。學優而仕，爲未仕者言也，蓋未有以明乎修己治人之道，則未可以仕耳。子産於子皮有製錦之譏，而夫子亦説漆雕開之對，惡子路之佞。程子以少年登高科席勢爲美官者爲不幸，其意亦猶是耳。子夏此章以先後之次推之，其本意蓋如此。而推其餘意，則又以明夫仕未優而學，則不免有背公徇私之失；學已優而不仕，則亦不免有愛身忘物之累，當時恐或兼有此意也。論語意原：學其本也，仕其用也。仕之所以有餘裕者，即學也。非可於學外求仕，亦非可於仕外求學。

【發明】朱子語類：問仕而優則學。曰：此爲世族子弟而設。有少年而仕者元不曾學，故職事之暇可以學。反身録：仕學相資。學不矢志經綸，一登仕途，則所學非所用，是後世詞章記誦之學，非有體有用之學。仕不輔之以學，簿書期會之外，漫無用心，是後世富貴利達之仕，非輔世長民之仕。論仕學次第，學在先，仕在後，而子夏先言仕，後言學者，良以學人一入仕多不復學，故先言仕，以見既仕比之未仕所關尤重，尤不可以不學。蓋未仕則耳目心思不雜，即有愆尤，易覺易更。一行作吏，事務糾纏，苟警策無聞，未免情移境奪，日異而月不同，以至頓喪生平者多矣。學則心有所養，不至汩没。況天下之事變無窮，一人之知識有限，學則耳目日新，心思益開，合天下之長以爲己長，集天下之善以爲己善，措置精密規矩，比俗吏自是不同。陶石簣平日孜孜講學不倦，及筮仕赴京，或問：「子今入仕，還講學否？」石簣笑曰：「在仕途更急要學使用，豈可不講？」馮少虚先生起官，瀕行，同志祖之郊外，問曰：「子此行仍講學否？」先生答云：「講學如穿衣喫飯然，難道在家穿衣，做官不穿衣？在家喫飯，做官不喫飯？」聞者懼然。由斯觀之，則知已仕者不可離學，而未仕者亦不可以不知所學也。

○子游曰：「喪致乎哀而止。」

【考證】夏之蓉喪説（劉氏正義引）：「人未有自致者也，必也親喪乎！」先王制禮，非由天降，非自地出，人情之所不能自已者而已矣。是故衰麻免絰之數，哀之發於容服者也。擗踊哭泣之節，哀之發於聲音者也。斬衰唯而不對，齊衰對而不言，大功言而不議，哀之發於言語者也。父母之喪，朝一溢米，莫一溢米，齊衰之喪不食菜果，大功不食醯醬，小功不飲酒醴，哀之發於飲食者也。父母之喪，居倚廬，寢苫枕塊，齊衰之喪居堊室，哀之發於居處者也。凡此者無他，創鉅者其日久，痛深者其愈遲，凡有知者之所固然，稱情以立文焉而已矣。論語後録：喪過乎哀，過而亭者也。雖過而亭，是亦過矣，故曰致乎哀而止。論語訓：患周禮儀文之多也，閭運亦疑焉。士喪禮緐費委曲，後世必不行。

【集解】孔曰：「毁不滅性也。」

【集注】楊氏曰：「喪與其易也寧戚，不若禮不足而哀有餘之意。」愚按而止二字亦微有過於高遠而簡略細微之弊，學者詳之。

【餘論】四書偶談：孔安國曰：「喪恐滅性，故致哀而止，毋過情也。」如此語意自無弊。湖樓筆談：子張篇載子游之言曰：「喪致乎哀而止。」孔安國曰：「毁不滅性。」此説固自無弊，考亭不從，别爲之説曰：「致極其哀，不尚文飾也。」是考亭之意必以爲勝於舊説矣。乃又曰：「而止二字亦微有過於高遠而簡略細微之弊。」夫易古人無弊之説爲有弊之説，而反以有弊爲古人罪，竊不知其何意也。梁氏旁證：孔注：「毁不滅性也。」皇疏：「雖喪禮主哀，然孝子不得過哀以滅性，故使各至極哀而止。」此釋止爲止乎禮義之止，又一義也。如此解則無弊矣。

四書約旨：子張固是務外，然見危及信篤語，却説得平實。子夏固是見小，然小道恐泥及大德不踰閑語，却志在遠大。子游極熟於禮文，却説喪致乎哀而止。都可見他矯枉之功，進德之實。

按：舊注語本無弊，今乃以有弊之説代之，其有意貶抑孔門可知，殊有失忠厚之旨，不可爲訓。

○子游曰：「吾友張也爲難能也，然而未仁。」

【考證】王肅家語注：子張不務立仁義之行，故子游激之以爲未仁也。誤子游爲子貢。論語補疏：此文但言難能，未言所以難能者何在。故下連載曾子之言堂堂，知堂堂爲難能，即知難能指堂堂，此論語自相發明之例也。廣雅：「堂堂，容也。」漢書儒林傳：「魯徐生善爲頌。」蘇林曰：「漢舊儀有二郎，爲此頌貌威儀事。有徐氏，徐氏後有張氏，不知經，但能盤辟爲禮容。天下郡國有容史，皆詣魯學之。」師古曰：「頌讀與容同。」子張善爲容，故云師也辟。辟即盤辟也。又論語自相發明之例也。

【集解】包曰：「言子張容儀之難及。」

【唐以前古注】皇疏：張，子張也。子游言吾同志之友子張，容貌堂偉，難爲人所能及，故云爲難能也。又引袁氏云：子張容貌難及，但未能體仁也。

【集注】子張行過高，而少誠實惻怛之意。

【别解一】羣經平議：孔子論仁多以其易者言之，故曰：「有能一日用其力於仁矣乎？我未見力不足者。」又曰：「可以爲難矣，仁則吾不知也。」然則仁之不在乎難明矣。子貢問博施於民，而能濟衆，何其難也？孔子告之以己欲立而立人，己欲達而達人，何其易也？孔子嘗謂師也過，惟過故爲難能，惟難能故未仁。子游此論極合孔子論仁之旨，非先以容儀難及美之，而後以未仁譏之也。黄氏後案：爲難能也，言其爲所難爲也。以一介儒生欲行非常之仁，失近取之方，而實澤未必能周也。

按：論語駁異曰：「爲字蓋語助，猶云爲不可及耳。」此説非也。爲字係行爲之爲，是實字，不是虚字，言其平日行爲均係難能之事耳。此説前人未發，較集解、集注爲優。

【别解二】論語訓：友張，與子張友也。難能，才能難及。此篇多記子張之言，非貶子張未仁也，言己徒希其難，未及於仁。

按：王説是也。此友字係動詞，言我所以交子張之故，因其才難能可貴，己雖有其才，然未及其仁也。蓋文人相輕，係學者通病，豈聖門而有此哉？未仁指子游説，如此既可杜貶抑聖門之口，且考大戴禮衛將軍文子篇：「孔子言子張不弊百姓，以其仁爲大。」是子張之仁固有確據。王氏此説，有功聖經不小。

○**曾子曰：「堂堂乎張也，難與並爲仁矣。」**

【考證】論語稽求篇：堂堂，夸大之稱。惟夸大不親切，故難並爲仁。魏武兵書「無擊堂堂之陣」，越絶書「去此邦堂堂被山帶河」，漢書「堂堂乎張」，後漢隗囂傳「區區兩郡以禦堂堂之鋒」，皆以相對難近爲言。論語後録：荀子曰：「弟作（有誤字）其冠，神禫其辭，禹行而舜趨，是子張氏之賤儒也。」此正堂堂之象。

【集解】鄭曰：「言子張容儀盛，而於仁道薄也。」

【唐以前古注】皇疏：此以下自第四曾參語自有四章。堂堂，儀容可憐也。言子張雖容貌堂堂，而仁行淺薄，故云難並爲仁。並，竝也。又引江熙云：「堂堂，德宇廣也。仁，行之極也。難與並仁，蔭人上也。」然江熙之意，是子張仁勝於人，故難與並也。

【集注】堂堂，容貌之盛。言其務外自高，不可輔而爲仁，亦不能有以輔人之仁也。（范氏曰：「子張外有餘而内不足，故門人皆不與其爲仁。子曰剛毅木訥近仁，寧外不足而内有餘，庶可以爲仁矣。」）

【别解】論語訓：亦言子張仁不可及也。難與並，不能比也。曾、張友善如兄弟，非貶其堂堂也。

按：子張少孔子四十八歲，在諸賢中年最少，他日成就如何雖無可考，而其弟子有公明儀、申詳等，皆賢人也。其學派至列爲八儒之一，非寂寂無聞者也。集注喜貶抑聖門，其言固不可信。如舊注之説，子游、曾子皆以子張爲未仁，擯不與友，魯論又何必記之？吾人斷不應以後世講朱、陸異同之心理推測古人。況曾子一生最爲謹慎，有口不談人過之風，故知從前解釋皆誤也。王氏此論雖創解，實確解也。

【餘論】四書改錯：程氏曰：「子張既除喪，而見予之琴，和之而和，彈之而成聲，推此則子張過於薄，故難並爲仁。」比較大文又深一層，又增一罪案。毋論檀弓不足深據，即可據，然其本意以子夏、子張並記，祇以一過一不及，證兩賢生平，未嘗曰薄也。竟不虞千載下，有知之深者題之曰薄，薄則不止未仁矣！且除喪一事，於堂堂何與，而並及此。

○**曾子曰：「吾聞諸夫子：人未有自致者也，必也親喪乎！」**

【考異】漢石經作「吾聞諸子人未有自致也者」。

【考證】劉氏正義：孟子云：「親喪固所自盡也。」意同。

【集解】馬曰：「言人雖未能自致盡他事，至於親喪，必自致盡。」

【集注】致，盡其極也，蓋人之真情所不能自已者。尹氏曰：「親喪固所自盡也，於此不用其誠，惡乎用其誠？」

○**曾子曰：「吾聞諸夫子：孟莊子之孝也，其他可能也；其不改父之臣與父之政，是難能也。」**

【考異】論語辨惑：東坡謂聞孟獻子之孝，不聞莊子也，遂疑「莊」爲「獻」字之誤。夫聖人以爲孝，則固孝矣，而必欲求他證而後信，不亦過乎？皇本、高麗本「難」下無能字。

【考證】潘氏集箋：春秋襄公十九年八月丙辰，仲孫蔑卒。二十三年八月己卯，仲孫速卒。蔑即莊子之父獻子也，其卒之相去不過四年。學而篇稱：「三年無改於父之道，可謂孝矣。」莊子襄賢父世卿之位，歷四年之久，左氏傳於盟向伐邾外無所叙述，是其用人行政悉仍父舊，未嘗改易，可知三年無改爲孝，莊子不止三年，尤所難能，是以夫子獨指而稱之。黄氏後案：孟獻子之政與臣，如作三軍而臣其子弟之半，如用秦堇父爲右，見春秋傳，又晉語趙簡子曰「孟獻子有鬬臣五人」皆是。春秋宣公九年，孟獻子始見於經，越五十七年，至襄公十九年卒。越四年，莊子亦卒。襄公十六年傳言莊子徼齊侯而去之，十八年傳言莊子伐齊，斬樁爲公琴，是時或獻子年老致仕，莊子代父爲卿。曾子稱其不改，是父在父没俱不改也。春秋經傳載莊子父喪未練，赴會帥師，然則金革之事，有所不得已與？

【集解】馬曰：「孟莊子，魯大夫仲孫速也。謂在諒闇之中，父臣及父政雖不善者，不忍改之也。」

【唐以前古注】皇疏：人子爲孝，皆以愛敬而爲體，而孟莊子爲孝非唯愛敬，愛敬之外别又有事，故云其他可能也，此是其他可能之事也。時人有喪，三年之内，皆改易其父平生時臣及政事。而莊子居喪，父臣父政雖有不善者，而莊子猶不忍改之，能如此者，所以是難也。

【集注】孟莊子，魯大夫，名速。其父獻子，名蔑。獻子有賢德，而莊子能用其臣，守其政，故其他孝行雖有可稱，而皆不若此事之爲難。

【餘論】朱子語類：人固有用父之臣者，然稍拂其私意，便自容不得；亦有行父之政者，於私欲稍有不便處，自行不得。如唐太宗爲高宗擇人，如長孫無忌、褚遂良之徒，高宗因立武昭儀事，便不能用；季文子相三君，無衣帛之妾，無食粟之馬，季武子便不如此，便是不能行父之政。以此知孟莊子豈不爲難能？　四書辨疑：注中不見難能之理，義有未盡。南軒曰：「莊子之不改，意者其政雖未盡善，而亦不至悖理害事之甚，故有取其不忍改也。蓋善而不改，乃其常耳，不必稱難能；惡而不改，則是成其父之惡，不可稱難能也。」胡寅曰：「莊子之繼世也，必其先臣先政有不利於己者，他人不能不改而莊子能之，是以稱難。」王滹南謂二説皆有理，胡氏之説尤親，予意亦然。

○孟氏使陽膚爲士師，問於曾子。曾子曰：「上失其道，民散久矣。如得其情，則哀矜而勿喜！」

【考異】韓詩外傳引傳曰：魯有父子訟者。孔子曰：「夫民父子訟之爲不義久矣，是則上失其道。」　鹽鐵論後刑章：曾子曰：「上失其道，民散久矣。如得其情，即哀矜而勿喜。夫不傷民之不治，而伐己之能得姦，猶弋者觀鳥獸挂罻羅而喜也。」

【考證】四書經注集證：一統志：「陽膚，南武城人，曾子弟子七人，陽膚其一也。」　書大傳：子曰：「聽訟雖得其指，必哀矜之，死者不可復生，斷者不可復續也。書曰：哀矜折獄。」　翟氏考異：此篇所記羣賢之言，類多述其師訓，不特曾子之聞諸夫子也。古籍淪亡，未能徧考而條著，偶有見者，不敢更漫置之。

【集解】包曰：「陽膚，曾子弟子。士師，典獄官。」馬曰：「民之離散，爲輕漂犯法，乃上之所爲，非民之過。當哀矜之，勿自喜能得其情也。」

【唐以前古注】檀弓正義引鄭注：慶父抗輈稱死，時人爲之諱，故云孟氏。

按：此條僞王應麟輯本繫於孟懿子問孝章，丁氏杰以爲當在此下，臧氏庸從之。劉恭冕云：「公羊僖元年傳：『慶父於是抗輈經而死。』此鄭所本。公羊疏引鄭云『慶父輈死』，當即論語注文。臧氏以此注稱字爲『經』之誤，陳氏鱣以稱字誤衍，二説均有理。考鄭以魯人諱慶父之事，故稱孟氏，此義未知所出。杜預謂慶父是莊公長庶兄。庶長稱孟，於理爲順。」

皇疏：孟氏，魯下卿也。陽膚，曾子之弟子也。士師，獄官也。孟氏使陽膚爲己家獄官也。曾子，曾參也。陽膚將爲獄官而還問師，求其法術也。曾子答之使爲法也，言君上若善，則民下不犯罪，故堯、舜之民比屋可封；君上若惡，則民下多犯罪，故桀、紂之民比屋可誅。當于爾時君上失道既久，故民下犯罪離散者衆，故云久也。如，猶若也。若得其情，謂責覈得其罪狀也。言汝爲獄官，職之所司，不得不辨覈。雖然，若得罪狀，則當哀矜愍念之，慎勿自喜，言汝能得人之罪也。所以必須哀矜者，民之犯罪，非其本懷，政是由從君上故耳。罪既非本，所以宜哀矜也。

筆解：韓曰：「哀矜其民散之情，勿喜施其刑罰，是其旨矣。」李曰：「家語云：『魯人有父子訟者，孔子爲司寇，同牢獄縶之，父子皆泣。子曰：上失其教，民散久矣。皆釋之。』此有以見哀矜其情，不喜施刑罰之驗也。馬謂勿喜得其情，失之矣。」

【集注】陽膚，曾子弟子。民散，謂情義乖離，不相維繫。謝氏曰：「民之散也，以使之無道，教之無素，故其犯法也，非迫於不得已，則陷於不知也，故得其情，則哀矜而勿喜。」

【餘論】此木軒四書説：范蔚宗引論語「上失其道」云云，謂不喜於得情則恕心用，恕心用則可寄枉直矣。按此言最爲得之。曾子言哀矜勿喜，非直存此惻隱而無利濟之實也。枉直之寄，必盡其心，彼明斷自喜者，固知所傷必多。

【發明】四書通引黄勉齋曰：得情而喜，則太刻之意或溢於法之外；得情而矜，則不忍之意嘗行於法之中，仁人之言蓋如此。反身録：讀曾子「上失其道」數語，不覺太息。蓋上平日失養民之道，以致民多飢寒切身；上平日失教民之道，以致民無理義維心，則犯法罹罪，勢所必至。讞獄而誠得其情，正當閉閤思咎，惻然興悲，若自幸明察善斷，物無遁情，乃後世法家俗吏所爲，豈是仁人君子用心？

○子貢曰：「紂之不善，不如是之甚也。是以君子惡居下流，天下之惡皆歸焉。」

【考異】漢石經「貢」作「贛」，下凡貢字倣此。皇本「不善」下有也字。「不如是之甚」作「如是其甚」。論衡語增篇、齊世篇皆引此章爲孔子語，「如」一作「若」。史通疑古篇引作「桀、紂之惡不至是」。羅泌路史發揮引作「紂之不道」。

【考證】劉氏正義：紂者，殷王帝乙之子，名辛字受又字紂。高誘吕氏春秋功名注、蔡邕獨斷並以桀、紂爲謚。書戡黎疏謂「後人見其惡，爲作惡謚」是也。列子楊朱篇：「天下之美歸之舜、禹、周、孔，天下之惡歸之桀、紂。」漢書敘傳：「班伯以侍中起眂事，時乘輿幄坐張畫屏風，畫紂醉踞妲己作長夜之樂。上因顧指畫而問伯：『紂爲無道至於是虖？』伯對曰：『書云迺用婦人之言，何有踞肆於朝？所謂衆惡歸之，不如是之甚者也。』」楊敞傳：「惲書曰：『下流之人，衆毁所歸。』」後漢書竇憲傳論：「憲率羌、胡邊雜之師，一舉而空朔庭。列其功庸，兼茂於前多矣。而後世莫稱者，章末釁以降其實也。是以下流，君子所甚惡焉。」諸文皆以天下之惡爲惡名。　黄氏後案：紂名受德，書立政「其在受德暋」，逸周書克殷解「殷末孫受德」，吕氏春秋當務「其次曰受德」，書疏或言受，或言受德，呼有單複爾。又稱帝辛者，廟主之號也。其謂之紂者，天下惡其惡，呼受爲紂。史記：「是謂帝辛，天下謂之紂。」注引謚法曰：「殘義損善曰紂。」殷無謚，注引之者，見天下惡之，以紂名之也。

【集解】孔曰：「紂爲不善以喪天下，後世憎甚之，皆以天下之惡歸之於紂。」

【唐以前古注】皇疏引蔡謨云：聖人之化由羣賢之輔，闇王之亂由衆惡之黨，是以有君無臣，宋襄之敗，衛靈無道，夫奚其喪？言一紂之不善，其亂不得如是之甚。身居下流，天下惡人皆歸之，是故亡也。

按：皇侃曰：「若如蔡謨意，是天下惡人皆助紂惡，故失天下耳。若置一紂，則不能如是甚也。」此以天下之惡爲惡人，亦可備一説。　劉恭冕云：「左昭七年傳：楚芋尹無宇曰：『昔武王數紂之罪以告諸侯曰：紂爲天下逋逃主，萃淵藪。』杜注：『天下逋逃悉以紂爲淵藪，集而歸之。』孟子滕文公篇言紂臣有飛廉，墨子非樂有費仲、惡來、崇侯虎，淮南覽冥訓有左彊，道應訓有屈商，是紂時惡人皆歸之證。」

【集注】下流，地形卑下之處，衆流之所歸，喻人身有污賤之實，亦惡名之所聚也。子貢言此，欲人常自警省，不可一置其身於不善之地，非謂紂本無罪，而虚被惡名也。

【别解】論語徵：君子惡居下流，謂紂之爲逋逃藪也。衆惡人歸紂而紂受之，其所自爲惡雖不甚，而衆惡之所爲惡，皆紂之惡也，故曰天下之惡皆歸焉。

【餘論】路史發揮：昔祖伊始讁於紂也，惟曰淫戲自絶而已；及武王數之，炙忠剔孕，斮脛剖心，斯已甚矣；而史傳復有醢鬼脯鄂之文，六韜更出刳心等三十七章焉，故子貢云云。論語稽：千古惡名紂獨當之，紂豈無一毫之善哉？特親小人而遠君子，集衆小人之惡爲紂一人之惡耳。（按桀、紂事多過實，路史發揮關龍逢篇言之甚詳。）若祇紂一身爲惡，何至如是之甚？惟集衆惡以爲惡，所以天下之惡皆其惡也。四書偶談：水亦有言惡者，左傳有「汾、澮以流其惡」是也。李來章達天録：於不肖人名曰下流，義極可思。懲忿窒欲，遷善改過，皆逆流而上，用勉彊功夫，反此則順流而下，無所底止矣。

○子貢曰：「君子之過也，如日月之食焉：過也，人皆見之；更也，人皆仰之。」

【考異】皇本「食」作「蝕」，「焉」作「也」。文子上義篇、晉書潘尼傳、北史蕭大圜傳、柳柳州集與楊誨之書皆作「君子之過如日月之蝕」。晉書劉頌傳：古之人有言曰：「君子之過，如日月之蝕焉。」隋書魏澹傳：君子之過，如日月之食，圓首方足，孰不瞻仰。路史黄帝紀論作「如日月之有食焉」。太平御覽作「日月之蝕人皆見之。」舊唐書元行冲著釋疑論，引「過也人皆見之，更也人皆仰之」爲仲尼言。蘇文忠公集再上皇帝書引全章文爲孔子言。

【考證】淩曙四書典故覈：日月之行天上，日居上，月居下，日爲月所揜，故日食。月在天上，日乃在地下，地球居中隔之，日光爲地球所掩，不能耀月，故月食。人皆仰之者，言人皆仰戴之也。孟子公孫丑篇有此文，當亦古語而二賢述之。潘氏集箋：孟子公孫丑篇：「古之君子，其過也如日月之食，民皆見之；及其更也，民皆仰之。」似即本之。蓋以有過則改，故如日月之食，無傷於明也。

【集解】孔曰：「更，改也。」

【唐以前古注】皇疏：日月之蝕，非日月故爲；君子之過，非君子故爲，故云如日月之蝕也。日月之蝕，人並見之，如君子有過不隱，人亦見之也。更，改也。日月蝕罷，改闇更明，則天下皆並瞻仰；君子之德，亦不以先過爲累也。

按：此章集注無注。任氏啓運曰：「此只是要人不文過而改過之意。謝氏謂過無傷於全德，范氏謂惟寡過故易見，又或謂不文飾，故未見，又或謂過而益光，皆説得過。反似好處在過之可見矣，故朱子皆不取之也。」

○衛公孫朝問於子貢曰：「仲尼焉學？」子貢曰：「文、武之道，未墜於地，在人。賢者識其大者，不賢者識其小者。莫不有文、武之道焉。夫子焉不學？而亦何常師之有？」

【考異】史記弟子傳：陳子禽問子貢曰：「仲尼焉學？」子貢曰文、武之道云云。漢石經「墜」作「隧」，「識」作「志」。漢書劉歆傳引亦作「志」。孟子尹士章章指述亦作「志」。野客叢書：識字無音，今人多讀如字，而蔡邕石經作「志」，是當讀識爲志也。唐文粹杜牧注孫子序：子貢曰在人，賢者識其大者遠者，不賢者識其小者近者。文苑英華李舟獨孤常州集序：在人，賢者得其大者。晉書禮樂志引子貢曰：夫何常師之有？文選閒居賦注引論語叔孫武叔曰：吾亦何常師之有？

【考證】翟氏考異：春秋時，魯有成大夫公孫朝，見昭二十六年傳；楚有武城尹公孫朝，見哀十七年傳；鄭子產有弟曰公孫朝，見列子。記者故系衛以別之。又云：按孝經疏云：「劉瓛、張禹之義，以爲仲者，中也。尼者，和也。孔子有中和之德，故謚曰仲尼。」又檀弓魯哀公誄孔子，注云：「尼父，因其字以爲之謚。」疏云：「尼則謚也。」中和之説稍近穿鑿，魯哀公事則甚信而可徵。論語一書惟此以下四章稱仲尼，四章連次，篇末且有「其死也哀」之文，必俱孔子既卒後語。合中庸、孝經之稱謂觀之，則尼誠孔子謚矣。今人藉口三經，謂弟子子孫皆可呼其師與父祖之字，殆未深考。劉氏正義：春秋時公孫朝凡四人，故論語稱衛以別之，與公子荆書法同。此翟氏灝考異説。云「公孫」者，白虎通姓名篇：「諸侯之子稱公子，公子之子稱公孫。」焉學者，焉所從受學也。夫子學皆從周。中庸云：「仲尼祖述堯、舜，憲章文、武。」憲者，法也。章者，明也。大道之傳，由堯、舜遞至我周，制禮作樂，於是大備。故言「文王既没，其文在茲」，及此子貢言道，亦稱文、武也。漢石經「墜」作「隧」，「識」作「志」。馮氏登府考證：「荀子儒效篇『至共頭而山隧』，漢西狹頌『數有顛覆霣隧之患』，前漢王莽傳『不隧如髮』，並與墜同。」周官保章氏注：「志，古文識。」漢書楚元王傳劉歆引此文，孟子尹士章章指引並作「志」，或出古論。賢與不賢，謂孔子同時人。此與大受小知章君子小人，皆以才器言也。賢者識其承天治人之大，不賢者識其名物制度之細。文、武之道所以常存，而夫子删定贊修，皆爲有徵之文獻可知。書傳言夫子問禮於老聃，訪樂萇弘，問官郯子，學琴師襄，其人苟有善言善行足取，皆爲我師，此所以爲集大成也與？四書辨證：家語本姓解：「因聖母所禱之山名而字仲尼。」乃劉瓛、張禹以爲仲者中，尼者和，孔子有中和之德，故謚曰仲尼。孝經疏已斥之矣。檀弓哀公誄孔子曰：「哀哉尼父！」鄭云：「尼父，因其字以爲之謚。」孔疏云：「父字，尼則謚也。」哀公十六年孔疏則又曰：「此傳唯説誄辭，不言作謚。孔子之謚，傳書無稱焉。至漢王莽輔政，尊尚儒術，始追謚孔子爲褒成宣尼君。鄭氏注禮，錯讀左傳，以字爲謚，遂復妄爲此解。」然則仲尼爲字無疑。潘氏集箋：段注謂志所以不録者，古文有志無識，小篆乃有識字。保章注：「志，古文識。識，記也。」哀公問注：「志讀爲識。識，知也。」今之識字，志韻與職韻分二解，而古不分二音，則二解亦相通。古文作志，則志者，記也，知也。許心部無志者，蓋以其即古文識，而識下失載也。維城案段説是也。否則許君於意下云志也，苟志意連文，何至忘之？鉉增於「志，意也」之上，失之。且但以意也訓志，遺郤古義記知二訓矣。

【集解】馬曰：「朝，衛大夫也。」孔曰：「文、武之道，未墜落於地。賢與不賢，各有所識。夫子無所不從學，故無常師。」

【集注】公孫朝，衛大夫。文、武之道，謂文王、武王之謨訓功烈，與凡周之禮樂文章皆是也。在人，言人有能記之者。識，記也。

【餘論】朱子文集（答吴晦叔）：此但謂周之先王所以制作傳世者，當孔子時未盡亡耳。「夫子焉不學？而亦何常師之有？」此亦子貢真實語。如孔子雖生知，然何嘗不學？亦何嘗不師？但其爲學與他人不同，如舜之聞一善言，見一善行，若決江河，莫之能禦耳。然則能無不學，無不師者，是乃聖人之所以爲生知也。若謂聖人目見耳聞無適非學，雖不害有此理，終非當日問答之本意矣。論語或問：何以言文、武之道爲周之禮樂也？曰：此固好高者之所不樂聞，然其文意不過如此，以未墜在人之云者考之，則可見矣。若曰道無適而非，惟所取而得，則又何時墜地？且何必賢者識其大，不賢者識其小，而後得師邪？此所謂人，正謂老聃、萇弘、郯子、師襄之儔耳。若入太廟而每事問焉，則廟之祝史亦其一師也。大率近世學者習於老、佛之言，皆有厭薄事實，貪鶩高遠之意，故其説常如此，不可以不戒也。然彼所謂無適而非者，亦豈離於文章禮樂之間哉？但子貢本意則正指其事實而言，不如是之空虚恍惚而無所據也。

【發明】反身録：仲尼學無常師，此仲尼所以爲聖也。人人能惟善是師，隨在取益，則人人仲尼矣。

○叔孫武叔語大夫於朝曰：「子貢賢於仲尼。」子服景伯以告子貢。子貢曰：「譬之宮牆，賜之牆也及肩，窺見室家之好。夫子之牆數仞，不得其門而入，不見宗廟之美，百官之富。得其門者或寡矣。夫子之云，不亦宜乎！」

【考異】太平御覽述論語：叔孫武叔謂子貢曰：「仲尼豈賢于子乎？」對曰譬之宮牆云云。漢石經作「辟諸宮蘠」，牆字作「蘠」。又「蘠」下「窺見」上闕二字，今此間有三字，疑漢本無也字。皇本「譬之宮牆」，「之」作「諸」。「夫子之牆」作「夫夫子之牆」。「入」下有者字，「夫子之云」無之字。四書纂箋本「之」亦作「諸」。白虎通社稷篇引論語亦作「諸」。七經考文：一本作「夫夫子之牆也數仞」，足利本也字同。皇本、宋石經本窺字皆爲「闚」。孔叢子論書篇：「闚其門而不入其室，惡覩其宗廟之奥，百官之美乎？」用此下文詞，而「窺」亦爲「闚」。藝林伐山據論語此文云：古字「窺」作「闚」。天文本論語校勘記：足利本、唐本、津藩本、正平本「數仞」上有也字。

【考證】論語偶記：禮記曰「君爲廬宮之」，又曰「儒有一畒之宮」，康成云：「宮，爲牆垣也。」是其證。左傳「曹人或夢衆君子立于社宮」，社非喪國不屋，則無宮室，而禮云「君南鄉於北墉下」，則有牆垣，是社宮亦爲牆。古者以牆爲宮，故築牆曰宮之矣。論語後録：王宮牆高五丈，爲六仞四分仞之一，故曰數仞。按仞有三説：包咸注此云七尺曰仞，趙岐注孟子云八尺曰仞，應劭注漢書云五尺六寸曰仞。三説以趙爲當。周官之法，度廣曰尋，度長曰仞。尋八尺，則仞亦八尺矣。説文解字：「仞，伸臂一尋八尺。度，人之兩臂爲尋八尺也。」是仞與尋同，包、應二氏俱失之。程瑶田通藝録釋仞曰：説仞之數，小爾雅云四尺，應劭曰五尺、六尺（漢書食貨志注），此其繆易見也。説文：「仞，伸臂一尋八尺。」王肅聖證論、趙岐孟子注、曹操李筌孫子注、郭璞山海經注、顔師古司馬相如傳注、房玄齡管子注並云八尺，而鄭康成周官、儀禮注、包咸論語注、高誘注吕氏春秋、王逸注大招、招魂、李謐明堂制度論、郭璞注司馬相如賦則皆以爲七尺。淮南原道注八尺曰仞，而覽冥注則云七尺曰仞，其注百仞，亦云七百尺也，是書有許慎、高誘兩注，證以説文，則八尺是許注雜高注中；證以吕氏春秋注，則七尺者誘説也。瑶田以爲言七尺者是。案方言云：「度廣曰尋。」左傳「仞溝洫」，杜注云：「度深曰仞。」二書皆言人伸兩手以度物之名，而尋爲八尺，仞必七尺者何也？同一伸手度物，而廣深用之，其勢自不得不異。人長八尺，伸兩手亦八尺，用以度廣，其勢全伸而不屈，故尋爲八尺；而用之以度深，則必上下其左右手而側其身焉，側則胸與所度之物不能相摩，於是兩手不能全伸而成弧之形，弧而求其弦以爲仞，必不能八尺，故七尺曰仞，亦其勢然也。弧曲而虚，弦平而滿，故仞爲充滿。刀背如弧，其刃如弦，義亦然爾。度廣度深，數難齊一，得吾説焉，其亦可以已於争也夫。又曰：玉篇云：「度深曰測。」説文云：「測，深所至也。」然則悟測之爲言，側也。余説仞字，以爲伸手度深，必側其身，義與之合。然則度物皆可曰測，散文則通也。對文言之，測之專屬於度深明矣。周髀言用矩，於平矩曰正繩，於偃矩曰望高，於卧矩曰知遠，獨於覆矩則曰測深，乃知古人用字不苟。又曰：尋八尺，仞七尺，伸臂之度有異也。猶扼圍九寸，咫八寸，布指之度有異也。人身一事而異度者如此。又曰：説文：「閲，具數於門中也。」古者以身度物，謂於門中具數，不能全伸其臂以度之。又云：「揲，閲持也。」謂閲而持之，以具數門中，不能伸臂八尺，止五尺也。何以明之？説文又云：「匹，四丈也。从八匸。八揲一匹。」蓋謂揲五尺，八揲故得四丈爲一匹也。其法殆伸左臂而曲其右肱，拳其手適當右腋，自右腋左行，至左手指尖，閲而持之爲五尺與？今人屈右手引布帛而量之，謂之一度猶如此。一度約今三尺，則古五尺也。以身度物閲持者曰揲，其長五尺，見於説文，合於今俗度物之法，其可考者如此。

按：段懋堂曰：「仞，王肅、趙岐、王逸、曹操、李荃、顔師古、房玄齡、鮑彪諸人並曰八尺，而鄭氏周禮、儀禮注、高誘吕氏春秋注、王逸大招、招魂注、李謐明堂制度論、郭璞司馬相如賦注、陸德明莊子釋文則皆謂七尺。」毛奇齡曰：「説文仞者，伸臂一尋八尺。蓋仞義同尋，故周禮匠人作澮，廣與深俱兩其八尺，謂之廣二尋，深二仞也。仞與軔通。仞爲礙輪木，揚子太玄云八尺。」張文彬曰：「周禮本文，廣四尺深四尺謂之溝，廣八尺深八尺謂之洫，則深廣必均加數車案軔，謂以木横地而止輪之轉者。舊稱以臂當車，正指尋軔爲伸臂所度木也。則仞當斷作必倍此。不曰各八尺而曰尋仞者，特互異其名，以示典例耳，安得澮之深獨減廣一尺，與溝洫不同耶？」

【集解】馬曰：「魯大夫叔孫州仇也。武，謚也。」包曰：「七尺曰仞。夫子，謂武叔。」

【唐以前古注】皇疏：子貢聞景伯之告，亦不驚距，仍爲之設譬也。言人之器量各有深淺，深者難見，淺者易覩。譬如居家之有宫牆，牆高則非闚闞所測，牆下闚闞易了，故云譬諸宫牆也。賜，子貢名也。子貢自言賜之識量短淺，如及肩之牆也。牆既及肩，故他人從牆外行，得闚見牆内室家之好也。七尺曰仞，言孔子聖量之深，如數仞之高牆也。牆既高峻，不可闚闞，唯從門入，乃得見内，若不入門，則不見其所内之美也。然牆短下者，其内止有室家。牆高深者，故廣有容宗廟百官也。富貴之門非賤者輕入，入者唯富貴人耳。孔子聖人，器量之門非凡鄙可至，至者唯顔子耳，故云得門或寡。寡，少也。子貢呼武叔爲夫子也。賤者不得入富貴之門，愚人不得入聖人之奥室，武叔凡愚，云賜賢於孔子，是其不入聖門，而有此言，是其宜也。又引袁氏云：武叔凡人，應不達聖也。

【集注】武叔，魯大夫，名州仇。牆卑室淺。七尺曰仞。不入其門，則不見其中之所有。言牆高而宫廣也。此夫子指武叔。

【餘論】陳櫟四書發明：賢人之道卑淺易見，聖人之道高深難知，此子貢以牆室取譬之意也。要之，觀乎賢人，則見聖人，使叔孫果知子貢之所以爲子貢，則亦必略知孔子之所以爲孔子，豈至爲此言哉？叔孫非特不知孔子，亦不知子貢也。

【發明】劉氏正義：夫子殁後，諸子切劘砥礪以成其學，故當時以有若似聖人，子夏疑夫子，而叔孫武叔、陳子禽皆以子貢賢於仲尼，可見子貢晚年進德修業之功，幾幾乎超賢入聖。然孟子言子貢智足知聖人，又子貢、有若皆言夫子生民未有，故此及下兩章皆深致贊美。法言問明篇：「仲尼，聖人也。或劣諸子貢，子貢辭而精之，然後廓如也。」

○**叔孫武叔毁仲尼。子貢曰：「無以爲也！仲尼不可毁也。他人之賢者，丘陵也，猶可踰也。仲尼，日月也，無得而踰焉。人雖欲自絶，其何傷於日月乎？多見其不知量也。」**

【考異】風俗通義山澤引「他人之賢者」，無者字。皇本「日」上有如字，「絶」下有也字。論語邢氏疏：古人多、祇同。左傳「多見疏也」，服虔本作「祇見」，晉、宋、杜本皆作「多」。論語詳解：易云「無祇悔」，九家本作「無多悔」，亦可證。經傳釋詞：古人多、祇同音。襄二十九年左傳「祇見疏也」，正義：「祇作多。云多見疏，猶論語多見其不知量也。服虔云作祇，解云：祇，適也。」論語校勘記：後漢書孔融傳、列女傳二注引此文「日月」上並有如字。天文本論語校勘記：考文補遺引古本、三本、足利本、唐本、津藩本、正平本「仲尼」下有如字。

【考證】翟氏考異：列子仲尼篇：「陳大夫聘魯，見叔孫氏。叔孫曰：『吾國有聖人。』曰：『非孔某耶？』曰：『是也。』『何以知其聖乎？』叔孫曰：『吾聞顔回曰：孔某能廢心而用形。』」據此，則叔孫固稱仲尼而未之敢毁矣。列子書多假設之言，本不當以爲實，就其所言論之，稱聖人而以廢心用形爲辭，即謂之毁聖人可爾。

【集解】言人雖自絶棄於日月，其何能傷之乎？適足自見其不知量也。

【唐以前古注】皇疏：猶是前之武叔又訾毁孔子。子貢聞武叔之言，故抑止之，使無以爲訾毁。又明言語之云：仲尼聖人，不可輕毁也。更喻之説仲尼不可毁之譬也。言他人賢者雖有才智，才智之高止如丘陵。丘陵雖高，而人猶得踰越其上。既猶可踰，故可毁也。言仲尼聖智高如日月，日月麗天，豈有人得踰踐者乎？既不可踰，故亦不可毁也。世人踰丘陵而望下，便謂丘陵爲高；未曾踰踐日月，不覺日月之高；既不覺高，故訾毁日月，便謂不勝丘陵，是自絶日月也。日月雖得人之見絶，而未曾傷滅其明，故言何傷於日月也。譬凡人見小才智便謂之高，而不識聖人之奥，故毁絶之，雖復毁絶，亦何傷聖人德乎？不測聖人德之深而毁絶之，如不知日月之明而棄絶之，若有識之士視覩於汝，則多見汝愚闇，不知聖人之度量也。

【集注】無以爲，猶言無用爲此。土高曰丘，大阜曰陵。日月喻其至高。自絶，謂以謗毁自絶於孔子。多與祇同，適也。不知量，謂不自知其分量。

【餘論】此木軒四書説：邱陵由積土而成，高卑亦不等，皆不離乎地，是學力可至之喻。日月體麗乎天，是不可以人力至之喻。反身録：叔孫武叔毁仲尼，究竟何損於仲尼？徒得罪名教，受惡名於萬世，適足以自損耳。余因是而竊有感焉，聖如仲尼，不免叔孫武叔之毁。古不云乎，不容何病，不容然後見君子。故不見容於羣小，方足以見聖賢學者。或不幸罹此，第當堅其志，强其骨，卓然有以自信。外侮之來，莫非動忍增益之助，則烈火猛炎，有補金色不淺矣。

論語稽：魯三家，唯孟僖子最知孔子，季氏則桓子雖不知孔子，猶嘗引而用之，康子則所用皆孔門弟子，是猶知孔子者也。叔孫武叔以下材據高位，妄謂孔子不若子貢，而又非毁之。子貢之言，猶前章之意。丘陵屬地，地雖高，人得登其上而踰之，而高者卑矣。日月麗天，人不能登天而踰之，則日月之高爲不可及。量者，高卑之分量也。清按今之欲廢孔教孔祀者，皆自絶於日月者也。夫亦多見其不知量而已矣，於孔子何傷之有？

○陳子禽謂子貢曰：「子爲恭也，仲尼豈賢於子乎？」子貢曰：「君子一言以爲知，一言以爲不知，言不可不慎也。夫子之不可及也，猶天之不可階而升也。夫子之得邦家者，所謂立之斯立，道之斯行，綏之斯來，動之斯和。其生也榮，其死也哀，如之何其可及也？」

【考異】太平御覽述文「子爲恭也」，「子」下有之字。七經考文補遺：古本「及」下無也字。皇本「夫子之得邦家者」，古本無者字。後漢書張衡傳注引文「及」下「升」下並無也字。高麗本「及」下無也字，「得」上無之字。漢書董仲舒傳引文來字作「徠」。道字作「導」。

【考證】周髀算經：天不可階而升，地不可尺寸而度。四書通：子禽之問凡三：始則疑夫子求聞政，次疑夫子之私其子，今則子貢賢於夫子，所見者每降益下。此篇子貢之稱夫子者亦三：始則喻之以數仞之牆，次則喻之以日月，今則喻之以天之不可階而升，其所見每進而益高。同一孔子弟子，所見何霄壤之邈如是哉？其死也哀，而子貢哀慕之心，倍於父母，至廬墓者凡六年之久，則晚年所得於夫子者，蓋益深矣。羣經平議：國語晉語曰「非以翟爲榮」，韋注曰：「榮，樂也。」是古謂樂爲榮。其生也榮，其死也哀，言其生也民皆樂之，其死也民皆哀之也。榮與哀相對，非榮顯之謂。荀子解蔽篇：「生則天下歌，死則四海哭。」語意與此相近。劉氏正義：爲恭者，言爲恭敬，以尊崇其師也。公羊桓元年：「鄭伯以璧假許田，易之也。易之則其言假之何？爲恭也。」何休注：「爲恭遜之辭。」與此義同。荀子儒效云：「造父者，天下之善御者也。無輿馬，則無所見其能。羿者，天下之善射者也。無弓矢，則無所見其功。大儒者，善調一天下者也。無百里之地，則無所見其功。」夫子未得大用，故世人莫知其聖而或毁之。然至誠必能動物存神過化，理有不忒。夫子仕魯，未幾政化大行，亦可識其略矣。梁氏旁證：葉孟得曰：「子貢晚見用於魯，拒吴之强大曉嚭，而舍衞侯伐齊之謀，請陳子而反其侵地，魯人賢之，此所謂賢於仲尼也。」

【集解】孔曰：「得邦家，謂爲諸侯及卿大夫。綏，安也。言孔子爲政，其立教則無不立，道之則莫不興行，安之則遠者來至，動之則莫不和睦，故能生則榮顯，死則哀痛。」

【唐以前古注】皇疏：子禽當是見孔子栖遑不被時用，故發此不智之言。子貢抑之既竟，故此更廣爲陳孔子聖德不與世人同也。邦，謂作諸侯也。家，謂作卿大夫也。言孔子若爲時所用，得爲諸侯及卿大夫之日，則其風化與堯、舜無殊，故先張本，云夫子之得邦家者也。言夫子若得爲政，則立教無不立，故云所謂立之斯立也。又若導民以德，則民莫不興行也，故云導之斯行也。綏，安也。遠人不服，修文德安之，遠者莫不繈負而來也。動，謂勞役之也。悦以使民，民忘其勞，故役使之，莫不和穆也。孔子生時，則物皆賴之得性，尊崇於孔子，是其生也榮也。孔子之死，則四海遏密，如喪考妣，是其死也哀也。又引袁氏云：生則時物皆榮，死則時物咸哀也。

【集注】爲恭，謂爲恭敬，推遜其師也。責子禽不謹言。階，梯也。大可爲也，化不可爲也，故曰不可階而升也。立之，謂植其生也。道，引也，謂教之也。行，從也。綏，安也。來，歸附也。動，謂鼓舞之也。和，所謂於變時雍，言其感應之妙，神速如此。榮，謂莫不尊親。哀則如喪考妣。程子曰：「此聖人之神化，上下與天地同流者也。」謝氏曰：「觀子貢稱聖人語，乃知晚年進德，蓋極於高遠也。夫子之得邦家者，其鼓舞羣動，捷於桴鼓影響，人雖見其變化，而莫窺其所以變化也。蓋不離於聖，而有不可知者存焉。聖而進於不可知之之神矣，此殆難以思勉及也。」

【餘論】論語集注考證：夫子之不可及節，言聖德之體高妙也。夫子之得邦家節，言聖德之用神速也。體人所難知，故又指其用言之。黃氏後案：鹽鐵論備胡曰：「古者，君子立仁修義以綏其民，故邇者習善，遠者順之。是以孔子仕於魯，前仕三月及齊平，後仕三月及鄭平，務以德安近而綏遠。當此之時，魯無敵國之難、鄰境之患。强臣變而忠順，故季桓隳其都城。大國畏義而合好，齊人來歸鄆、讙、龜陰之田。故爲政以德，所欲不求而自得。」鹽鐵論得其事實。聖人至誠化人，天德備則王化捷。學者求聖人之神化，當思其至誠動物之實。又大戴禮五義篇論聖人之德，與此章相符。

論語集釋卷三十九

堯曰

○堯曰：「咨！爾舜！天之曆數在爾躬，允執其中。四海困窮，天禄永終。」

【考異】潛夫論五德志：堯禪位曰：「格爾舜！天之曆數在爾躬。」書古文「兲㞢厤數圣女躬」，又「允執亓中」，又「三𣏟朱窮兲禁兇弁」。漢書律曆志叙傳述文「數」上一字俱作「曆」。柳宗元集論語辨述文無「允執其中」四字。王栢書疑以此節二十四字補次舜典「舜讓於德弗嗣」下。四書辨疑：此四句皆舜以命禹，未嘗又見堯以命舜也。且於大禹謨中零碎採摘湊合在此，非舜命禹之全辭也。又通看一章經文，自「堯曰」至「公則説」語皆零雜而無倫序，又無主名，不知果誰所言。古今解者終不見有皎然明白可通之説，亦不見有公心肯言不可通解者，惟東坡謂此章雜取禹謨、湯誥、泰誓、武成之文，顛倒失次，不可復考。此説爲近人情。翟氏考異：古論堯曰篇僅此一章，此蓋是論語後序，故專爲篇。而文今不全，故覺其難通解也。周易序卦與詩、書之序舊俱列篇第數中，而退居于篋尾。今詩、書序分題于各篇章，傳注家所移置耳。周、秦、兩漢書籍，如莊子天下篇、史記自序、淮南子要略、越絶書叙外傳記、潛夫論叙録、鹽鐵論大論、文心雕龍序志篇皆屬斯例。若漢書之叙傳，華陽國志之序志後語，大序後復有小序也。論衡以對作篇爲序，其後更有自紀一篇，則附傳也。參同契以自作啓後章爲序，其後更有補塞遺脱一章，則補遺也。吕氏春秋以序意章爲序，次列季冬紀末，蓋吕以春秋名書，專以紀時令，故十二紀畢遂序其意，而八覽六論乃所附見者也。荀子當以非十二子篇爲序，今次第六，乃唐楊倞作注時誤移，倞自序言其篇第頗有移易是也。由是類觀，則此章暨孟子由堯舜章之爲一書後序，夫何疑耶？「子張問」以下古原别分爲篇，蓋于書成後續得附編，故又居後序之後。

劉氏正義：漢書藝文志：「論語古二十一篇，出孔子壁中。兩子張。」何晏等序亦云：「古論分堯曰下章子張問以爲一篇，有兩子張。」兩子張者，前十九篇是子張，此「子張問從政」又爲子張，故云兩也。如淳注漢書以此子張篇名從政。金氏履祥集注考證以此篇名子張問，金説似爲得之也。翟氏灝考異引毛奇齡説：「未有一章可爲一篇者，是必别有子張一篇，未必是從政章。」此説似非。蓋論語自微子篇説夫子之言已訖，故子張篇皆記弟子之言。至此更搜集夫子遺語綴於册末。而有兩篇者，以論語非一人所撰，兩篇皆更待裒録而未有所得，故堯曰止一章，子張止二章也。此真孔壁之舊，其合併爲一篇，則齊、魯家學者爲之矣。翟氏灝考異以堯曰云云爲論語後序，故專爲篇而文今不全，歷引周易序卦及先秦、兩漢諸子史後序皆居篋尾，又以堯曰章及孟子由堯舜章皆爲一書後序，「子張問」以下，古原别分爲篇，蓋於書成後續得附編，故又居後序之後。此説尤誤。論語之作，非出一人，此序果誰所作？且泰伯篇末嘗論堯、舜、文、武、禹矣，亦將謂爲後序耶？必不然矣。篇内文有脱佚，自昔儒者曾言之。

【考證】四書釋地又續：胡朏明執爾雅「四海」解以解凡云四海者，曰九夷、八狄、七戎、六蠻謂之四海。郭璞注：「九夷在東，八狄在北，七戎在西，六蠻在南。」次四荒者。某按古書所稱四海皆以地言，不以水言，故爾雅此條繫釋地，不繫釋水。禹貢「九州」之外，益稷「州十有二」外，皆即是四海，不以水之遠近爲限。説苑辨物篇「八荒之内有四海，四海之内有九州」是也。自宋人撥棄舊詁，直以海爲海水，而古書所稱四海之義，始有不可得通者矣。經義述聞：允，猶用也。允執其中，言用執其中也。論語補疏：閻百詩尚書古文疏證云：四海困窮，不得如漢注作好。天禄永終，亦不得作不好。蓋允執厥中，一句一義耳。四海困窮，欲其俯而恤人之窮。天禄永終，則欲仰而承天之福，亦如洪範「考終命」，大雅「高朗令終」云爾。班彪著王命論：「則福祚流于子孫，天禄其永終矣。」王嘉傳：「亂國亡軀，不終其禄。」薛宣朱博傳敍：「位過厥任，鮮終其禄。」不終、鮮終方屬弗祥。論語稽求篇：舊注包咸曰：「困，極也。信執其中，則能窮極四海，天禄所以長終也。」尚書今文無大禹謨，「咨爾舜」二十二字不知在尚書何篇。至孔壁書出，始見其文在大禹謨。且論語引書，每散割其文，聯綴數處，此與孔壁大禹謨中原文大異，且實非虞書堯曰之本，故包子良注雖費解而實是也。閻潛丘云：「四海困窮是敬辭，天禄永終是勉詞。四海當念其困窮，天禄當期其永終。」雖與子良説亦稍有異見，而其旨則同。蓋天禄永終則斷無作永絶解者。潛丘嘗謂漢、魏以還，俱解永長；典午以後，始解永絶。此正古今升降之辨，如金縢「惟永終是圖」，周易歸妹象辭「君子以永終知敝」，則永終二字原非惡詞。故漢、魏用經語者，班彪王命論云：「福祚流于子孫，天禄其永終矣。」雋不疑謂暴勝之曰：「樹功揚名，永終天禄。」韋賢傳匡衡曰：「其道應天，故天禄永終。」靈帝立皇后詔曰：「無替朕命，永終天禄。」凡用此語者，無不以永長爲辭。自新莽以後，魏、晉、五代皆用堯曰文作禪位之册，而策書引經先後頓異，此考之列史而昭然者。漢獻帝禪位于魏册曰：「允執其中，天禄永終。」魏使鄭冲奉册于晉王曰：「允執其中，天禄永終。」漢武立子齊王閎策曰：「允執其中，天禄永終。」吴大帝告天文曰：「左右有吴，永終天禄。」皆作永長解。及三國以後，魏志：「山陽公深知天禄永終之運，禪位文皇帝。」又曰：「山陽公昔知天命永終于己，深觀曆數久在聖躬，因詔禪位于晉。」而嗣後宋、齊、梁、陳其文一轍，皆曰：「敬禪神器，授帝位于爾躬。四海困窮，天禄永終。於戲！王其允執厥中，儀刑前典，以副昊天之望。」于是皆以其中爲厥中，以天禄永終繼困窮之後，爲却位絶天之辭，而于是策書改，即論語亦俱改矣。此實經籍文體升降，前後一大關節。而注其書者，安可姑置之不一察也。論語竢質：永終者，吉祥之辭，猶尚書金縢云「永終是圖」也。

按：「永終」二字原可有兩義，然自魏、晉已有作永絶解者，則其來已久。「困窮」二字豈有第二義？包注「窮極四海」語本未安，閻氏於「四海」下增出「當念」字，亦屬添設。集注不用包說，自是文從字順。毛氏徵引極博，亦姑存之，以廣見聞可矣。

羣經平議：説文無從日厤聲之字，蓋即「歷」之異文。禮記月令篇「命宰歷卿大夫至于庶民土田之數」，鄭注曰：「歷，猶次也。」與此文天之厤數，其義正同。彼所歷者，卿大夫至于庶民之數；此所歷者，帝王之數。大小不同，其爲歷次一也。劉氏正義：書堯典云：「乃命羲、和，欽若昊天，歷象日月星辰，敬授民時。」歷象、歷數，詞意並同。洪範五紀：一曰歲，二曰月，三曰日，四曰星辰，五曰曆數。曆數是歲月日星辰運行之法。曾子天圓篇：「聖人慎守日月之數，以察星辰之行，以序四時之順逆，謂之曆。」中論曆數篇：「昔者聖王之造歷數也，察紀律之行，觀運機之動，原星辰之迭中，寤晷景之長短。於是營儀以准之，立表以測之，下漏以考之，布算以追之。然後元首齊乎上，中朔正乎下，寒暑順序，四時不忒。夫曆數者，先王以憲殺生之萌，而詔作事之節也，使萬國不失其業者也，此歷數之義也。」史記曆書言「黄帝考定星曆，建立五行，起消息，正閏餘，於是有天地神祇物類之官」。又言「堯復遂重黎之後，立羲和之官，明時正度。年耆禪舜，申戒文祖云：『天之曆數在爾躬。』舜亦以命禹。由是觀之，王者所重也」。據史記之文，則「咨舜」云云，乃堯禪位語。舜不陟帝位，故當堯之世但攝政也。王者，天之子，當法天而行，故堯以天之曆數責之於舜。春秋繁露郊祭篇引此文釋之云：「言察身以知天也。」此董以在訓察，躬訓身也。在之爲察，見爾雅釋詁。察身者，謂省察其身。當止至善，以承天之事，受天之大福。故天垂象，而人主法焉；天示異，而人主懼焉。書洪範云：「王省惟歲。」詩大明云：「唯此文王，小心翼翼，昭事上帝，聿懷多福。」翼翼者，敬也。並皆察身之義也。鄭此注云：「曆數在汝身，謂有圖籙之名。」圖籙者，帝王受命，有符瑞之徵，可先知也。其書起於周末，漢世儒者用以説經，故康成據之，實則於義非也。潘氏集箋：書堯典：「帝曰：格汝舜。」潛夫論五德志：「堯禪舜曰：格爾舜，天之曆數在爾躬。」皆言格，不言咨。咨，詩蕩傳云：「嗟也。」

【集解】曆數，謂列次也。包曰：「允，信也。困，極也。永，長也。言爲政信執其中，則能窮極四海，天禄所以長終。」

【唐以前古注】書大禹謨正義引鄭注云：曆數在汝身，謂有圖録之名。皇疏：自此以下，堯命舜以天位之辭也。咨，咨嗟也。爾，汝也。汝，汝於舜也。舜者，謚也。堯名放勳，謚云堯也。舜名重華，謚云舜也。謚法云：「翼善傳聖曰堯，仁盛聖明曰舜也。」堯將命舜，故先咨嗟歎而命之，故云「咨，汝舜」也。所以歎而命之者，言舜之德美兼，合用我命也。天，天位也。曆數，謂天位列次也。爾，汝也。躬，身也。堯命舜曰：天位列次，次在汝身，故我今命授與汝也。允，信也。執，持也。中，謂中正之道也。言天信運次既在汝身，則汝宜信執持中正之道也。四海，謂四方蠻夷戎狄之國也。困，極也。窮，盡也。若内執中正之道，則德教外被四海，一切服化莫不極盡也。永，長也。終，猶卒竟也。若内正中國，外被四海，則天祚禄位長卒章汝身也。執其中，則能窮極四海，天禄所以長終也。

【集注】此堯命舜而禪以帝位之辭。咨，嗟歎聲。曆數，帝王相繼之次第，猶歲時節氣之先後也。允，信也。中者，無過不及之名。四海之人困窮，則君禄亦永絶矣，戒之也。

【餘論】黄氏後案：數之在躬，德足以順天也。禄之永終，不德之逆天也。朱子注義如此。三國志魏文帝紀注引獻帝傳曰：「漢歷世二十有四，踐年四百二十有六，四海困窮，三綱不立。」又明帝紀注引獻帝傳曰：「山陽公深識天禄永終之運。」又曰：「帝堯授位明堂，退終天禄。」是朱子注所本也。

【發明】此木軒四書説：四海困窮，天禄永終，千萬世鼎革之故盡於此。天之立君以爲民也，自古未有民窮而國不亂亡者。而所以困窮之故，則由於人主之一心。此大學平天下章所以反覆叮嚀，垂爲烱鑒也。

舜亦以命禹。

【考證】論語集注補正述疏：僞古文虞書大禹謨云：「帝曰來，禹！乃云天之曆數在汝躬，汝終陟元后，人心惟危，道心惟微，惟精惟一，允執厥中。」又云：「欽哉！慎乃有位，敬修其可願。四海困窮，天禄永終。」朱子以論語此文校之，謂比此加詳者，若斯也，蓋未察其僞爾。僞者之言，危微精一也，以荀子引道經者竄焉。　黄氏後案：今大禹謨，僞書也。危微精一數語，本荀子解蔽篇引道經語，作僞者采入之。程、朱二子信此，以闡發執中之義。

【集解】孔曰：「舜亦以堯命己之辭命禹。」

【唐以前古注】皇疏：此第二，重明舜讓禹也。舜受堯禪，在位年老而讓與禹，亦用堯命己之辭以命於禹也，故云舜亦以命禹也。所以不别爲辭者，明同是揖讓而授也。當云舜曰「咨！爾禹！天之曆數」以下之言也。

【集注】舜後遜位於禹，亦以此辭命之。今見於虞書大禹謨，比此加詳。

曰：「予小子履敢用玄牡，敢昭告于皇皇后帝：有罪不敢赦。帝臣不蔽，簡在帝心。朕躬有罪，無以萬方；萬方有罪，罪在朕躬。」

【考異】程子遺書：曰字上少一湯字。論語辨惑：此章編簡絶亂，有不可知者。程氏云：「當脱一湯字。」嗚呼！豈特此一字而已哉！尚書古文訓：湯名惟見論語曰履，古文履字作「復」，篆文與「湯」類，蓋履者，湯之誤。白虎通三正篇引論語作「皇王后帝」，又三年篇引論語作「皇天上帝」。漢石經：「朕躬有𠕋，毋以萬方，萬方有口在朕躬。」隸釋曰「毋」，板本作「無」，「萬方有」下闕一字，板本有二罪字。皇本、高麗本亦作「萬方有罪在朕躬」，補遺足利本同。

【音讀】經讀考異：近讀履字上屬「予小子」爲句，據大戴禮盧氏注引論語曰：「履敢用玄牡。」是又以履字下屬，義並通。

【考證】四書稗疏：集注：「履，湯名。」世本謂湯名天乙，至爲王，改名履。白虎通則謂殷家質，故直以生日名子。湯生於夏世，故本名履，後乃更名乙，爲子孫法，變名從質。凡此皆牽强附會之說，無足信者。湯之先代有報丙、報壬之屬，是當夏世而有甲乙之稱，非變名從質矣。紂名受，或曰辛，微子名啓，竹書紀年太甲名至，沃丁名絢，商人自別有名，又非因爲王而改名履矣。其以十幹紀名者，猶秦之稱二世三世，今人之有行耳。商自立國以來，君各有號，有天下而不改。天乙者，號也；履者，名也；非湯有兩名審矣。

日知録：自天乙至辛，皆號也。商之王著號不著名，而名之見於經者二：天乙之名履，辛之名受是也。曰湯曰紂，則亦號也。號則臣子所得稱，故伊尹曰惟尹躬，及湯頌曰武湯，曰成湯。　四書釋地：孔注：「履，殷湯名。」集注易「殷」爲「蓋」，不過以成湯名天乙既見史記，不應于此而復名履，故作疑辭耳。然紂名辛亦既見史記，何牧誓曰商王受，無逸曰殷王受，豈非一人而有二名乎？蓋必以生日名子者，殷之質處；間錫嘉名，又殷之文。且告天自稱名，播衆呼其名，豈尚復有可疑乎哉？　四書辨證：尚書古文訓曰：「湯名惟見論語曰履，古字履作復，篆文與湯字類，蓋履者，湯之誤。」愚謂非也。大戴禮言商履代興，竹書紀年桀之册稱商侯履者三，則履非湯字之誤明矣。若以湯爲其名，豈伊尹得以臣名其君乎？　殷紀注張晏以湯爲字，裴駰以湯爲謚。白虎通言湯死後，世稱成湯，以兩言爲謚（謚篇），亦皆非也。仲虺之誥曰「成湯放桀於南巢」，孔傳云：「湯放桀，武功成，故以爲號。」又路史（夏后紀）注引羅疇老云：禹之功至平水土而後大，故於禹成厥功之後始稱大禹。湯之功至克夏而後成，故於湯歸自夏之後始稱成湯。其果謚乎？抑號乎？」此説得之。檀弓：「死謚，周道也。」周書謚法解：「安民立政曰成，除殘去虐曰湯。」蓋後人因周有此謚法，因移而加之於成湯，故云成湯死後謚（見商頌疏）。

按：白虎通云：「湯本名履，克夏以後，欲從殷家生子以日爲名，故改履名乙，以爲殷家法也。」是漢人舊説如此，紛紛異解，均可不必。

墨子兼愛下篇：湯曰：「惟予小子履，敢用玄牡，告于上天后曰：今天大旱，即當朕身。履未知得罪于上下，有善不敢蔽，有罪不敢赦，簡在帝心。萬方有罪，即當朕身。朕身有罪，無及萬方。」呂氏春秋季秋紀云：湯克夏而天大旱，湯以身禱于桑林曰：「余一人有罪，無及萬夫。萬夫有罪，在余一人。」

考異：大戴禮商履代興，竹書稱天乙，履湯名不僅見此也。書湯誥正義引鄭康成解論語云：用玄牡者，爲舜命禹事。翟氏考異：此上脱去湯字，鄭氏以曰字通上節讀，故以用玄牡爲舜命禹事。詩閟宫正義：「論語曰皇皇后帝，論語説舜受終文祖，宜總祭五帝也。周語王子晉言：『皇天嘉禹，胙以天下。』韋昭注引論語『帝臣不蔽，簡在帝心』證之，皆以此節爲舜、禹事，相承于鄭氏耳。」又曰：此章歷敍古帝王受命大略，孔安國、班固、杜佑皆以此一節爲湯伐桀告天之文，義最當也。墨子所述乃湯禱雨之辭，别稱湯説，並未謂之湯誓。吕氏春秋亦述之爲桑林禱辭。孔氏云墨引湯誓若此，邢氏但望注爲疏，不遽舉兼愛篇文以質其實。墨子非僻書，邢豈不得見乎？亦以其爲旱禱之詞，不合此章義例，而又名説名誓之兩不同耳。墨子尚賢篇又引「聿求元聖，與之戮力同心」，謂之湯誓。此辭同在今湯誥中，别以誓名。統觀墨子所引書篇，有曰監年，曰官刑，實皆今伊訓文。有曰禹誓，曰術令，實皆今禹謨文。其他錯雜不倫，名目迴異者，更十餘條。愚疑墨者所稱詩、書俱有别本私授，與吾夫子所删定不同，説者不得以墨家之法責儒家之經也。論語稽求篇：按墨子兼愛篇亦引「予小子履」諸句爲湯説文，而孔安國注論語，直曰見墨子引湯誓詞。若其「爾萬方有罪」四句，則與國語内史過引湯誓曰「余一人有罪，無以萬夫。萬夫有罪，在予一人」諸句正同，是湯誓原有之確證。不然，安國注尚書明有湯誥，而此反注曰見墨子引湯誓辭也？　朱彝尊經義考：孔安國言墨子引湯誓若此，而國語亦謂湯誓，其爲湯誓逸句無疑也。梅賾不察，誤入之湯誥篇，又從而修飾之，過矣。

四書典故辨正：此詞見古文尚書湯誥。孔安國既爲作傳，而論語此注乃不云克夏歸亳誥萬方，而云伐桀告天；不云湯誥，而云湯誓；不云在尚書，而引墨子，殊不可解。先儒或疑孔傳爲僞，良不誣矣。　論語足徵記：此湯禱雨而以身代牲，爲民受罪之辭也。自是祝辭，非誓非誥。魯、齊論語本無「敢用玄牡」句。考墨子兼愛篇云：「湯曰惟予小子履，敢用玄牡，告于上天后曰：今天大旱，即當朕身。履未知得罪於上下，有善不敢蔽，有罪不敢赦，簡在帝心。萬方有罪，即當朕身。朕身有罪，無及萬方。」即此言，湯貴爲天子，富有天下，然且不憚以身爲犧牲，以祠説於上帝鬼神。案墨子引書而釋之曰：「湯以身爲犧牲。」玄牡非犧牲乎？湯之告天豈應復用玄牡？　呂氏春秋順民篇曰：「湯克夏而正天下，天大旱，五年不收，湯乃以身禱於桑林曰：『余一身有罪，無及萬方。萬方有罪，在余一人。無以一人之不敏，使上帝鬼神傷民之命。』於是翦其髮，鄽其手，以身爲犧牲，用祈福於上帝。」案此言湯以身爲犧牲，與墨子同，而無「敢用玄牡」句，可徵墨子本亦無此句。不惟墨、呂釋湯之語甚明，即湯之自語亦甚明。尸子引作湯曰：「萬方有罪，朕身受之。」語意更明，謂以身代牲，爲民受罪也。既以身代牲，又焉用牲？殷家尚白，焉又曰用玄？克復已越五年，焉得復用夏禮？　集解孔安國曰：「殷家尚白，未變夏禮，故用玄牡。」其説非也。且果爲伐桀告天之辭，但當罪桀，何自請罪？又何爲民謝罪？古文家誤以上下節皆敘帝王受命之事，遂以此爲伐桀之辭，不知禱雨請罪，民心所由歸往，此正王天下之事，故類列之。又忘其以身代牲，且不憶商尚何色，貿貿然增入玄牡句，此與東晉人僞造古文尚書之識略同。解者不達其義而曲爲之説，晉人取以僞爲湯誥，朱注據僞湯誥以釋論語，而經義愈湮。後人又據論語及僞湯誥增此句入墨子，使墨子上下文幾不成義。幸吕覽未經竄亂，故可據以發其覆也。論語述要：「曰予小子履」節，集注謂尚書湯誥之辭，而孔注云：「墨子引湯誓，其辭若此。」墨子所引湯誓之辭見墨子兼愛下篇，今湯誓無此辭，則墨子所見當是湯誓逸文。古文湯誥爲晉時梅賾所得，世人方疑爲僞。墨子引此辭不曰湯誥而曰湯誓，則梅賾之湯誥其可疑更可知。又周語引此辭，亦曰湯誓，不曰湯誥，是秦、漢、戰國以前無今之湯誥亦可知。集注應本孔注曰湯誓逸文，其曰湯誥誤也。至墨子、周語與今之湯誥，其辭悉與論語大同小異，則凡古書諸子傳記引書多如此。古者簡册不能家有，口語傳授，字句自不無出入，孟子用論語已不免，未足異也。惟墨子所引文曰今天大旱，未有伐桀之語，而孔注乃曰此伐桀告天文，此則孔氏之自爲矛盾。周氏柄中爲兩圓其説云：「大旱正伐桀之時，大旱告天即伐桀告天。」辯則辯矣，然無據也。劉氏正義：墨子謂之説者，周官大祝：「掌六祈以同鬼神示：曰類，曰造，曰禬，曰禜，曰攻，曰説。」又詛祝亦掌類造攻説禬禜之祝號。説，謂以詞自解説也。孔注本墨子，而云湯誓爲伐桀告天之辭，與墨子不合，作僞者之疏可知。白虎通三軍篇：「王者受命，質家先伐，文家先改正朔何？質家言天命已使已誅無道。今誅，得爲王，故先伐。故論語曰云云。此湯伐桀告天，用夏家之牲也。」與此包、孔注合。周語内史過引湯誓：「余一人有辠，無以萬夫。萬夫有辠，在余一人。」是湯誓亦有其文，疑伐桀告天及禱雨略相同。然禱雨在克夏後，無爲仍用夏牲，故白虎諸儒不用墨子爲説也。伐桀所以告天者，繁露四祭篇：「已受命而王，必先祭天，乃行王事，文王之伐崇是也。」又郊祀篇：「是故天子每將興師，必先郊祭以告天，乃敢征伐，行子道也。文王先郊，乃敢行事而興師伐崇。」下俱引詩棫樸證之，是此告天亦郊祭也。

按：「予小子履」以下，孔傳：「此伐桀告天文，墨子引湯誓，其辭如此。」孔安國既爲古文尚書作傳，乃不引尚書而引墨子，不云湯誥而云湯誓，已足證明孔傳之僞。且尸子、韓嬰詩傳亦稱湯之救旱，禱于山川。周語内史過引湯誓「余一人有辠，無以萬夫。萬夫有辠，在余一人」。韋昭注：「今湯誓無此言。」則已散亡矣。是秦、漢間人所見本皆如此，此可見梅賾作僞之疏，集注不察而誤信之，蓋偶失考。

【集解】孔曰：「履，殷湯名。此伐桀告天之文。殷家尚白，未變夏禮，故用玄牡。皇，大，后，君也。大，大君。帝，謂天帝也。墨子引湯誓，其辭若此。無以萬方，萬方不與也。萬方有罪，我身之過也。」包曰：「有罪不敢赦，順天奉法，有罪者不敢擅赦也。」何曰：「帝臣不蔽，簡在帝心，言桀居帝臣之位，罪過不可隱蔽，以其簡在天心故也。」

【唐以前古注】詩閟宮正義引鄭注：皇王后帝，並謂太微五帝。在天爲上帝，分主五方，謂五帝。

書湯誥正義引鄭注：用玄牡者，爲舜命禹事。於時總告五方之帝，莫適用，用皇天大帝之牲。

邢疏引鄭注：簡閱在天心，言天簡閱其善惡也。

皇疏：此第三，重明湯伐桀也。伐與授異，故不因前揖讓之辭也。澆淳既異，揖讓之道不行，禹受人禪，而不禪人，乃傳位與其子孫，至末孫桀無道，爲天下苦患。湯有聖德，應天從民，告天而伐之，此以下是其辭也。予，我也。小子，湯自稱，謙也。履，湯名也。將告天，故自稱我小子，而又稱名也。敢，果也。玄，黑也。牡，雄也。夏尚黑，爾時湯猶未改夏色，故猶用黑牡以告天，故云果敢用於玄牡也。昭，明也。皇，大也。后，君也。帝，天帝也。用玄牡告天，而云敢明告于大大君天帝也。湯既應天，天不赦罪，故凡有罪者，則湯亦不敢擅赦也，此明有罪之人也。帝臣，謂桀也。桀是天子，天子事天，猶臣事君，故謂桀爲帝臣也。不蔽者，言桀罪顯著，天地共知，不可隱蔽也。朕，我也。萬方，猶天下也。湯言我身若自有罪，則我自當之，不敢關預於天下萬方也。若萬方百姓有罪，則由我身也。我爲民主，我欲善而民善，故有罪則歸責於我也。

筆解：韓曰：「帝臣，湯自謂也，言我不可蔽隱桀之罪也。包以桀爲帝臣，非也。」李曰：「吾觀湯誥云：『爾有善，朕弗敢蔽，罪當朕躬，弗敢自赦，惟簡在上帝之心。』此是湯稱帝臣明矣。疑古文尚書與古文論語傳之有異同焉，考其至當，即無二義。」

【集注】此引商書湯誥之辭。蓋湯既放桀，而告諸侯也。與書文大同小異。「曰」上當有湯字。

履蓋湯名。用玄牡，夏尚黑，未變其禮也。簡，閱也。言桀有罪，己不敢赦；而天下賢人皆上帝之臣，己不敢蔽，簡在帝心，惟帝所命。此述其初請命而伐桀之辭也。又言君有罪，非民所致；民有罪，實君所爲，見其厚於責己，薄於責人之意。此其告諸侯之辭也。

【別解】羣經平議：古本論語疑無履字。尚書湯誥篇正義曰：「鄭玄解論語云：用玄牡者，爲舜命禹事。於時總告五方之帝，莫適用，用皇天大帝之牲。」又詩閟宫篇正義曰：「論語曰皇皇后帝，注云：帝，謂太微五帝。以論語説舜受終于文祖，宜總祭五帝。」是鄭康成以此節連上文「舜亦以命禹」讀之，謂是舜、禹之事。若使有履字，則明著湯名，鄭豈容有誤乎？國語周語王子晉説伯禹事曰：「皇天嘉之，祚以天下。」韋昭注曰：「祚，禄也。論語曰『帝臣不蔽，簡在帝心』是也。」然則韋所見本尚無履字，不然正文方説禹事，何取以湯事爲證也？近世學者多疑論語孔注是魏、晉間人僞作，即此一字誠有可疑。蓋因墨子引湯誓與此文相似，而悟鄭説之非，乃於經文依墨子增入履字，以實其説。其後僞古文尚書遂竊此文入湯誥篇矣。作僞者轉相師承，遂得縣之日月而不刊，亦非易事也。劉氏正義：鄭注以此文爲舜命禹事，則舜本不名履，殊可疑。俞氏樾羣經平議謂鄭本無「履」字，或得之。昭告者，詩大明「昭事上帝」，箋云：「昭，明也。」言明告上帝，不敢有所隱飾也。鄭注云云。案周官司服：「祀昊天上帝，則服大裘而冕。祀五帝亦如之。」大宗伯：「以蒼璧禮天，以黄琮禮地，以青圭禮東方，以赤璋禮南方，以白琥禮西方，以玄璜禮北方，皆有牲幣，各放其器之色。」注云：「此禮天以冬至，謂天皇大帝在北極者也。禮東方以立春，謂蒼精之帝。禮南方以立夏，謂赤精之帝。禮西方以立秋，謂白精之帝。禮北方以立冬，謂黑精之帝。」鄭不言中央之帝，以經文不見，故略之也。史記天官書：「南宫朱鳥，權、衡。衡，太微，三光之庭。」又言：「掖門内五星，五帝坐。」是五帝屬太微，故此注言「太微五帝」也。在天爲上帝，即謂昊天上帝，亦即大宗伯注所云「天皇大帝」也。舜命禹總祭五帝，即是受終文祖也。五帝分祭，牲幣各有所尚。今此是總祭，故莫適用，而以昊天爲主，用玄牡，故夏禮亦尚玄也。説文：「牡，畜父也。」廣雅釋獸：「牡，雄也。」凡大祭牲用牛，則此玄牡爲黑牛矣。如鄭之言，有罪謂四凶，帝臣即謂禹。其注云「簡閲在天心」，言天簡閲其善惡也。周官小宰「二曰聽師田以簡稽」鄭司農注、遂大夫「簡稼器」注並云：「簡，閲也。」是簡有閲訓。帝臣爲善，有罪爲惡。帝心承上二句，言所舉黜皆本天心所簡閲也。周語王子晉言「皇天嘉禹，祚以天下」，韋昭注引論語「帝臣不蔽，簡在帝心」爲證。韋同鄭義，而與白虎通及包、孔注以爲湯伐桀告天者異，當亦經師相傳有此訓也。論語訓：履，謂履帝位也，言己代堯踐阼耳。禹錫玄圭，故用玄牡，天色也。皇皇，始皇太祖也。后帝，嗣帝堯也。於明堂受終殛其父而帝其子，故言用法之意。禹亦堯臣，舜特薦之耳。簡，代也。在，察也。帝，堯也。以禹代己，乃察堯之心時清，問除苗民之刑，故以刑爲亟嫌。上言有罪太切直，故又汎言罪在己也。萬方受治天子，而有有罪者，則天子有罪明矣。君之失德，殃及天下，故戒以無以。

按：此節止爲脱一湯字，種種異説由此而生。姑無論履字説不去，即無履字而脱去商湯一朝，亦斷無斯理。世多疑何晏排斥鄭康成，故集解多採孔注。今此節鄭注現存，望文生義，毫無是處，而後人猶必爲之文過飾非，以成其失，亦徒見其無識而已矣。

【餘論】黄氏後案：此文今在湯誥，爲克夏至亳誕告之辭，而孔注云「墨子引湯誓，其辭若此」者，孔注以湯誓之文有散佚之句，墨子引之。而今采入湯誥者，可顯然證其爲僞也。王西莊曰：「安國親得壁中古文，且爲作傳，如今本果真，則何以明明克夏歸亳告萬方，而反云將伐桀而告天？明明湯誥，而反云湯誓？且明明在尚書，而反遠引墨子以爲據？安國論語注，何晏集解采之，確然可信。晏所采可信，則今本尚書之不可信，百口奚辯哉？」然則此節爲湯誓之逸文而非湯誥，安國論語注確不可易也。

周有大賚，善人是富。雖有周親，不如仁人。百姓有過，在予一人。

【考證】墨子兼愛中篇：昔者武王有事泰山隧。傳曰：「泰山有道，曾孫周王有事。大事既獲，仁人尚作，以祇商、夏蠻夷醜貉。雖有周親，不若仁人。萬方有過，維予一人。」說苑貴德篇武王克殷，問周公曰：「將奈其士衆何？」周公曰：「使各宅其宅，田其田，無變舊親，惟仁是親，百姓有過，在予一人。」武王曰：「廣大乎！平天下矣。」韓詩外傳三、淮南主術訓與說苑同。書大傳作「無故無新，惟仁之親」，餘亦同。九經古義：戰國策云：「制海内，子元元，非兵不可。」高誘曰：「元元，善也。」姚察漢書訓纂曰：「古者謂人云善人，因善爲元，故云黎元。其言元元者，非一人也。」棟案太誓云：「大賚于四海，而萬姓悦服。」則善人爲黎元審矣。何晏以爲有亂臣十人，失之。

按：惠氏棟以善人爲黎元固是，惟復引太誓「大賚于四海，而萬姓悦服」證善人爲黎元，則東晉古文武成文，古太誓無此文，不足據也。

論語後録：吕氏春秋離謂篇「周公、召公以此疑」，高誘注：「以管、蔡流言，故疑也。論語曰：『雖有周親，不如仁人。』此之謂。」　潘氏集箋：漢書元帝紀建昭五年詔曰：「傳不云虖？百姓有過，在予一人。」師古注：「論語載殷湯伐桀告天之文。」誤也。説苑君道篇：「百姓有罪。」王弼周易觀卦注亦曰：「百姓有罪，在於一人。」　四書問答：泰誓此二語接上「受有億兆夷人，離心離德。予有亂臣十人，同心同德」。自不得不以仁人屬周。蓋以周親指殷言，故解周爲至；以十人對億兆言，故曰少。要之古文尚書與孔傳俱係僞作，若論語孔注則非僞也。竊謂「周有大賚」以下概説武王有天下，新政如善人是富，及舉逸民，皆指殷人而言，乃收攬人才之意，則此節仁人自當指殷，周親當即指周言。其曰「雖有周親，不如仁人」，不過自爲遜詞，以推崇殷之仁人耳，何用釋周爲至乎？但孔注以周親指不賢者，謂如管、蔡則誅之。按是時管、蔡尚未爲惡，周親當泛言，即周公、康叔輩亦説在内，但爲謙詞，以況微、箕、商容之流，不必指親之不賢者言也。　劉氏正義：孔氏詩疏云：「樂記説武王克殷，未及下車而封薊、祝、陳，下車而封杞、宋。又言『將率之士使爲諸侯』，是大封也。昭二十八年左傳曰：『昔武王克商，光有天下，其兄弟之國者十有五人，姬姓之國者四十人。』皆是武王大封之事。」此注舉十亂者，以十亂中若周、召、太公、畢公皆封國爲諸侯，餘亦畿内諸侯也。宋氏翔鳳説：「周親四語，蓋封諸侯之辭也。武王封太公於齊，在泰山之陰，故將事泰山而稱仁人尚，爲封太公之辭也。」今案説苑貴德篇云云。彼爲誓衆之辭，與此封諸侯略同。周者，至也。見逸周書謚法解、毛詩鹿鳴傳。親者，近也，密也。周親兼舊新言之。百姓有過，在予一人，言凡諸國百姓有不虞天性，不迪率典者，皆我一人之責。所以然者，百姓有過，亦由所封諸侯未得其人，故引以自責也。曲禮云：「君天下曰天子。朝諸侯分職授政任功，曰予一人。」分職，即謂封諸侯也。白虎通號篇：「王者自謂一人者，謙也。欲言己材能當一人耳。」東晉古文采諸文入泰誓。

按：周頌詩序：「賚，大封於廟也。賚，予也，所以錫予善人也。」其以散財發粟爲大賚，謬自饒雙峯始。饒氏魯曰：「紂爲天下捕逃主，所用皆是惡人，故武王伐商之初，便把善人是富做個打頭第一件事。大賚是錫予普及四海，其中善人則錫予又自加厚。洪範曰：『凡厥正人，既富方穀。』正人既得其富，則其爲善益篤，故不容以泛錫予施之。」此不足據也。鉅橋、鹿臺所蓄有幾，能使天下人人偏及乎？且號召天下之衆，使奔走南郊，分此財粟，成何政體乎？王氏困學紀聞云：「五福言富不言貴，先王之世貴者始富也。此富字之義也。」

【集解】周，周家。賚，賜也。言周家受天大賜，富於善人，有亂臣十人是也。孔曰：「親而不忠不賢則誅之，管、蔡是也。仁人，謂箕子、微子。來則用之也。」

【唐以前古注】皇疏：此第四，重明周家法也。此以下是周伐紂誓民之辭也。舜與堯同是揖讓，謙，共用一辭。武與湯同是干戈，故不爲别告天之文，而即用湯之告天文也。而此述周誓民之文而不述湯誓民文者，尚書亦有湯誓也。今記者欲互以相明，故下舉周誓，則湯其可知也。周，周家也。賚，賜也。言周家受天大賜，故富足於善人也。或云：周家大賜財帛於天下之善人，善人故是富也。已上尚書第六泰誓中文，言雖與周有親而不爲善，則被罪黜，不如雖無親而仁者必有禄爵也。此武王引咎自責辭也。按湯伐桀辭皆云天，故知是告天也。周伐紂文句句稱人，故知是誓人也。又引江熙云：自此以上至「大賚」，周告天之文也。自此以下，所修之政也。禪者有命無告，舜之命禹，一準於堯。周告天文少其異於殷，所異者如此，存其體不録修也。

【集注】此以下述武王事。賚，予也。武王克商，大賚於四海，見周書武成篇。此言其所富者皆善人也。詩序云：「賚，所以錫予善人。」蓋本於此。此周書泰誓之辭。孔氏曰：「周，至也。言紂至親雖多，不如周家之多仁人。」

【餘論】黄氏後案：集注據詩序，以大封爲大賚也。其曰富者，即禄以馭富之謂。傳曰：「善人富謂之賞也，周親不如仁人，是富善人也。」二句與上連讀，孔注是。此文今在僞泰誓篇。集注所引即僞書之僞孔傳，而孔氏此注指爲既誅管、蔡後所作，與僞傳迥殊。今僞傳云少仁人，朱子引作多，所見本異也。四書典故辨正：朱子或問以錫予善人爲克商賞功之時，即樂記所謂「將帥之士使爲諸侯」者，則大賚指分封，不指散財發粟也。

謹權量，審法度，修廢官，四方之政行焉。漢書律曆志：周衰失政，孔子陳後王之法曰：「謹權量，審法度，修廢官，四方之政行矣。」

【考異】皇本「焉」作「矣」。

【考證】劉氏正義：漢書律曆志：「虞書『乃同律度量衡』，所以齊遠近，立民信也。自伏羲畫八卦由數起，至黄帝、堯、舜而大備。三代稽古，法度章焉。周衰官失，孔子陳後王之法曰：『謹權量，審法度，修廢官，舉逸民，四方之政行矣。』」據志此文，是「謹權量」云云以下皆孔子語，故何休公羊昭三十二年注引此節文，冠以「孔子曰」。説文云：「宷，悉也。知，宷諦也。審，篆文從番。」考工記弓人注：「審猶定也。」成氏蓉鏡經義駢枝曰：「法度與權量相對爲文，當爲一事。法謂十二律，度謂五度也。堯典『同律度量衡』，馬融注：『律，法也。』量衡即論語之權量，則律度亦即論語之法度矣。漢書律曆志引虞書及論語此文，又云：『元始中，羲和劉歆等言之最詳。一曰備數，二曰和聲，三曰審度，四曰嘉量，五曰權衡。』聲者，宫商角徵羽也。五聲之本生於黄鐘之律，二十有二，律即法也。」案成説是也。律者聲之所出，聲正而後數可明，數明而後萬物可正，故黄鐘爲萬物根本也。度者，漢志云：「分、寸、尺、丈、引也。」謹審之本在於正律，故漢志引劉歆曰：「五聲之本生於黄鐘之律。九寸爲宫，或損或益，以定商角徵羽。九六相生，陰陽之應也。」又云：「度本起黄鐘之長，以子穀秬黍中者。一黍之廣，度之九十分。黄鐘之長，一爲一分，十分爲寸，十寸爲尺，十尺爲丈，十丈爲引，而五度審矣。量本起于黄鐘之龠，用度數審其容，以子穀秬黍中者千有二百實其龠，以井水準其槩，十龠爲合，十合爲升，十升爲斗，十斗爲斛，而五量嘉矣。權本起于黄鐘之重，一龠容千二百黍，重十二銖，兩之爲兩，二十四銖爲兩，十六兩爲斤，十斤爲鈞，四鈞爲石，而五權謹矣。」包氏慎言温故録：「漢志引此文云云。顔氏不解修廢官者意，蓋以官即職此權量法度者。志上云『周衰官失，孔子陳後王之法』，下乃引論語，明繼周而起者，惟修此數官爲急耳。志下又引劉歆鐘律篇，分叙權量法度云：『權者，所以稱物平施，知輕重也。職在大行人，鴻臚掌之。量者，所以量多少也。職在太倉，大司農掌之。度者，所以度長短也。職在内官，廷尉掌之。』以修廢官爲修此數官。故劉氏每叙一事，而結云某職在某官，某官掌之。」案包説是也。據成君義，法訓律，當據志補云：「聲，所以作樂者。職在大樂，太常掌之。」昔舜一歲四巡守，皆同律度量衡。月令：「春秋分皆同度量，正權概。」周官大行人：「十有一歲，同度量，同數器。」蓋奸民貿易，積久弊生，古帝王特設專官以審察之。其官歷代皆未廢，至周衰而或失耳。趙氏佑温故録「或有職而無其官，或有官而不舉其職，皆曰廢」是也。

四書釋地又續：一部十三經，除大禹謨晚出，公羊傳漢始著竹帛外，法度字僅二見：一見盤庚上，一見論語末。要二處不可同一解。論語權有五，謂銖、兩、斤、鈞、石也。量有五，謂龠、合、升、斗、斛。度有五，謂分、寸、尺、丈、引也。三者居治天下之大端也。昔舜一歲四巡守，皆同律度量衡。月令兩「日夜分，皆同度量，正權概」。周禮大行人：「十有一歲，同度量，同數器。」大傳：「立權度量。」商君傳：「平斗桶權衡丈尺。」始皇紀：「秦初并天下，一法度衡石丈尺。」蓋未有舉權量而遺夫度者，抑未有知長短而不與知輕重及多少並急者。特以度一字未足成句，配以法字。易曰「制而用之謂之法」是也。始皇紀亦名法度，師古注、邢昺疏正同。中庸言天子之制度，下即驗之以轍迹廣狹相距如一，此真所謂度也。武王有天下，初豈容不審此？祇緣宋儒好精言性命，視此等爲粗迹，於度字別作解。余嘗讀隋經籍、唐藝文志，見漢以來經解詳于名物度數，而宋藝文志則眇有存者，蓋義理勝也。

【集解】包曰：「權，秤也。量，斗斛。」

【唐以前古注】皇疏：此以下第五，重明二帝三王所修之政同也。不爲國則已，既爲便當然也。謹，猶慎也。權，稱也。量，斗斛也。當謹慎於稱尺斗斛也。審，猶諦也。法度，謂可治國之制典也。宜審諦分明之也。治故曰修，若舊官有廢者，則更修立之也。自謹權以下若皆得法，則四方風政並服行也。

【集注】權，稱錘也。量，斗斛也。法度，禮樂制度皆是也。

【餘論】黄氏後案：漢書律曆志引經「修法度」，注云：「法度，丈尺也。」閻百詩釋地亦以此度爲尺度之度。式三謂五度爲度，引伸之，凡制之有限節者皆謂之法度。天生人而有度，布指知寸，布手知尺，舒肘知尋，聖人因此分短長大小而制之爲法度。法度者，禮儀之總名也。邢疏：「法度，謂車服旌旂之禮儀也，審之使貴賤有別，無僭偪也。」此爲得之。

按：自此以下皆孔子語。公羊昭三十二年傳注引全節，冠「孔子曰」字可證也。度，謂丈尺，非泛言制度，閻氏説是也。

興滅國，繼絶世，舉逸民，天下之民歸心焉。

【考異】説苑君道篇：「武丁思先王之政，興滅國，繼絶世，舉逸民。」又敬慎篇同。　後漢書逸民傳論曰：「所謂舉逸人，天下之人歸心者乎。」兩民字俱作「人」。　顔師古漢書外戚侯表注引論語孔子陳帝王之法云云，「民」亦俱作「人」　文選兩都賦序、求爲諸孫置守塚人表兩注俱引論語「興滅國，繼絶世」，逸民傳論注引論語「舉逸人，天下之人歸心焉」，上俱冠「子曰」字。

【考證】韓詩外傳：古者天子謂諸侯受封謂之采地，百里諸侯以三十里，七十里諸侯以二十里，五十里諸侯以十里，其後子孫雖有罪而絀，使子孫賢者守其地，世世以祠其始受封之君，此之謂興滅國，繼絶世也。　白虎通封公侯篇：爲先王無道，妄殺無辜，及嗣子幼弱，爲强臣所奪，子孫皆無罪囚而絶，重其先人之功，故復立之。　左襄十年傳疏：禮，天子不滅國，諸侯不滅姓。其身有罪宜廢者，選其親而賢者更紹立之，論語所謂「興滅國，繼絶世」者此也。　劉氏正義：爾雅釋詁：「滅，絶也。」公羊僖五年傳：「滅者，亡國之善辭也。」許氏五經異義解此文云：「國，謂諸侯。世，謂卿大夫。」白虎通封公侯篇：「王者受命而作，興滅國，繼絶世何？爲先王無道，妄殺無辜，及嗣子幼弱，爲强臣所奪，子孫皆無罪囚而絶。重其先人之功，故復立之。論語曰云云。」據此，是興滅國爲無罪之國。若有罪當滅者亦不興之也。　尚書大傳：「古者諸侯始受封則有采地。百里諸侯以三十里，七十里諸侯以二十里，五十里諸侯以十五里。其後子孫雖有辠黜，其采地不黜，使其子孫賢者守之，世世以祠其始受封之人，此之謂興滅國，繼絶世。書曰『兹予大享于先王，爾祖其從與享之』，此之謂也。」韓詩外傳同。　此言平時立國，不以有辠黜其采地，亦興滅繼絶之義。　凡封國當有此制也。　漢成帝詔曰：「蓋聞褒功德，繼絶統，所以重宗廟，廣聖賢之路也。」又曰：「夫善善及子孫，古今之通義也。」五經異義：「按公羊、穀梁説云，卿大夫世，則權并一姓，防賢塞路，經譏尹氏、崔氏是也。　古春秋左氏説，卿大夫得世禄不世位，父爲大夫死，子得食其故采地，如有賢才則復父故位。　許慎謹案易爻位三爲三公，食舊德謂食父故禄。　尚書云：『世選爾勞予，不絶爾善。』論語：『興滅國，繼絶世。』詩云：『凡周之士，不顯亦世。』孟子云：『文王之治岐也，仕者世禄。』故周世禄也。　從左氏義。」鄭氏無駁，與許同。

按：任氏啓運曰：「滅國是人無土，興謂續封之也。　絶世謂有土無人，繼謂俾其支庶進承大宗也。」金澂曰：「興者，於有子孫而失其爵土者，立其本支也。　繼者，於有爵土而無子孫者，立其旁支也。」考詩文王正義引五經異義云：「國謂諸侯，世謂卿大夫。」是舊説相傳如是。　然而世可兼諸侯卿大夫言，父傳子子傳孫之世系也，不必專指卿大夫，金説可從。

【唐以前古注】皇疏：若有國爲前人非理而滅之者，新王當更爲興起之也。　若賢人之世被絶不祀者，當爲立後係之，使得仍享祀也。　若民中有才行超逸不仕者，則躬舉之於朝廷爲官爵也。既能興繼舉，故爲天下之民皆歸心繈負而至也。

【集注】興滅繼絶，謂封黄帝、堯、舜、夏、商之後。　舉逸民，謂釋箕子之囚，復商容之位。　三者皆人心之所欲也。

【餘論】日知録：武王立紂子武庚，宗廟不毁，社稷不遷。時殷未亡也，所以異乎曩日者，不朝諸侯，不有天下也。是則殷之亡天下也，在紂之自燔。亡國也，在武庚之見殺。又曰武王克商，不以其故都封周之臣，而仍以封武庚，降在侯國，而猶先人之故土。武庚即畔，乃命微子啓代殷，而必於宋，謂大火之祀，商人是因，弗遷其地。蓋明告以取天下，無滅國之義也。黄氏後案：疏以國世分言，與異義合。班固功臣侯表引杜業説云：「内恕之君樂繼絶世，隆名之主安立亡國。」絶世亡國分言，疑亦同許氏之説。或曰：上言大賚即大封，此又言興滅國，然則封建固聖人之意乎？曰此聖人之公心也。馬貴與謂「必有公天下之心，而後可行封建」是也。天子出以公心，其始封也選賢與能，其既封也無忌疏畏偪之弊，所謂有關雎、麟趾之意，而行周官之法度也；否則，其禍大矣。

所重：民、食、喪、祭。

【音讀】經讀考異：此凡兩讀。朱子集注引武成曰：「重民五教，惟食、喪、祭。」時解因之遂以民食爲一事，爲一讀。（書正義：「五教所以教民，故與民同句。食與喪、祭三者各爲一事，相類而别，故以惟目之。言此皆聖王所舉也。論語云：『所重：民、食、喪、祭。』以論語即是此事，而彼無五教，録論語者自略之耳。」案僞書襲論語，孔氏反以録論語者略五教，非是。）何氏集解孔曰：「重民，國之本也。重食，民之命也。重喪所以盡哀，重祭所以致敬。」疏言帝王所重者此四事，是以「所重」爲句，民食喪祭各爲一事，因各爲一義取讀。證之書「民惟邦本」，孟子「民爲貴」，則民自另爲句，時解合民食爲一，非也。梁氏旁證：皇疏：「此四事並治天下所宜重。」邢疏亦同。按此是以「所重」爲句，「民食喪祭」爲句矣。翟氏考異：世據尚書文，謂此語當以民字絶句。考集解孔氏曰：「重民，國之本也。重食，民之命也。重喪所以盡哀，重祭所以致敬。」民食喪祭四字平説，則在此論語還當以重字絶句矣。自「謹權量」以下數節，漢、唐人通以爲孔子言，右録何休、班固、顔師古、李善諸條可見。

按：此節古讀以「所重」爲句，自僞古文武成篇改其文曰：「重民五教，惟食喪祭。」沿其誤者遂以「所重民」爲句。宋儒不足責，作僞者直不通句讀，其他罅漏尚多。孔安國自爲尚書古文作傳，明明出湯誥，乃引墨子，此外與古文牴牾者尤不可指數，後人知孔傳之僞，而於僞古文猶奉若神明，何也？

【考證】漢書藝文志：孔子曰：「所重民食。」師古注曰：「論語載孔子稱殷湯伐桀告天辭也。」劉氏正義：虞書曰：「衆非元后何戴？后非衆罔與守邦。」孟子盡心下：「民爲貴。」又言諸侯之寶，有人民。周官太宰：「以九兩繫邦國之民。」大司徒：「掌人民之數。」司民：「掌登萬民之數，自生齒以上皆書于版，異其男女，歲登下其死生。及三年大比，以萬民之數詔司寇，司寇獻其數于王，王拜受之，登于天府。內史、司會、冢宰貳之，以贊王治。」是民爲國之本也。書洪範「八政，一曰食」，伏生傳：「食者，萬物之始，人事之所本，故八政先食。」周官太宰：「以九職任萬民，一曰三農，生九穀。二曰園圃，毓草木。」大司徒：「辨十有二壤之物而知其種，以教稼穡樹藝。」又云：「頒職事十有二于邦國都鄙，使以登萬民，一曰稼穡，二曰樹藝。」是食爲民命，當重之也。喪以哀爲主，祭以敬爲主，喪祭者，所以教民反本追孝也。禮記經解云：「喪祭之禮廢，則臣子之恩薄。臣子之恩薄，則背死亡生者衆矣。」

論語集注補正述疏：論家說曰：「重民，國之本也。重食，民之命也。」斯舊説明矣。重喪，民孝當慎終也。重祭，民生當報本也。蓋民爲首重，其下三者則因民以重焉。書康誥稱武王告康叔者，一則曰「用康保民」，終則曰「用康乂民」，明武王重民也。書洪範稱武王訪于箕子者，其八政之首，一曰食。周官九職，所以首言三農生九穀也，明武王重食也。中庸稱「武王末受命，周公成文、武之德」，而言其制禮，則曰「父母之喪，無貴賤一也」。此周公本武王繼文王之德，而爲是禮也，明武王重喪也。書酒誥稱武王述文王之言曰：「祀兹酒。惟天降命，肇我民，惟元祀。」明武王重祭也。漢書藝文志敍農家者流，稱孔子曰「所重民食」，顏注：「謂所重者在人之食。」則不以民列所重之一也。此節而引之，未可執也。其稱孔子曰者，亦以意加之爾。詩蕩云：「枝葉未有害，本實先撥。」言殷商之失民也。漢書酈食其傳云：「王者以民爲天，而民以食爲天。」其聞諸古語者乎？孟子云：「民爲貴，社稷次之，君爲輕。」言君奉社稷，奚可不重民而輕之，徒知自貴也？故孟子言諸侯之寶者，亦曰人民，由乎論語此經。堯典云：「咨十有二牧，曰食哉惟時。」蔡傳云「王政以食爲先，足食之道，惟在不違農時」是也。牧者養民之官，故告之重食焉。禮三年問云：「三年之喪，人道之至文者也，夫是之謂至隆。是百王之所同，古今之所壹也，未有知其所由來者也。」蓋至隆者，非其重喪歟？禮郊特牲云：「萬物本乎天，人本乎祖，此所以配上帝也。郊之祭也，大報本反始也。」而民祀亦其義焉。荀子云：「先祖者，類之本也。」蓋禮尊先祖，而重祭者，不忘本也。禮經解云：「喪祭之禮廢，則臣子之恩薄，而倍死忘生者衆矣。」今敢廢而不重乎？僞武成云：「重民五教，惟食喪祭。」斯襲論語此經而竄焉。僞孔傳云：「所重在民，及五常之教。」書孔疏云：「以重總下五事，民與五教食喪祭也。五教所以教民，故與民同句。下句食喪祭三者相類而别，故以惟目之。」又云：「論語即此事，而彼無五教，録論語者自略之爾。」此疏申僞經也。由今考之，僞者惟之爲文，襲禹貢「惟木」之惟也，猶與也。論語此經以所重挈四者之文，民食喪祭，其文善矣。今曰重民五教，苟不如傳言民及五教，疏言民與五教。豈不曰重民之五教乎？何以見民爲首重也？食喪祭皆民事焉，論語此文豈不與民同句乎？苟此有五教之文，録者安可略之邪？夫民生之道，食以食之，然後能教之，教之事莫先於孝，孝之事莫大於喪，而祭則人子終身之孝也。如是，則未送死之先，且喜且懼，養生以奉父母之食者可知也。如是，則妻孥之樂，兄弟之翕，以致父母之順，若中庸釋詩然者，將可期也。如是，則順乎親以信乎友，而獲乎上，若中庸論學然者，皆將可期也。故孟子云：「養生喪死無憾，王道之始也。」蓋經之本文於五教者無其文而該其實，何其善乎！

【集解】孔曰：「重民，國之本也。重食，民之命也。重喪所以盡哀，重祭所以致敬。」

【唐以前古注】皇疏：此四事並又治天下所宜重者也。國以民爲本，故重民爲先也。民以食爲活，故次重食也。有生必有死，故次重於喪也。喪畢，爲之宗廟，以鬼享之，故次重祭也。

【集注】武成曰：「重民五教，惟食喪祭。」

【餘論】論語述何：此篇以春秋繼二帝三王之統也。謹權量，如譏初稅畝，用田賦之屬。審法度，如改制質文。修廢官，如辨爵等，王國百二十官之屬。興滅國，謂凡書滅皆當興也。繼絶世，如孫以王父字爲氏。城緣陵、城成周、城杞，嘉、紀、季皆善辭也。舉逸民，如嘉叔肸、曹喜時吴札之義。重民，如征伐城築之屬悉書。重食，如水旱、螟螽、大饑、告糴、有年之屬。他穀不書，惟麥禾獨書，尤重也。詳崩薨、卒葬、奔喪、會葬、歸賵、含襚，重喪也。詳禘祫烝嘗，譏立廟屋壞，重祭也。

寬則得衆，信則民任焉，敏則有功，公則説。

【考異】漢石經無「信則民任焉」五字，皇本亦無。皇本「公則説」作「公則民悦」。天文本論語校勘記：「寬則得衆」下無「信則民任焉」句，皇本、唐本、津藩本、正平本均無此句。足利本、一本、皇本、唐本、津藩本、正平本「説」上有民字。論語古訓：義疏本不及「信則民任」句，正與漢石經合。後人因陽貨篇「寬則得衆」下有此句，誤增入耳。四書湖南講：此孔子平時論仁之言，即所告子張者。其無子曰，如前引湯、武之言，亦未有湯、武字也。或問既是孔子言，不明白指出，何又去却恭惠二句，而换以公則説？曰看前所引書語亦多改易，原不拘定字字相應也。

翟氏考異：四語與上文絶不蒙，與前論仁章文惟公、説二字殊慢。秦以前，疑子張問仁一章原在古論子張篇首，而此爲脱亂不盡之文。古書簡，盡則止，不以章節分簡，故雖大半脱去，猶得餘其少半連絡于下章也。下章子張問政，孔子約數以示，俟張請目，然後詳晰言之，與問仁章文勢畫一，顯見其録自一手。又二十篇中，惟此二章以子答弟子之言加用孔字，蓋古分堯曰、子張問以下别爲一篇，與前季氏篇爲别一記者所録，稱孔子是其大例，故知命章首舊本亦有孔字。今以問仁章亂入陽貨之篇，既嫌其體例不符，而公山、佛肸連類並載之間，横隔以此，亦頗不倫。論語後十篇多脱悮，朱子嘗言之。堯曰篇顛倒失次，東坡又嘗言之。「民食喪祭」以上已似輯自殘斷之餘，以下則竟全脱一簡。恭實寬信敏惠之本，獨舍此句，未足該歷帝王爲治之體要若祖述憲章之類，今亦已脱去矣。叙羣聖畢，宜更有孔子論斷，或弟子贊孔子，也。

論語稽：子張問以下别爲一篇，蓋書成後别爲續篇，故又居後序之後，此翟灝之説也。劉恭冕駁之，以謂論語非出一人，此序誰作？又謂泰伯篇末亦論堯、舜、文、武、禹，亦豈後序乎云云。清按論語固非出一人，然當合纂以成一書之時，非經一人之手，必由羣弟子薈萃同爲編訂，此序雖不知出何人，然既非孔子所言，又非門人之語，自堯、舜、禹、湯至武王之事，而終以孔子之言，其次序有條不紊，則其爲全書後序，而出於編訂時記者所作實無疑義。翟氏引孟子、周易、莊子及史、漢各後序爲證，其説可從也。

論語述要：翟氏此説於子張兩章可謂善於解惑，然此章自「謹權量」以下至「民食喪祭」數節，漢、唐人如何休、班固、顔師古、李善等所引論語文已有作爲夫子言者，此節當亦是夫子言，續在「謹權量」以下諸節之後，更爲可知。惟是否即答子張語，尚無旁證。翟氏以理度之，義亦可通耳。要之全章既屬殘闕不全，亦無須於一支一節而深究之也。

【考證】吕氏春秋貴公篇：「昔先聖王之治天下也必先公，公則天下平矣。平得於公，嘗試觀於上志，其得之以公，其失之必以偏。故鴻範曰：『無偏無黨，王道蕩蕩。無偏無頗，遵王之義。無或作好，遵王之道。無或作惡，遵王之路。』天下非一人之天下也，天下之天下也。陰陽之和不長一類，甘露時雨不私一物，萬民之主不阿一人。」是言政教宜公平也。公平則舉措刑賞皆得其宜，民服於上，故説也。

【集解】孔曰：「言政教公平，則民説矣。凡此二帝三王所以治也，故傳以示後世。」

【唐以前古注】皇疏：爲君上若能寬，則衆所共歸，故云得衆也。君行事若儀用敏疾，則功大易成，故云有功也。君若爲事公平，則百姓皆歡悦也。

【集注】此於武王之事無所見，恐或泛言帝王之道也。楊氏曰：「論語之書皆聖人微言，而其徒傳守之，以明斯道者也。故於終篇具載堯、舜咨命之言，湯、武誓師之意，與夫施諸政事者，以明聖學之所傳者一於是而已，所以著明二十篇之大旨也。孟子於終篇亦歷叙堯、舜、湯、文、孔子相承之次，皆此意也。」

【餘論】四書訓義：古今之天下，一帝王之所維持，而爲民立極者也。周衰，王道息，夫子集二帝三王之成，論定其道法，而原其德之所由隆以垂萬世。故帝王不復作，而得其意者以治，失其理者以亂。後世雖不睹聖治之休，而天下猶足以立。記者述夫子所稱書史之舊文，與其論治理者著之篇，以爲聖學之與王道無二致焉。有天下者，上合天心其要已，而天心之去留存乎民志，民志之從違因乎主術，主術之純雜根於王心。夫子嘗以寬信敏公爲天德王道會歸之極，驗之帝王，無非是道也。四者天德也，仁之行於天下者也。古之帝王惟此以宅心而出治，而吾夫子之立教也，以此盡學者之心。然則守夫子之心學，即以紹帝王之治統，後世得之而天下安，未失焉而天下存，違之而天下亂，豈有爽哉？　黄氏後案：皇疏：「謹權量以下，統言二帝三王所修之政同也。」漢律曆志引謹權量節文。公羊傳宣公十七年、昭公三十二年注、漢書外戚侯表注、文選逸民傳論、兩都賦序各注引興滅國節文，漢書藝文志引「所重民食喪祭」，皆以爲孔子之言，陳後王之法也。蘇子瞻修廢官舉逸民策云：「孔子之時，卿世卿，大夫世大夫，而賢者無以進。孔子慨然而歎，欲修廢官，舉逸民。」是北宋猶用古説也。朱子則以末節爲通論帝王之事矣。式三案此經所言，專罪己、務用賢、順民心三者錯舉言之，此帝王之所同，百世莫能易也，易之則殆矣。柳子厚謂此經所記，乃孔子常常諷道之辭。或是也。

【發明】論語集説：此篇所載堯、舜咨命之言，湯、武誓師之意，以明數聖人禪繼征伐雖不同，而其公天下以爲心則一也。　反身録：問堯、舜允執其中，與中庸未發之中同異。曰：中只是廓然大公，無偏無黨，不論已發未發，應事接物，政治施爲，只要常常如此，便是允執。允者，真實無妄之謂。心體如此，則心得其中。治體如此，則治得其中。無偏無黨，王道蕩蕩；無黨無偏，王道平平；人人得所，俗臻雍熙，四海何至困窮？彼四海之所以困窮者，只緣政治不中；政治之所以不中者，總緣存心不中。此治法之所以必本於心法，王道之所以必本於天德也。爲政者果寬信敏公，民豈有不治乎？此君天下者萬古不易之道也。豈惟君天下者宜然，凡治一省一府一州一縣莫不宜然，有民社之責者尚其念諸。

○子張問於孔子曰：「何如斯可以從政矣？」子曰：「尊五美，屏四惡，斯可以從政矣。」

【考異】皇本「問」下有政字。　潘氏集箋：漢平都相蔣君碑：「遵五迸四。」隸釋：「後漢傳有遵五迸四之文。」今惟後漢書祭遵傳「遵美屏惡」，「屏」或作「迸」，而「尊」並作「遵」，疑漢時本多作「遵」。說文：「遵，循也。」遵五美者，猶書洪範云遵王之義、遵王之道、遵王之路也。說文無迸字。禮記大學篇「迸諸四夷」，釋文引皇云：「迸，猶屏也。」迸、屏異文同義，則當以此文作「屏」爲正。　羣經平議：五種美事不得以尊崇爲言，尊當讀爲遵。方言：「遵，行也。」遵五美言當遵行五美，非尊崇之謂。後漢書祭遵傳「遵美屏惡」，漢平都相蔣君碑「遵五迸四」，皆用論語文而字正作「遵」，知漢人舊讀固然矣。

【集解】孔曰：「屏，除也。」

【餘論】東塾讀書記：論語記門人之問有兩體，如子貢問曰：「何如斯可謂之士矣？」子張問曰：「何如斯可以從政矣？」凡問者蓋皆如此，必有所問之語也，簡而記之，則但曰問政、問仁、問孝耳。且諸賢之問固有所問之語，尤有所問之意，如子貢問何如斯可謂之士，豈子貢身爲士而竟不知士之謂乎？此乃求夫子論古今士品之高下，故問及今之從政者。凡讀論語者當知此意也。黄氏後案：觀中庸哀公問政及此經答爲邦、答問政各章，夫子之論治，大綱條目可以見矣。

子張曰：「何謂五美？」子曰：「君子惠而不費，勞而不怨，欲而不貪，泰而不驕，威而不猛。」

【考異】中論法象篇：孔子曰：「君子威而不猛，泰而不驕。」上下易置。

【音讀】論語後録：費讀如「君子之道費而隱」之費，謂不拂於人心，與下不怨同義。

【唐以前古注】皇疏：言爲政之道，能令民下荷於潤惠，而我無所費損，故云惠而不費也。君使民勞苦，而民其心無怨，故云勞而不怨也。君能遂己所欲，而非貪吝也。君能恒寬泰，而不驕傲也。君能有威嚴，而不猛厲傷物也。

【餘論】黄氏後案：立人達人，爲政者之所欲也。中天下而立，定四海之民，爲政者之所欲也。汲黯謂漢武内多欲而外施仁義，汲黯所謂欲者，即貪之謂，與此言欲不同。

子張曰：「何謂惠而不費？」子曰：「因民之所利而利之，斯不亦惠而不費乎？擇可勞而勞之，又誰怨？欲仁而得仁，又焉貪？君子無衆寡，無小大，無敢慢，斯不亦泰而不驕乎？君子正其衣冠，尊其瞻視，儼然人望而畏之，斯不亦威而不猛乎？」

【考異】皇本「擇」下有其字。周易益卦注：因民所利而利之焉。周禮旅師疏引論語：「因民所利而利之。」亦無上之字。文選洞簫賦注引論語亦無上之字，「民」諱作「仁」。論語校勘記：益卦注、旅師疏及文選洞簫賦注引此文並作「因民所利而利之」，皇疏兩述經文，皆無上之字，疑後人妄增。

【考證】劉氏正義：案「擇可勞而勞之」以下，皆因子張問而答之。不言子張問者，統於首句「何謂惠而不費」，凡諸問辭皆從略也。勞民如治溝洫及耕斂之類，又農隙講武事，興土功，並是擇而勞之。荀子富國篇言古人使民：「夏不宛暍，冬不凍寒，急不傷力，緩不後時。事成功立，上下俱富。而百姓皆愛其上，人歸之如流水，親之歡如父母，爲之出死斷亡而愉者，無他故焉，忠信調和均辨之至也。」是言勞民而民不怨也。欲仁得仁，謂欲施仁政於民，即可施行，故易得仁也。皇疏云：「君子正其衣冠者，衣無撥、冠無免也。」中論法象篇：「夫法象立所以爲君子。法象者，莫先乎正容貌，慎威儀，是故先王之制禮也，爲冕服采章以旌之，爲佩玉鳴璜以聲之，欲其尊也，欲其莊也，焉可懈慢也？夫容貌者，人之符表也。符表正，故情性治。情性治，故仁義存。仁義存，故盛德著。盛德著，故可以爲法象。斯謂之君子矣。故孔子曰：『君子威而不猛，泰而不驕。』詩云：『敬爾威儀，惟民之則。』」

【集解】王曰：「利民在政，無費於財。」孔曰：「言君子不以寡小而慢也。」

【唐以前古注】皇疏：因民所利而利之，謂民水居者利在魚鹽蜃蛤，山居者利於果實材木，明君爲政，即而安之，不使水者居山，渚者居中原，是因民所利而利之，而於君無所損費也。孔子知子張并疑，故并歷答之也。言凡使民之法各有等差，擇其可應勞役者而勞役之，則民各服其勞而不敢怨也。欲有多塗，有欲財色之欲，有欲仁義之欲，欲仁義者爲廉，欲財色者爲貪。言人君當欲於仁義，使仁義事顯，不爲欲財色之貪，故云「欲仁而得仁，又焉貪」也。言不以我富財之衆，而陵彼之寡少也。又不得以我貴勢之大加彼之小也。我雖衆大，而愈敬寡小，故無所敢慢也。能衆能大，是我之泰；不敢慢於寡小，是不驕也，故云泰而不驕也。衣無撥，冠無免也。瞻視無回邪也。若思以爲容也。望之儼然，即之也温，聽其言也厲，故服而畏之也。望而畏之，是其威也。即之也温，是不猛也。又引江熙云：我欲仁，則仁至，非貪也。又引殷仲堪云：君子處心以虚，接物以爲敬，不以衆寡異情，大小改意，無所敢慢，斯不驕也。

【餘論】黄氏後案：謝顯道謂因四時之和，因原隰之利，因五方之財，以阜物以厚生。皆是也。觀周官役法，擇事、擇人與校考年之豐凶、時之緩急，皆擇也。且擇可勞而勞者，其所勞之事，大半利歸於民者耳，又誰怨？志不在仁而别求所得者，貪也。君子之欲仁也，以天下爲一家，中國爲一人，求無歉於仁之中也。其得仁也，正德厚生無不和，柔遠能邇無不服，慰其行仁之意也，蓋始終一於仁而已。以寡爲可慢，詎知怨不在衆，匹夫能勝予也。以小爲可慢，詎知事變所生，不躓山而躓垤也。此其故由於驕，而其終至於不泰。無威可畏者見侮於人，而必以猛加之，君子則威而已也。徐偉長中論法象篇引此經「威而不猛」而申之曰：「詩云：『敬爾威儀，惟民之則。』莫之則者，則慢之者至矣。小人皆慢也，而致怨乎人，患己之卑，而不知所以然，哀哉！」又曰：「君子口無戲謔之言，言必有防。身無戲謔之行，行必有檢。故雖妻妾不可得而黷也，雖朋友不可得而狎也，是以不愠怒而德行行於閨門，不諫諭而風聲化乎鄉黨。傳稱大人正己而物自正者，蓋此之謂也。以匹夫之居猶然，況得意而行於天下者乎？唐堯之帝允恭克讓，而光被四表。成湯不敢怠遑，而奄有九域。文王祇畏，而造彼區夏。易曰：『觀盥而不薦，有孚顒若。』言下觀而化也。」

【發明】楊名時論語劄記：此章溯流窮源，見微知著，抉盡病根，祇在貪驕猛三字，而王道聖學，直昭揭日月而行。又曰：欲仁得仁，祇是完性分所固有，盡職分所當爲，非干譽也，非望報也。干譽者爲名，望報者近利，皆未免涉於貪也，仁者之心何有乎？反身録：因民之所利而利之，真正有父母斯民之心始能如是。否則，即明知其可以利民，亦若罔聞，若是者，豈勝道哉！

子張曰：「何謂四惡？」子曰：「不教而殺謂之虐；不戒視成謂之暴；慢令致期謂之賊；猶之與人也，出納之吝謂之有司。」

【考異】皇本「納」作「内」。漢書董仲舒策引文「殺」作「誅」。唐石經「納」亦爲「内」。

【考證】潘氏集箋：荀子宥坐篇：「魯有父子訟者，拘之三月，其父請止，孔子舍之。季孫不說。

孔子曰：『嫚令謹誅，賊也。令有時歛也，無時暴也，不教而責成功，虐也，然後刑可即也。』」韓詩外傳三：「子貢謂季孫曰：賜聞之，託法而治謂之暴，不戒致期謂之虐，不教而誅謂之賊，以身勝人謂之責。」荀子所言四惡缺其一，韓嬰所言有責而無有司，亦與夫子所言不同，而大致本此。虐，説文云：「从虍爪人。虎足反爪人也。」段注：「覆手曰爪，虎反爪鄉外攫人，是曰虐。」蓋以不教而殺者比虎之虐也。羣經平議：此自言出之吝耳，納則何吝之有？因出納爲人之恒言，故言出而并及納，古人之辭如此。史記刺客傳「多人不能無生得失」，言失而并言得也。游俠傳曰「緩急人之所時有也」，言急而并言緩也。此言出納，亦猶是也。又曰：周官泉府職「與其有司辨而授之」，鄭注曰：「有司，其所屬吏也。」儀禮士冠禮「有司如主人服」，鄭注曰：「有司，羣吏有事者，謂主人之吏所自辟除府史以下也，今時卒史及假吏皆是也。」然則古所謂有司者，至爲卑微，故以從政之君子而得有司之名，即與謂之虐、謂之暴、謂之賊一律矣。孔注以有司對人君言，非是。子張止問從政，孔子不當以人君之道答之也。有司對有位之君子而言，故曾子告孟敬子，亦曰籩豆之事則有司存。

【集解】馬曰：「不宿戒而責目前成，爲視成也。」孔曰：「與民無信而虚刻期也。謂財物俱當與人，而吝嗇於出納，惜難之，此有司之任耳，非人君之道也。」

【唐以前古注】皇疏：已聞五美，故次更諮四惡也。爲政之道必先施教，教若不從，然後乃殺，若不先行教而即用殺，則是酷虐之君也。爲君上見民不善，當宿戒語之，戒若不從，然後可責，若不先戒勖，而急卒就責目前，視之取成，是風化無漸，故爲暴卒之君也。暴淺於虐也。與民無信而虛期，期不申勅丁寧，是慢令致期也。期若不至而行誅罰，此是賊害之君也。猶之與人，謂以物獻與彼人，必不得止者也。吝，難惜之也。猶會應與人，而其吝惜於出入之屬，故云出内之吝也。有司，謂主典物者也，猶庫吏之屬也。庫吏雖有官物而不得自由，故物應出入者，必有所諮問，不敢擅易。人君若物與人而吝，即與庫吏無異，故云謂之有司也。又引袁氏云：令之不明而急期之也。筆解：韓曰：「猶之，當爲猶上也。言君上吝嗇，則是有司之財而已。」李曰：「仲尼先言虐暴賊三者之弊，然後言君上之職，當博施濟衆爲己任也。按古文㞢丄二字相類，明知誤傳矣。」

【集注】虐，謂殘酷不仁。暴，謂卒遽無漸。致期，刻期也。賊者，切害之意。緩於前而急於後，以誤其民，而必刑之，是賊害之也。猶之，猶言均之也。均之以物與人，而於其出納之際，乃或吝而不果，則是有司之事，而非爲政之體。所與雖多，人亦不懷其惠矣。項羽使人，有功當封，刻印刓，忍弗能予，卒以取敗，亦其驗也。尹氏曰：「告問政者多矣，未有如此之備者也，故記之以繼帝王之治，則夫子之爲政可知也。」

【餘論】朱子語類：出納之吝，吝字説得廣，是戒人遲疑不決之意。當賞便用賞，當做便用做，若遲疑怠忽之間，澁縮靳惜，便誤事機。如李絳勸唐憲宗速賞魏博將士，曰：「若待其來請而後賞之，則恩不歸上矣。」正是此意。如唐家藩鎮之患，新帥當立，朝廷不即命之，待軍中自請而後命之，故人不懷恩，反致敗事。有司出納之間，吝惜而不敢自事，是本職當然。人君爲政大體，則凡事皆不可如此，當爲處便果決爲之。李光地論語劄記：不教而殺，不戒視成，慢令致期，蓋不但無躬行之先，而且無法制禁令之常。虐暴賊正與驕猛字相應，欲其無怨，不可得已。欲出則吝其利，欲納則又吝其名，無大德，而屑屑計較於小惠之間，是有司之事也。吝字、有司字正與貪字相應，欲其無費，不可得已。此皆起於霸者尚力任法，小補驩虞之所爲，而其流弊，則有不可勝言者，與虞、夏、商、周之道遠矣。養一齋劄記：出納之吝是心陷於物，物大於我，不能驅遣如意。四書翼注：出納之吝，納字人多忽略。民間有布縷之征，粟米之征，有司牢持管鑰，不爲之迅速收入，守候有旅食之艱，吏胥縱需索之慾，貽害實亦不淺，爲政者亦不可不知也。論語述何：五美四惡皆春秋法戒也。秦、項之失，皆以四惡也。

○孔子曰：「不知命，無以爲君子也。

【考異】釋文：魯論無此章，今從古。皇本、宋石經「子曰」上並有孔字。漢書董仲舒引孔子曰：「不知命，亡以爲君子。」無也字。韓詩外傳卷六、後漢書馮衍傳注、文選王命論注、文苑英華白居易試進士策問引文，「君子」下並無也字。韓李筆解本無也字。

【考證】論語補疏：論語言「五十而知天命」。不知命，無以爲君子」。又云「死生有命」。又云「道之將行也與，命也；道之將廢也與，命也」。至於命之爲命，則孟子詳言之云：「夭壽不貳，修身以俟之，所以立命也。莫非命也，順受其正。是故知命者不立乎巖牆之下。盡其道而死者，正命也。桎梏而死者，非正命也。」又云：「口之於味也，目之於色也，耳之於聲也，鼻之於臭也，四體之於安佚也，性也。有命焉，君子不謂性也。仁之於父子也，義之於君臣也，禮之於賓主也，知之於賢者也，聖人之於天道也，命也。有性焉，君子不謂命也。」皆發明孔子知命之説也。死生窮達，皆本於天，命宜死而營謀以得生，命宜窮而營謀以得達，非知命也。命可以不死而自致於死，命可以不窮而自致於窮，亦非知命也。故子畏於匡，回不敢死。死於畏，死於巖牆之下，皆非命也，皆非順受其正也。知命者不立巖牆之下，然則立巖牆之下，與死於畏，死於桎梏，皆爲不知命。味色聲臭安佚聽之於命，不可營求，是知命也。仁義禮智天道必得位，乃可施諸天下，所謂道之將行，命也。不得位，則不可施諸天下，所謂道之將廢，命也。君子以行道安天下爲心，天下之命造於君子。孔子栖栖皇皇，不肯與沮、溺、荷蕢同其辟世者，聖人於天道，不謂命也。百姓之飢寒囿於命，君子造命，則使之不飢不寒；百姓之愚不肖囿於命，君子造命，則使之不愚不不肖。口體耳目之命，己溺己飢者操之也。仁義禮智之命，勞來匡直者主之也。故己之命聽諸天，而天下之命任諸己，是知命也。君子爲得位者之稱，君一邑則宜造一邑之命，君一國則宜造一國之命，視百姓之飢寒不能拯之袵席，視百姓之愚不肖不能開其習俗，徒付之無可如何，是不知命。不知命，故無以爲君子。知回何敢死之故，乃知死生有命之命。知天下有道，丘不與易之故，乃知道行道廢之命。第以守窮任運爲知命，非孔子所云知命也。

論語稽求篇：知命，即易傳樂天知命，夫子知天命之命。陳晦伯作稽疑，引韓詩及董仲舒對策爲解，此真漢儒有師承之言。韓詩外傳云：「天之所生，皆有仁義禮智順善之心。不知天之所以命生，則無仁義禮智順善之心，謂之小人。故曰不知命，無以爲君子也。」董仲舒策曰：「天令之謂命，人受命于天，固超然異于羣生，貴于物也。故曰天地之性人爲貴。明于天性，知自貴于物，然後知仁義禮智，安處善，樂循理，謂之君子。故孔子曰：『不知命，無以爲君子。』此之謂也。」黃氏後案：孔説、程注皆以數命言也。筆解云：「命，謂窮理盡性，以至於命也，非止窮達。」韓詩外傳曰：「子曰：『不知命，無以爲君子。』言天之所生，皆有仁義禮智順善之心，故曰不知命，無以爲君子。小雅曰：『天保定爾，亦孔之固。』言天之以仁義禮智保定人之甚固也。大雅曰：『天生蒸民，有物有則。民之秉彝，好是懿德。』言民之秉德以則天也。不知所以則天，又焉得爲君子乎？」董子對策曰：「明乎天性，知自貴於物。知自貴於物，然後知仁義。知仁義，然後重禮節。重禮節，然後安處善。安處善，然後樂循理。樂循理，然後謂之君子。故孔子曰：不知命，無以爲君子。」韓、董二子之説，亦以性命言也。謂人不安於窮達之數者，必枉其仁義之性，知性之賦於天者，以違道之逆天心，自不行險以徼幸，性命數命非截然二事也。

按：論語旁證云：「韓詩外傳語，近儒多取之以爲此章的解，其義固通，然孔注『命，謂窮達之分也』語意自明，似不必求深反淺也。」

【集解】孔曰：「命，謂窮達之分也。」

【唐以前古注】皇疏：命，謂窮通夭壽也。人生而有命，受之由天，故不可不知也。若不知而强求，則不成爲君子之德，故云無以爲君子也。筆解：韓曰：「命，謂窮理盡性，以至于命也，非止窮達。」

【集注】程子曰：「知命者，知有命而信之也。人不知命，則見害必避，見利必趨，何以爲君子？」

【餘論】朱子語類：論語首云：「人不知而不愠，不亦君子乎？」終云：「不知命，無以爲君子也。」此深有意。蓋學者所以學爲君子；不知命，則做君子不成。死生自有定命，若合死於水火，須在水火中死；合死於刀兵，須在刀兵中死，看如何逃不得。此説雖甚粗，然所謂知命者不過如此。若於此信不及，見利便趨，見害便避，如何得成君子？此木軒四書説：不知命，知字與「知斯二者弗去」之知正同。蓋真能不惑於利害，斯乃爲知命也。或言窮究天下之理，然後命可知者，竊恐愈窮究，愈不得爲知也。蓋此知命，乃大學誠意之屬，非格致之屬也。又曰：吕氏春秋云：「晏子援綏而乘，其僕將馳，晏子曰：『安之，疾不必生，徐不必死。』晏子可謂知命矣。命也者，不知所以然而然者也，人事智巧以舉錯者不得與焉。故命也者，就之未得，去之未失，國士知其若此，故以義爲之決而安處之。」案吕所云「以義爲之決而安處之」，此正所謂知命可以爲君子者也。若但知死生一定，雖趨避百方，莫能更之，以是爲知命者，非聖人意也。張爾岐蒿菴閒話：貧賤富貴得失死生之有所制而不可强也，君子與小人一也。命不可知，君子常以義知命矣。凡義所不可，即以爲命所不有也。故進而不得於命者，退而猶不失吾義也。小人常以智力知命矣。力不能爭，則智邀之，智力無可施，而後謂之命也。君子以義安命，故其心常泰。小人以智力爭命，故其心多怨。養一齋劄記：知命方可爲君子，非即是君子也。今人固是不肯爲君子，亦有不敢爲君子者。懼人之嫌其迂戇，而屏之於名利之外也。不知飲啄尚有定分，何況窮通禍福？知命則識精膽決，而爲君子之心乃定。看得世間萬事真有一定之命，無可鑽營退避，除爲君子，別無置身之處故也。論語以此爲末章，收攝全部，豈可草草讀過。

【發明】反身録：君子之所以爲君子，以其知命也。知命，斯窮通得喪一一聽之於天而安命，仁義禮智一一修之於己而立命，窮理盡性，自强不息而凝命，必不行險僥倖付之儻來而逆命，否則，何以爲君子？

不知禮，無以立也。

【唐以前古注】皇疏：禮主恭儉莊敬，爲立身之本。人若不知禮者，無以得立其身於世也。故禮運云「得之者生，失之者死」，詩云「人而無禮，不死何俟」是也。

【集注】不知禮，則耳目無所加，手足無所措。

【餘論】論語或問：謝氏以知禮爲知理，非也。蓋此章所謂禮，止指禮文而言耳。若推本言之，以爲理在其中則可，乃厭其所謂禮文之爲淺近，而慕夫高遠之理，遂至於以理易禮，而不復徵於踐履之實，則亦使人何所據而能立耶？

不知言，無以知人也。」

【考證】劉氏正義：言者心聲。言有是非，故聽而別之，則人之是非亦知也。易繫辭傳：「將叛者其辭慙，中心疑者其辭枝，吉人之辭寡，躁人之辭多，誣善之人其辭游，失其守者其辭屈。」此孔子知言即知人之學。孟子自許知言，云：「詖辭知其所蔽，淫辭知其所陷，邪辭知其所離，遁辭知其所窮。」亦謂知言即可知人也。黄氏後案：宣於口，筆於書，皆言也。不知言之善惡，言之醇駁，言之淺深，皆不知也。不知今人，誤交之，誤用之焉，於可交可用者轉失之也。不知古人，誤承其言，誤師其法焉，於宜承宜師者反棄之也。以辭危而知使平，以辭易而知使傾，以慙枝多游而知叛疑躁誣，孔子之知言也。以詖淫邪遁而知其蔽陷離窮，知其生心害政，發政害事，孟子之知言也。不知言，以孔子之疾固爲佞，以孟子攻異端爲好辯矣，此不知言之尤者也。

【集解】馬曰：「聽言則别其是非也。」

【唐以前古注】皇疏引江熙云：不知言，則不能賞言；不能賞言，則不能量彼，猶短綆不可測於深井，故無以知人也。

【集注】言之得失可以知人之邪正。尹氏曰：「知斯三者，則君子之事備矣。弟子記此以終篇，得無意乎？學者少而讀之，老而不知一言爲可用，不幾於侮聖言者乎？夫子之罪人也，可不念哉！」

【餘論】四書辨疑：君子當知之事，非止三者而已，知斯三者，豈可便以爲備乎？果如尹氏之說，則三者不可相離，闕一則爲不備也。然三者其實各自爲用，未嘗不可相離也。夫子之言，亦只是汎舉學者之急務，非以三者總包君子之事也。又所謂弟子記此以終篇者，亦爲過論。論語一書皆諸弟子集記聖人之言，記盡則已，非如特作一篇文字，前有帽子，後有結尾也。尹氏之論斷不可取。論語述要：陳氏此說與前堯曰章說語皆通達。學而章以冠全書猶可言也，此章似記者未必特有用意以終此篇，魯論且并此章無之可知矣，況此篇已出於殘闕之餘乎？過庭録：公羊傳：「西狩獲麟。孔子曰：吾道窮矣。」何休曰：「重終。」論語自微子至堯曰，稱孔子並加姓，亦重終之義。

【發明】劉開論語補注：子思有言：「百世以俟聖人而不惑，知人也。」然知人必求諸言。太史公曰：「余讀孔氏書，想見其爲人。」後世欲知夫子之所以聖，舍此書之言語文章將何求哉？記此者其有俟諸百世之思乎？望之深，而憂其不得于言也，我知非無爲矣。論語傳注：赫赫在上者，天命也。知之而兢兢業業矣。不然，何以有九德六德三德而爲君子修己治人之準禮也？知之而約我以禮，爲國以禮矣。不然，而於何立？人之邪正長短不能掩者，言也。知之而人才入吾洞照矣。不然，而何以知之，而取之用之？此聖聖相傳之要道也。按鄉黨記孔子衣食坐卧皆具，而不及删詩、書，作春秋，餘十九篇皆不之及，蓋聖人之道，以生德於予，斯文在茲爲重，不在著書。即及門推聖人，亦以宗廟美，百官富，博我文，約我禮，而不在著書也。且子貢宫牆日月，猶屬虚喻；至答子禽，歸於得邦家；末篇歷敘帝王相傳而結以從政、知命二章，更見聖人之道主於用世。乃後儒專以著書爲傳聖道，去之遠矣，可以返矣。論語稽：此蓋鄭氏考驗古論，取補魯論之闕者，亦續編之例也。

按：宦氏之説是也。堯曰一章是論語全書後序，古人序文常在篇末，如莊子之有天下篇，史記自序，不乏先例。子張以下，古論語本係别爲一篇，鄭玄就魯論篇章考之齊、古，取魯論所未及者附載於後，猶今人文集之補遺也。就中陽貨篇子張問仁於孔子一章，應屬子張篇文，不知何時錯簡，誤列陽貨篇中。皇本作「子張問政於孔子」，與「問仁」相對，一也。俱稱「孔子曰」，二也。每章均有總綱，三也。其應屬子張篇無疑。

論語集釋卷四十

徵引書目表

第一表　論語類

書　名	著者時代及姓名	備　考
古論語		已佚，惟玉函山房有輯本十卷，惜殘缺不全。
齊論語		同前一卷。
論語比考讖		同前。
論語孔氏訓解	漢　孔安國	同前十卷。
論語注	劉歆	已佚，亦未有輯本，僅皇疏引之。
何邵公論語義	後漢　何休	已佚，俞樾取公羊解詁涉及論語者輯爲一卷。
論語包氏章句	包咸	已佚，惟玉函山房有輯本二卷。
論語馬氏訓説	馬融	同上二卷。

論語周氏章句　周氏　同前一卷。

論語鄭氏注　鄭玄　同前十卷，僞王應麟輯本、宋翔鳳輯本、臧庸輯本。

論語孔子弟子目録　同前　同前一卷。

魏

論語陳氏義説　陳羣　同前一卷。

論語王氏説　王朗　同前一卷。

論語王氏義説　王肅　同前一卷。

論語周生氏義説　周生烈　同前一卷。

論語集解　何晏　武英殿刻附考證本，阮元刻附校勘記本。

論語釋疑　王弼　已佚，惟玉函山房有輯本一卷。

晉

論語衞氏集注　衞瓘　同前。

論語旨序　繆播　同前。

論語繆氏説　繆協　同前。

論語體略　郭象　同前。

論語欒氏釋疑　欒肇　同前。

論語讚注　虞喜　同前。

論語釋　庾翼　同前。

論語李氏集注　李充　同前二卷。

論語范氏注　范甯　同前一卷。

論語孫氏集注　孫綽　同前。

論語梁氏注　梁覬　同前。

論語袁氏注　袁喬　同前。

論語江氏集解　江熙　同前二卷。

論語殷氏解　殷仲堪　同前一卷。

論語張氏注　張憑　同前。

論語蔡氏注　蔡謨　同前。

論語贊　謝道蘊　翟氏考異引。

論語顏氏説　宋　顏延之　已佚，惟玉函山房有輯本。

論語釋公説　釋惠琳　同前。

論語沈氏訓注　齊　沈驎士　同前。

論語顧氏注	顧歡	同前。
論語梁武帝注	梁武皇帝	同前。
論語太史氏注	太史叔明	同前。
論語褚氏義疏	褚仲都	同前。
論語義疏	皇侃	知不足齋本、古經解彙函重刻鮑本。
論語沈氏注	沈峭	時代無考，僅皇疏引之，玉函山房有輯本一卷。
論語熊氏説	熊埋	同前。
論語張氏注	張封溪	時代無考，亦未有輯本，僅皇疏引之。
論語穎氏注	穎子巖	同前。
論語李氏注	李巡	同前。
論語季彪注	闕名	同前。
論語陸特進注	同前	同前。
論語隱義注	同前	已佚，惟玉函山房有輯本一卷。
論語筆解	唐 韓愈 李翺	藝海珠塵本、古經解彙函本。
論語注疏	宋 邢昺	廣州書局覆刻本。

南軒論語解	張栻	通志堂經解本、學津本。
論語意原	鄭汝諧	經苑本、指海本。
論語解	蘇軾	未見傳本，翟氏考異及四書辨證引。
論語拾遺	蘇轍	指海本。
論語全解	陳祥道	四庫全書總目引。
論語説	范祖禹	已佚，朱子或問引。
論語解	吕大臨	四書辨證引。
論語説	吕祖謙	翟氏考異引。
論語説	張載	同前。
論語解義	鄒浩	同前。
論語釋言	葉夢得	同前。
論語詳説	胡寅	同前。
論語注義問答通釋	黄幹	論語經正録據四書大全引。
論語續解	吴棫	翟氏考異引。
論語集説	蔡節	通志堂經解本。

論語集疏　蔡模　經正録引。
論語石洞紀聞　饒魯　同前。
論語集注考證　金履祥　仁山先生遺書本。
論語通義　王柏　經正録引。
語解　齊夢龍　同前。
論語答問　輔廣　同前。
論語辨惑　金　王若虚　知不足齋本。
論語解　元　馮椅　經正録引。
論語詳解　明　郝敬　翟氏考異引。
論語類考　陳士元　湖海樓本、歸雲别集本。
論語義府　王肯堂　經正録引。
論語商　周宗建　同前。
論語學案　劉宗周　同前。
論語稽求篇　清　毛奇齡　皇清經解本、西河集本。
論語竢質　江聲　胡珽琳琅秘室叢書活字本。

論語駢枝	劉台拱	劉氏遺書本。
論語後録	錢坫	錢氏四種本。
論語偶記	方觀旭	皇清經解本。
論語補疏	焦循	皇清經解本、焦氏叢書本。
論語述何	劉逢禄	皇清經解本。
論語發微	宋翔鳳	浮溪精舍未刊本、潘氏集箋引。
論語異文考證	馮登府	石經閣叢書未刻本、劉氏正義引。
論語孔注辨僞	沈濤	沈西雝七種本、槐盧叢書本。
論語餘説	崔述	東壁全書本。
論語别記	莊述祖	潘氏集箋引。
論語解義	凌鳴喈	劉氏正義引。
論語補注	孔廣森	同前。
論語補注	戴震	同前。
論語補注	戴望	
論語補注	劉開	同治戊辰自刊本。

論語説　桑調元　四庫全書總目引。

論語説　莊存與　劉氏正義引。

論語説　吴嘉賓　同前。

論語解　阮元　同前。

論語校勘記　同前　皇清經解本。

論語古訓　陳鱣　浙江書局刻本。

論語傳注　李塨　活字版本。

論語温故録　包慎言　未見傳本，劉氏正義引。

論語劄記　李光地　李文貞公全書本。

論語古注集箋　潘維城　續皇清經解本。

論語正義　劉寶楠　江寧刻本、續皇清經解本。

論語後案　黄式三　道光甲辰活字版本。

論語集注旁證　梁章鉅　鉛印本。

論語集注補正述疏　簡朝亮　廣州刻本。

論語小言　俞樾　春在堂全集本。

書名	著者	版本
論語訓	王闓運	光緒辛丑刻本。
論語稽	宦懋庸	民國元年湖北鉛印本。
論語集注剩義	汪沆	翟氏考異引。
論語注	康有爲	萬木草堂本。
論語經正録	王肇晉	光緒二十年自刻本。
論語徵	日本　物茂卿	春在堂隨筆引。
日本天文本論語校勘記	葉德輝	光緒癸卯自刻本。
論語點本	張達善　張師曾校	翟氏考異引。
論語足徵記	崔適	鉛印本。
論語集注述要	鄭浩	同前。
鄉黨圖考	江永	皇清經解本。
鄉黨正義	王鎏	劉氏正義引。
鄉黨典義	魏晉	同前。
論語刪正		四書辨證引。
論語釋故		潘氏集箋引。

以上凡論語類一百二十七種

第二表　四書類

書名	朝代	著者	版本
四書集注	宋	朱熹	監本。
論孟或問		同前	朱子遺書本。
四書集編		真德秀	通志堂本。
四書纂疏		趙順孫	同前。
四書説		葉味道	四書通引。
四書箋義		趙德	何氏叢書本。
讀四書叢説	元	許謙	商務印書館影印元本、何氏叢書本。
四書通		胡炳文	通志堂本。
四書辨疑		陳天祥	同前。
標題四書		熊勿軒	經正録引。
四書通旨		朱公遷	通志堂本。
四書章圖		程復心	翟氏考異引。

四書發明	陳櫟	經正録引。
四書纂箋	詹道傳	通志堂本。
四書駁異	明　王衡	四書辨證引。
四書輯釋	倪士毅	
四書因問	吕柟	經正録引。
四書疑思録	馮從吾	同前。
四書人物考	薛應旂	同前。
四書紹聞編	王樵	同前。
四書存疑	林希元	同前。
四書蒙引	蔡清	同前。
四書近語	孫應鼇	孫文恭公遺書本。
四書測	萬尚烈	經正録引。
四書通義	劉剡	翟氏考異引。
四書湖南講	葛寅亮	同前。
四書説約	鹿善繼	經正録引。

四書讀　陳際泰　四書辨證引。
四書大全辨　張自烈　潘氏集箋引。
四書講義　顧憲成　小石山房本。
四書説約　顧夢麟　經正録引。
四書訓義　王夫之　船山遺書本。
讀四書大全説　同前　同前。
四書稗疏　同前　同前，續皇清經解本。
四書考異　同前　同前。

清

四書考異　翟灝　皇清經解本。
四書近指　孫奇逢　經正録引。
四書反身録　李中孚　二曲全集本。
四書賸言　毛奇齡　皇清經解本。
四書改錯　同前　鉛印本。
四書釋地　閻若璩　皇清經解本。
四書釋地補　樊廷枚

四書釋地辨證　宋翔鳳　浮溪精舍本、皇清經解本。
四書困勉録　陸隴其　陸清獻公全書本。
松陽講義　同前　同前。
四書典故辨正　周柄中
四書典故覈　淩曙　淩氏叢書本。
四書典故考辨　戴清
四書地理考　王鎏　劉氏正義引。
四書述　陳銑　四書辨證引。
四書詮義　汪烜　經正録引。
四書參注　王植　同前。
此木軒四書説　焦袁熹　同前。
四書翊注　刁包　同前。
四書問答　戴大昌　補餘堂本。
四書翼注論文　張甄陶
四書劄記　楊名時　楊氏全書本。

四書紀聞	管同	劉氏正義引。
四書拾義	胡紹勳	同前。
四書逸箋	程大中	海山仙館本。
四書拾遺	林春溥	竹柏山房本。
四書講義	吕留良	雍正九年翰林院編修顧成天駁吕四書引。
四書辨證	張椿	嘉慶癸酉蘄州張氏藏板。
四書恆解	劉沅	四川刻本。
四書温故録	趙佑	清獻堂全書本。
四書約旨	任啓運	任氏遺書本。
四書偶談	戚學標	戚鶴泉所著書本。
四書摭餘説	曹之升	通行本。
四書經注集證	吴昌宗	同前。
四書纂言	宋翔鳳	翟氏考異引，四庫存目作王士陵。
四書質疑	陳梓	翟氏考異引。以下均不知何代人，姑附於末。
四書求是	蘇秉國	劉氏正義引。

四書異同條辨　李沛霖　經正録引。

四書辨　程友菊　同前。

四書備考　翟氏考異引

四書識遺　四書拾遺引。

以上凡四書類七十六種（按：北宋以前止稱論語，南宋以後始有四書之名，所謂名從主人也。故仍分别列之。）

第三表　經總類

漢石經　熹平四年　翁方綱重摹南昌府學石本。

唐石經　開成二年　西安府學石本，嚴可均有唐石經校文十卷。

蜀石經　王昶摹刻版本，學海堂收經義叢抄内。

宋石經　丁晏有北宋汴學篆隸二體石經記一卷。

五經異義　漢　許慎　王復輯　問經堂本。

鄭志　鄭玄　古經解彙函本、粵雅堂本。

經典釋文　唐　陸德明　通志堂本。

釋文考證　清　盧文弨　抱經堂本。
五經文字　唐　張參　玲瓏山館本、微波榭遺書。
九經字樣　唐　元度　同前。
羣經音辨　宋　賈昌朝　粵雅堂本、畿輔叢書本。
七經小傳　劉敞
程子經說　程頤
譚經菀　明　陳禹謨
石渠意見　王恕　惜陰軒叢書本。
石渠意見補缺　蘇濂　同前。
九經誤字　清　顧炎武　亭林遺書本、指海本、續皇清經解本。
九經考異　周應賓
九經古義　惠棟　槐廬叢書本、省吾堂四種本、皇清經解本。
十三經注疏　光緒丁亥脈望仙館石印本。
十三經客難　龔元玠　江西刻本。
十一經問對　何異孫　論語稽引。

經義考	朱彝尊	揚州馬氏刻本。
經義雜記	臧琳	皇清經解本。
經義雜記	史佑	潘氏集箋引。
經義述聞	王引之	自刻本三十二卷、皇清經解本止二八卷。
經傳釋詞	同前	高郵王氏五種本、皇清經解本。
經傳考證	朱彬	
經史問答	全祖望	皇清經解本。
經咫	陳祖范	陳司業全集本。
經讀考異	武億	授堂全集本、皇清經解本。
羣經義證	同前	同前、續皇清經解本。
羣經義證	桂馥	潘氏集箋引，當出誤記。
羣經補義	江永	皇清經解本、單行本。
羣經識小	李惇	同前。
羣經平議	俞樾	俞氏叢書本。
經學巵言	孔廣森	顨軒所著書本、皇清經解本。

經傳小記	劉台拱	劉氏遺書本。
經問	毛奇齡	皇清經解本。
經義知新記	汪中	同前。
述學	同前	
左海經辨	陳壽祺	皇清經解本。
拜經日記	臧庸	同前。
經書算學天文考	陳懋齡	同前。
古經解鉤沉	余蕭客	原刻本。
讀書雜志	王念孫	高郵王氏五種本。
讀書叢録	洪頤煊	
瞥記	梁玉繩	皇清經解本、清白士集本。
秋槎雜記	劉履恂	同前。
寶甓齋札記	趙坦	同前。
通藝録	程瑤田	嘉慶八年自刊本。
過庭録	宋翔鳳	浮溪精舍本、續皇清經解本。

考信録	崔述	東壁遺書本。
説緯	王崧	皇清經解本。
吾亦廬稿	崔應榴	同前。
癸巳類稿	俞正燮	續皇清經解本、何氏刻本。
癸巳存稿	同前	同前、連筠簃本。
研六室雜著	胡培翬	皇清經解本。
句溪雜著	陳立	自刻本、劉氏正義引。
讀書脞録	孫志祖	皇清經解本。
札樸	桂馥	心矩齋叢書本。
菣厓考古録	鍾褱	阮刻本。
蛾術編	王鳴盛	陸氏刻本未足。
頑石廬經説	徐養原	續皇清經解本。
惜抱軒經説	姚鼐	惜抱軒十種本。
經句説	吴英	劉氏正義引。
經説	雷學淇	經正録引。

書名	作者	版本
經説	鳳韶	劉氏正義引。
七經考文	日本　山井鼎	日本刻本、阮氏重刻巾箱本。
七經考文補遺	日本　物觀	同前。

以上凡經總類七十種

第四表　專經類

書名	作者	版本
易注	漢　虞翻	漢魏二十一家易注本。
易林	焦贛	漢魏叢書本。
易注	晉　干寶	已佚，惟玉函山房有輯本三卷。
周易學	清　姚配中	汪守成刻本、崇文書局彙刻本。
周易述	惠棟	盧氏刻本。
尚書大傳	漢　伏勝	古經解彙函本、雅雨堂本、崇文書局彙刻本。
書疑	宋　王柏	通志堂本。
古文尚書疏證	清　閻若璩	家刻本、續皇清經解本、吴氏天津刻本。
古文尚書撰異	段玉裁	經韻樓叢書本。

書名	朝代	撰者	版本
尚書地理今釋		蔣廷錫	皇清經解本、借月山房本。
尚書後案		王鳴盛	原刻單行本。
書稗傳考異			翟氏考異本。
韓詩外傳	漢	韓嬰	古經解彙函本、崇文書局彙刻本。
朱子詩集注	宋	朱熹	監本。
毛詩疑字議		蔡謨	翟氏考異引。
毛詩稽古篇	清	陳啓源	皇清經解本。
毛詩傳疏		陳奂	單行本、續皇清經解本。
大戴禮	漢	戴聖	聚珍本、漢魏叢書本。
月令章句		蔡邕　蔡雲輯	王氏刻本。
禮書	宋	陳祥道	
三禮圖		聶崇義	通志堂本、日本繙刻本。
求古録禮説	清	金鶚	沔陽陸氏刻本、續皇清經解本。
禮説		惠士奇	經學叢書本。
學禮管釋		夏炘	續皇清經解本、景紫堂全書本。

禮經釋例　淩廷堪　皇清經解本、儀徵阮氏文選樓叢書本。

禮經宮室答問　洪頤煊　傳經堂叢書本。

禘祫答問　胡培翬

周官禄田考　沈彤　皇清經解本、果堂全集本。

車制圖考　阮元　同前、揅經室本。

古今車制圖考　淩煥

明堂大道録　惠棟　續皇清經解本、經訓堂本。

弁服釋例　任大椿　王氏刻本。

儀禮　十三經注疏本。

五禮通考　清　秦蕙田　原刻本。

讀禮通考　徐乾學　原刻通行本。

禮記解義　方愨　翟氏考異引。

春秋説　惠士奇　家刻本。

春秋名字解詁　王引之　自刻本，附經義述聞後。

春秋地理考實　江永　皇清經解本。

學春秋隨筆		萬斯大	同前。
春秋大事表		顧棟高	原刻本。
春秋世族譜		陳厚燿	道光十九年湯刻本、邵武徐氏叢書本。
春秋諸家解		毛士	
春秋彙纂		康熙三十八年	御纂七經本。
春秋繁露	漢	董仲舒	聚珍本、抱經堂本、崇文書局彙刻本。
公羊傳注		何休	十三經注疏本。
穀梁傳			同前。
左傳補注	清	沈欽韓	幼學堂遺書本、功順堂叢書本。
孝經			十三經注疏本。
爾雅正義	清	邵晉涵	皇清經解本。
孟子雜記	明	陳士元	湖海樓本、歸雲別集本。
孟子正義	清	焦循	焦氏叢書本。
孟子字義疏證		戴震	戴氏遺書本。

以上凡專經類五十三種

第五表　說文及字書類

說文解字	漢	許慎(宋徐鉉校定附字)	平津館小字本。
說文繫傳	南唐	徐鍇	小學彙函重刻祁本。
說文長箋	明	趙宧光	翟氏考異引。
說文段注	清	段玉裁	皇清經解本。
說文引經考證		陳瑑	武昌局本。
釋名	漢	劉熙	漢魏叢書本。
方言注	晉	郭璞注	抱經堂本、漢魏叢書本。
廣雅		張揖	翟氏考異引。
廣雅疏證	清	王念孫	皇清經解本。
匡謬正俗	唐	顏師古	雅雨堂本、珠塵本、崇文書局本。
一切經音義		釋玄應	海山仙館本。
玉篇	梁	顧野王(宋陳彭年重修)	曹寅楝亭五種本。
廣韻	隋	陸法言(宋陳彭年重修)	同前。

集韻	宋	丁度等	姚氏咫進齋本。
類篇		司馬光等	楝亭五種本。
洪武正韻			翟氏考異引。
禮部韻略	宋	丁度節	楝亭五種本。
汗簡		郭忠恕	汪啓淑刻本。
積古齋鐘鼎彝器欵識	清	阮元	後知不足齋本、皇清經解本。
隸釋	宋	洪适	汪刻本、江寧洪刻附正誤本。
隸續		同前	同前。
字鑑	元	李文仲	澤存堂本。
埤雅	宋	陸佃	益雅堂本、明郎氏五雅本。
爾雅翼		羅願	學津本、格致叢書本。
六書統	元	楊桓	翟氏考異引。
六書辨通	清	楊錫觀	同前。
古今韻會		黃公紹	同前。
字義總略			同前。

以上凡說文及字書類二十八種

第六表　類書及目錄類

意林	唐　馬總	學津本、崇文書局本。
北堂書鈔	虞世南（明陳禹謨删補）	通行刻本。
藝文類聚	歐陽詢	明仿宋小字本、明王元貞校本。
初學記	徐堅	古香齋袖珍本。
白孔六帖	白居易　宋　孔傳	通行本。
太平御覽	宋　李昉等	鮑校刻宋小字本。
文苑英華	同前	明刻本。
册府元龜	王欽若等	明崇禎李嗣京刻本。
玉海	王應麟	江寧藩庫刻本。
事文類聚	元　祝淵	
郡齋讀書志	宋　晁公武	海寧陳氏刻本。
四庫全書總目提要	乾隆四十七年敕撰	廣州小字本。

書目答問　張之洞　掃葉山房石印本。

淵鑑類函　康熙四十九年御定　古香齋袖珍本。

駢字類編

以上凡類書及目録類十五種

第七表　史類

史記　同文書局石印本。

史記集解　宋　裴駰

史記辨惑　金　王若虚　知不足齋本。

史記志疑　清　梁玉繩　原刻本。

孔子世家補　歐陽士秀

漢書　同文書局石印本。

古今人表考　梁玉繩　清白士集本。

後漢書　同文書局石印本。

兩漢刊誤補遺　宋　吴仁傑　聚珍本、知不足齋本。

漢書藝文志考證 王應麟 玉海附刻本。
三國志 同文書局石印本。
晉書 同前。
宋書 同前。
南齊書 同前。
梁書 同前。
陳書 同前。
魏書 同前。
北周書 同前。
南史 同前。
北史 同前。
隋書 同前。
隋書經籍志考證 清 章宗源 崇文書局本。
舊唐書 同文書局石印本。
新唐書 同前。

宋史		同前。
金史		同前。
元史		同前。
逸周書		抱經堂本、崇文書局本。
國語		士禮居仿宋刻本、武昌局繙黄本。
戰國策		同前、同前、惜陰軒叢書本。
家語		汲古閣本。
竹書紀年		漢魏叢書本、平津館本。
汲冢瑣語		已佚，惟玉函山房有輯本一卷。
晏子春秋		經訓堂本、岱南閣本。
吳越春秋		漢魏叢書本、平津館本。
世本	清　孫馮翼輯	槐廬叢書本、問經堂本。
古史	宋　蘇轍	
路史	羅泌	明錢塘洪梗刻本。
繹史	清　馬驌	通行本。

天禄閣外史　託名漢黄憲
東觀漢紀　　聚珍本、掃葉山房本。
漢紀　漢　荀悦　襄平蔣毓英合刻本。
後漢紀　袁宏　同前。
資治通鑑　宋　司馬光　蘇州書局本。
通鑑前編　金履祥　仁山先生遺書本。
通典　唐　杜佑　武英殿刻本。
通志　宋　鄭樵　同前。
通志略　　金壇于氏重刻本。
文獻通考　宋　馬端臨　武英殿刻本。
唐律　　岱南閣叢書本。
列女傳　漢　劉向　崇文書局本。
高士傳　晉　皇甫謐　同前、漢魏叢書本。
孝傳　陶潛
孔子年譜　清　江永

書名	撰者	版本
山海經		吴郡黄省曾刻本、經訓堂本。
水經注	北魏 酈道元	崇文書局本。
太平寰宇記	宋 樂史	江西樂氏刻本。
方輿紀要	清 顧祖禹	
水道提綱	齊召南	原刻本。
闕里文獻考	孔繼汾	乾隆壬午刻本。
宣和博古圖	宋 王黼	三古圖彙刊本。
史通	唐 劉知幾	浦起龍釋、原刻本。
涉史隨筆	宋 葛洪	知不足齋本、得月簃本。
讀史訂疑		

以上凡史類六十五種

第八表　諸子及筆記類

書名	撰者	版本
黄帝内經		浙江書局本。
周髀算經		津逮本、學津本。

管子　百子全書本。

鄧析子　指海本。

老子　聚珍本。

曾子　即大戴禮之十篇阮元注釋皇清經解本。

文子　浙江書局本、守山閣本。

墨子　同前。

荀子　同前。

莊子　同前。

南華經注　晉　郭象　世德堂本。

列子　浙江書局本。

孫子　同前。

孔叢子　漢　孔鮒　百子全書本、漢魏叢書本。

韓非子　浙江書局本。

亢倉子　百子全書本。

鶡冠子　學津討原本。

呂氏春秋		經訓堂本。
牟子	漢　牟融	平津館本。
賈子新書	賈誼	漢魏叢書本。
新語	陸賈	同前。
白虎通	班固	同前。
説苑	劉向	同前。
新序	同前	同前。
淮南子		同前。
法言	揚雄	同前。
潛夫論	王符	同前。
申鑒	荀悦	同前。
鹽鐵論	桓寬	同前、岱南閣本。
風俗通	應劭	同前。
論衡	王充	同前。
獨斷	蔡邕	同前、抱經堂本。

中論	魏　徐幹	同前。
抱朴子	晉　葛洪	平津館本。
世説新語	宋　劉義慶	明袁氏仿刻宋本、惜陰軒本。
拾遺記	晉　王嘉	漢魏叢書本。
金樓子	梁元帝	知不足齋本。
本草經注	陶宏景	
劉晝新論	劉晝	漢魏叢書本。
顔氏家訓	北齊　顔之推	知不足齋本、抱經堂本。
中説	隋　王通	浙江書局本、世德堂本。
素履子	唐　張弧	百子全書本、函海本。
兩同書	羅隱	續百川本。
資暇集	李匡乂	同前、續知不足齋本。
刊誤	李涪	照曠閣本、青照堂本。
兼明書	五代　邱光庭	明陳繼儒刻寶顔堂秘笈本、淡生堂餘苑本。

書名	作者	版本
公是先生弟子記	宋　劉敞	知不足齋本。
夢溪筆談	沈括	津逮本、學津本。
容齋隨筆	洪邁	新豐洪氏十三公祠校刊本。
示兒編	孫奕	知不足齋本。
演繁露	程大昌	學津本、唐宋叢書本。
雜記	呂希哲	困學紀聞引。
家範	司馬光	
張子正蒙	張載	
荆州語録	楊時	翟氏考異引。
項氏家説	項安世	武英殿聚珍本。
涪翁雜説	黄庭堅	
游宦紀聞	張世南	稗海本。
甕牖閒評	袁文	武英殿聚珍本。
寓簡	沈作喆	知不足齋本。
二老堂雜誌	周必大	學海類編本。

野客叢書　王楙　稗海本、唐宋叢書本。
習學記言　葉適　四庫傳抄本、温州新刻本。
石林燕語　同前　葉石林遺書本。
聞見後録　邵博　津逮本、學津本。
畫墁録　張舜民　知不足齋本、稗海本。
捫蝨新語　陳善　儒林警悟本、唐宋叢書本、津逮本。
書齋夜話　俞琰　淡生堂餘苑本。
朱子語類　朱熹　朱子遺書本。
黄氏日抄　黄震
四如講稿　黄仲元　經正録引。
讀書附志　趙希弁
西疇常言　何坦　百川學海本、四書拾遺引。
樂府拾遺　周子醇　翟氏考異引。
困學紀聞　王應麟

清

困學紀聞集證　萬希槐

書名	朝代	撰者	版本
釋常談	宋	無名氏	百川學海本。
誤謬雜辨	金	王若虛	知不足齋本。
敬齋古今黈	元	李治	海山仙館本。
湛淵静語		白珽	知不足齋本。
雪履齋筆記		郭翼	函海本。
齊東野語		周密	稗海本。
輟耕録		陶宗儀	明刻本、津逮本。
金罍子	明	陳絳	百子全書本。
本草綱目		李時珍	光緒戊子鴻寶齋石印本。
譚苑醍醐		楊慎	升菴全集本。
丹鉛録		同前	
墐户録		同前	續説郛本、函海本。
傳習録		王守仁	王陽明全集本。
讀書録		薛瑄	
居業録		胡居仁	經正録引。

問辨録　高拱　高文襄公集本。

採芹録　徐三重　四庫全書總目引。

平日録　李中谷　經正録引。

餘冬序録　何孟春

慈湖訓語　楊簡

慈湖家記　同前

焦氏筆乘　焦竑　粤雅堂本。

留青日札　田藝蘅

推蓬寤語　李豫亨　續説郛本。

通雅　方以智　此藏軒刻本。

古言　鄭曉　翟氏考異引。

呻吟語　呂坤　去僞齋文集本。

環碧齋小言　祝世禄　四庫全書總目引。

春風堂隨筆　陸深　儼山外集本、續説郛本。

傳疑録　同前　翟氏考異引。

七修類稿	郎瑛	
筆塵	王肯堂	北平圖書館鉛印本。
雅俗稽言	張存紳	翟氏考異引。
冬夜箋記	王崇簡	説鈴本。
	清	
日知録	顧炎武	亭林遺書本。
日知録集釋	黃汝成	原刻本。
明儒學案	黃宗羲	商務印書館鉛印本。
義門讀書記	何焯	通行本。
東塾讀書記	陳澧	續皇清經解本。
學齋佔畢	史繩祖	翟氏考異引。
龍城札記	盧文弨	抱經堂本。
鍾山札記	同前	同前。
樸學齋札記	宋翔鳳	浮溪精舍未刊本、潘氏集箋本。
雲泉隨札	黃培芳	
西堂日記	楊豫孫	

螺江日記	張文檒	
讀書日記	劉源渌	經正録引。
讀書筆記	尹會一	畿輔叢書本。
蒿菴閒話	張爾岐	粤雅堂本。
藝林伐山		函海本。
漢學商兑	方東樹	槐廬叢書本。
陔餘叢考	趙翼	原刻本、甌北全集。
天香樓偶得	虞兆漋	説鈴本。
因樹屋書影	周亮工	
論學小記	程瑶田	通藝録本。
潛丘劄記	閻若璩	
潘瀾筆記	彭兆孫	小石山房本。
嶺雲軒瑣記	李威	
魯岡或問	彭大壽	經正録引。
潛研堂答問	錢大昕	

然後知齋答問	梅冲	
西霞叢稿	鄭蘇年	
十駕齋養新録	錢大昕	潛研堂本、阮刻本。
備忘録	張履祥	楊園先生遺書本。
思辨録	陸世儀	
毋欺録	朱柏廬	小石山房本、朱氏遺書本。
匏瓜録	芮長恤	經正録引。
身省録	蘇源生	自刻本。
采榮録	梁清遠	
强學録	夏錫疇	經正録引。
鈍吟雜録	馮班	指海本、馮定遠集本。
困學録	張伯行	經正録引。
達天録	李來章	同前。
何氏雜著	何治運	
吴氏遺著	吴凌雲	廣雅書局刊本。

艮齋雜記	尤侗	西堂餘集本。
曲園雜纂	俞樾	俞氏叢書本。
湖樓筆談	同前	同前。
春在堂隨筆	同前	同前。
讀子卮言	江瑔	鉛印本。
古今僞書及其時代	梁啓超	商務印書館本。
淛唆存愚	李清植	潘氏集箋引。
惠迪邇言	黄鶴溪	四書拾遺引。
篔墅説書	陳震	經正録引。
冶城客論	陸采	翟氏考異引。
經世驪珠	陸坒	同前。
三餘續筆	左暄	潘氏集箋引。
異林	支允堅	以下均不知何代人，翟氏考異引。
露書	姚旅	同前。
讀書證疑	陳詩庭	劉氏正義引。

讀書臆		四書辨證引，以下均不知作者爲誰。
先敢齋講録		翟氏考異引。
疑辨録		論語稽引。
勸學録		同前。
節孝語録		翟氏考異引。
東觀餘論		同前。
廣川書跋		同前。
國故談苑	程樹德	商務印書館本。

以上凡諸子及筆記類一百七十四種

第九表　文集類

楚詞		
文選	梁　昭明太子	
文選李善注		胡克家仿宋本。
漢魏六朝百三家集	明　張溥	重刻本。

唐文粹	宋　姚鉉	明刻小字本。
蔡中郎集	漢　蔡邕	海源閣叢書本。
蘭臺集	李尤	翟氏考異引。
柳柳州文集	唐　柳宗元	永州新刻本。
韓昌黎文集	韓愈	東雅堂本。
陸忠宣公文集	陸贄	
司馬文正集	宋　司馬光	劉繩遠乾隆修補本。
范文正文集	范仲淹	通行本。
盱江集	李覯	江西祠堂本。
東坡文集	蘇軾	
鷄肋集	晁補之	明崇禎刻本。
楊龜山文集	楊時	
二程全書	程灝　程頤	求我齋江寧刻本。
程子遺書	程頤	
朱子文集	朱熹	蔡方柄刻本。

木鐘集	陳埴	經正録引。
攻媿集	樓鑰	聚珍版删定本。
陳龍川集	陳亮	金華叢書本。
	明	
王文成全書	王守仁	通行本，亦稱陽明全集。
王龍溪全集	王畿	困勉録引。
升菴全集	楊慎	通行本。
遵巖集	王慎中	明刻本。
高子遺書	高攀龍	經正録引。
寒支集	李元仲	寧化刻本。
東廓集	鄒守益	經正録引。
	清	
潛研堂文集	錢大昕	潛研堂全書本。
東原集	戴震	經韻樓叢書本。
拜經堂文集	臧庸	
雕菰樓集	焦循	文選樓本。
鮚埼亭集	全祖望	

問字堂集	孫星衍	皇清經解本。
校禮堂文集	淩廷堪	
鑑止水齋集	許宗彦	皇清經解本。
曝書亭集	朱彝尊	
經韻樓集	段玉裁	經韻樓叢書本。
東壁遺書	崔述	
揅經室集	阮元	皇清經解本、文選樓叢書本。
小倉山房文集	袁枚	
二曲集	李中孚	
十經齋文集	沈濤	
景紫堂文集	夏炘	
好雲樓集	李聯琇	
寒松堂集	魏環溪	松陽講義引。
養一齋集	潘德輿	活字版本、經正録引。
拙修集	吴廷棟	經正録引。

吞松閣集　鄭虎文　四書拾遺引。
儀衛軒遺書　方東樹
解春文鈔　馮景
堯峰文鈔　汪琬
敏甫文鈔　包慎中
研六室文鈔　胡培翬
湛園未定稿　姜宸英　四書釋地引。
六九齋撰述稿　陳瑑　潘氏集箋引。

以上凡文集類五十七種

第十表　碑志類

華山碑
漢祝睦碑
費鳳碑
外黄令高彪碑

逢盛碑　葉氏平安館金石文字本。

漢州輔碑　同前。

漢婁壽碑

唐貞觀孔子廟堂碑

漢魯相韓勑脩孔廟禮器碑

傅慎微宗城縣新修宣聖廟碑

惲敬先賢仲子廟立石文　劉氏正義引。

一統志　乾隆二十九年敕續編　殿本。

山東通志

泰山郡志

闕里志

以上凡碑志類十五種